AF241115

Conserve la couverture

TRAITÉ

THÉORIQUE ET PRATIQUE

DU

CONTRAT D'ASSURANCE SUR LA VIE

PAR

J. LEFORT

AVOCAT AU CONSEIL D'ÉTAT ET A LA COUR DE CASSATION
LAURÉAT DE L'INSTITUT

TOME TROISIÈME

Extinction du Contrat d'assurance sur la vie.
Compétence. — Procédure. — Régime fiscal des assurances sur la vie.

PARIS

ANCIENNE LIBRAIRIE THORIN ET FILS

A. FONTEMOING, ÉDITEUR

LIBRAIRE DES ÉCOLES FRANÇAISES D'ATHÈNES ET DE ROME,
DU COLLÈGE DE FRANCE, DE L'ÉCOLE NORMALE SUPÉRIEURE
ET DE LA SOCIÉTÉ DES ÉTUDES HISTORIQUES
4, RUE LE GOFF, 4
1897

TRAITÉ

DU

CONTRAT D'ASSURANCE SUR LA VIE

TOME TROISIÈME

TRAITÉ

THÉORIQUE ET PRATIQUE

DU

CONTRAT D'ASSURANCE SUR LA VIE

PAR

J. LEFORT

AVOCAT AU CONSEIL D'ÉTAT ET A LA COUR DE CASSATION
LAURÉAT DE L'INSTITUT

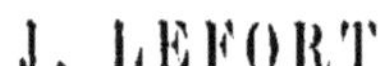

TOME TROISIÈME

**Extinction du Contrat d'assurance sur la vie.
Compétence. — Procédure. — Régime fiscal des assurances sur la vie.**

PARIS

ANCIENNE LIBRAIRIE THORIN & FILS

A. FONTEMOING, Éditeur

LIBRAIRE DES ÉCOLES FRANÇAISES D'ATHÈNES ET DE ROME,
DU COLLÈGE DE FRANCE, DE L'ÉCOLE NORMALE SUPÉRIEURE
ET DE LA SOCIÉTÉ DES ÉTUDES HISTORIQUES

4, RUE LE GOFF, 4

1897

TRAITÉ

THÉORIQUE ET PRATIQUE

DU

CONTRAT D'ASSURANCE SUR LA VIE

SEPTIÈME PARTIE

EXTINCTION DU CONTRAT

D'après les principes généraux les contrats prennent fin soit à raison de leur nullité, soit par suite de l'extinction, soit enfin en cas de résiliation ou d'inexécution des conditions. Ces règles sont applicables en matière d'assurances sur la vie [1]. Le contrat peut être entaché de nullité dès le jour où il a été conclu et est devenu définitif.

[1]. Il faut prendre le mot dans son acception la plus générique. De même que le contrat dénommé spécialement assurance sur la vie, les différentes combinaisons d'assurances en cas de vie, particulièrement la rente viagère immédiate et la rente viagère différée prennent fin ou bien pour cause de nullité par application des art. 1974 et 1975 C. Civ., auquel cas le contrat est réputé non avenu dès l'origine, ou par le décès de l'assuré, ou bien par l'expiration du temps pour lequel l'assurance a été faite, à la suite d'une résiliation volontaire ou forcée, enfin par prescription. L'assurance de capitaux différés prend fin par le décès de l'assuré avant l'époque fixée pour l'exigibilité, le souscripteur étant dispensé du payement des primes pour l'avenir, l'assureur ne devant rien tout en conservant les primes, — par l'échéance de cette même époque d'exigibilité, la Compagnie devant payer le capital ; — par la résiliation de la police ; — par la prescription. Comp. Morger : *Assur. terr.*, p. 209, 212, 228, 234. Il faut ajouter, d'autre part, que précédemment il a été traité des modes d'extinction soit de la contre-assurance destinée à garantir, en cas de décès de l'assuré, le remboursement des sommes placées sur sa tête, (T. I, p. 105, note), soit de la réassurance (T. I, p. 142, note 3).

En second lieu il peut prendre fin conformément au but et aux prévisions des parties contractantes.

Enfin il risque d'être arrêté dans son cours par une circonstance plus ou moins anormale telle que la résiliation, l'inexécution des engagements réciproquement acceptés par l'assureur et par l'assuré [1].

Pour traiter dans ses détails la matière de l'extinction du contrat d'assurance sur la vie il importe donc d'étudier les causes qui rendent la police soit nulle, soit annulable, comme aussi d'exposer les événements qui, envisagés par les parties dès le début, mettent un terme à l'opération et d'indiquer tant les effets qui découlent de la résiliation que les actes qui sont susceptibles de faire résoudre le contrat.

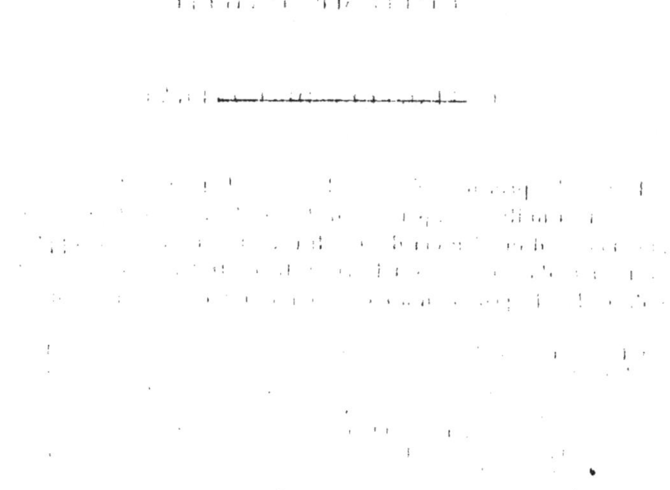

---

[1]. Plusieurs de ces matières ont été exposées par avance, notamment lorsqu'il s'est agi d'indiquer soit les conditions essentielles à la formation du contrat, soit les obligations qui incombent aux parties. Aussi en bien des points nous bornerons-nous à un simple rappel, résumant ce qui a été antérieurement dit à ce sujet; mais nous pensons devoir insister sur les différents effets de la nullité, de l'extinction, de la résiliation du contrat. Chemin faisant toutefois nous nous réservons de compléter par des observations nouvelles ce qui a été indiqué dans les chapitres précédents.

CHAPITRE PREMIER.

NULLITÉ DU CONTRAT

Conformément au droit commun, le contrat d'assurance sur la vie peut être atteint d'une nullité absolue ou d'une nullité relative, il peut être nul ou annulable seulement.

Il est absolument nul lorsque l'un des éléments essentiels à sa perfection manque, par exemple lorsqu'il n'y a pas de consentement, pas de cause, pas d'objet.

L'absence de consentement de la part de la personne assurée [1] aussi bien que de la part de l'assureur rend le contrat radicalement nul. L'erreur sur la personnalité de la partie contractante doit être assimilée au défaut de consentement : il est certain que l'on ne saurait considérer comme valablement liée la Compagnie qui a traité avec un individu qu'elle a pris pour un autre [2]. De même l'on ne peut songer à maintenir la police souscrite avec la Société qui n'est pas celle avec laquelle des relations devaient s'engager : le juge ne peut déclarer valable le contrat passé avec une Société d'assurances mutuelles alors que l'assuré croyait se trouver en présence d'une Compagnie à prime fixe s'il est incontestable que l'assuré, s'il avait connu la situation véritable, ne se serait pas assuré [3]. Il en est de même lorsque la po-

1. Non seulement de la part de la personne qui s'assure directement mais encore de la part de la personne sur la tête de laquelle un tiers contracte une assurance. C'est ce que le projet de loi sur les assurances rédigé par M. le professeur Roelli, à la demande du Gouvernement suisse, a bien soin d'établir (art. 69). Et le même projet (art. 75) dispose expressément que toute assurance que le débiteur a conclue sur sa propre vie et qui est comprise dans sa mise en faillite ou dans une saisie pratiquée contre lui ne peut être maintenue qu'avec son consentement.

2. La substitution d'un assuré à un autre vicie donc le contrat dans son essence. — V. Foy : *Code des Assurances sur la vie*, p. 77.

3. Décidé (Paris, 30 juillet 1895, *Journ. des assur.*, 95, 113; *Rec. périod. des assur.*, 96, 9) qu'il y a erreur sur la substance du contrat en cas d'assurance souscrite à une Société établie sous la dénomination de Société d'assurances mu-

que la police a été signée à la suite de manœuvres dolosives[1].

Sans une chose exposée à un *aléa* il n'y a pas d'assurance. Tout contrat, pour être valable, doit avoir avoir un objet certain et possible qui lui serve d'aliment[2]. Dans l'assurance sur la vie la chose soumise aux risques, l'aliment lui-même c'est la vie de l'homme. Le contrat serait donc absolument nul s'il concernait ou un enfant qui ne serait pas né, qui serait simplement conçu, ou une personne déjà[3] morte[4], car on ne peut assurer une chose soit inexistante, soit déjà détruite[5]. En matière d'assurances terrestres, il est généralement ad-

tuelles, mais qui, en réalité, est constituée comme une Société non mutuelle. Cette erreur entraîne la nullité des polices et autorise les assurés à réclamer le remboursement des primes déjà payées et même des dommages-intérêts. V. anal. Trib. civ. Seine, 13 août 1893. (*Rev. périod. des assur.*, 94, 549.) La Compagnie serait autorisée à opposer la connaissance de la situation véritable par l'assuré. Trib. civ. Seine, 13 juin 1893. (*Rev. périod. des assur.*, 94, 149.) V. dans l'ouvrage de M. Marchal (*Du contrat d'assur. sur la vie*) un remarquable exposé (p. 86 et suiv.) sur l'erreur considérée comme cause de nullité. — Comp. Rome: *op. cit.*, p. 436.

1. Le dol en effet vicie le consentement. Comme exemple de manœuvres dolosives imputables à l'assuré l'on peut citer les déclarations fausses tendant à modifier l'opinion du risque. Pour l'assureur il est possible d'indiquer le cas où une Compagnie aurait *dolosivement* indiqué en tête de ses polices un capital social qui n'aurait été que partiellement souscrit. (Cloes et Bonjean: T. XXV, p. 330.) Mais l'exagération manifeste des déclarations contenues dans des prospectus ne saurait être considérée comme un cas de dol. Trib. civ. Seine 13 janvier 1894 (*Journ. des assur.*, 95, 187). Le dol doit être établi par l'assuré qui demande la résiliation du contrat sous prétexte de dol. — Trib. civ. Seine 13 janvier 1894 précité.

2. Alauzet: *Traité des Assur.*, n° 140.

3. Nous disons *déjà* parce que, comme nous l'avons établi précédemment (T. Ier, p. 285), nous pensons, contrairement à l'avis de certains auteurs (Notamm. Rome: *op. cit.*, p. 135), que rien ne s'oppose en principe et en règle absolue à ce que la vie d'un condamné à mort puisse faire l'objet d'une assurance. — Comp. Merger: *op. cit.*, p. 60 et 149; Tiszler: *Des assur. sur la vie*, p. 129.

4. Ce serait le cas d'appliquer l'art. 1131 C. Civ.: *l'obligation sans cause ne produit aucun effet.* — Quénault: *Tr. des assur. terr.*, p. 253. L'assurance serait nulle alors même que les deux parties auraient ignoré la mort de l'assuré, auraient été de bonne foi. Sans doute l'art. 365 C. Comm. donne une solution contraire en matière d'assurances maritimes, mais de longue date l'on a reconnu (Pothier: *Traité du contrat d'assurance*, n° 12) que la disposition qui a inspiré les rédacteurs du Code de Commerce à cet égard est une disposition du droit civil exorbitante du droit naturel, elle peut, d'ailleurs, d'autant moins être et pèse en matière d'assurance sur la vie que l'art. 1974 C. Civ. décrète formellement que le contrat de rente viagère créée sur la tête d'une personne déjà morte au jour du contrat ne produit aucun effet et cette règle doit s'appliquer ici par identité de raisons. — V. en ce sens Tiszler: *op. cit.*, p. 129.

5. Herbault: *op. cit.*, p. 252; Couteau: *Tr. des assur. sur la vie*, T. II, p. 300. La solution serait identique même au cas où il y aurait bonne foi complète, ignorance du décès. À l'art. 365 C. Comm. qui, du reste, ne concerne que les assurances maritimes, doit être substituée pour les assurances sur la vie la disposition édictée par l'art. 1974 C. Civ. pour la rente viagère. Massé: *Droit Commerc. dans ses rapp. avec le droit des gens et le droit civil.* T. IV, n. 123, Quénault: *op. cit.*, p. 24; Grun et Joliat: *Tr. des assur. terr. et sur la vie*, n° 131. Persil: *Tr. des assur. terr.*, n° 27.

D'après le Code hollandais (art. 306), si la personne dont la vie est assurée

mis que lorsqu'une valeur a été totalement assurée elle ne saurait donner lieu pour les mêmes raisons à une autre police et que si une opération peut intervenir c'est exclusivement pour garantir la solvabilité du premier assureur [1]. Il n'en est pas ainsi pour les assurances sur la vie. Il est impossible d'arguer de ce fait que la vie d'une personne a été assurée à plusieurs Compagnies : la vie humaine est hors de prix et l'indemnité à payer à raison de sa perte peut varier à l'infini, au gré des parties contractantes [2].

Il est de l'essence de l'assurance sur la vie qu'il y ait pour le bénéficiaire du contrat un intérêt à la conservation de la vie assurée, intérêt pécuniaire ou moral bien entendu, intérêt justifié par le consentement du tiers assuré [3]. Il y aurait donc nullité et nullité abso-

était déjà morte au moment du contrat, la convention serait nulle, lors même que l'assuré n'aurait pas été informé du décès, à moins de convention contraire.

Il s'agit là, comme le fait justement observer M. Couteau (op. cit., T. II, p. 300), de l'assurance sur la tête d'un tiers et la loi suppose que le preneur d'assurance, qu'elle appelle l'assuré, était de bonne foi ; mais il ne peut y avoir de contrat puisqu'il y a une erreur manifeste sur la substance même de l'objet de la convention. Ce cas n'est pas à prévoir dans la pratique des assurances en France puisque l'on exige le consentement de la personne sur la tête de laquelle repose l'assurance, des déclarations faites par elle et une visite médicale à laquelle elle doit se soumettre. Il faudrait donc supposer le cas où son décès surviendrait entre le moment de l'accomplissement de ces formalités et celui de la signature du contrat, auquel elle peut n'être pas partie.

1. Pardessus : De. Comm., T. II, n. 589.

2. Mercer : op. cit., p. 149.

3. V. ce qui a été dit à ce propos dans notre Traité, T. I, p. 200 et suiv.. Comp. les observations de M. Patinot : De l'assur. sur la vie (Rev. prat. de dr. fr., T. XXVI, 1868, p. 519 à 551), et celles de M. Bordez : Les bases jurid. et éco. de l'assur. privée, Lausanne, 1895, p. 350. Trib. comm. Bruxelles, 31 janv. 1895 (Rev. périod. des assur., 96, 117 et la note dans ce Recueil).

Il faudrait proclamer la nullité non seulement lorsque le bénéficiaire n'a aucun intérêt à l'existence de l'assuré, mais encore lorsque le créancier a fait garantir en sa faveur la créance par une hypothèque. Quénault : op. cit., p. 491. Marchal : Du contrat d'assur. sur la vie, p. 103. L'intérêt dans la durée de la vie de l'assuré, et l'intérêt même pécuniaire, paraît si bien nécessaire qu'il est exigé même pour les assurances faites en Amérique, notamment dans l'État d'Ontario par les sociétés amicales (friendly Societies) V. Annuaire de législat. étr., 1892, p. 1049.

M. Patinot (De l'assur. sur la vie : Rev. prat. de dr. fr., T. XXIX, 1870, p. 80 et 81) a examiné le cas où une personne ayant un intérêt pécuniaire sur la vie d'une autre la ferait assurer pour un espace de temps plus long que la durée de son intérêt.

On peut supposer, par exemple, une clause précise insérée dans un testament aux termes de laquelle l'héritier, s'il vit encore deux ans après la mort du de cujus, est condamné à payer tant à telle personne : celle-ci fait sur la tête de l'héritier une assurance temporaire pour trois ans ; l'héritier meurt dans la troisième année après avoir payé le legs, le légataire a-t-il contre l'assureur une action en paiement de la somme assurée ? Bien que l'affirmative ait été jugée en Angleterre (Arr. C. Chancellerie, 16 janvier 1856), M. Patinot trouve qu'il est difficile de ne pas reconnaître que, une fois le délai de deux ans expiré, le stipulant n'a plus aucun intérêt légitime à continuer l'assurance ; il conclut qu'il serait plus conforme à la raison et aux principes du droit de condamner la Compagnie à rendre la totalité des primes

lue [1] du contrat si le bénéficiaire n'avait aucun intérêt à la vie de la personne sur la tête de laquelle repose le contrat [2].

Mais, sauf une disposition formelle[3], il n'est nullement nécessaire que la vie se prolonge durant un certain temps après la signature du contrat, la disposition de l'art. 1975 relative à la rente viagère étant sans application [4] en matière d'assurance sur la vie, comme toute disposition exceptionnelle et par suite non susceptible d'être étendue par argument d'analogie. A moins d'une fraude et surtout lorsqu'il est certain que la santé de l'assuré était parfaite, la Compagnie ne pourrait donc pas opposer la nullité du contrat en excipant du décès survenu peu de temps après la signature du contrat [5].

De ce qu'il n'y a assurance sur la vie qu'autant qu'il y a un risque, il suit que l'absence d'un danger menaçant l'existence entraîne la nullité du contrat [6]. La police souscrite sur la tête d'un tiers serait dès lors

perçues pendant la troisième année, si elle a connu lors de la formation du contrat la position véritable du stipulant (l'art. 1967 C. Civ. n'ayant rien à voir dans l'hypothèse), et, dans le cas contraire, de l'obliger à rembourser seulement la partie des primes qui est l'équivalent du risque couru, en conservant l'autre partie qui représente les frais généraux et les bénéfices.

Comp. les remarques de M. Marchal (*op. cit.*, p. 103) établissant qu'il n'est pas nécessaire que l'intérêt subsiste durant tout le cours de la police, et qu'il suffit, pour rendre le contrat valable, que l'intérêt ait existé au moment de la convention.

1. La loi belge du 11 juin 1874 prononce la nullité en pareil cas. Mais il a été reconnu qu'il n'était pas indispensable que l'intérêt fût pécuniaire, et qu'un intérêt d'affection provenant, par exemple, de liens de famille, suffirait. Ainsi un père, par son travail, son industrie, est le seul soutien de ses enfants : un parent de ceux-ci, guidé par son affection pour eux, assure la vie de leur père, le contractant n'a aucun intérêt pécuniaire à cette assurance ; mais un mobile plus noble le détermine, un sentiment de famille l'engage à faire un sacrifice pour assurer l'avenir de ces enfants ; comment cet intérêt d'affection ne légitimerait-il pas le contrat tout autant qu'un intérêt pécuniaire? Un créancier peut avoir intérêt à faire assurer la vie de son débiteur; par exemple, s'il ne lui offre que des garanties attachées à sa personne, comme un travail personnel, des appointements, etc. — Namur : *Comment. de la loi belge du 11 juin 1874 sur les assurances.* Bruxelles, 1878, p. 101.

L'on enseigne en Belgique (Namur : *op. cit.*, p. 101), et cette solution ne nous semble pas devoir faire difficulté, que c'est à celui qui invoque la nullité du contrat à prouver que le preneur d'assurance n'avait aucun intérêt à l'existence du tiers assuré. Cette décision est la conséquence de ce que la loi belge ne prononce la nullité que pour le cas où le défaut d'intérêt est établi. Mais, en définitive, l'existence de la légitimité de l'intérêt constitue une question de fait abandonnée entièrement à l'appréciation des tribunaux.

2. On a soutenu (Tissier: *op. cit.*, p. 123), qu'au cas où l'assureur a cru traiter avec une personne intéressée à la vie de l'assuré et a traité en réalité avec une autre personne n'ayant aucun intérêt à la vie de celui-ci, bien que munie de son consentement, l'erreur peut faire annuler l'assurance, mais seulement lorsqu'elle est le résultat du dol du contractant.

3. Tissier : *op. cit.*, p. 130.

4. Alauzet : *op. cit.*, T. II, p. 488; Tissier : *op. cit.*, p. 130; Patinot : *loc. cit.*, p. 545.

5. Trib. comm. Seine, 10 décembre 1873 et sur appel Paris, 18 août 1875, *Journ. des Trib. de comm.* 1876, T. XV, p. 348.

6. Trib. civ. Seine, 7 mars 1862, Bonnev. de Mars. : III, 89.

nulle si le représentant savait que l'assuré se trouvait lors de la signature du contrat atteint d'une maladie mortelle [1] et non seulement si l'assuré était déjà mort mais se trouvait lors la formation du contrat dans les dernières angoisses de l'agonie [2].

D'autre part, l'assurance ne garantit que les risques normaux, les cas fortuits ; elle est sans efficacité à l'égard des faits qu'il dépendait de l'assuré d'éviter ou qui sont la violation soit d'une disposition légale, soit d'un devoir de conscience. Par conséquent une police ne peut engager l'assureur à verser le capital promis en cas de décès soit dans un duel, soit par un suicide conscient et volontaire. La nullité en pareille circonstance doit être prononcée non seulement quand la police contient une disposition formelle mais même quand elle est muette. En d'autres termes, cette cause de nullité doit être suppléée.

Tout contrat qui n'a pas de cause est inexistant. Si donc l'assurance avait été souscrite pour garantir une dette qui, à l'insu de son débiteur, était éteinte [3] lors de la signature de la police, le contrat serait radicalement nul. Il en serait de même quant à la police passée pour garantir une dette immorale ou condamnée par la loi [4]. Toutefois la circonstance qu'une police a été signée en exécution d'un acte nul n'entraîne pas la nullité de l'assurance régulière en elle-même et pouvant exister indépendamment de l'acte auquel elle doit servir de garantie, lorsqu'elle trouve sa cause dans une obligation naturelle [5].

Une donation rémunératrice peut être faite sous la forme d'un contrat onéreux quand l'acte souscrit a le caractère d'une pure obligation. On peut avoir recours à l'assurance, notamment à la constitution d'une rente viagère. Bien entendu la rémunération doit avoir une cause réelle, licite et juridique [6].

Enfin il n'y aurait pas contrat d'assurance si la police ne mentionnait pas une prime à la charge de l'assuré ou de la personne qui veut maintenir le contrat, ou si elle ne fixait pas une indemnité [7]. Il est de

1. Bruxelles, 9 novembre 1839. *Pas.*, 39. 201. Un auteur (M. Marchal : *op. cit.*, p. 83) prétend qu'il y a nullité quand l'assuré était, lors du contrat, atteint d'une maladie mortelle : il se base sur ce que le caractère aléatoire fait défaut. Il n'y a pas là une cause de nullité absolue ; il existe une nullité simplement relative, et encore faut-il que l'assuré ait été trompé, dans le système de la jurisprudence qui ne délie l'assureur que lorsque l'assuré a été de mauvaise foi, a volontairement commis une omission. — V. Couteau : *op. cit.*, T. II, p. 301.

2. Patinot : *loc. cit.*, p. 345.

3. C'est ce qui peut se passer au cas où un débiteur habitant un endroit éloigné aurait chargé un huissier de poursuivre et aurait ignoré le jugement, ou encore en cas de compensation. Rome : *op. cit.*, p. 139.

4. Rome : *op. cit.*, p. 139.

5. Cass. 9 mars 1893, D. P. 96, 1. 301.

6. Comp. Paris 8 novembre 1892, *Journ. des assur.*, 93. 15.

7. Ou si aucun terme n'était fixé pour le paiement du capital. La créance serait illusoire parce que l'époque de l'exigibilité n'en serait pas déterminée. — Rome : *op. cit.*, p. 135.

La solution serait la même au cas où il y aurait eu erreur non sur le chif-

l'essence du contrat d'assurance qu'il y ait stipulation d'une prestation annuelle et d'un capital représentant le bénéfice. Lorsque cette double stipulation n'existe pas, l'opération peut être un acte de bienfaisance, mais elle ne vaut pas en tant qu'assurance [1].

La nullité absolue peut être invoquée par toute personne intéressée et à tout moment. Elle a pour effet de faire réputer le contrat inexistant. Il est impossible de reconnaître la validité d'un acte juridique qui est dépourvu de l'un de ses éléments essentiels, constitutifs.

Il y a nullité relative, au contraire, quand le contrat, tout ayant ses éléments essentiels, est entaché de l'un des vices que la loi prévoit pour tous les contrats sans distinction ou bien de l'un des vices relevés par la justice elle-même [2].

A titre d'exemple de contrats entachés de nullité relative, il faut citer : la police signée par une personne qui ne serait pas le directeur de la Compagnie ou qui n'agirait pas avec le concours d'individualités dont les Statuts imposent l'intervention ; — ou d'autre part, la police souscrite par quelqu'un manquant de capacité, notamment par un mineur non émancipé agissant seul [3], par le mineur émancipé sans la présence de son tuteur [4] mais seulement en cas d'une prime uni-

---

tre mais sur la date, par exemple au cas où l'assuré croirait s'assurer pour vingt ans et souscrirait en réalité une police pour dix années. Il y a erreur sur l'objet du contrat, sur le capital stipulé car, bien que la quotité du capital stipulé soit identique, on ne peut pas assimiler une somme payable dans dix ans à une somme payable dans vingt : *minus solvit qui tardius solvit.* Clos : *Des assur. sur la vie, de leur caractère et de leurs effets au point de vue des tiers bénéficiaires,* p. 51.

1. Comme le dit M. de Lapruene (*Traité théor. et prat. de l'assurance en général,* Paris, 1895, p. 122) quant à l'omission de la prime ou de l'indemnité dans le contrat, cela ne s'est jamais vu, mais on peut faire la supposition d'une stipulation tellement vague qu'il y aurait impossibilité de déterminer le chiffre de la prime ou celui de l'indemnité : dans ces deux cas, l'assurance serait évidemment entachée d'une nullité radicale qui pourrait être invoquée par tous les intéressés.

2. Le contrat est-il nul lorsqu'une police n'a pas été rédigée ? Évidemment non, puisque l'assurance sur la vie est un contrat consensuel dont la validité n'est pas subordonnée à la rédaction d'un écrit. (V. notam. Grenoble, 18 novemb. 1850 D. P. 15, 2,180 ; S. 53, 2,61 ; Colmar, 4 févr. 1868, D. P. 68, 2,171 ; S. 68, 2,102.) Mais comme il est d'usage de faire de la rédaction d'une police une condition essentielle et nécessaire (Cass., 5 nov. 1862, D. P. 63, 1,229 ; S. 63, 1,147 ; Bordeaux, 14 juill. 1873 sous Cass. 13 juill. 1873 S. 74, 1,369) le contrat restera en suspens jusqu'à la rédaction de l'acte. — Bordeaux, 26 févr. 1855, *Journ. des assur.,* 55, 169 ; Tissier : *op. cit.* p. 142 ; Couteau : *op. cit.,* T. II, p. 121.

Il est à noter que d'après le Code de Commerce hongrois (art. 468), l'opération d'assurance *n'a pas force légale tant qu'il n'y a pas eu contrat écrit.*

En cas de concours d'un bénéficiaire avec des créanciers, à qui doit être remise la police sous la production de laquelle la Compagnie refuse de verser le capital assuré ? Un arrêt (Rouen, 6 avril 1895, *Pand. franç. pér.,* 96, 2, 273) a déclaré que c'était au bénéficiaire. C'est logique : c'est répondre à l'intention du stipulant. Seulement il ne faut pas ériger cette solution en règle absolue. Comp. nos observations à la suite de l'arrêt précité.

3. Cass., 18 juin 1844, Dev. 44, 1,497 ; Merger : *op. cit.,* p. 71 et les renvois ; Tissier : *op. cit.,* p. 107.

4. Quoique l'on ait contesté le droit d'agir au tuteur du mineur non

que[1], par l'individu muni d'un conseil judiciaire[2] signant seul l'engagement de verser une prime unique constituée au moyen d'un prélèvement sur le capital, celle pa sée par la femme mariée[2] non munie de l'autorisation du mari ou de justice[3].

Le contrat est annulable quand le consentement est affecté d'un vice

émancipé, nous pensons que le tuteur a le droit de contracter une assurance au nom de son pupille. V. ce que nous avons dit précédemment, T. I, p. 270.

1. L'incapacité ne saurait être opposée lorsqu'il s'agit d'une police contractée moyennant une prime annuelle ; il ne s'agit là que d'un acte d'administration, il n'y a en réalité que la disposition d'un revenu, les primes s'acquittant au moyen des revenus.

2. La validité de la police souscrite par un prodigue seul, sans le concours de son conseil judiciaire est certaine en doctrine (Vibert : *De l'assur. sur la vie*, p. 69 ; Montluc : *Des assur. sur la vie*, p. 159 ; Agnel : *Manuel des assurances*, n° 359 ; Couteau : *op. cit.*, T. I, p. 110 ; Typaldo Bassia : *Les assur. sur la vie au point de vue théor. et prat.*, p. 94 et 95 ; Lefort : *Les assurances sur la vie et la Cour de Cassation en 1894* p. 13) ; elle a été reconnue récemment par la jurisprudence (Paris, 30 mai 1893, D. P. 96, 1,392 et Cass., 9 mars 1896, D. P. 96, 1,392) qui a nettement affirmé que l'opération dont s'agit ne constitue nullement une aliénation d'un capital mobilier, aux termes de l'art. 513 C. Civ., parce que le capital de la somme assurée n'a jamais été dans le patrimoine du prodigue mais a reposé, dès la signature du contrat et l'acceptation par ce tiers, sur la tête de celui-ci.

Comme l'a relevé la Cour de cassation, la difficulté ne saurait porter que sur les primes : ces dernières peuvent-elles être répétées par l'assuré ou par ses ayants droit ? Il nous semble que là il y a lieu de s'en tenir purement et simplement à la distinction établie pour l'origine de la somme qui a servi à la prestation annuelle et que le paiement sera absolument valable si les fonds ont été pris sur les revenus. *Sic*, Sarrut : Note, D. P. 96, 1, 391. Nous l'avons fait observer à l'occasion de cet arrêt du 9 mars 1896. (*Pand. franc. pér.*, 96, 1,465, note), le prodigue a le droit de disposer de ses revenus en vue d'une assurance du moment qu'il a la latitude d'acheter, même en conservant un billet à ordre, tout ce qui est nécessaire à son existence ou à l'existence des siens (Orléans, 9 juin 1853, S. 53, 1, 611 ; D. P. 54,5, 112 ; Cass., 3 avril 1855, S. 55, 1,611 ; D. P. 55, 1.136 ; Cass., 1er août 1860, S. 69,1,929 ; D. P. 60, 1.316 ; Lyon, 9 avril 1861, D. P. 61, 2.165 ; Paris, 23 août 1865, D. P. 65, 1.181 ; Paris, 29 déc. 1877, S. 79, 2.299 ; D. P. 78, 2,160 ; Valette : *Explicat. du Livre prem. du Code Nap.*, T. I, p. 388 ; Delaporte : *Condit. du prodigue*, p. 351).

Au cas où, comme dans l'espèce qui a donné lieu à l'arrêt du 9 mars 1896, la prime doit être payée non par l'assuré mais par le bénéficiaire et de ses deniers propres il n'y aurait même pas de question.

2. A l'exclusion, par conséquent, de la femme séparée. V. ce qui a été dit précédemment T. I, p. 273. En matière de rente viagère une récente décision a mis hors de toute contestation le droit de la femme séparée lorsqu'il y a réellement acte d'administration — Paris, 8 mars 1893, *Rec. périod. des assur.*, 93, 261 ; *Journ. des assur.*, 93,213 et la note *ibid.*

3. Comp. ce que nous avons écrit au point de vue de la capacité du souscripteur de la police T. I, p. 268 et suiv. La capacité pour le failli a été proclamée expressément par la Cour de Douai dans son arrêt du 14 mars 1895, (*Journ. des assur.*, 96, 19). Il en doit être à plus forte raison de même pour la personne à l'égard de laquelle a été rendue une décision prononçant la liquidation judiciaire. (Goirand et Périer : *Comm. théor. et prat. de la loi du 4 mars 1889*, p. 153 ; Typaldo Bassia : *op. cit.*, p. 93 ; Clos : *op. cit.*, p. 45). le liquidateur ne pouvant point agir pour l'exercice des actions personnelles. (Valabrègue : *Du rôle des liquidateurs créés par la loi du 4 mars 1889*, [*Rev. crit. de législat. et de jurisprud.*, 1889, p. 570] ; Lefort : *La réforme de la législation des faillites*, [*Journ. des Économistes*, avril 1889]), et la souscription d'une assurance étant un acte essentiellement personnel.

susceptible d'en faire suspecter la validité; l'erreur (à moins qu'elle
concerne la substance même du contrat, le risque résultant des chances de mort), par exemple lorsqu'elle porte sur l'âge de l'assuré, sur
sa profession, sur son état de sa santé[1]; le dol[2] quand il a été assez
grave pour, à lui seul, décider les parties à contracter ou à contracter
dans les conditions actuelles (art. 1116), spécialement quand les renseignements donnés par l'assureur ont induit l'assuré en erreur
sur les clauses, les avantages du contrat, réciproquement lorsqu'il
y a des réticences de l'assuré, des fausses déclarations capables de
diminuer l'opinion du risque chez l'assureur[3]; enfin la violence[4].

C'est la partie en faveur de laquelle la nullité relative a été édictée
qui a seule qualité pour en exciper. D'autre part, la ratification a
pour effet de couvrir le vice. Cette ratification peut être soit expresse,
soit tacite dans les termes des art. 1304 et 1338 C. Civ. Le mode le
plus fréquent de ratification tacite c'est incontestablement l'exécution
par la partie qui pourrait se prévaloir de la nullité. Seulement il est

1. L'on a soutenu (Rome : *op. cit.*, p. 136) qu'au cas d'erreur sur la fixation
des époques, il y aurait seulement nullité relative : il s'agit d'une assurance
temporaire, le stipulant a cru s'assurer pour trente ans, l'assureur a pensé
que le terme n'était que de dix ans ; le contrat n'est pas nul.

2. Le dol du contractant est seul de nature à faire annuler le contrat ; le
dol dont se rendrait coupable un tiers étranger ne porterait en rien atteinte
à la validité de l'opération, l'auteur des manœuvres pouvant toutefois être
actionné en dommages-intérêts.

Mais la solution est-elle la même quand l'auteur des manœuvres est le
bénéficiaire? S'il y a complicité entre lui et le souscripteur de la police le
contrat peut incontestablement être annulé par application de l'art. 1116
C. Civ. Mais ce n'est pas ce cas qui peut faire difficulté : c'est celui où le
stipulant est à l'abri de tout reproche soit réellement, soit en l'absence de
toute preuve. Il a paru (V. Rome : *op. cit.*, p. 146. — Comp. Tissier : *op. cit.*,
p. 126) qu'en pareil cas l'action en nullité n'était pas admissible, par le motif
que si une faute a été commise elle est imputable à l'assureur qui n'a pas
été suffisamment vigilant. Certainement, a-t-on fait observer, le tiers coupable peut être poursuivi en vertu de l'art. 1382 C. Civ., mais le contrat d'assurance en lui-même n'en est pas moins parfaitement valable.

L'hypothèse dont il s'agit ici est rare, il faut en convenir, mais elle n'est
point invraisemblable. Quand la Compagnie entame des pourparlers avec
une personne en vue de l'assurance elle réclame, en outre de la déclaration
du proposant, un certificat du médecin qui donne habituellement ses soins
à ce dernier. Il se peut que ce médecin soit bénéficiaire et qu'il ne craigne
pas d'affirmer frauduleusement la bonne santé du contractant, son client.

3. L'erreur sur le motif n'est point, par elle seule, une cause d'annulabi-
lité, mais si elle est le résultat du dol, il en est autrement. Supposons qu'un
créancier ait un débiteur partiellement solvable ; un assureur parvient, en
produisant, par exemple, de faux états d'inscriptions hypothécaires, en invoquant des poursuites imaginaires ou par d'autres moyens coupables à changer la conviction du créancier, et à provoquer de sa part une assurance, en
pareil cas il n'y a ni erreur sur l'objet même ou sa substance, ni défaut de
cause, mais seulement erreur sur le motif du contrat d'assurance ; l'action
en nullité n'en sera pas moins ouverte au profit du créancier victime des
manœuvres frauduleuses de l'assureur — Rome : *op. cit.*, p. 145 et 146. Comp.
Tissier : *op. cit.*, p. 125.

4. La lésion peut-elle être invoquée en matière d'assurance? La négative
semble certaine (V. T. 1. p. 282) à raison du caractère aléatoire du contrat.

évident que l'exécution doit être volontaire et aussi que l'irrégularité doit être connue[1].

Tant que la nullité n'a pas été prononcée par les tribunaux compétents, le contrat subsiste et il s'impose avec ses droits et ses obligations. Mais quand la nullité a été prononcée[2], il en est du contrat annulable ou entaché d'une nullité relative comme du contrat radicalement nul : la nullité reconnue fait considérer le contrat comme n'ayant jamais été formé. La personne désignée dans la police pour toucher la somme promise ne pourra rien réclamer lors de l'arrivée de la condition prévue. En principe même, par application des art. 1377 et 1378 C. Civ., l'assureur devrait rendre les primes perçues parce que le contrat est censé n'avoir jamais existé. En fait une disposition spéciale de la police les lui attribue, mais c'est à titre d'indemnité[3], de dommages-intérêts, à raison des risques qu'il a courus[4].

1. Cf. Lefort : *Les assurances terrestres en général*, n° 787.

2. Merger (*op. cit.*, p. 151) recommandait, au cas où le contrat aurait reçu son exécution pendant plusieurs années, de n'accueillir la demande en nullité qu'avec circonspection et de ne la prononcer, en raison de la gravité de ses effets, qu'autant qu'il n'y aurait pas eu renonciation tacite par la partie se prévalant de la nullité.

Cet avis a été combattu : à entendre Merger, a-t-on dit, (Ottome : *op. cit.*, p. 149), une fois établi par exemple que l'assurance a été contractée par un interdit la nullité ne devrait être prononcée qu'en l'absence de toute espèce de doute sur la non-ratification; c'est là une erreur. Si le dol, la violence, et l'incapacité sont démontrés, la nullité doit, au contraire, être prononcée, *à moins qu'on ne prouve qu'il y a eu ratification expresse ou tacite.* Ces deux manières de raisonner aboutissent évidemment à des conséquences tout à fait différentes; l'observation de Merger pèche par sa base, car elle est contraire au principe — *reus in excipiendo fit actor* — qui est fondamental en matière de preuve. Aussi arrive-t-on, dans ce système, à un résultat tout à fait inique. On n'ose pas, conformément aux véritables règles du droit, prononcer la nullité, on n'ose pas non plus déclarer le contrat valable, on prend un moyen terme, on conseille la résiliation. Et voilà un mineur, un interdit, un homme qui n'a cédé qu'à la violence, toutes personnes dignes d'intérêt, qui ont droit à la protection de la loi, et qui devront néanmoins supporter dans une certaine mesure les conséquences d'un acte qu'elles ont consenti dans un âge, ou à une époque d'incapacité. Il ne faut pas, sous prétexte que les résultats seront graves, pousser les juges à l'oubli de la loi. Un pareil système paraît tout à fait contraire aux principes et il aboutit à des conséquences injustes.

3. Herbault : *op. cit*, p. 253.

4. On sait que la loi édicte des causes de nullité spéciales pour la rente viagère. (Art. 1974 et 1975 C. Civ.). La rente viagère immédiate et la rente viagère différée sont nulles (ce qui entraîne la répétition de tout ce qui a été payé, le contrat étant réputé non avenu dès l'origine); 1° quand elle a été faite sur la tête d'une personne qui était morte au jour du contrat; 2° quand l'assuré est mort dans les vingt jours du contrat, de la maladie dont il était atteint lors de la signature du contrat; ces règles s'appliquent même lorsque la mort ou la maladie étaient ignorées tant du constituant que du débirentier, et aussi pour le cas d'un décès prématuré même lorsque la rente viagère a été créée sur la tête du constituant lui-même, mais non lorsque la rente viagère ayant été constituée sur la tête de plusieurs personnes qui devront la recueillir successivement dans son entier jusqu'au décès du dernier mourant, l'un d'eux serait mort dans les vingt jours de l'acte de constitution. Comp. Merger : *op. cit.*, p. 209 à 212 et ce que nous avons dit précédemment, T. 1er, p. 112 et 113, note.

CHAPITRE DEUXIÈME.

EXTINCTION NORMALE

Le contrat d'assurance prend fin d'une manière normale, par l'arrivée de la condition indiquée au contrat comme devant éteindre régulièrement les obligations réciproquement assumées.

Cette condition varie selon la nature de la convention intervenue.

Au cas d'assurance en cas de décès, le contrat est éteint par la mort de l'assuré, et par la remise à la personne gratifiée du capital promis ; le but auquel tendaient les parties en cause, le versement d'une somme à la suite de la mort l'assuré, est atteint[1]. L'assuré avait contracté une obligation : celle de débourser chaque année la prime ; son décès met un terme à cette obligation. De son côté, l'assureur s'était engagé à remettre une somme à un terme incertain, à l'échéance déterminée par la mort de l'assuré ; la mort survenue, il doit s'acquitter et lorsqu'il a une bonne et valable quittance de la personne indiquée pour toucher à sa caisse la somme stipulée, il est totalement dégagé.

Sans doute, l'assureur peut se soustraire à l'obligation du paiement de l'indemnité en excipant des stipulations : il lui est même loisible

1. Une remarque qui n'a plus qu'un intérêt purement rétrospectif depuis la loi du 31 mai 1854 peut trouver sa place ici.

Le Code civil (art. 22) frappait de mort civile la personne condamnée à certaines peines ; la mort civile pouvait-elle être considérée comme ouvrant le droit à l'indemnité en faveur de la personne gratifiée ? La négative semblait certaine par le motif, absolument décisif, qu'en matière d'assurance sur la vie, convention essentiellement aléatoire, il ne s'agissait jamais que de la mort naturelle. On appliquait ici, par analogie, la disposition de l'art. 1982 C. Civ. aux termes duquel la rente viagère, loin de s'éteindre par la mort civile du propriétaire, devait continuer pendant sa vie naturelle.

Seulement, comme le remarque Meeper (op. cit., p. 152), si la mort civile a été abolie, il n'est nullement interdit de convenir que la condamnation à des peines afflictives ou infamantes pourra entraîner la résiliation du contrat.

d'exercer un recours contre les personnes dont la faute ou la négligence a déterminé la mort de l'assuré, mais la règle n'en est pas moins certaine : par le fait même de la mort le contrat a cessé d'avoir effet[1].

La circonstance de l'absence ne saurait être assimilée au décès : même déclarée elle ne suffit pas pour établir d'une façon certaine la mort de l'assuré; elle n'est qu'une présomption qui est impuissante à faire considérer le contrat comme éteint. Le contrat ne se termine que lorsqu'il y a envoi en possession définitive parce que la mort est plus que vraisemblable, presque absolument certaine[2].

Le contrat ne prend pas nécessairement fin par le décès du bénéficiaire pas plus que par celui de la personne qui a pris à sa charge le paiement des primes soit dans l'intérêt de l'assuré, soit dans l'intérêt du bénéficiaire; le terme est, en effet, uniquement la mort de l'assuré.

Au cas où il est intervenu une assurance temporaire, lorsque le laps de temps en vue duquel la police a été souscrite s'est écoulé, le contrat s'éteint. En présence d'une assurance passée pour une période de dix années par exemple, si l'assuré meurt dans ce délai, le contrat s'éteint au profit du bénéficiaire qui touchera le capital des mains du représentant de la Compagnie; si, au contraire, l'assuré meurt après la date convenue le contrat finit au profit de l'assureur qui se trouvera libéré. On a assimilé[3] ce cas à celui de l'assurance contre l'incendie, avec cette différence toutefois qu'en cas d'incendie l'assureur ne paie que la valeur véritable du dommage causé, ou partie proportionnelle du dégât, tandis qu'en matière d'assurance sur la vie de pareilles appréciations ne sont pas possibles.

Il convient d'ajouter pour le cas d'assurance temporaire qu'il n'y a

---

1. Le décès de l'assuré entraîne également l'extinction du contrat de rente viagère immédiate, alors que l'assurance a été faite pour la vie entière. C'est la cause d'extinction la plus ordinaire. Mais le capital ne serait pas dû si le contrat avait porté sur la tête d'une personne atteinte de la maladie dont elle est décédée dans les vingt jours de la date du contrat. Cette disposition de l'art. 1975 C. Civ. n'est pas applicable si le décès, bien qu'intervenu dans les vingt jours, n'est pas dû à une maladie existant lors de la signature du contrat. — Trib. civ. Lyon, 2 mars 1895, *Journ. des assur.*, 95, 269.

Il en est de même pour le contrat d'assurance d'une rente viagère différée. Seulement, il importe de distinguer le cas où l'assuré décède avant l'époque fixée pour l'exigibilité de la rente et le cas où l'assuré ne meurt que depuis. Quand l'assuré décède avant cette époque, toutes les primes, versées ou dues, sont acquises à la Compagnie, sans qu'elle soit tenue de payer aucuns arrérages, soit dans le présent, soit dans l'avenir. Au contraire, quand l'assuré n'est décédé que depuis l'exigibilité de la rente, la Compagnie a également, il est vrai, un droit acquis aux primes versées ou dues, sans être tenue de servir aucuns arrérages pour l'avenir; mais elle est obligée de tenir compte au bénéficiaire de tous les arrérages échus depuis l'époque d'exigibilité, ou tout au moins de ceux qui ne seraient pas frappés de déchéance par l'effet de la présomption ou par suite de quelque stipulation particulière insérée dans la police. — Merger : *op. cit.*, p. 229.

2. Comp. ce qui a été dit à ce propos dans ce *Traité*, T. II, p. 16-18. *Adde* : Cyprès : *L'assurance sur la vie et les caisses de retraite*, p. 99.

3. Rome : *op. cit.*, p. 151.

pas à tenir compte de ce fait que le décès de l'assuré survenu après le délai fixé est dû à une maladie qui existait avant l'expiration de l'assurance [1].

La seule arrivée du terme libère l'assureur qui non seulement ne doit point verser le capital assuré, mais qui conserve encore les primes échues.

S'il s'agit d'une assurance en cas de vie, lorsque l'assuré subsiste à l'époque indiquée dans la police, quand la Compagnie a fait remise de la somme promise pour cette échéance, le contrat a atteint son terme. Il s'arrête également en cas de décès de l'assuré antérieurement à la date fixée, mais alors l'extinction a lieu au profit de la Compagnie qui se trouve libérée à raison du prédécès [2].

L'assurance mixte tend à procurer un capital à l'assuré lui-même s'il vit à une date fixée, ou à ses ayants droit, ou bien à un tiers déterminé immédiatement après son décès quand il a lieu avant cette époque. Le contrat se termine alors soit par l'existence du souscripteur au jour convenu, soit par le décès de cet assureur si ce décès survient dans le laps de temps convenu.

En fait les opérations sont toutes effectuées par des Compagnies. Néanmoins, comme on le sait, rien n'interdit à un particulier de remplir le rôle d'assureur. Sa mort ne mettrait pas fin au contrat en ce sens qu'elle ne délierait pas ses héritiers de l'obligation de verser, lors du décès de l'assuré, le capital stipulé [3].

Fréquemment une police est souscrite pour une certaine cause, par exemple pour garantir le montant d'une dette, assurer le remboursement de cette dernière. La cause disparaissant, le contrat d'assurance doit prendre fin : en cas de remboursement de la somme qui lui était due, le créancier n'a plus aucun droit au profit de l'assurance [4] : l'assurance n'a aucun motif valable, en effet [5].

1. Merger : *op. cit.*, p. 176; Grün et Joliat : *op. cit.*, n°s 361 et 392; Alauzet : *op. cit.*, n° 558; Quénault : *op. cit.*, p. 405; Persil : *op. cit.*, n° 276; Herbault : *op. cit.*, p. 200; Vibert : *op. cit.*, p. 109; Tissier : *op. cit.*, p. 210.

2. L'assurance en cas de survie par laquelle l'assureur promet de payer un capital ou une rente à la mort d'une personne déterminée, lorsqu'un tiers survit à cette personne, finit par le décès de l'assuré, à la survivance du bénéficiaire, l'assureur ne pouvant se dispenser de payer la somme convenue lorsque toutes les justifications sont produites; — par le décès du bénéficiaire à la survivance de l'assuré, auquel cas l'événement de la condition prévue fait cesser le contrat, supprime les obligations réciproques et libère l'assureur qui, tout en ne payant rien, conserve les primes acquises; — par l'expiration du terme stipulé si la convention a été conclue temporairement; — par la résiliation du contrat, soit avant le décès de l'assuré ou du bénéficiaire, soit avant l'expiration du terme pour lequel il a été fixé; — par la prescription. — Cf. Merger : *op. cit.*, p. 181.

3. Merger : *op. cit.*, p. 153.

4. Alauzet : *Assur.*, n° 552; Grün et Joliat : *op. cit.*, n° 379; Sebire et Carteret : *Encyclopéd. du dr.*, v° *Contrat d'assurance sur la vie*, n° 34.

5. Alauzet : *op. cit.*, n° 552; Grün et Joliat : *op. cit.*, n° 417; Merger : *op. cit.*, p. 177.

D'autre part, la dette en vue de laquelle la police a été souscrite peut n'avoir pas été remboursée intégralement, la libération à l'égard du créancier que le débiteur cherche à atteindre peut n'être que partielle. En pareille circonstance le contrat d'assurance sur la vie qui garantit cette opération ne disparaît pas, il continue à subsister. Le prêteur n'est pas totalement désintéressé : il a droit à la portion du capital assuré représentant la fraction qui lui est encore due; il est en mesure de réclamer à la Compagnie qui a traité avec son débiteur la somme qui correspond à la partie de la dette qui existe encore [1].

A vrai dire, il ne s'est jamais élevé une difficulté sérieuse à cet égard.

---

1. V. Couteau : *op. cit.*, T. II, p. 371; Agnel : *op. cit.*, n° 431; Herbault : *op. cit.*, p. 263. — Comp. Trib. comm. Seine, 4 mai 1860, *Journ. des Trib. Comm.*, n° 3216; IX, 313; Paris, 15 août 1860. *Ibid.*, n° 3423, IX, 449; Trib. civ. Rouen, 6 août 1873 et Rouen 28 avril 1874; Couteau : *op. cit.*, T. II, p. 374, note.

CHAPITRE TROISIÈME.

RÉSILIATION ET RÉSOLUTION

Bien que parfaitement régulier, le contrat peut cesser de produire effet par des circonstances se produisant durant son cours. En d'autres termes, à côté de l'extinction normale il peut y avoir des causes d'extinction anormale [1]. Telles sont la résiliation et la résolution.

Des différences profondes séparent la résiliation et la résolution.

La résiliation n'intervient que par une convention mettant fin à un contrat valable ; elle ne saurait arrêter les effets de la police que dans l'avenir [2]. La résolution, au contraire, produit lorsque l'un des

---

1. Il va de soi que la révocation de l'attribution bénéficiaire, quand elle est effectuée par le stipulant ne libère pas la Compagnie. L'assuré a le droit de substituer un bénéficiaire à un autre ; l'assureur ne saurait en paralyser l'exercice. D'autre part, il n'existe aucune raison pour délier la Compagnie ; cette dernière n'a pas traité avec l'assuré en vue de tel bénéficiaire ; il lui importe peu que le capital assuré soit touché par un individu ou par un autre.

Pareillement, si l'acceptation par le bénéficiaire est nécessaire pour consolider son droit, pour le rendre définitif, la Compagnie n'est pas libérée quand l'assuré meurt sans que le bénéficiaire ait soit implicitement, soit expressément manifesté son intention de profiter de la stipulation intervenue en sa faveur, parce que la somme exigible au décès sera toujours et de toute façon touchée. A raison de l'absence de l'acceptation, en effet, la créance contre la Compagnie appartiendra au patrimoine de l'assuré et sera recueillie soit par les héritiers de ce dernier agissant *jure hæreditario*, soit par ses créanciers, et même par l'État, qui appréhende les successions vacantes (Trib. civ. Seine, 26 décembre 1888, D. P. 91, 2.273 ; Paris, 14 février 1890, *ibid* ; Note, D. P. 91, 2.273 ; Ambrosetti : *Du contr. d'assur. sur la vie : obligations de l'assuré et de l'assureur*, Paris, 1896, p. 127).

La solution qui ne semble pas avoir fait doute (V. Panduler : *Étude sur les assur. sur la vie au point de vue fiscal et au point de vue du droit civil* ; (Rev. prat. de dr. fr., T. LII, 1832, p. 124) serait la même au cas où l'assuré aurait, hypothèse assez peu probable, omis d'indiquer le bénéficiaire ; le contrat existe au profit du patrimoine et la Compagnie est débitrice à l'égard de ce dernier.

2. Paris, 7 août 1861. *Journ. des assur.*, 62, 280.

contractants ne s'acquitte pas des obligations qui lui incombent; elle doit nécessairement être demandée par l'intéressé et être prononcée par justice (art. 1184 C. Civ.); elle entraîne l'anéantissement du contrat non plus seulement pour le présent et l'avenir, mais encore pour le passé. Le contrat résilié a vécu, il a existé, il a pu produire des effets. Le contrat résolu est censé n'avoir jamais existé; il est considéré comme n'ayant pu avoir aucun résultat, même dans le passé.

Mais il importe de noter que le contrat ayant eu une existence, la responsabilité de l'assureur ayant été engagée, ce dernier a le droit de conserver les primes qui représentent les risques courus[1]. L'art. 1183 C. Civ. est sans application. Il n'en est pas ici comme dans tout autre contrat où chacune des parties retrouve ce qu'elle a donné, dans la vente, par exemple, où la résiliation survenant, le vendeur reprend la chose et l'acquéreur son prix. Dans l'assurance il est impossible que l'assuré rende à l'assureur ce qu'il a reçu de lui, c'est-à-dire la garantie de la chose assurée[2].

SECTION I

Résiliation.

§ 1. — Notions Générales.

La résiliation enlève au contrat toute sa force. Dès lors, à partir du jour où elle a lieu, les parties sont dégagées, la Compagnie ne répond plus des risques, l'assuré n'a plus de prime à payer. Certainement, comme il sera établi plus loin, il peut intervenir une convention pour régler les effets de la résiliation, mais le contrat même n'en disparaît pas moins, l'assurance n'en prend pas moins fin.

La résiliation peut, en premier lieu, résulter du consentement mutuel des parties. C'est l'accord des contractants qui met un terme à l'opération. Il s'en suit que les conditions de validité indiquées par la loi doivent être remplies. Mais ce qui est essentiel, c'est que les Statuts de la Compagnie autorisent la résiliation.

Les effets dépendent nécessairement de la volonté des parties, volonté qui est omnipotente à la condition de ne porter en rien atteinte aux principes considérés comme étant d'ordre public.

La résiliation par accord convenu a lieu quand à un moment quelconque les parties décident d'arrêter l'opération, d'éteindre le contrat.

---

1. Au cas où l'assurance aurait été faite moyennant une prime unique, l'assureur aurait donc droit à la fraction en rapport avec le nombre d'années durant lesquelles il était lié. — Pardessus, *op. cit.*, T. II, n° 596.

2. Grün et Joliat : *op. cit.*, n° 405; Alauzet : *Assur.*, n° 564; Sébire et Carteret : *Encyclopéd. du dr.*, v° *Contr. d'assur. sur la vie*, n° 52; Merger : *op. cit.*, p. 169.

Elle se produit encore quand l'assuré ou la personne qui, du consentement de l'assuré[1], a pris à sa charge le service des primes manifeste, par le refus du paiement de l'annuité, son intention d'abandonner le contrat qui durait depuis un certain nombre d'années. Ce contractant est dans son droit strict parce que le paiement de la prime est facultatif et que chaque année le contrat se renouvelle. En reconnaissant dans la police ce caractère à la prime, l'assureur est réputé avoir consenti par avance à la résiliation demandée implicitement par ce refus.

L'abandon du contrat par l'assuré, abandon résultant du non paiement de la prime, ne délie pas entièrement les parties en ce sens que la Compagnie ne peut point répondre qu'elle ne doit plus rien à l'assuré par ce dernier. L'opération doit être liquidée. Elle peut l'être de deux façons : ou bien par la *réduction*, ou bien par le *rachat*[2].

§ 2. — Réduction et Rachat.

A. — *Notions générales.*

La prime étant le prix de l'assurance, son taux devrait varier chaque année : il tombe sous le sens qu'au fur et à mesure qu'une personne vieillit ses chances de mortalité vont en augmentant. Néanmoins et à juste titre, car dans les dernières années le chiffre aurait pu être excessif, il a paru plus pratique et plus rationnel de ne pas tenir compte des différences qui se produisent d'année en année et de rendre la prime uniforme. On reporte sur les premières années une partie de ce qui serait à payer pour les dernières, en prenant la

---

1. Nous disons *du consentement de l'assuré*, parce que le contrat étant absolument personnel, rien ne peut se faire sans la volonté de l'assuré ; le maintien du contrat à l'insu ou contre l'assentiment de ce dernier serait la négation de ce principe fondamental que la police ne peut exister pour la vie d'un tiers qu'autant que ce tiers y consent.

2. On peut encore jusqu'à un certain point, dit Merger (*op. cit.*, p. 155), considérer comme résiliation volontaire l'abandon que le contractant fait de sa police entre les mains de l'assureur à qui il ne peut rembourser une somme qu'il lui a empruntée. Voici dans quel cas : les Compagnies prêtent quelquefois au contractant ou à l'assuré la somme qu'il demande jusqu'à concurrence de la valeur de son titre, et moyennant un intérêt modéré. Ce prêt est fait sur le dépôt de la police qui est transférée à la Compagnie. Comme il s'agit là de deux contrats distincts, il est clair que le contractant doit toujours continuer de servir exactement les primes. Si le contractant ou assuré rembourse la somme empruntée, la Compagnie lui rend son titre, au moyen d'un nouveau transfert à son nom. Mais s'il ne peut pas rembourser, la Compagnie use de la transmission de propriété faite à son profit au moyen du transfert passé à son nom ; la police lui appartient dorénavant par suite de l'abandon volontaire du contractant ou assuré. Elle se paye de la somme prêtée par le montant de la valeur du titre ; et s'il y a de l'excédant, elle s'acquitte envers le contractant ou assuré comme elle le fait dans le cas ordinaire de rachat des polices.

moyenne des chiffres donnés par toutes les primes prévues pour l'assurance vie entière et indiquées par les tables de mortalité. Ce chiffre de la prime uniformisée comprend deux parties : l'une correspond à la prime simple d'assurance pour l'année, l'autre est destinée à parfaire l'insuffisance des primes futures, c'est ce qui constitue la réserve [1].

Quand pour une raison ou pour une autre, l'assuré arrête le contrat, l'assureur a le droit incontestable de conserver la somme représentant la prime pour chacune des années écoulées, mais il ne peut pas retenir d'une façon absolue la réserve, puisque cette réserve se rapporte à des années durant lesquelles lui, assureur, ne sera nullement engagé. Quand une personne traite pour une assurance sur la vie avec une Compagnie, cette dernière lui ouvre un compte, compte qui comprend deux éléments : la prime simple due chaque année; la somme destinée à parfaire l'insuffisance des primes futures. Si l'assuré se retire, il faut liquider cette situation : la Compagnie doit rembourser le solde créditeur [2], mais nullement, quoiqu'il ait pu être soutenu [3], dans son intégralité : pendant tout le temps qu'a duré le contrat elle a eu à supporter des frais généraux, frais que motivait la participation de l'assuré et dont il ne saurait s'exonérer en excipant de son départ, la Compagnie n'étant pas un mandataire chargé de faire gratuitement les affaires de leur clientèle [4]. Aussi est-il unanimement admis que le remboursement n'aura lieu en faveur de l'assuré ou de la personne qui le représente qu'après un laps de trois années.

Le remboursement, ou, pour mieux dire, la liquidation de l'opération, peut s'effectuer de deux manières : par la réduction ou, au contraire, par le rachat.

La Compagnie fait le calcul de la somme qui reste au profit du stipulant, ce qui constitue sa réserve ; puis, considérant le premier contrat, celui qui a duré au moins trois années, comme annulé elle affecte le solde de la réserve à une nouvelle assurance couvrant les mêmes risques mais pour une somme moindre [5] et destinée au béné-

---

1. Couteau : *op. cit.*, T. II, p. 294.

2. C'est là une différence essentielle avec l'assurance contre l'incendie : quand une police de ce genre a été résiliée, l'assuré n'a rien à réclamer pour les primes par lui versées parce que les primes encaissées sont l'exacte contre-partie du risque couru. — V. Dormoy : *Théorie mathém. des assur. sur la vie.* T. II, p. 79.

3. V. Laurent : *Les Compagnies d'assurances sur la vie humaine.* (*La Réforme économique*, 1875) ; de Serhonnes : *Des contrats discontinués.* (*Monit. des assur.*, 1875, p. 429) ; Cook : *La valeur de rachat.* (*ibid.*, 1877, p. 57). Cf. Dormoy : *op. cit.*, p. 79 ; Karup : *Theoretisches Handbuch des Lebens versicherung.* T. III, p. 135.

4. Du Courcy : *Précis de l'assurance sur la vie*, p. 289. Ce prélèvement est destiné à couvrir les dépenses générales de l'entreprise et à procurer un bénéfice suffisamment rémunérateur aux capitaux qui y sont engagés. Conf. : *Des entreprises d'assurances sur la vie.* (*L'Opinion*, avril 1870, p. 55.)

5. La réduction, comme le fait observer M. Chaufton (*Les Assurances*, T. I,

ficiaire indiqué dans la police. On dit alors qu'il y a *réduction*. Le contrat primitif subit une modification essentielle dans le chiffre de l'émolument et dans l'acquittement de la prime ; il est remplacé par un autre.

Mais il peut se faire que l'assuré ne veuille pas de la réduction. Bien qu'elle se produise de plein droit, *ipso facto*, par le seul fait du non-paiement de la prime, il est en droit de refuser de la subir. Il peut avoir intérêt à ne pas laisser le bénéficiaire indiqué dans la police percevoir ce capital réduit qui, bien qu'inférieur à celui convenu pour le cas où le contrat aurait suivi son cours normal, constitue le profit de l'assurance. Le contrat arrêté vaut quelque chose : il représente la somme relative aux risques futurs que la Compagnie ne saurait songer à s'approprier puisque l'assuré désire ne pas donner suite à l'opération. Cette valeur, l'assuré est en mesure de la vendre à la Compagnie ; il lui est loisible de demander de la reprendre pour une somme déterminée. Il y a alors *rachat*. L'assureur verse entre les mains de l'assuré une somme déterminée dite valeur de l'achat [1] qui le libère. Le contrat est éteint.

Le rachat diffère essentiellement de la réduction.

La réduction donne naissance à une nouvelle convention en ce sens qu'elle réduit les primes à une prime unique et qu'elle ne confère un droit que pour une somme inférieure à celle portée dans la police primitive, mais l'opération, malgré la modification intervenue, n'est pas arrêtée : elle laisse la Compagnie tenue de payer au bénéficiaire indiqué dans la police un certain capital à l'époque fixée par le contrat, c'est-à-dire d'une assurance sur la vie, lors du décès de l'assuré. En second lieu, cette réduction, quoi qu'il ait été dit [2], se produit de plein droit, *ipso facto*, par le seul fait de non-paiement d'une prime, après le versement des trois premières.

Au contraire le rachat met un terme définitif à l'opération, il oblige

p. 119), résulte de l'adoption des primes de Duvillard au lieu des primes pures ; le capital réduit ainsi calculé d'après Duvillard, est toujours un peu moins élevé que s'il était calculé d'après les primes pures, — Comp. Dormoy : *op. cit.*, T. II, p. 320 ; Walford : *The insurance Guide and Handbook*, Londres, 1867, p. 233.

1. La valeur de rachat, écrit M. Deslandres (*De l'assur. sur la vie*, p. 20), est la valeur de l'assurance réduite que l'assuré pouvait acquérir. L'assuré qui cesse de payer ses primes pouvait néanmoins être assuré pour une certaine somme ; cette assurance a une valeur actuelle. Si on voulait l'acquérir actuellement à l'âge où se trouve l'assuré, il faudrait payer une certaine somme à la Compagnie comme prime unique ; c'est cette somme que la Compagnie paiera pour se libérer de l'assurance à laquelle elle pourrait être tenue par suite de paiements antérieurs, car cette somme représente la valeur de l'engagement de la Compagnie. Ainsi, conclut M. Deslandres, la valeur de rachat d'une assurance à un moment donné, c'est la prime unique pour laquelle on obtiendrait à ce moment l'assurance réduite à laquelle a droit l'assuré, s'il cesse de payer ses primes.

2. Deslandres : *op. cit.*, p. 41. Pour cet auteur c'est non pas la réduction mais le rachat qu'entraîne *ipso facto* le défaut de paiement des primes.

la Compagnie à débourser immédiatement une somme dite *valeur de rachat* et lorsque l'assureur a fait ce versement il ne reste rien du contrat ; enfin le rachat ne peut avoir lieu qu'autant qu'il y a eu une demande, demande se produisant après le versement des trois primes annuelles, au moins [1].

1. Sur le mode de calcul de la réserve en pareil cas, nous ne pouvons que renvoyer à l'ouvrage de M. Laurent : *Théorie et pratique des assur. sur la vie*, Paris, 1895, p. 102 et 127.

La question de la réduction et du rachat offre une importance très réelle. Aussi convient-il de signaler ici les dispositions édictées à cet égard par le projet de loi sur le contrat d'assurance que M. le professeur Rolli a rédigé à la suite de l'arrêté près le 18 juillet 1893 sur le conseil fédéral suisse (V. le texte dans *L'Opinion*, 15 novemb. et 15 décembre 1896).

Aux termes de l'art. 80, à la demande de l'ayant-droit, l'assureur doit réduire en un contrat libéré toute assurance sur la vie pour laquelle il a été payé les primes d'au moins trois années. A la demande de l'ayant droit, l'assureur doit racheter toute assurance sur la vie pour laquelle il a été payé les primes d'au moins trois années, en tant que cette assurance comporte une obligation certaine de payer la somme assurée ; dans les circonstances ainsi prévues, l'assureur est également tenu de réduire ou de racheter une partie seulement de l'assurance, pourvu que la somme assurée afférente à la partie non réduite ou rachetée ne soit pas inférieure à la somme assurée minimum fixée par l'assureur pour ses contrats du même genre. L'art. 81 dispose que la valeur de réduction ou le prix de rachat sont calculés d'après la réserve existant au moment où la demande de réduction ou de rachat est parvenue à l'assureur ; il déclare que l'on entend par réserve, au sens de la présente loi, le montant dont l'assureur sur la vie, vu ses principes techniques et en outre des primes futures, a besoin pour faire face à ses charges probables. — Pour calculer la valeur de réduction, dit l'art. 82, on considère toute la réserve comme prime unique d'une assurance conclue à l'âge actuel de l'assuré, et l'on applique à cette prime les tarifs qui étaient en vigueur pour les contrats du même genre lors de la conclusion de l'assurance. Le prix de rachat doit être au moins égal à la réserve moins deux pour cent de la somme assurée. L'art. 83 ajoute que dans les quatre semaines dès la réception de la demande, l'assureur est tenu de calculer, conformément aux articles 81 et 82, la valeur de réduction ou le prix de rachat et de les indiquer à l'ayant droit, que cette indication doit être accompagnée de toutes données permettant à un expert de déterminer lui-même la valeur de réduction ou le prix de rachat, qu'à la demande de l'ayant droit, le bureau fédéral des assurances revise gratuitement le calcul de la valeur ou du prix fixés, au point de vue de leur concordance avec les dispositions qui précèdent. L'art. 84 statue ainsi : L'assurance s'éteint en tout ou partie au moment où la demande de rachat total ou partiel parvient à l'assureur. — La réduction de tout ou partie de la somme assurée, conformément à l'article 82, alinéa 1, se produit au moment où la demande de réduction totale ou partielle parvient à l'assureur.

S'il a été payé les primes d'au moins trois années pour une assurance sur la vie et si le paiement des primes ultérieures fait défaut, d'après l'art. 85 l'assureur doit la valeur de réduction. Il est tenu de calculer, conformément à la présente loi, cette valeur arrêtée à l'échéance du délai de dix jours établi par l'article 24, alinéa 1, et de les indiquer à l'ayant droit avec des données prévues à l'article 83. Si l'assurance est rachetable, les mêmes dispositions s'appliquent au prix de rachat et l'ayant droit peut, dans les quatre semaines après qu'il a reçu connaissance de ce prix et des données de son calcul, requérir que le prix de rachat lui soit fourni en lieu et place de la réduction. Enfin l'art. 86 déclare que les dispositions précitées touchant la réduction et le rachat d'assurances sur la vie, sont également applicables aux prestations que l'assureur garantit, sous forme d'assurance sur la vie, moyennant renonciation aux parts de bénéfices.

B. — Réduction.

La réduction est un mode de liquidation du contrat d'assurance sur la vie. Comme il a été dit, elle est destinée à concilier deux principes : loin de varier d'année en année, la prime doit être uniforme, sauf à être un peu supérieure aux données de l'expérience ; l'assureur ne peut pas conserver la somme représentant les primes qui répondent à des années durant lesquelles il n'aura plus de risques à supporter.

La réduction met fin à l'opération primitive : le contrat est et reste annulé [1]. Comment prétendre qu'il persiste puisque les deux éléments essentiels de l'ancien contrat ont disparu ? au lieu du capital promis et qui peut être important, elle en substitue un moindre déterminé par le montant de la réserve ; au lieu de la prime annuelle il n'est dû qu'une prime unique. Aussi a-t-on pu soutenir avec raison que les parties sont dans la même situation que s'il n'y avait jamais eu de contrat primitif, que si pour la première fois le preneur apportait à la Compagnie d'assurance l'argent nécessaire pour la prime unique de cette assurance nouvelle, entièrement distincte de l'ancienne [2] ; de même, il a pu être décidé [3] que la réduction a pour effet de placer les parties en cause dans la situation de nouveaux contractants, que le nouveau contrat, synallagmatique comme le premier, ne peut exister que par l'accord des deux volontés, d'où cette conclusion que la Compagnie est en droit d'apprécier à nouveau les risques de l'assurance et, s'il lui plaît, de refuser le contrat [4].

1. Vermot : *Catéchisme de l'assurance sur la vie*, II, p. 139.
Les polices, du reste, le déclarent quand elles disent qu'*à défaut de payement des primes l'assurance est de plein droit résiliée ; l'assurance résiliée est réduite si les primes des trois premières années au moins ont été payées.*
Quid au point de vue de la participation aux bénéfices ?
Il peut être décidé (et plusieurs polices le déclarent expressément) que la police réduite continuera à participer aux bénéfices, mais seulement au prorata du montant de la prime unique correspondant au capital réduit à la date de la réduction.

2. Couteau : *op. cit.*, T. II, p. 303. — V. la très remarquable dissertation de M. Dupuich, D. P. 95, 2. 455.

3. Trib. civ. Seine, 4 juillet 1889, *Rev. périod. des assur.*, 89, 133.

4. Il est à noter que la Cour de Paris a jugé, le 12 janvier 1881 (S. 83, 1, 406 : D. P. 83, 4, 39), que la substitution résultant de la réduction n'opère pas novation dans les conventions des parties. Cette solution a été déterminée par cette idée que le nouveau contrat se forme en vertu et en exécution du contrat primitif par l'exercice d'une faculté qui résulte de la convention primitive ; que, dès lors, cette dernière doit continuer à l'exécuter dans la mesure ou la modification qu'elle prévoit la laisse exécutable.
La Cour de cassation a consacré cette doctrine (Cass., 19 juillet 1884, S. 83, 1, 407 : D. P. 83, 4, 40) en se basant sur ce qu'en pareille circonstance il n'y a pas substitution de dette et que l'engagement primitif, loin d'être éteint, est maintenu, la deuxième opération ne s'expliquant et ne subsistant que par la première.

Seulement, il faut l'ajouter aussitôt, il n'y a aucun changement pour les parties contractantes quant aux droits qui peuvent leur appartenir : l'assureur reste obligé et il reste obligé à raison de ce fait notamment que la somme qu'il doit payer représente le reliquat du compte de l'assuré et forme le montant de la prime, laquelle est unique.

L'assuré est toujours le même ; le bénéficiaire ne voit pas un tiers se substituer à lui pour la perception de ce capital ; bien que réduit, quoique diminué, ce capital est, en effet, un profit de l'assurance et, dès lors, il doit nécessairement appartenir à la personne en vue de laquelle la police a été souscrite.

Enfin pour le terme de l'engagement il n'y a aucune modification ; ce capital réduit ne sera versé que lorsque se produira le décès, condition prévue au contrat ; c'est ce que les polices proclament nettement lorsqu'elles déclarent que *la somme réduite reste payable au décès de l'assuré*.

Ainsi à l'égard du bénéficiaire l'assurance subsiste, le contrat se continue sans interruption avec toutes ses clauses et conditions ; la seule modification consiste dans la diminution de la somme promise en ce qui le concerne.

La réduction se produit de plein droit, *ipso facto*, en vertu de la convention elle-même, sans qu'une demande soit nécessaire [1]. Les contractants ne sauraient s'en plaindre : d'une part l'assureur voit réduire le montant de ses engagements ; d'autre part, l'assuré se trouve exonéré du service des primes [2].

Les conditions dans lesquelles intervient la réduction sont fixées par les procédés de calcul usités par la Compagnie. Mais de toute façon il faut, pour être en mesure de profiter de la réduction, que trois primes annuelles au moins aient été versées. L'on a trouvé que cette perception suffisait pour indemniser la Compagnie de ses frais. Tant que cette condition d'un triple versement n'a pas été remplie, il ne peut pas y avoir réduction : le contrat s'éteint alors sans contrepartie pour le stipulant.

Le droit de faire réduire l'assurance ou mieux de laisser l'assurance se réduire puisque la réduction se produit *ipso facto* appartient à tout assuré, sauf, bien entendu, le cas où la police contiendrait une prohibition formelle à cet égard.

1. V. notamment Trib. civ. Seine, 10 avril 1894, *Journ. des assur.*, 95, 62 ; *Rec. périod. des assur.*, 94, 715.

2. L'assuré, dit M. Cypres (*op. cit.*, p. 66), a tout intérêt à accepter l'offre de réduction : parmi les assurés qui cessent le paiement de leurs primes, il en est beaucoup qui ne songent pas à s'occuper à ce moment de leur assurance, et si la Compagnie se bornait à tenir à leur disposition les valeurs du rachat du contrat, cette valeur pourrait, dans bien des cas, rester fort longtemps entre ses mains, sans produire d'intérêts, au grand détriment du propriétaire. Il vaut donc mieux l'employer à la constitution d'une assurance réduite que l'assuré pourra toujours résilier quand il le voudra.

C'est un droit attaché à la personne ; par conséquent l'assuré est seul en mesure de l'exercer [1].

Les créanciers sont hors d'état d'opter pour la réduction au nom de leur débiteur. En cas de réduction la convention primitive disparaît et se trouve remplacée par une autre ; il y a un contrat nouveau [2]. Or, les créanciers ne sauraient, en vertu de l'art. 1166 C. Civ., être admis à passer un contrat nouveau, parce que ce n'est qu'une faculté et que les créanciers sont sans qualité pour exercer les droits qui supposent l'exercice d'une faculté, une appréciation individuelle, une manifestation de volonté [3].

D'un autre côté, les créanciers sont sans qualité pour combattre la réduction que l'assuré entend laisser intervenir en faveur d'un bénéficiaire.

Il est certain qu'il y a, en pareil cas, l'offre d'une libéralité faite par le stipulant au bénéficiaire. Il est unanimement reconnu que les créanciers sont démunis de tout droit pour la révocation d'une libéralité [4]. Leur incapacité doit d'autant plus être proclamée que le montant de cette libéralité n'appauvrit pas le patrimoine du débiteur puisqu'il provient de la caisse de l'assureur, c'est-à-dire des biens d'un tiers.

On ne voit pas pour quel motif les créanciers seraient admis à critiquer l'attribution maintenue au bénéficiaire par la nouvelle opération [5], puisqu'ils étaient hors d'état de révoquer la stipulation première conclue pour une somme supérieure en faveur d'un bénéficiaire. Le droit de révocation ne se comprendrait que s'il pouvait être admis que les créanciers sont capables d'enlever au tiers déterminé le profit que lui attribue la police.

D'autre part, l'on ne voit pas comment les créanciers seraient en état de s'opposer, en payant les primes, à la réduction que l'assuré entend subir. L'assurance sur la vie ne peut pas être contractée par un tiers sur la tête d'une autre personne jouant le rôle d'assuré sans le consentement de celle-ci. Si les créanciers pouvaient, en se chargeant du versement des primes, continuer l'assurance au mépris de

---

1. V. ce *Traité* T. II, p. 291. — *Adde* : Dupuich : Note, D. P., 95, 2, 155.

2. Ce qui a pu faire difficulté, c'est cette expression de *contrat réduit*, qui semblerait laisser croire que le contrat ancien survit. Aussi partageons-nous l'opinion de M. Dupuich (Note, D. P., 95, 2, 155) qui met en garde contre cette expression, faisant justement valoir que la terminologie des assurances sur la vie, créée en dehors de toute préoccupation juridique, et le plus souvent par traduction de mots anglais, est, au point de vue du droit, d'une regrettable inexactitude.

3. Larombière : *Obligat.*, T. II, sur l'art. 1166, n° 17.

4. Aubry et Rau : *Dr. civ.*, T. VIII, p. 116 ; T. IV, p. 126 ; Larombière : *op. cit.*, sur l'art. 1166, n° 18 ; Laurent : *Dr. civ.*, T. XVI, n° 425 ; Demolombe : *Contrats*, T. II, n° 58.

5. V. Fry : *op. cit.*, p. 191 ; Deslandres : *op. cit.*, p. 117 ; Cyprès : *op. cit.*, p. 65.

la volonté de l'assuré ils méconnaîtraient cette règle fondamentale [1].

L'assuré qui a subi la réduction a-t-il le droit de revenir à l'ancien contrat, au contrat primitif? L'hypothèse peut se présenter dans les circonstances suivantes : une personne par suite d'un embarras momentané s'est trouvée hors d'état de payer une des primes suivant la troisième : de ce chef, il y a eu réduction ; mais la gêne dans laquelle elle se trouvait n'était que passagère ; ultérieurement elle a su augmenter ses ressources et il lui est possible de faire face au service des primes. A moins d'une disposition formelle dans la police, la Compagnie n'est nullement obligée d'accueillir la demande de l'assuré ; une fois qu'un contrat a subi une modification aussi grave que celle qui a lieu par la réduction le contrat ne saurait revivre ; les circonstances qui ont fait intervenir la réduction importent peu. Il ne reste plus à l'assuré qu'à traiter avec la Compagnie pour la différence entre le capital porté dans la police primitive et le capital réduit ; mais c'est là un contrat absolument nouveau, un contrat totalement distinct des autres, soumis, par conséquent, aux règles qui seraient de mise pour un proposant totalement étranger.

Cette manière de procéder n'est pas de nature à préjudicier aux intérêts de l'assuré ; elle dispense, en effet, ce dernier de payer avec intérêt à 4 % les primes arriérées et afférentes à une période durant laquelle l'assurance n'aurait pas eu d'effet s'il était décédé. A la vérité, une nouvelle visite médicale a lieu, mais de toute façon il aurait fallu s'y soumettre si l'on avait admis que la première police pouvait revivre ; outre que dans l'intervalle des deux opérations il a pu se produire des changements réels, la dispense d'un examen pourrait favoriser la fraude [2].

C. — *Rachat.*

Le rachat [3] est le règlement de compte qui intervient entre l'assuré qui désire arrêter le contrat dans son cours, et l'assureur qui, pensant que l'opération se poursuivrait jusqu'au décès du stipulant, a réclamé dès le début une prime assez importante pour faire face à l'augmentation des risques que cause l'avancement en âge.

Ce qui caractérise l'opération désignée sous le nom de rachat [4], c'est

---

1. Lyon-Caen : Note, S. 86, 2. 927 ; Couteau : *op. cit.*, T. II, p. 115 et 311 ; Mornard : *op. cit.*, p. 312 et 321.
2. Vermot : *op. cit.*, II, 135 et 136.
3. V. sur cette question du rachat les remarques de M. de Courcy : *Précis de l'assur. sur la vie*, 3e édit., p. 287 à 298.
4. Ainsi que le fait judicieusement observer M. Couteau (*op. cit.*, p. 298), l'expression de *rachat* dont se servent les polices est on ne peut plus fâcheuse, elle n'exprime pas ce qu'est en réalité l'opération et elle peut faire naître

la remise immédiate et sur une simple réquisition par cette dernière d'une somme représentant la valeur de rachat. Ce n'est pas une restitution, car la réserve sur laquelle sera prélevée la somme que l'assuré pourra toucher comme valeur de rachat n'appartient pas à l'assuré, et se trouve, au contraire, acquise à l'assureur [1]. C'est un mode de liquidation, mais un mode éminemment équitable : si l'assureur, en présence de la volonté exprimée par l'assuré d'abandonner le contrat, n'est plus tenu de supporter les risques susceptibles de se produire par la suite, il ne saurait conserver la somme qui représente ces risques [2].

La multiplicité des demandes de rachat peut amener dans l'industrie des assurances une perturbation d'autant plus grave que ce sont les bons contrats qui disparaissent : il est certain, en effet, que la personne qui se sent malade et qui prévoit sa fin prochaine ne sollicitera pas le rachat, mais au contraire que l'homme jeune et robuste est à même de trouver qu'il a intérêt à ne pas payer les primes durant un laps de temps qui risque d'être très étendu. Si l'assuré pouvait, dès la première ou les premières années, réclamer le solde de son compte, la Compagnie serait en perte, elle aurait à supporter, à elle seule, sans contre-partie, les frais d'agence et le courtage. Elle serait exposée à une fraude consistant à résilier le contrat avec une Compagnie pour traiter avec une autre de façon à toucher aussi une certaine somme tout en restant assuré.

Si les Compagnies étaient obligées de payer comptant la valeur des contrats rachetés à tous les assurés qui la demanderaient, le crédit

les idées les plus fausses sur la nature. (Néanmoins l'on est obligé de l'employer puisque la pratique l'a consacrée.

1. Comme le remarque M. Lhopital (*De la nature du contrat d'assur. sur la vie*, p. 94), l'assuré n'a aucun droit sur la réserve, car s'il a payé dans le commencement des primes trop fortes, il les a payées sciemment en vertu d'un contrat licite, et avec l'intention d'en rendre la Compagnie propriétaire. — M. Adan a parfaitement mis en lumière le droit exclusif de la Compagnie à la réserve.

Dans l'ouvrage qu'il publiait en 1870 M. Tissier écrivait (p. 215) qu'il était permis d'espérer que si le législateur venait à tracer les règles de la matière il imposerait toujours aux assureurs l'obligation de tenir compte aux bénéficiaires d'une partie des primes reçues. — V. Merger : *op. cit.*, p. 198. D'autre part, examinant les règles que le législateur doit consacrer, M. Herdez (*op. cit.*, p. 349 et 350) demande la reconnaissance du droit de l'assuré à la valeur de rachat. Pour lui c'est une disposition qui intéresse l'ordre public : les économies de travailleurs toujours plus nombreux sont, dit-il, entre les mains des assureurs; et la société ne saurait tolérer une confiscation qui aurait à la longue comme effet l'enrichissement d'un petit nombre de Compagnies, au détriment de familles besogneuses, privées de tout le fruit de leur patiente épargne. — Comp. Cyprès : *op. cit.*, p 61.

2. Pour l'assuré, suivant l'expression de M. Coulazou (*De la stipulat. pour autrui dans l'assur. sur la vie*, p. 154, c'est le moyen de retirer un avantage qu'il ne peut plus conserver ou qui ne lui est plus utile.

La restitution de la valeur de rachat est tellement passée dans la pratique que le contrat d'assurance ne se comprend plus sans cette obligation. — Hebbous : *Le contrat d'assurance en cas de décès*, p. 83.

des Compagnies serait atteint. En présence d'une crise, d'un besoin, l'assuré inquiet, gêné, réclamerait presque dès le lendemain de la signature du contrat la valeur de rachat : déterminé par cette idée qu'une somme à percevoir immédiatement vaut mieux qu'une somme même supérieure à toucher ou à laisser toucher après plusieurs années, certain, d'autre part, que grâce aux moyens employés par une Compagnie la somme versée par lui a pris une autre valeur, l'assuré demanderait presque aussitôt le rachat. Aucune Compagnie ne serait en état de faire face à une pareille situation d'autant que l'échéance ne pourrait être prévue [1].

On conçoit dans ces circonstances que la Compagnie, même dans l'intérêt des assurés [2], ait soumis l'exercice du droit à certaines conditions [3].

En premier lieu il faut que trois primes annuelles au moins aient été versées. Il a semblé que c'était un laps de temps suffisant pour permettre à l'assureur de rentrer dans l'avance de ses dépenses, de ses frais généraux. Cette condition est de rigueur. Si le contrat n'avait pas duré trois ans au moins, l'assuré ne pourrait rien réclamer. Il faut ajouter qu'en pareil cas le solde créditeur ne serait pas très considérable et qu'il est juste qu'il serve à dédommager l'assureur des frais occasionnés par le contrat ainsi arrêté contre ses prévisions.

Il importe de plus que l'assuré soit complètement libéré vis-à-vis de la Compagnie. Cette dernière serait en droit de repousser la demande de rachat formée par un assuré débiteur non seulement d'une prime entière mais même d'une fraction de la prime.

En outre, il faut que la valeur de rachat soit réclamée à la Compagnie [4]. Sans doute la police force l'assureur à faire droit à la récla-

1. V. de Courcy : *op. cit.*, p. 291 et suiv.
La réserve de chaque assuré est représentée en partie par des valeurs mobilières achetées par les Compagnies. Si les demandes de résiliation affluaient à la Compagnie, celle-ci devrait vendre ses valeurs mobilières, peut-être à vil prix et subirait ainsi des pertes considérables. — Cyprès : *op. cit.*, p. 62 et 63.

2. On l'a dit, si chacun pouvait résilier son contrat d'assurance en cas de décès ou son contrat d'assurance mixte et retirer la totalité de sa réserve, les assurés en bonne santé seuls useraient de ce privilège, soit parce qu'ils veulent entrer dans une Société plus en vogue, soit que leur état de santé leur fasse envisager l'assurance en cas de décès comme superflue ; la mortalité augmentant rapidement, le reste de la Société courrait un grand péril. Inversement, dans l'assurance en cas de vie et d'assurance de rentes, ceux qui croient leur mort prochaine préféreraient retirer leur réserve et compromettraient ainsi la marche prospère de la catégorie. — *Des entreprises d'assurances sur la vie* (L'Opinion, avril 1894, p. 55).

3. Comp. les remarques de M. Arvidson : *La question du rachat et de la réduction des contrats d'assurance sur la vie* (Monit. des Assur., 15 janvier 1886), et les observations de M. Deslandres, *loc. cit.*

4. Par conséquent il faut avoir la capacité juridique pour agir. Une personne privée de raison ne saurait donc réclamer le rachat. — Chambéry, 1er févr. 1892, D. P. 93, 2, 357.

nation de l'assuré qui se trouve dans les conditions prévues, mais la demande n'en doit pas moins être faite à l'assureur.

Le prix du rachat est déterminé d'après les bases adoptées par le Conseil d'administration de la Compagnie et en vigueur au jour de la demande de rachat [1]. Bien certainement les clauses peuvent varier, en particulier quant à la fixation de la valeur de rachat, mais de toute façon il faut que la Compagnie s'engage à restituer le solde de son compte à l'assuré qui abandonne l'opération.

L'assuré doit subir les règles générales de l'escompte, c'est-à-dire la déduction des intérêts que la somme escomptée eût pu produire si la Compagnie l'avait conservée dans sa caisse durant le temps restant à courir [2]. Des tribunaux l'ont décidé [3]. Leur décision est assurément conforme à ce qui se passe et doit se passer dans la pratique. Mais il faut reconnaître que les motifs donnés à l'appui de cette solution laissent à désirer. Comme il a été établi précédemment [4], c'est à tort qu'elles se basent sur cette idée que le capital assuré est formé à l'aide des primes accumulées et grossies des intérêts composés, que l'assurance sur la vie constitue un placement de fonds et que le rachat du contrat n'est que le paiement anticipé d'une *créance due à terme*, paiement qui doit se faire sous déduction de l'escompte [5].

[1]. Ainsi en France la Compagnie peut toujours apporter des modifications puisque c'est elle qui, à son gré, fixe la valeur de rachat.

Il en est de même en Angleterre.

En Allemagne l'on a cru pouvoir fixer par avance un chiffre : des Compagnies accordent les trois quarts de la part de la réserve du groupe proportionnelle à la valeur du capital assuré ; d'autres s'engagent à donner à l'assuré renonçant une part de sa réserve variant entre les 3/4 et les 4/7 ; d'autres (c'est la minorité) rendent une partie des primes payées, variant entre le 1/3 et le 1/4. Beaucoup de Sociétés font cependant quelques restrictions : c'est ainsi qu'il a été décidé que lorsque la réserve serait de moins de 10 % de la somme assurée la moitié devrait en être retenue comme indemnité de résiliation ; par contre, il est admis que la valeur de rachat est de 71 % du montant de la part entière de réserve sitôt que la part de réserve s'élève à 52 % du capital assuré et que si elle s'élève au 9/10 du capital la part de réserve est entièrement rendue.

Dans le système de l'accumulation des bénéfices, la répartition devant être allouée exclusivement à la personne vivante et assurée à la fin de la période d'accumulation, les polices n'ont aucune valeur de rachat avant l'expiration de la période d'accumulation parfois assez longue. — Bordez : *Les bases jurid. et économ. de l'assurance privée*, p. 195 et 196.

Cet auteur (*op. cit.*, p. 330) a très fortement critiqué le système américain en ce qu'il aboutit à priver de la valeur de rachat des individus qui ne peuvent, peut être après de longues années, continuer leurs payements jusqu'à la prochaine époque de distribution des bénéfices.

[2]. Et l'escompte à déduire doit se calculer non pas simplement comme pour les effets de commerce, mais en égard au nombre d'annuités restant à courir d'après la police, et en tenant compte au profit de l'assuré de l'intérêt composé à raison des échéances successives échelonnées en annuités. Paris, 17 mai 1879, S. 81, 2, 254.

[3]. V. par exemple, Rennes, 24 mars 1878, *Journ. des Assur.*, 78, 176.

[4]. Comp. ce que nous avons déjà dit, T. II, p. 153, note 2.

[5]. Comp. Couteau ; *op. cit.*, T. II, p. 301. Un auteur, M. Patinot (*De l'assur. sur la vie. Rev. prat. de dr. fr.* T. XXVI, 1868, p. 559 à 563.), prévoyant à la

A qui appartient cette valeur de rachat ?

La jurisprudence semble avoir établi une distinction suivant que la police était pure et simple, ou mixte[1].

Lorsque la police a été passée au profit d'un tiers déterminé qui a accepté soit tacitement, soit expressément, c'est le bénéficiaire qui seul peut percevoir la valeur de rachat[2]. En présence d'une police signée dans l'intérêt d'une personne indiquée sinon expressément au moins d'une façon suffisante, le droit au capital assuré, loin d'avoir fait partie un seul instant du patrimoine du stipulant, gage des créanciers de ce dernier, est acquis dès le jour même du contrat *jure proprio* et à titre exclusif par la personne gratifiée. Si cette personne a toujours été propriétaire de la créance contre la Compagnie, du profit de l'assurance, et si son droit est devenu définitif par l'acceptation, les créanciers de l'assuré ne peuvent rien réclamer à la Compagnie. La valeur de rachat constitue un profit du contrat : elle représente, en partie à la vérité, la somme stipulée à la police pour le cas où l'assurance aurait été maintenue jusqu'au décès. C'est si bien un profit du contrat que les conditions du paiement sont fixées par l'acte qui constate l'accord des parties et que cette valeur de rachat est remise en vertu de l'acte. Si la valeur est un profit du contrat, elle doit nécessairement appartenir au tiers qui a reçu antérieurement un droit propre au capital même, qui est devenu le créancier direct de la Compagnie pour tout ce que cette dernière devait en exécution du contrat.

D'ailleurs qu'y a-t-il, en réalité, quand l'assuré s'assure au profit d'un tiers ? L'offre d'une libéralité : l'assuré a proposé au bénéficiaire de toucher à son décès la somme que la Compagnie s'engage à verser. Reconnaître aux créanciers le droit de réclamer la valeur de rachat, c'est véritablement révoquer la libéralité. Or, il est unanimement re-

---

tit d'un jugement du Tribunal de la Seine du 6 avril 1865, le cas où il n'existerait aucune convention quant aux conditions du rachat, a contenu que du produit des versements faits par le stipulant et capitalisés. Il y avait lieu de déduire : 1° une somme égale au risque couru par la Compagnie pendant la durée de l'assurance, 2° une somme égale aux frais généraux d'une assurance sur la vie entière pendant le nombre d'années écoulées, en en déduisant ceux d'une assurance temporaire faite pour le même nombre d'années, ajoutant que si le stipulant avait payé la moitié des primes et les intérêts de l'autre moitié, l'assureur devrait tenir compte de ce qu'il a payé, non l'intérêt de demi-primes d'assurance temporaire, mais celui de demi-primes d'assurance sur la vie entière.

1. Confirmant l'opinion formulée antérieurement (v. T. II, p. 287 etc.) nous développons ici les idées que nous soutenions dans notre article sur *L'exercice du droit de rachat d'une assurance sur la vie par les créanciers de l'assuré*, inséré dans la *Zeitschrift für Versicherungs Recht und Wissenschaft* (1895, n° 2 p. 242 à 247.)

2. Et la Compagnie doit s'acquitter entre ses mains sans pouvoir exciper de ce que le décès de l'assuré n'est pas encore survenu. — Trib. Civ. Seine, 15 juill. 1895, *Journ. des assur.*, 96, 139 ; *Rec. périod. des assur.*, 96, 305. — Des oppositions pratiquées entre les mains de la Compagnie par les créanciers de l'assuré seraient donc sans valeur. — Jugement précité du 15 juillet 1895.

connu que les créanciers ne peuvent pas révoquer l'offre faite par leur débiteur par le motif qu'il y a là une faculté personnelle dont l'exercice doit d'autant plus être enlevé aux créanciers que ces derniers agiraient dans un intérêt pécuniaire et non pour les motifs qui auraient pu déterminer le débiteur[1].

La jurisprudence semble aujourd'hui bien fixée en ce sens : lorsque l'assuré n'a point continué le service des primes, après avoir toutefois payé au moins trois primes annuelles, les créanciers de l'assuré ne peuvent réclamer pour eux le rachat parce que la valeur de rachat fait partie du profit de l'assurance, profit qui est acquis au tiers gratifié quand une stipulation intervient en sa faveur: en d'autres termes, le droit de racheter et de toucher la valeur de rachat s'acquiert en même temps que le droit au bénéfice[2].

[1]. Aubry et Rau : *op. cit.*, T. VIII, p. 116 ; T. IV, p. 126 ; Larombière : *op. cit.*, T. II, sur l'art. 1165, nº 18 ; Laurent : *op. cit.*, T. XVI, nº 425 ; Demolombe : *Contrats*, T. II, nº 58. — Cf. Dupuich : Note, D. P. 95, 2, 153, *in fine*; Lyon-Caen: Note, S. 86, 2, 226 et 227.

[2]. Les auteurs semblent tous d'accord pour refuser l'exercice du droit de rachat aux créanciers de l'assuré. Aux autorités citées *Supra*, T. II, p. 290, note 2, *Adde* : Patinot : *De l'assur. sur la vie* (*Rev. prat. de dr. fr.*, T. XXVII, 1869, p. 52) ; Henry : *L'assur. sur la vie d'après les arrêts les plus récents*, nº 56; Berdez : *op. cit.*, p. 291 ; Ambroselli : *op. cit.*, p. 134, etc. ; Regnault : *Monit. des assur.*, 15 juin 1893, p. 305-307 ; Lecouturier : *Le syndic et le droit de rachat* (*L'Observateur*, 13-27 juillet 1895).

Pour certains auteurs (notamment M. Lyon Caen : *loc. cit.*), la difficulté n'existe même pas quant à l'assurance souscrite au profit d'un tiers déterminé qui a accepté : elle ne se soulève qu'au cas où le bénéficiaire n'a pas accepté et aussi en présence d'une police passée au profit de tiers indéterminés.

La jurisprudence était contradictoire. L'incapacité absolue des créanciers avait sans doute été proclamée. (Rouen, 18 janvier 1884, P. 86, 2, 225 ; D. P. 95, 2, 153. — V. les notes de MM. Lyon Caen et Dupuich dans chacun de ces recueils; Montpellier, 15 mars 1886, *Journ. des assur.*, 86, 208 ; Trib. comm. Châlons-sur-Marne, 22 août 1889. *Journ. des assur.*, 91, 130 ; *Rec. périod. des assur.*, 90, 254. — V. aussi Trib. civ. Genève, 20 octobre 1886, D. P. 95, 2, 153, *ad notam*). Mais d'autres décisions avaient nettement affirmé la solution contraire. (Douai, 28 mars 1887, *Rec. périod. des assur.*, 88, 200 ; Paris, 5 mars 1875, *Journ. des assur.*, 73, 288; Paris, 14 nov. 1890, *Journ. des assur.*, 91, 129; *Rec. périod. des assur.*, 90, 246. — [V. au sujet de cet arrêt le rapport critique présenté par M. le conseiller Cotelle à la Chambre des Requêtes : *Journ. des faill.*, 1895, p. 194 et suiv.]. — V. aussi Cour just. Genève, 10 janvier 1887, S. 87, 4, 13 ; D. P. 95, 2, 153, note).

La Cour de Cassation a mis un terme au conflit de jurisprudence en décidant, le 8 avril 1895 (D. P. 94, 1, 411), que s'il s'agit d'une assurance pure et simple, les créanciers ne peuvent agir au lieu et place de l'assuré parce que la valeur du rachat fait partie du profit de l'assurance, profit qui est acquis au tiers gratifié dès qu'une stipulation intervient en sa faveur; en un mot, pour la Cour suprême, le droit de racheter et de toucher la valeur de rachat s'acquiert en même temps que le droit au bénéfice.

Mais, par son arrêt, la Cour de Cassation a limité l'application de ces principes au cas où le contrat est pur et simple ; d'après elle, la solution doit être différente et le droit des créanciers est entier lorsqu'il s'agit d'une assurance mixte. Nous apprécions plus loin cette restriction. Ce qu'il convient de dire ici, c'est que l'arrêt du 8 avril 1895 n'en offre pas moins une très réelle importance, car dans la grande majorité des cas les personnes qui

Cette solution est parfaitement logique. Le contrat d'assurance serait totalement illusoire si, après avoir conféré au bénéficiaire, quant au profit de l'assurance, un droit exclusif devenu définitif par l'acceptation du tiers gratifié, l'assuré, pouvait (ou si ses créanciers pouvaient, agissant en son nom) enlever le droit de réclamer à la Compagnie l'émolument qui doit résulter du contrat, sinon le capital entier, au moins la fraction du capital en rapport avec le montant des primes versées.

La faculté de rachat n'est, dans la réalité des choses, que l'une des formes du droit de révocation que le stipulant peut exercer au préjudice du tiers bénéficiaire; si ce droit de révocation existe intact chez l'assuré tant que l'acceptation n'a pas rendu la stipulation irrévocable [1], en cas de non exercice il n'empêche aucunement que le tiers puisse, en acceptant la stipulation, rendre définitif en sa personne le droit propre que cette stipulation lui conférait [2]. Dès lors, quand l'assuré n'a pas usé de la faculté de rachat avant l'acceptation du bénéfice de l'assurance, il ne lui est plus possible, après cette acceptation d'agir [3] et par suite ce droit qui ne lui appartenait plus ne saurait, comme

s'assurent souscrivent et doivent souscrire une assurance pure et simple au profit d'un tiers suffisamment désigné. C'est cet arrêt qui a déterminé le Tribunal de la Seine à reconnaître le droit exclusif du bénéficiaire même durant la vie de l'assuré. Trib. civ. Seine, 15 juill. 1895, *Journ. des assur.*, 96, 139; *Rec. périod. des assur.*, 95, 375.

Une considération nous a, d'autre part, tout spécialement frappé (*Les assurances sur la vie et la Cour de Cassation en 1895*, p. 13) : la femme bénéficiaire qui a vu la jurisprudence proclamer définitivement, pour le capital lui-même, payable au décès, son droit à l'encontre des créanciers du mari pourra maintenant considérer comme étant à l'abri de toute revendication le capital diminué qui constitue la valeur de rachat. Et son droit pourra être proclamé du vivant de son mari puisqu'il lui suffira, après la faillite de son mari, de prendre part à l'instance, au cas où l'on contesterait son droit, et de réclamer la police et le profit qui en résulte. — V. en faveur de la solution fournie par la Cour de Cassation pour l'assurance pure et simple, les très intéressantes observations de M. Dupuich : Note, D. P. 95, 1, 441.

1. V. Cass., 22 juin 1891. D. P. 92, 1, 205.

2. Trib. civ. Saint-Omer, 12 juill. 1889, *Rec. périod. des assur.*, 90, 99; Douai, 14 avril 1890, D. P. 92, 1, 205; Cass., 22 juin 1891, D. P. 92, 1, 205, et le rapport de M. le conseiller Delise, *ibid.* — Comp. aussi notes de MM. Boistel et Mulle, D. P. 77, 1, 337 et 89, 2, 129.

3. L'assuré n'a le droit de toucher la valeur de rachat, dit M. Berdez dans son intéressant ouvrage sur *les bases juridiques et économiques de l'assurance privée* (p. 270 et 271), que si l'attribution en faveur du tiers n'était pas irrévocable; sitôt que la désignation du bénéficiaire est devenue irrévocable, il ne subsiste en faveur de l'assuré aucun droit à la somme garantie, unique prestation que doive normalement fournir l'assureur. Les primes de l'assuré ont alors pour unique but le payement de la somme au bénéficiaire. Lorsque l'assuré cesse de payer les primes, le droit à cette valeur tombe, mais cela n'empêche pas que les primes antérieures n'aient été payées au seul profit du bénéficiaire exclusif et que la part qui en est rendue ne doive revenir à ce tiers irrévocablement désigné et non à l'assuré résiliant.

on l'a dit [1], être exercé en son nom par le syndic de sa faillite au préjudice du bénéficiaire [2].

Quand une personne, après avoir contracté une assurance mixte, survit à l'époque indiquée, comme l'assuré a seul qualité pour se prévaloir des stipulations insérées dans la police, le droit de la personne appelée à recueillir à défaut de l'assuré ne s'ouvrant qu'au cas de prédécès de ce dernier, il semble que le droit au rachat fasse partie du patrimoine de l'assuré et puisse être exercé par les créanciers. Quoiqu'on l'ait décidé [3] les créanciers ne peuvent pas agir.

1. Dupuich : Note D. P., 95, 1, 441. — V. aussi Montpellier, 13 mars 1886. Journ. des assur., 86, 208.

2. Une opposition faite entre les mains de la Compagnie par les créanciers de l'assuré serait donc sans valeur. (Trib. civ. Seine, 15 juillet 1895, Journ. des assur., 95, 131; Rev. périod. des assur., 96, 305.) Partant de ce principe que la valeur de rachat appartient à l'assuré, dans un très remarquable travail, que l'on ne saurait trop recommander, M. Dupuich (Note, D. P. 95, 2, 156) a fait valoir qu'au cas d'acceptation par le bénéficiaire, si ce bénéfice appartient à lui seul *ab initio*, il est douteux qu'il puisse lui-même demander le rachat, le rachat supprimant absolument tout contrat d'assurance et le bénéficiaire, en l'exerçant, se trouvant en définitive avoir reçu de l'assuré une certaine somme d'argent, la valeur de rachat, et non une assurance sur la vie, ce qui n'était pas la volonté de l'assuré.

Nous ne saurions partager cette manière de voir, parce que nous considérons la valeur de rachat comme un profit du contrat, profit qui, pour être inférieur assurément à celui indiqué dans la police, n'en doit pas moins revenir à la personne qui, par son acceptation, s'est attribué un droit exclusif, l'assuré, par le seul fait de l'acceptation du tiers bénéficiaire étant privé du droit d'agir.

Seulement, nous nous associons à l'avis qu'émet M. Dupuich quand il refuse aux créanciers du bénéficiaire le droit de réclamer le rachat à la place de leur débiteur.

Ces derniers le peuvent, d'ailleurs, d'autant moins quand il n'y a pas eu acceptation, que le droit du bénéficiaire n'est pas encore définitif et que l'assuré peut toujours modifier l'attribution. De leur chef, ces créanciers (ou leur représentant) ne pourraient pas plus donner l'acceptation nécessaire pour que le bénéfice du contrat entre dans le patrimoine de leur débiteur. On a fait valoir que c'était là une acceptation d'une libéralité, c'est-à-dire un acte interdit aux créanciers (V. Trib. civ. Quimper, 2 mai 1893. D. P. 95, 2, 156). Il faut ajouter que les motifs de convenance qui s'opposent à ce que les créanciers puissent accepter une donation proprement dite faite à leur débiteur ne leur permettent pas davantage l'acceptation d'une stipulation gracieuse faite à son profit, une semblable stipulation engageant la reconnaissance de celui qui l'accepte et ce sentiment ne pouvant être imposé.

3. Cass., 8 avril 1895 (D. P. 95, 1, 113). Cf. à l'appui de la solution partielle de cet arrêt Observat. *Journ. des faill.*, 1895, p. 206, etc.

Inspiré par une décision précédente (Cass., 10 février 1880. D. P. 80. 1. 163; S. 80. 1. 152), aux termes de laquelle le contrat d'assurance par lequel l'assuré a stipulé que le capital serait payé à une époque fixée, soit au décès de l'assuré s'il mourrait avant cette date, à sa femme ou à ses enfants constitue au profit du souscripteur de la police une obligation ferme qui fait partie de son patrimoine, cet arrêt dont la doctrine a été contredite (V. Dupuich, Note, D. P. 95, 1, 441 et 442; Rev. périod. des assur., 1895, p. 457; Monit. des assur., 15 juin 1895, p. 396) fait valoir notamment cette considération qu'en cas d'assurance mixte, lorsque le décès de l'assuré n'a pas eu lieu à la date indiquée, la vocation des personnes instituées à titre subsidiaire, en quelque sorte, ne s'est pas réalisée et que, dès lors, le bénéfice de l'assu-

Il ne faut pas croire, comme on le soutient pour justifier le droit des créanciers, qu'en cas de non paiement de la prime, l'assuré se trouve nécessairement créancier de la valeur de rachat, que cette dernière existe dans ses biens.

Quand, après avoir payé au moins trois primes annuelles, l'assuré ne peut ou ne veut plus maintenir le contrat par l'acquittement de la prime suivante, ce que la Compagnie doit *ipso facto*, c'est le capital réduit, et elle ne le doit qu'au jour du décès. Le rachat ne peut avoir lieu qu'autant qu'une demande a été adressée à l'assureur. Sans doute ce dernier est tenu par avance, et lorsque les conditions imposées sont réalisées il ne saurait dispenser d'y faire droit, mais il n'en faut pas moins une réquisition directe[1].

Le droit de créance pour la valeur de rachat ne se trouve donc pas nécessairement dans le patrimoine de l'assuré débiteur.

D'autre part, bien que son exercice paraisse avoir un caractère pécuniaire en ce sens qu'il tend à augmenter l'actif[2], le droit de rachat est, comme l'enseignent les auteurs en très grande majorité[3],

rance, loin de leur appartenir, a continué d'exister dans le patrimoine de l'assuré. Mais il a été judicieusement observé que le droit de la personne gratifiée en seconde ligne, bien que conditionnel, n'en existe pas moins, et que l'on ne voit pas pour quels motifs ce droit serait primé par celui des créanciers. — V. *Monit. des assur.*, *loc. cit.*; Henry : *L'assurance sur la vie d'après les arrêts les plus récents*, n° 56, *in fine*.

On a soutenu, d'autre part, qu'il convenait de distinguer selon que l'assuré survivait à la date fixée ou, au contraire, était mort avant l'époque fixée dans la police : dans le premier cas, le bénéfice appartiendrait à l'assuré, et le droit de rachat pourrait alors être exercé par les créanciers : dans l'autre cas, au contraire, le bénéfice appartenant au tiers gratifié après son acceptation l'exercice du droit de rachat serait refusé aussi bien aux créanciers qu'à l'assuré lui-même. — V. *Annales de Dr. Commerc.*, 1895, I, p. 79 et 80.

1. Pour soutenir, conformément à la disposition de l'arrêt précité du 8 avril 1893 relative à l'assurance mixte, que les créanciers ont le droit d'agir, l'on a surtout insisté sur cette idée que le droit de rachat existe dans les biens de l'assuré parce qu'il résulte de la police, que cela est si vrai qu'il n'y a pas, ainsi qu'on l'a prétendu (Lyon-Caen : Note, S. 86, 2. 226; Dupuich : Note, D. P. 95, 2, 153), un contrat nouveau, contrat pour lequel les créanciers seraient sans qualité, puisque tout est fixé par la police, sauf le prix. (*Journ. des faill.*, 1895, 206, etc.). La police ne fait qu'indiquer les bases, les conditions pour le rachat, mais elle ne constitue pas par elle-même, en ce qui touche le rachat, un contrat, juridiquement parlant, puisque l'élément essentiel, le prix, n'est pas fixé par cet acte.

2. Comme nous l'avons fait observer dans notre travail sur *Les assurances sur la vie et la Cour de Cassation en 1895* (p. 12), cet argument a pu influer sur la solution donnée par la Cour supreme, mais cette dernière a bien eu soin de ne le pas mentionner dans son arrêt. C'est qu'en effet il est certain que l'exercice d'une action n'appartient pas nécessairement aux créanciers parce qu'il y a en jeu un intérêt pécuniaire. Il suffit de signaler, à titre d'exemples l'acceptation et la révocation d'une libéralité : dans les deux cas, il existe un intérêt pécuniaire, il s'agit de faire entrer ou de maintenir une valeur dans le patrimoine, et pourtant il est universellement reconnu que les créanciers ne peuvent pas plus faire révoquer une libéralité qu'en accepter une.

3. Couteau : *op. cit.*, T. II, p. 316; Mornard : *op. cit.*, p. 314; Fey : *op.*

un de ces droits exclusivement attachés à la personne et qui, comme tels, ne sauraient être exercés par les créanciers [1]. Quand un assuré cesse d'acquitter la prime il peut, ou bien laisser le contrat subir la réduction, ou bien réclamer le montant de la valeur de rachat. Il y a un choix à faire, une option à exercer. L'assuré est seul en mesure de faire ce choix, d'exercer cette option. Il n'y a que lui réellement en état d'apprécier s'il doit laisser le contrat suivre son cours pour un capital moindre que celui primitivement fixé par la police ou si, au contraire, il n'est pas de son intérêt de réclamer pour lui-même la valeur de rachat. Or, il est de doctrine constante [2] que les créanciers ne peuvent rien par l'exercice de ce qui est une simple faculté parce que ce n'est pas un droit, puisqu'il ne s'agit que d'une éventualité

cit., nº 125 ; Thaller : *Annales de Dr. commerc.*, 1891, p. 199-200 ; Lyon-Caen : Note, S. 88, 2, 225 ; Lefort : *Traité*, T. II, p. 287 ; Regnault : *Monit. des assur.*, 15 juin 1895, p. 305-307 ; Dupuich : Notes, D. P. 95, 1, 442 et D. P. 95, 2, 153 ; Furquim d'Almeida : *op. cit.*, p. 78 ; Coulazou : *op. cit.*, p. 112 : Dumont : *De l'attribut. de l'indemnité d'assurances sur la vie*, p. 275 ; Fossá : *Le syndic de faillite*, p. 78 ; Henry : *op. cit.*, nº 56 ; Lecouturier : *Le syndic et le droit de rachat.* (*L'Observateur*, 13-27 juillet 1896.)

1. Le caractère de personnalité a été reconnu par la Cour de Rouen le 18 janvier 1884 (S. 86, 2, 223 ; D. P. 95, 2, 153), par la Cour de Montpellier, le 15 mars 1885 (*Journ. des assur.*, 86, 208), par le Tribunal civil de Genève, le 29 octobre 1880 (D. P. 95, 2, 153, note ; S. 87, 4, 13) affirmant que « l'art. 1166 C. Civ. ne saurait donner au créancier le droit d'obliger son débiteur à résilier un contrat auquel il tient et qu'il estime lui être avantageux, ou à ses héritiers, afin de le rendre immédiatement créancier d'une indemnité de résiliation qu'il pourrait saisir à son profit » ; — par le Tribunal civil de Quimper décidant, le 2 mai 1893, (D. P. 95, 2, 156) que « le droit d'option entre la réduction et le rachat est un droit exclusivement attaché à la personne de l'assuré. » V. aussi Rouen, 6 avril 1895, *Pand. franç. pér.*, 96, 2, 273 et nos observations *ibid.*

Au contraire, le caractère de personnalité a été nié par la Cour de Douai déclarant, par adoption de motifs, le 28 mars 1857 (*Rec. pér. des assur.*, 78, 200), « que le droit de rachat n'est point de ces facultés inhérentes à la personne même du débiteur, comme le serait le droit d'agir en séparation de corps ou en pension alimentaire » ; — par la Cour de justice de Genève proclamant, le 10 janvier 1887 (D. P. 95, 2, 153, note ; S. 87, 4, 13), que le rachat n'est que « l'exercice d'un droit spécialement réservé dans le contrat pour la liquidation d'une créance revenant à l'assuré. »

La Cour de Paris, dans son arrêt du 14 nov. 1890 (D. P. 95, 1, 443), pour établir le droit des créanciers a considéré que le droit de rachat « portant sur l'attribution ou l'emploi d'une somme d'argent ne peut être assimilé à un droit civil ou de famille, spécialement attaché à la personne. » Mais, comme on l'a fait observer avec raison (Dupuich : Note, D. P. 95, 1, 462), la Cour de Paris s'attache à un criterium inexact, car il est universellement admis que ce n'est pas le caractère pécuniaire qui doit être pris en considération. Aussi, dans son arrêt du 8 avril 1895 (D. P. 95, 1, 443), la Cour de cassation s'est bien gardée de suivre la Cour de Paris sur ce terrain ; sans chercher à définir les droits attachés à la personne, elle se borne à déclarer que le droit de rachat « ne saurait être considéré comme personnel au stipulant. »

2. Larombière : *op. cit.*, sur l'art. 1166, nºˢ 17 et 19. V. les renvois de doctrine, Note, D. P. 95, 2, 154, Conf. Huc : *Traité théorique et pratique de la cession et de la transmission des créances.* Paris, 1891, T. I, nºˢ 62 et suiv., 85 et suiv.

dont la réalisation dépend de la seule volonté de l'assuré débiteur. D'autre part, et cette remarque est importante, il faut observer que les créanciers ont qualité pour intervenir en vertu de l'art. 1166 C. Civ.. seulement quand le débiteur néglige ou refuse d'agir lui-même [1]. Ici l'assuré débiteur ne néglige pas de faire valoir ses droits puisque lors même qu'il garde le silence, qu'il reste dans l'inaction, la réduction se produit [2].

A quelque point de vue que l'on se place, l'incapacité des créanciers est donc parfaitement justifiée.

De même que les créanciers ne peuvent exercer le rachat pour une assurance mixte, ils sont hors d'état d'agir en présence d'une police souscrite au profit de personnes indéterminées, dans les termes de l'art. 1122 C. Civ. Les raisons données précédemment s'appliquent ici [3] : le non paiement des primes autorise l'assuré à choisir entre la réduction qui se produit de plein droit et le rachat qui est à demander ; l'assuré est seul en état de fixer le parti à prendre [4]. C'est en vain que l'on invoquerait la jurisprudence qui considère, au cas de police souscrite pour les héritiers ou ayants cause, pour les enfants nés ou à naître, la créance comme faisant partie du patrimoine de l'assuré. Quoi que l'on puisse dire et quoi que l'on fasse, le droit au rachat n'existe pas dans les biens de l'assuré par lui-même ; ce qui existe c'est le capital réduit. Le rachat a besoin d'être demandé, sa réclamation exige un choix ; le choix suppose une appréciation individuelle et toutes les fois qu'il y a appréciation personnelle les créanciers ne peuvent rien.

Mais pourrait-on dire, lorsqu'il n'y a pas de bénéficiaire désigné, il est illogique de ne pas admettre l'exercice du droit de rachat par les créanciers puisque ceux-ci ayant, à la mort de l'assuré, d'après une jurisprudence constante, un droit sur le capital de l'assuré, qui fait partie de la succession, leur droit existe sur le prix du vivant de l'assuré, quand celui-ci opère le rachat. Cette objection est facile à

1. Aubry et Rau : *op. cit.,* T. IV. p. 118 ; Colmet de Santerre : *Cours analyt. de Code civil,* T. V. n° 81 *bis,* IV ; Demolombe : *Contrats,* T. 11, n° 94.

2. Dupuich : Note, D. P. 95, 2, 154.

3. Sauf. comme le fait observer M. Lyon-Caen (Note, S. 86, 2, 227), que l'on ne peut dire que la reconnaissance du droit de rachat aux créanciers leur conférerait la possibilité de révoquer une offre de libéralité faite par leur débiteur, une offre de libéralité ne pouvant valablement être faite qu'à une personne déterminée.

4. Ainsi qu'on l'a objecté (*Monit. des assur.,* 15 juin 1895, p. 306), laisser l'option aux créanciers c'est, en fait, décider que le rachat aura toujours lieu, car les créanciers n'ayant d'autre but que le remboursement de leur créance voteront constamment pour le rachat ; l'assuré, au contraire, préoccupé de l'avenir des siens, s'il vient à ne plus pouvoir payer les primes, optera pour la réduction ; si, exceptionnellement, il opte pour le rachat, c'est que les raisons de prévoyance, causes de l'assurance, n'existent plus ou doivent s'effacer devant les raisons plus impérieuses d'entretien et d'éducation de la famille.

réfuter [1]. Lors même que l'exercice d'un droit est refusé aux créanciers, ceux-ci profitent des résultats pécuniaires qu'il peut produire lorsqu'en fait il a été exercé par le débiteur. Ainsi les créanciers ne peuvent pas demander la révocation pour ingratitude d'une donation faite pour leur débiteur, mais ils recouvrent leur droit de gage sur le bien donné quand la révocation a été prononcée sur la demande du donateur lui-même.

SECTION II.

Résolution.

L'assurance sur la vie est un contrat synallagmatique. De ce qu'il comporte des engagements réciproques il suit que l'inobservation des obligations issues du contrat entraîne la résolution de ce dernier [2] et elle la motive de toute façon, même lorsque la clause résolutoire n'est pas inscrite en termes formels dans la police. C'est l'application de l'art. 1184 C. Civ.

Il importe de distinguer les obligations qui incombent à l'assureur, à l'assuré et celles qui incombent au bénéficiaire.

§ 1. -- Résolution du fait de l'assureur.

L'assuré a droit à certaines garanties : il faut qu'il soit sans souci sur l'exécution de l'engagement pris par l'assureur et qu'il puisse avoir confiance dans l'accomplissement de la volonté qu'il avait de faire payer par la Compagnie une somme convenue dans des conditions déterminées.

A. — *Capacité.*

En premier lieu il appartient au stipulant d'exiger que dans le cours du contrat, la capacité de la Compagnie reste entière, qu'il lui soit per-

1. Lyon-Caen : *loc. cit.*
2. La demande en résolution suppose l'inexécution des engagements. Au contraire, la résiliation paraît s'appliquer à la rupture de la convention par la volonté des parties. Mais, comme on l'a justement fait observer (de Lalande et Couturier : *Traité théor. et prat. du contrat d'assurance contre l'incendie*, Paris, 1885, p. 556), dans la pratique on emploie à peu près indifféremment les deux expressions et dans les polices mêmes figure surtout le mot de résiliation. Néanmoins il semble rationnel de maintenir la distinction ; elle est, d'ailleurs, inspirée par les principes généraux auxquels il importe d'autant plus de se référer que la matière des assurances sur la vie n'est pas réglementée par le législateur. Comp. : de La Prugne : *Traité théor. et prat. de l'assurance en général*, Paris, 1895, p. 124.

mis de continuer ses opérations. Lorsque par suite d'une décision absolument souveraine de l'autorité supérieure, en présence par exemple de l'inexécution ou de la violation des Statuts [1] ou encore de la faillite, le décret qui autorise une Compagnie d'assurance sur la vie à fonctionner est révoqué, les contrats prennent fin [2]. Seulement il est certain que la situation créée par le retrait du décret d'autorisation ne produit d'effet que pour l'avenir. La révocation est prononcée sans préjudice des droits des tiers [3].

B. — *Solvabilité.*

D'autre part, l'assureur doit rester en mesure de faire face aux engagements que lui impose la police ; sa solvabilité est la garantie de la personne qui a traité avec lui et dont la volonté d'attribuer une certaine somme ne saurait être réduite à néant, peut-être après un long service des primes, par l'impossibilité où se trouve l'assureur de remplir l'obligation acceptée.

Cette insolvabilité se traduit souvent par la faillite [4]. Mais il n'en est pas toujours ainsi ; et l'on a cherché des combinaisons tendant à éviter cette catastrophe, combinaisons qui méritent de retenir l'attention.

Il arrive parfois qu'un assureur finit par se rendre compte que les risques assumés par lui sont trop considérables et que, soit pour éviter des pertes qui seraient de nature à amener son insolvabilité, soit pour prolonger son existence quelque temps encore, il juge à propos de s'entendre avec un autre assureur à l'effet d'alléger sa situation. Il intervient alors l'opération dite réassurance.

La réassurance peut être partielle ou totale.

---

1. Les rares décrets prononçant la révocation de l'autorisation visent soit les décisions prises en vue de la dissolution et de la mise en liquidation. (Décr. 19 août 1887, *Bull. des Lois*, 1887 n° 26, 630 ; 10 déc. 1888, *Ibid.*, 1888, n° 29, 571 ; Décr. 13 févr. 1889, *Ibid.*, 1889, n° 30, 1, 507, soit la faillite (Décr. 2 déc. 1885, *Bull. des Lois*, 1886, n° 23, 455), soit la violation ou la non exécution des Statuts, en particulier la nomination d'administrateurs faite contrairement aux prescriptions des Statuts. (Décr. 17 déc. 1887, *Bull. des Lois*, 1888, n° 27, 627.)

2. Il a jugé (Trib. civ. Seine, 5 mars 1887, *Rec. périod. des assur.*, 87, 427 ; *La Loi*, 5 nov. 1887) que le retrait de l'autorisation met la Compagnie en état de liquidation forcée. Or, la liquidation forcée autorise l'assuré à réclamer la cessation du contrat, mais seulement pour l'avenir. — V. Observat. D. P. 86, 1, 129.

Dans le canton de Neufchâtel d'après la loi du 21 novembre 1878, (*Annuaire de legislat. étr.*, 1879, p. 639), la révocation de l'autorisation motive la résiliation des contrats.

3. C'est ce qui se lit généralement dans les décrets portant révocation de l'autorisation. — Décr, 2 décemb. 1885, *Bull. des Lois*, 1886, n° 23, 455 ; *id.*, 19 août 1887, *Bull. des Lois*, 1887, n° 26, 630.

4. Ou par la déconfiture au cas, peu probable, où l'assurance aurait été acceptée non par une Compagnie mais par un individu.

La réassurance est partielle quand le contrat entre les deux assureurs ne concerne qu'une police déterminée ou un certain nombre de polices. Elle n'a d'effet qu'entre les Sociétés contractantes. A l'égard de l'assuré primitif elle n'a aucune valeur : l'assureur qui a reçu la police souscrite par cet assuré primitif, est toujours obligé personnellement envers cette personne et cette personne n'a acquis aucun droit direct et personnel contre le réassureur[1]. Le contrat qui a été rétrocédé subsiste comme s'il n'y eût pas eu intervention d'un autre assureur. Aussi le souscripteur de la police ne peut se prévaloir de cette substitution pour demander la résolution des engagements. D'ailleurs, l'intérêt est la mesure des actions; or, l'assuré n'a aucun intérêt à opposer la réassurance puisque sa garantie est augmentée en ce sens qu'il y a deux individualités pour exécuter l'obligation[2].

De ce que la convention intervenue entre les deux assureurs est sans portée à l'égard du signataire de la police, il suit qu'il ne peut, en cas de faillite de la Société qui a accepté la réassurance, se prévaloir de l'insolvabilité de cette dernière[3], et qu'il a seulement le droit d'agir, conformément à l'art. 346, contre le premier assureur lorsque cet assureur est devenu insolvable.

La réassurance est générale quand elle concerne tout le portefeuille c'est-à-dire l'ensemble de tous les risques[4]. Par elle-même et quand la Société réassurée conserve son existence légale et son fonctionnement elle n'autorise pas l'assuré à réclamer la résolution[5]. Cette circonstance

1. Cf. Émérigon : *Assur.*, ch. VIII, sect. 11 ; Pardessus : *Dr. commerc.*, T. II, n° 553 ; Merger : *op. cit.*, p. 187 ; Couteau : *op. cit.*, T. II, p. 206 ; Herbault : *op. cit.*, p. 98 ; Agen, 24 novemb. 1885, S. 87, 2, 119.

2. Paris, 7 mai 1836, *Journ. des assur.*, 57, 160 ; Pardessus : *loc. cit.* ; Merger : *Réflexions sur les effets de la liquidation et de la faillite des Compagnies à primes*, p. 32 et suiv. ; p. 92 et suiv. ; Merger : *Assur. terr.*, p. 187 ; Patinot : *loc. cit.*, p. 526.

3. On l'a fait observer (Houpin : *Traité général théorique et pratique des sociétés civiles et commerciales*, Paris, 1896, T. II, p. 60), le fait que la Société se serait mise en liquidation ne serait pas de nature à modifier cette solution puisqu'il est de principe que la Société continue à subsister pour les besoins de sa liquidation. — V. Cass., 18 déc. 1883, S. 86, 1, 27 ; Agen, 24 novemb. 1885, S. 87, 2, 119 ; Cass., 20 décemb. 1888, *Rev. des Sociét.*, 89, 120.

4. La réassurance de portefeuille n'est pas toujours avantageuse pour la Compagnie qui l'accepte. Un décret du 1er mars 1887. (*Bull. des Lois*, 87, n° 25, 664) avait approuvé la convention intervenue entre la *Caisse Paternelle* et le *Progrès National* en vue de la réassurance du portefeuille de la première ; le 10 déc. 1888 (*Bull. des Lois*, 88, n° 24, 571), un décret révoquait l'autorisation donnée à la Compagnie du *Progrès National* en présence du vote des actionnaires prononçant la dissolution et la mise en liquidation. Seulement cette Compagnie a agi d'une façon aussi prudente que sage en déposant à la Caisse des dépôts et consignations les sommes représentant le montant des contrats réassurés qui n'ont pu être transférés à la Compagnie réassureur.

5. La jurisprudence est fixée très fortement en ce sens. Trib. Seine, 3 décemb. 1878, *Rev. des Sociét.*, 88, 101 ; Douai 19 novemb. 1879, S. 82, 2, 1 ; Trib. comm. Toulouse, 16 août 1882, *Journ. des assur.*, 82, 137 ; Trib. Seine, 3 avril 1883, S. 84, 2, 48 ; Paris, 21 avril 1884, *Rev. des Sociét.*, 84, 488 ; Trib. Seine, 17 oct. 1885, *Rec. périod. des assur.*, 86, 173 ; Rouen, 26 oct. 1885, *Ibid.*, 86, 98 ; Agen, 24 novemb.

ne délie pas l'assureur primitif de toute obligation envers les personnes qui ont traité avec lui, l'opération n'ayant aucun effet à l'égard
des tiers. La Société qui a pris l'engagement à l'encontre des assurés
subsiste pour eux, ils ont toujours la garantie que peut offrir le capital
de la Compagnie avec laquelle ils ont traité ; c'est elle seule qui devra
être mise en demeure de payer et si le réassureur ne peut s'acquitter
c'est contre elle qu'il faudra procéder.

C'est seulement au cas où la Compagnie n'a plus ni existence légale,
ni fonctionnement que l'assuré, privé des garanties sur lesquelles il
est en droit de compter, peut agir, quelle que soit la forme employée
pour déguiser la disparition de la Société [1].

Il arrive parfois qu'une Compagnie a intérêt à voir disparaître une
rivale, ou bien qu'une Société constate qu'elle ne saurait continuer longtemps ses opérations ou qu'elle a plus d'intérêt à se défaire des contrats passés avec elle. En pareille circonstance il intervient une cession
de portefeuille : il y a vente des polices avec les droits et les devoirs
qui s'y rattachent [2].

Cette opération, parfaitement licite, car il n'y a aucune raison juridique pour admettre l'incessibilité du portefeuille d'une Compagnie, à
la condition toutefois d'être régulièrement faite, c'est-à-dire par les
administrateurs et avec l'approbation de l'assemblée générale des actionnaires [3], peut constituer un cas d'extinction du contrat suivant
les circonstances dans lesquelles elle se produit [4].

La transmission du portefeuille comporte différents degrés.

1885, S. 87, 2, 149, D. P. 86, 2, 65 ; Trib. Chaumont, 1er déc. 1885, *Rev. des Sociét.*, 86, 222. — V. aussi C. sup. just. Genève, 25 août 1884, S. 85, 4, 15 ; Lyon,
27 déc. 1885, *Rev. des Sociét.*, 87, 576 ; Paris, 5 mai et 5 juin 1886, 14 mars 1887,
Ibid., 87, 249, 576 et 521 ; Lyon, 14 févr. 1890, *Journ. des Soc. civ. et comm.*, 91,
418 ; Cass., 20 oct. 1890, *Rev. des Sociét.*, 91, 100 ; Paris, 21 novemb. 1890, *Ibid.*,
91, 158.

1. La Compagnie cédante aurait beau déguiser sous la forme d'un contrat
de réassurance générale une cession de ses droits tellement complète qu'elle
lui ferait perdre son existence légale, les assurés n'en seraient pas moins
fondés à demander la résolution des contrats.

V. Trib. Seine, 23 déc. 1890, *Journ. des Sociét. civ. et comm.*, 80, 490 ; Grenoble,
17 novemb. 1880, *ibid.*, 81, 201 ; Paris, 4 août 1882 et Toulouse, 2 mai 1883, S. 83,
2, 175 ; Paris, 7 juin 1883, S. 84, 2, 234 ; Dijon, 2 avril 1884, S. 85, 2, 151 ; C.
supér. de just. de Genève, 25 août 1884, S. 85, 4, 15 ; Bordeaux, 20 mai 1885, *Rev.
des Sociét.*, 87, 517 ; Cass., 20 octobr. 1885, S. 85, 1, 488 ; Agen, 24 novemb. 1885,
S. 87, 2, 149 ; D.P. 86, 2, 65 ; Paris, 12 janv. 1887, *Rev. des Sociét.*, 87, 373 ; Toulouse, 3 mars 1886, *ibid.*, 87, 549 ; Cass., 29 décemb. 1888, *Rev. des Sociét.*, 89, 420
et 13 juin 1893, *ibid.*, 94, 474.

2. En Angleterre le *transfert des affaires*, d'une Compagnie à une autre, est
minutieusement réglementé par un *Act* du 9 août 1870, et un autre du 6 août
1872 ; il ne peut avoir lieu qu'avec autorisation de justice et après l'accomplissement de formalités destinées à sauvegarder tous les intérêts. (*Annuaire
de législat. étr.*, 1871, p. 23 ; 1872, p. 25.)

3. Notamm. Trib. comm. Seine, 29 sept. 1895, *Journ. des assur.*, 75, 431.

4. D'après M. Labbé (Note, S. 82. 2. 4) il y aurait lieu à *résiliation*, et non
pas à *résolution*. Il nous est impossible de nous ranger à cette manière
de voir par les raisons indiquées plus haut.

D'abord on peut concevoir qu'une Compagnie, tout en continuant de vivre et d'agir, cède, par mesure de prudence et de prévoyante administration, à une tierce Compagnie telle catégorie de ses risques, tel compartiment de son portefeuille, par exemple son portefeuille de l'étranger, celui de la province, par opposition à celui de Paris. Ensuite, on peut supposer qu'une Société en état de liquidation imagine, pour plus d'économie ou de sécurité, de réassurer tout son portefeuille à une autre Compagnie et lui cède en même temps son portefeuille, comme elle conférait la direction de ses affaires à un fondé de pouvoirs chargé d'opérer les recouvrements de primes et les règlements de sinistres en son lieu et place jusqu'à la fin de la liquidation. Dans ces deux cas la cession de portefeuille se rapproche sensiblement d'un mandat assorti de réassurance. D'une façon générale on peut dire que cette cession est indifférente à l'assuré parce que ce dernier est toujours sûr que le capital sera payé en cas de sinistre.

Enfin, une Compagnie en pleine existence, en pleine activité, sans perspective sérieuse de liquidation peut abandonner son portefeuille à une autre Compagnie, se dessaisir de tout ce qui constituait son organisme d'assureur. Cette transmission a pour conséquence de supprimer les relations directes entre l'assureur et sa clientèle, de mettre cette clientèle en rapport avec un autre assureur.

La cession de portefeuille pratiquée dans ces conditions et qui semble mériter seule le nom qui lui est donné, est bien différente de la réassurance. Il faut se garder de confondre ces deux opérations. Dans la cession on vend la police purement et simplement ; la Compagnie cessionnaire est substituée dans les charges et avantages de la Compagnie cédante ; cette dernière n'ayant plus de contrats en cours n'a plus d'intérêt à vivre ; elle se dissout. Dans la réassurance, au contraire, il y a une convention entre deux Compagnies, mais une convention qui ne concerne pas l'assuré en ce qu'elle ne porte aucune atteinte au contrat qui continue de subsister entre les mêmes parties et produit entre l'assureur primitif et l'assuré les mêmes obligations[1].

Il importe peu que la réassurance soit générale, ce mode de réassurance étant implicitement autorisé par le Code de commerce, et ajoutant, d'ailleurs, aux garanties de solvabilité que présente l'assureur[2]. Par suite, lorsqu'une Compagnie d'assurances réassure ses risques et cède ses primes échues ou à échoir à une autre Compagnie, au siège social de laquelle elle transporte son domicile, et dont elle met le directeur à sa tête, si la Compagnie cédante a conservé intact son capital statutaire, a continué à tenir ses assemblées annuelles, et n'a pas cessé de fonctionner comme Société ayant une existence distincte de celle de la Compagnie cessionnaire, à laquelle elle était seulement juxta-

---

1. Badon Pascal ; *Cession et réassurance*. (*Journ. des assur.*, 1886, p. 104.)
2. Agen, 24 novemb. 1885, S. 87, 2, 149 ; D. P. 86, 2, 65.

posée, les assurés ne peuvent se fonder sur ce traité pour demander la résiliation du contrat qui les lie à la Compagnie cédante[1]. Mais il faut que la Compagnie cédante n'ait pas déguisé, sous la forme d'un contrat de réassurance, une cession générale et absolue de ses droits actifs et passifs, de telle manière qu'elle cesse d'avoir une existence légale ; les assurés seraient fondés, en pareil cas, à demander la résiliation de leurs polices[2].

Les conséquences, au regard des assurés, des traités portant cession de portefeuille ont fait l'objet de vives controverses. On a enseigné que la résiliation des polices ne pourrait être réclamée par la raison que les garanties sur lesquelles les assurés sont en droit de compter n'ont pas été diminuées, puisqu'au lieu d'un débiteur ils en ont deux : la Compagnie cédante avec laquelle ils ont traité, et la Compagnie cessionnaire qui remplit les obligations de la première. D'autre part, on a soutenu que toute cession de l'ensemble du portefeuille permet aux assurés de la Compagnie cédante de rompre leurs polices. Pendant longtemps la jurisprudence n'était pas plus fixée que la doctrine[3].

Mais dans ces dernières années il s'est établi une théorie qui tend de plus en plus à s'imposer et qui est la seule vraie. Elle subordonne la rupture des polices à la disparition de la Compagnie cédante et à la suppression des garanties initiales. Les assurés sont, en effet, en droit d'exiger que leurs engagements soient maintenus seulement lorsque la Société avec laquelle ils ont traité possède son existence, sa personnalité propre, par conséquent continue à être directement obligée vis-à-vis d'eux et aussi lorsqu'ils ont la certitude qu'en cas de sinistre, l'indemnité en vue de laquelle ils ont contracté sera servie[4]. Dès lors, les assurés restent tenus vis-à-vis de la Compagnie d'assurances, encore bien qu'elle ait cédé à une autre Société ses risques et ses primes à échoir, si la Compagnie cédante a conservé son existence légale et son fonctionnement[5].

Le fait même que la Société se serait mise en liquidation ne serait pas de nature à modifier cette solution puisque la Société dissoute continue à subsister pour les besoins de sa liquidation[6].

---

1. Agen, arrêt précité ; Paris 11 janv. 1893, *Gaz. Pal.*, 1 févr. 1893.

2. V. notamm. C. supér. de just. de Genève, 25 août 1884, S. 85, 4, 15.

3. Cf. Badon Pascal : *loc. cit.*, p. 109.

4. C'est à raison de cette appréciation que l'assuré semble avoir droit à la connaissance du traité. — Trib. civ. Laon, 26 juin 1895 et sur appel, Amiens, 3 mars 1896. *Rec. périod. des assur.*, 96, 147. — *Contra*, toutefois, Trib. civ. Neufchâtel, 2 mai 1895, et sur appel, Rouen, 11 décemb. 1895. *Rec. périod. des assur.*, 96, 95.

5. Trib. comm. Seine, 3 décemb. 1878, Bonnev. de Mars., III, 232 ; 3 avril 1883, S. 84, 2, 18, D. P. 84, 5, 31 ; Douai, 19 novemb. 1879, S. 82, 2, 1, et la note de M. Labbé ; Trib. comm. Rouen, 20 oct. 1885, *Journ. des assur.*, 86, 106 ; Agen, 24 nov. 1885, S. 87, 2, 149 ; D.P. 86, 2, 65 ; Trib. Lyon, 10 mars 1886, (*L'Opinion*, 15 juillet 1888) ; Rouen, 27 mars 1895, *Rec. périod. des assur.*, 96, 95.

6. V. Cass., 16 août 1880, D. P. 82, 1, 199 ; 18 décemb. 1883, S. 86, 1, 27 ;

Au contraire, lorsqu'une Compagnie cède à une autre son portefeuille et son actif, cesse d'exister, ou encore compromet son existence légale en transformant ses actions en titres d'une autre Société, ou si elle diminue les garanties offertes en aliénant son actif et en distribuant à ses actionnaires le prix de l'aliénation, les assurés sont déliés de leurs obligations et s'ils ne veulent pas continuer à faire couvrir les risques par l'assureur qui remplace celui avec qui ils avaient contracté, ils peuvent réclamer la résiliation de leurs contrats sans être tenus de payer leurs primes[1]. C'est qu'en effet, si la Compagnie peut céder les primes sans le consentement de l'assuré, elle ne peut, de son plein gré, se substituer un autre assureur chargé du rôle de débiteur éventuel de l'indemnité en cas de sinistre. C'est l'application de cette règle que le débiteur ne peut succéder à un autre débiteur sans l'assentiment du créancier (art. 1275 C. Civ.)[2].

L'acceptation expresse ou tacite de la Compagnie nouvelle par l'assuré crée entre l'assuré et la Compagnie substituée le lien de droit qui rend la Compagnie débitrice de l'indemnité envers l'assuré[3].

Il est à peine besoin de faire remarquer que, au cas où le contrat est maintenu, la Compagnie substituée ne peut imposer aux assurés des conditions nouvelles[4].

En d'autres termes, la cession de portefeuille ou de polices d'assurance n'opère pas novation. Elle ne donne pas la Compagnie cessionnaire pour créancière et débitrice aux assurés qui n'y ont pas consenti[5]. Ils sont même en droit de demander des dommages-intérêts, parce que la prime augmentant avec l'âge de l'assuré au moment de

D. P. 81, 1, 402 ; 11 mars 1884, S. 85, 1, 447 ; D. P. 84, 1, 402 ; Agen, 24 novemb. 1885, S. 67, 1, 119 ; D. P. 86, 2, 65.

1. Cass., 20 octobr. 1845, S. 85, 1, 188 ; D. P 86, 1, 129 ; Paris, 4 août 1882, S. 83, 2, 175 ; Toulouse, 2 mai 1883, S. 83, 2, 175 ; D. P. 84, 2, 46 ; C. de just. de Genève, 25 août 1884, S. 85, 1, 15 ; Dijon, 2 avril 1884, S. 85, 2, 151 ; Agen, 24 novemb. 1885 précité ; Trib. Seine, 23 décemb. 1880 précité.

2. V. Lyon-Caen : Rev. crit. de législat. et de jurisprud., 1881, p. 628 ; Vavasseur : De la cession du portefeuille des Compagnies d'assurances. (Le Droit, 19 mai 1881.)

3. Jugé, en ce sens, en matière d'assurance contre l'incendie, à la vérité, que l'assuré d'une Compagnie d'assurances qui a cédé son portefeuille à une autre Compagnie est fondé à réclamer à la Compagnie cessionnaire les indemnités d'assurance alors dues par la Compagnie cédante pour sinistres antérieurs, alors qu'il résulte d'une série de présomptions qu'il a été convenu entre la Compagnie cédante et la Compagnie cessionnaire que celle-ci paierait les indemnités dues par celle-là aux assurés, et qu'il est, en outre, constaté que l'assuré a accepté la stipulation ainsi faite à son profit, la Compagnie cédante, d'ailleurs, n'étant pas libérée de ses obligations envers l'assuré. — Cass., 17 nov. 1886, S. 88, 1, 378.

4. A l'égard de l'assurance contre l'incendie, le principe a été expressément proclamé (Cass., 26 juin 1883, S. 86, 1, 359 ; D. P. 84, 1, 65). La solution doit être la même au cas d'assurance sur la vie.

5. Douai, 19 novemb. 1879, S. 82, 2, 1 ; D. P. 84, 5, 31 ; Grenoble, 17 novemb. 1880, S. 82, 2, 1 ; Trib. Nyons, 4 décemb. 1888, ibid., Trib. Seine, 23 décemb. 1880, S. 82, 2, 1. — Comp. Labbé : Note, S. 82, 2, 1.

la formation du contrat, une réparation est due pour le temps perdu avec une Compagnie tombée en dissolution [1].

Il importerait peu que la Compagnie cédante eût pris soin de faire constater qu'elle ne se mettait pas en liquidation, qu'elle conservait son conseil et son directeur et qu'elle ne faisait qu'un contrat de réassurance, si ces apparences étaient démenties par la réalité des faits, bien qu'il eût été convenu entre les deux Sociétés que la Compagnie cédante conserverait son existence légale jusqu'à l'extinction de la dernière des polices en cours si cette existence était fictive [2].

En un mot, il y a une question de fait à résoudre. Si la Compagnie cédante continue réellement à subsister malgré la cession et si les assurés conservent leurs garanties, la résolution est impossible. Si la Compagnie est, au contraire, définitivement supprimée, la résiliation peut être obtenue, bien que les termes du contrat de cession paraissent maintenir son existence, si cette existence est plus apparente que réelle. Cette preuve résultera non seulement du traité de cession mais aussi de documents extrinsèques [3].

La résolution qui n'empêche pas la Compagnie de conserver les primes déjà acquises et même de pouvoir réclamer la prime qui serait due encore [4], ne peut pas être réclamée par l'assuré qui, prévenu de la cession, a consenti à la substitution. Cette adhésion peut être non seulement expresse mais encore tacite, la volonté de nover n'ayant pas besoin d'être manifestée par des termes formels [5], et pouvant s'induire de circonstances [6] telles que du paiement de la prime à la nouvelle

1. Cf. Labbé : *loc. cit.*

2. Paris, 4 août 1882 ; Toulouse, 2 mai 1883; Dijon, 2 avril 1884, précités ; Trib. Seine, 23 décemb. 1880, S. 82. 2, 1 ; C. supér. de just. de Genève, 25 août 1884, S. 85, 4, 15.

Jugé cependant, que s'il avait été convenu que la Compagnie cédante conserverait, au besoin, son existence légale jusqu'à l'extinction de la dernière des polices en cours, les assurés, en présence des garanties essentielles apportées par la Compagnie cessionnaire, ne seraient pas fondés à demander la résolution de leur contrat. — Douai, 10 novemb. 1879, S. 82. 2, 1.

3. C'est d'abord l'examen du traité intervenu entre les Compagnies qui permettra de se rendre compte de la nature de l'opération. Les juges du fait ont un pouvoir souverain d'appréciation à cet égard : on admet même qu'ils ont le droit d'interpréter le refus de production du traité comme un indice permettant de croire à l'existence d'une cession de portefeuille, notamment quand la Compagnie ne fait plus d'assurances et limite son existence fictive à l'expiration des polices anciennes. — Trib. Ribérac, 13 janv. 1887, *Conseiller des assur.*, n° 203.

En dehors du contrat de cession lui-même, la nature du traité de cession peut être établie par les documents émanés de la Compagnie cédante (circulaires, lettres, extraits de comptes-rendus). — Rouen, 31 déc. 1885, (*L'Opinion*, 15 juill. 1888).

4. Comp. Lyon, 29 décemb. 1885, D. P. 86, 2, 66.

5. On peut avoir des doutes sur le point de savoir si une signification régulière est absolument nécessaire, et si un prospectus ou une circulaire ne suffiraient pas. Dans tous les cas il importe que l'acte communiqué soit des plus formels et ne laisse aucune place à l'hésitation.

6. Grenoble, 17 novemb. 1880, S. 82, 2, 1 ; Trib. de Nyons, 3 décemb. 1880,

Compagnie [1], paiement effectué sans erreur [2] et en connaissance de cause [3] à la suite de l'envoi d'une lettre circulaire annonçant la transformation dans des termes qui ne laissent aucun doute [4].

A côté de la cession de portefeuille il convient de placer la fusion ou réunion de deux Sociétés qui perdent leur individualité propre et qui, après la liquidation respectivement effectuée, renaissent dans une Société absolument nouvelle et différente [5].

La fusion autorise l'assuré à demander la résolution puisqu'elle met fin à l'existence de la Compagnie assureur et qu'il n'existe aucun lien entre la Compagnie fusionnée et la Société qui continue ses opérations [6].

Mais la résiliation n'a pas lieu *ipso jure*, de plein droit. Il faut qu'elle soit demandée par l'assuré pour lequel ce n'est qu'une simple faculté ; il a le droit, en effet, d'accepter la novation et de laisser former un lien de droit pour l'unir à la nouvelle Compagnie.

Afin d'éluder l'effet résolutoire de la fusion on a imaginé une combinaison qui consiste à préparer la fusion par l'acquisition graduelle des actions, sauf à l'ajourner jusqu'au moment opportun pour la consommer. Mais ce procédé, outre qu'il offre des dangers, est aussi déloyal qu'inefficace ; il n'est pas permis de faire indirectement ce que l'on ne peut faire directement [7].

D'autre part, pour éviter l'inconvénient de la fusion, qui est de faire disparaître les deux Compagnies, on a eu recours au procédé de juxtaposition consistant à réunir ensemble deux Compagnies afin de réduire les frais généraux d'administration en utilisant l'organisation et les rouages d'une seule Compagnie pour la direction et l'administration combinées des deux portefeuilles. Mais cette combinaison n'est pas autre chose qu'une fusion : dans les deux cas, il y a deux Compa-

---

ibid. Ces circonstances sont appréciées souverainement par les juges du fait.

1. V. Amst. Colmar, 26 janv. 1857, S. 57, 2, 524.

2. Trib. Toulouse, 18 mai 1879, Rontey. de Mars., III. 239.

3. Devrait donc être écarté le paiement effectué par un assuré illettré, impuissant à remarquer les changements de rédaction de la quittance, surtout lorsqu'elle est signée et présentée par le même agent que les précédentes, agent passé du service de la Compagnie cédante au service de la Compagnie cessionnaire. Trib. Nyons, 4 décemb. 1889 précité.

4. Grenoble, 17 novemb. 1880, S. 82, 2, 1. Dans cette espèce la lettre circulaire annonçant la transformation portait en tête, en gros caractères, les mots : « La..... *substituée à la.....* » et énonçait un capital beaucoup plus considérable que le capital de l'ancienne Compagnie.

5. Cfr. Chesneau : *La réassurance et la cession de portefeuille* ; Rousseau : *Manuel des Sociétés par actions*, 2e édit., Paris, 1896, p. 305 et suiv.

En Angleterre la fusion est soumise à des règles très sévères par l'*Act* du 9 août 1870, sur les Compagnies d'assurances sur la vie. — V. *Ann. de législat. étr.*, 1870, p. 25. Une réglementation a aussi été édictée en Autriche-Hongrie. (Ord. 18 août 1880).

6. Trib. Comm. Seine, 28 août 1878, *Journ. des assur.*, 78, 494 ; Toulouse, 28 mai 1879, *ibid.*, 79, 439.

7. Chesneau : *op. cit.*

gnies dont l'une emprunte à l'autre sa direction, son personnel, son fonctionnement et dont les intérêts sont liés et confondus dans une administration commune. La solution doit donc être la même [1].

Des Sociétés ont reconnu, notamment dans ces dernières années, qu'il était de leur intérêt de réduire leur capital social [2] de façon à diminuer une charge aussi inutile qu'onéreuse pour leurs actionnaires.

Cette mesure est grave pour les tiers. Elle l'est en particulier pour les assurés qui ont souscrit des polices antérieurement. Elle diminue, en effet, leurs garanties puisque le capital n'est plus celui en vue duquel ils ont traité et qui doit leur appartenir [3]. Aussi la mesure, même régulièrement prise [4], même parfaitement valable entre associés ne leur est pas opposable [5], il y a un droit acquis qui doit être respecté [6].

1. Chesneau : *op. cit.* — V. aussi Rousseau : *loc. cit.*, p. 308.

2. Bien entendu dans les termes du droit commun (L. 20 juill. 1867, art. 37).

3. C'est en vain qu'il serait allégué que l'assuré peut toujours, si la Société devient insolvable ou tombe a faillite, agir contre les actionnaires qui ont été remboursés afin d'obtenir, d'une part, la restitution de ce qu'ils ont reçu, et d'autre part, le paiement des sommes qu'ils redevaient sur leurs actions, les tiers créanciers ayant une action directe et individuelle contre les actionnaires non libérés pour les contraindre à compléter leurs mises (Trib. comm. Seine, 28 oct. 1885, *Rev. des Sociét.*, 86, 42 ; *Le Droit*, 14 novemb. 1885 ; Vavasseur : *Tr. des sociétés civ. et commerc.*, T. I, p. 83 ; Lyon-Caen et Renault : *Tr. de dr. commerc.*, T. II, p. 652) et que la situation n'est pas changée du moment que les garanties sont toujours les mêmes et portent toujours sur le capital entier.
Il n'est pas exact de dire que les garanties restent identiques après la réduction du capital puisque les tiers auraient à intenter des procès nombreux et coûteux pour obliger les actionnaires remboursés *à restituer ce qu'ils ont reçu et à verser ce qu'ils redevraient* ; ils auraient à courir le risque des insolvabilités (Toulouse, 29 décemb. 1885, *Rev. des Sociét.*, 86, 213) ; leur situation serait loin d'être la même, tout au moins pour la somme tirée de la caisse sociale et remboursée aux actionnaires — Vavasseur : *De la réduction du capital social dans les Sociétés d'assurances*, (Rev. des Sociét., 1887, p. 273) ; *de la réduction du capital social et de ses conséquences vis-à-vis des actionnaires et des tiers.* (Rev. périod. des assur., 1887, p. 125 et suiv.).

4. La délibération prise de ce chef par l'assemblée générale des actionnaires doit être approuvée par un décret du Chef de l'État rendu sur l'avis du Conseil d'État. — V. à titre d'exemple, Décret du 26 juillet 1896, *Journ. Off.*, 30 juill. 1896.
Il est à peine besoin de faire observer que l'opération serait de tous points illégale, si la réduction du capital social avait lieu sous la forme d'un rachat d'actions (Cass., 18 févr. 1868, S. 68, 1, 241 ; D. P. 68, 1, 503 ; Cass., 14 décemb. 1869, D. P. 70, 1, 179 ; Cass., 3 janv. 1887, S. 87, 1, 269). Le rachat d'actions entièrement libérées comme mode de réduction ne peut être admis que lorsqu'il a lieu au moyen des bénéfices sociaux ou du fonds de réserve dans un but d'amortissement du capital. — V. Cass., 14 décemb. 1866, D. P. 67, 1, 499 ; Labbé Note, S. 79, 2, 37 ; Lyon-Caen : Note, S. 82, 2, 121.

5. Les droits des tiers ont été expressément réservés par les arrêts de la Cour de Paris relatifs au droit de l'assemblée générale de prononcer la réduction du capital social. — Paris, 13 janv. 1885, *Rev. des Sociét.*, 85, 330 ; Cass., 3 janv. 1887, S. 87, 1, 269. V. *Ibid.* le rapport de M. le conseiller Crépon. — V. aussi Rousseau : *Manuel des Sociétés par actions*, p. 240.

6. Lyon-Caen et Renault : *op. cit.*, T. II, p. 654.

L'assuré peut donc réclamer la résolution du contrat [1] pour inexécution de la convention [2].

Seulement il ne saurait l'obtenir *de plano*. Elle ne peut être prononcée que par application de l'art. 1184 C. Civ., pour cause d'inexécution des engagements, c'est-à-dire qu'autant qu'il sera prouvé que l'assuré a traité en vue du capital annoncé par la publication légale, qu'il n'aurait pas souscrit avec une Compagnie disposant d'un capital moindre [3].

La faillite de l'assureur ne met pas nécessairement fin au contrat [4].

1. Jugé que le seul fait par une Société anonyme d'assurances, de décider une réduction de son capital social non prévue par les Statuts ne saurait permettre aux assurés de demander la résolution de leurs polices, mais que cette mesure n'est pas opposable aux assurés qui ont traité avec cette Société antérieurement à la réduction et que les actionnaires restent responsables envers eux de l'intégralité des sommes restant à verser sur le capital qui était leur garantie au moment du contrat. — Trib. Seine, 10 févr. 1888, *Rev. des Sociét.*, 88,328 ; Trib. Bordeaux, 30 avril 1888, *Rev. des Sociét.*, 88,437.

2. Le contraire a pourtant été soutenu, (G. L. : *De la réduction du capital social et de ses conséquences dans les rapports de la Société vis-à-vis des actionnaires et des tiers : Rev. périod. des assur.*, 1887, p. 42 et suiv.) par le motif que la réduction du capital social n'ayant d'effet que pour les actionnaires, ces derniers ne sont pas affranchis de l'obligation de verser, le cas échéant, l'intégralité du capital souscrit. Les observations présentées précédemment montrent que ce n'est là qu'une garantie parfois illusoire, souvent de nature à être acquise d'une façon très onéreuse.

3. Vavasseur : *op. cit.*, p. 273 et suiv.

Comme le fait observer cet auteur, l'on ne peut songer à attribuer aux assurés le droit d'agir en vertu de l'art. 1166 ou de l'art. 1167 C. Civ., puisque la Société n'a ni droit, ni action à l'effet de protester, attendu que c'est elle-même qui a consenti à la réduction, et d'autre part qu'il n'y a pas de fraude ; l'on ne saurait pas plus exciper de l'art. 1188 C. Civ., qui fait encourir au débiteur la déchéance du terme s'il a diminué les sûretés promises par le contrat, puisqu'il s'agit ici non pas d'une créance à terme, mais d'une créance conditionnelle.

Comp. un substantiel article de M. Pourein sur *La réduction du capital social des Compagnies d'assurances dans les rapports de l'assureur et de l'assuré* (L'Opinion, avril 1890, p. 59 à 62).

4. Il est peu probable de voir déclarer la faillite d'une Compagnie d'assurances sur la vie. Néanmoins la question doit être envisagée ici. Du reste, un jugement du Tribunal de commerce de la Seine en date du 16 septembre 1885 n'a-t-il pas prononcé la faillite de la Société du *Crédit Viager* dont la situation avait été compromise moins par les opérations elles-mêmes que par les agissements de ses fondateurs et administrateurs ? — V. *Journ. des assur.*, 1885, p. 361, 567.

En Angleterre et aux États-Unis, comme le fait justement observer M. Furquim d'Almeida (*Des assur. sur la vie spécialem. en cas de décès*, p. 109), des catastrophes ont amené le législateur à prendre des mesures pour sauvegarder les intérêts des assurés. C'est ainsi que l'*Act* du 9 août 1870 sur les Compagnies d'assurances sur la vie dans la Grande Bretagne permet à la Cour d'ordonner la liquidation judiciaire de toute Compagnie, sur la demande d'un porteur de police ou d'un actionnaire lorsque l'insolvabilité aura été établie ; pour établir l'insolvabilité, la Cour pourra tenir compte du passif éventuel, rechercher si le montant des primes à encaisser suffit pour faire face aux dettes futures résultant de toutes les opérations faites par la Compagnie (*Ann. de législat. etc.*, 1870, p. 25. — V. aussi Crawley : *Law on life insurance*, append.). Aux États-Unis, sous l'empire d'une loi de 1853 modifiée

Au premier abord l'on pourrait croire que l'obligation de l'assureur étant, au moins en général, une obligation à terme et le débiteur failli se trouvant, de par l'art. 1188 C. Civ., privé du bénéfice du terme, l'assuré ou la personne appelée à recueillir le profit de la police serait en mesure de réclamer le montant total de la somme promise dans les conditions fixées par la loi [1]. Cette solution n'a pas prévalu. C'est avec raison. Elle serait contraire au principe d'égalité qui domine toute la législation de la faillite puisqu'elle permettrait, au total, à deux stipulants signataires au même âge d'une police absolument identique mais à des époques différentes de toucher la même somme, alors que le service des primes pourrait avoir été imposé plus longtemps à l'un qu'à l'autre [2]. D'autre part, il faut observer que l'obligation que prend la Compagnie n'est pas tout à fait une simple obligation à terme : c'est aussi une obligation conditionnelle, en ce sens que la Compagnie, si elle est tenue de verser une somme au décès, ne doit cette dernière qu'autant que la mort a lieu dans certaines conditions, c'est-à-dire après le renouvellement du contrat et aussi lorsque l'assuré a perdu la vie d'une façon normale [3].

Aussi est-il généralement admis que le texte à appliquer en pareille circonstance est l'art. 346 C. Comm. Conformément à cette disposition qui, bien qu'édictée en matière maritime, s'étend aux assurances terrestres parce qu'elle résulte d'un principe de droit commun [4],

en 1859, le superintendant de l'État de New-York doit faire mettre d'office en faillite et en liquidation la Compagnie qui, en égard à ses ressources, ne pourrait réassurer les risques en cours. (Hine : *The insurance Statutes of the United States*, New-York, 1876, n. 152 ; Vivante : *op. cit.*, T. III, p. 101, note.)

Le projet rédigé par M. Roelli pour le Gouvernement suisse proclame (art. 38) que le contrat s'éteint par le prononcé de faillite de l'assureur, et que le souscripteur qui, lors du prononcé de faillite de l'assureur, a droit contre ce dernier à une indemnité, peut faire valoir ce droit.

Il convient pour cette question de la faillite de l'assureur de se reporter à ce que M. Vivante a écrit : *op. cit.*, T. III, p. 224 à 235.

Il est certain que dans le cas de faillite la résolution n'a point lieu de plein droit. Dans l'ancien droit la simple crainte de l'insolvabilité ne suffisait pas pour motiver la rupture des engagements (l'opinion de Valin à cet égard est décisive) ; le Code de commerce n'a fait, dans l'art. 346, que consacrer cette solution ; — Cf. Quénault : *op. cit.*, p. 303 et suiv.

Par application de l'art. 1977 C. Civ., le bénéficiaire d'une rente viagère, soit immédiate, soit différée peut demander la résiliation du contrat si le constituant ne lui donne pas les sûretés stipulées pour son exécution ou lorsqu'il diminue les sûretés ; c'est ce qui arriverait en cas de faillite ou de déconfiture de l'assureur. — Troplong : *Dr. civ.*, T. XVIII, n° 91 ; Merger : *op. cit.*, p. 214 et 215.

1. Herbault : *op. cit.*, p. 263.

2. Rome : *op. cit.*, p. 161.

3. Comp. Patinot : *op. cit.*, p. 565 ; Couteau ; *op. cit.*, T. II, p. 255 et 310.

4. Patinot : *loc. cit.*, p. 538 ; Vibert : *op. cit.*, p. 111 ; Merger : *op. cit.*, p. 190 ; Pardessus : *loc. cit.*, T. II, n° 591 ; Alauzet : *op. cit.*, n° 567 ; Grun et Joliat : *op. cit.*, n° 116 ; Sebire et Carteret ; *Encyclopéd. du droit*, v° *Contr. d'assur. sur la vie*, n° 53 ; Tissier : *op. cit.*, p. 215 ; Ruben de Couder : *loc. cit.*, n° 124.

l'assuré peut à son choix [1], en cas de faillite [2], exiger une caution ou réclamer la résolution du contrat [3]. Il est libre de déterminer le parti à prendre. En fait il préférera voir disparaître le contrat et il aura raison : le maintien d'un contrat avec une Société dont la situation financière a été compromise par une déclaration de faillite est absolument illusoire [4]. Il n'est même pas de l'intérêt de l'assureur de solliciter le maintien du contrat : il ne lui serait guère possible, en effet, de trouver bonne et valable caution à raison des sommes si considérables à garantir.

Seulement, comme cette disparition du contrat est de nature à causer un préjudice pour le signataire de la police, ce dernier a le droit

1. C'est l'assuré seul qui a un droit d'option. La masse des créanciers de l'assureur failli ne saurait, pour conserver les assurances, insister pour l'acceptation d'une caution. Si la partie envers laquelle l'engagement pris n'a pas été exécuté, c'est-à-dire l'assuré, a le droit de demander ou une caution ou la résiliation du contrat, on ne comprendrait pas que celui qui n'a pas la puissance de s'exécuter puisse imposer son choix selon son intérêt ou sa volonté ; c'est la conséquence de l'art. 1184 C. Civ. qui contient la règle générale sur ce point, et l'art. 316, C. Comm. n'y déroge point.

Et au surplus, en fait, quelle caution pourraient fournir les créanciers ? Il faudrait qu'elle s'appliquât à tous les contrats d'assurance existants : qu'elle s'obligeât à réparer, non pas seulement la perte dans la proportion du dividende auquel la faillite a réduit les créanciers, mais la perte tout entière dans la mesure des assurances souscrites par le failli ; qu'elle offrit, en conséquence, une capacité légale et une solvabilité à peu près impossible à trouver en cette matière. En effet, une Compagnie d'assurances ne saurait se porter caution, une telle convention étant étrangère à ses opérations, et en outre, cette caution qui, vis-à-vis des assurés est caution civile, devrait, aux termes de l'art. 2019 C. Civ., présenter des immeubles, libres de toute hypothèque, pouvant garantir le prix total du montant des risques assurés. Quant à la réassurance que l'assureur failli ferait de ses polices, elle est impossible comme un cautionnement parce que la réassurance est un acte étranger à l'assuré, qui n'engage le réassureur que vis-à-vis de celui avec lequel il contracte et qui, conséquemment, ne donne à l'assuré aucune espèce de garantie sérieuse.

Il n'y a qu'un moyen pour l'assureur failli de ne pas perdre tout le bénéfice des assurances faites : c'est de s'entendre avec une autre Compagnie qui reprendrait, avec l'assentiment des assurés, les contrats, par polices individuelles et distinctes, et deviendrait ainsi directement assureur au lieu et place de l'assureur primitif. Mais il faut l'assentiment des assurés parce que la cession ou la vente des polices n'a aucun effet au regard des assurés, ceux-ci demeurant libres d'accepter ou de refuser le second assureur — Merger : *Réflexions sur les effets de la liquidation et de la faillite d'une Compagnie privée*, p. 60, 77, 87.

2. Il faut ajouter que l'application de l'art. 316 est subordonnée non pas à l'état d'insolvabilité mais bien à la faillite sans que cependant il y ait eu un jugement déclaratif : le seul fait de cessation des paiements qui caractérise la faillite suffit. — Cf. de Valroger : *Droit marit.*, T. III, p. 430.

3. Ce droit d'option est nettement reconnu par les législations étrangères qui ont édicté des dispositions spéciales relativement à l'assurance sur la vie. V. Loi belge, 11 juin 1874, art. 29 ; C. Comm. néerl., art. 285 : C. Civ., Zurich, art. 530 ; C. Comm. ital., art. 433 ; C. Comm. portug., art. 458.

4. V. Trib. Gand, 25 mars 1874, *Journ. des assur.*, 75, 140 ; Paris, 4 août 1882, S. 83, 2, 175 ; D. P. 84, 5, 31 ; Toulouse, 2 mai 1883, S. 83, 2, 185 ; D. P. 84, 2, 46.

de réclamer une indemnité représentant la différence du taux de la prime à payer pour l'assurance nouvelle.

En cas de faillite la Compagnie ne doit pas le capital lui-même puisque son obligation était conditionnelle. La condition ne s'étant point réalisée [1], elle doit seulement la valeur de rachat [2]. Elle conserve naturellement les primes déjà acquises puisqu'elle a supporté les risques auxquels ces primes étaient destinées à faire face.

La solution indiquée pour la faillite [3] doit être la même lorsque la Compagnie est mise en liquidation forcée : l'assuré a le droit de réclamer la résolution du contrat, à moins qu'il ne préfère voir intervenir une caution [4]. En cas de mise en liquidation volontaire tout dépend de la

---

1. Si l'on admettait pour l'assuré le droit de réclamer le paiement du capital assuré, en monnaie de faillite bien entendu, il ne serait pas pour cela déchargé de son obligation primitive, le paiement intégral des primes ; or, la continuation du contrat deviendrait pour lui onéreuse, certain qu'il serait, dès lors, soit que le dividende alloué lui soit remis contre caution ou déposé de ne toucher qu'un capital inférieur à celui auquel le paiement des mêmes primes à un autre assureur lui donnerait droit ; il préférera toujours la résolution à la continuation du contrat. Cf. Baron : *De l'assur. sur la vie en cas de décès*, p. 76 et 77.

2. Comp. Herbault : *op. cit.*, p. 267 ; Couteau : *op. cit.*, T. II, p. 256 ; Goirand et Périer : *Comment. de la loi du 4 mars 1889 sur la liquidation judic.*, p. 190 ; Furquim d'Almeida : *op. cit.*, p. 108 ; Vivante : *op. cit.*, n° 173 et 177.

Il a été décidé (Trib. comm. Seine, 19 novemb. 1886. *Journ. des assur.*, 86, 73) que le montant de la créance pour laquelle chaque assuré est admis à produire dans le cas de faillite d'une Compagnie doit être égal à la valeur au comptant de son contrat au jour de la faillite, c'est-à-dire à la somme dont l'assuré se trouve crédité à son compte spécial de réserve. V. Anal. Trib. comm. Seine, 14 novemb. 1884, *Journ. des assur.*, 85, 197 ; et 1er sept. 1886, *ibid.*, 86, 469. — Comp. Baron : *op. cit.*, p. 75 et 76.

3. En est-il de même lorsque l'assurance (fait plus qu'invraisemblable) est passée par une personne autre qu'une Compagnie et lorsque, par conséquent, c'est la déconfiture, au lieu de la faillite, qui est prononcée ?

Au cas où la prime a été complètement versée le stipulant s'est acquitté en une seule fois, le créancier de la somme promise peut réclamer toute cette somme en vertu de l'art. 1188 C. Civ.

Au cas où la prime a été acquittée par versements périodiques le créancier peut, profitant de l'art. 1188 C. Civ., réclamer le paiement total. Mais, comme il resterait toujours débiteur des primes à verser il ferait mieux, ainsi qu'on l'a judicieusement noté (Rome : *op. cit.*, p. 162), en présence de ce débiteur insolvable, de demander la résiliation du contrat avec dommages-intérêts : de cette façon il pourrait se soustraire aux conséquences futures de son engagement et produire à la contribution pour la somme qui lui aurait été allouée. — Comp. Quénault : *op. cit.*, p. 307.

4. V. not. arr., Trib. Gand, 24 mars 1875, *Journ. des assur.*, 75, 444 ; Trib. Lyon, 23 août 1882, *ibid.*, 83, 51 ; Sic. Turin, 29 févr. 1889, *La Legge*, 89, 765.

D'autre part, il a été soutenu (Pestinct : *loc. cit.*, p. 559) que si la mise en liquidation de la Société lui interdit d'accepter des contrats nouveaux, il suit que l'assuré qui aurait stipulé un droit dans une part des bénéfices pourrait demander une diminution proportionnelle dans le montant de la prime, la dissolution de la Société faisant obstacle à toute opération nouvelle et rendant, dès lors, sans effet la clause de participation.

Les assurés ne pourraient réclamer à la Société mise en liquidation la résiliation de leurs contrats alors même que le fait de la liquidation aurait eu pour conséquence de porter atteinte à leurs droits à la participation aux bénéfices, en excluant, ou du moins en diminuant la probabilité de la réa-

question de savoir si les assurés ont toujours une garantie[1] : lorsque la Compagnie conservant sa personnalité et n'étant pas insolvable, continue à remplir ses obligations, et que les engagements antérieurs reçoivent leur entière exécution, l'assuré est sans droit pour réclamer la résolution, même si elle a conclu des contrats de réassurance pour les risques par elle acceptés[2]. Il en doit être ainsi, surtout lorsque les assurés n'ont pu ignorer, en traitant, que la Compagnie avait, de par les Statuts, le droit de se dissoudre et de faire prononcer la liquidation ; ils ont dû faire entrer en ligne de compte cette éventualité et, dès lors, ils ne sauraient se plaindre de sa réalisation[3].

Au contraire, lorsqu'à la suite de la mise en liquidation la Société n'offre pas de garanties[4], l'assuré peut réclamer la résolution[5]. En ce cas, l'assuré n'a pas le droit de demander la résiliation de son contrat *ab initio* avec restitution de toutes les primes par lui payées et des intérêts, la résiliation du contrat ne pouvant faire disparaître le fait que la Compagnie, pendant un certain temps, a supporté les risques de l'assurance, risques dont la contre-partie était représentée par les primes payées par l'assuré[6].

lisation des bénéfices, si la Société avait promis, non pas que des bénéfices seraient toujours réalisés, mais seulement que les bénéfices effectivement réalisés seraient répartis et si elle n'avait pas, d'autre part, renoncé au droit de décider sa liquidation au cas de mauvaises affaires. — Trib. fédér. Suisse, 26 avril 1899, S. 91, 4, 22.

1. L'opinion qui enseigne que les contrats ne sont pas résiliés de plein droit par la mise en liquidation volontaire (Merper : *op. cit.*, p. 167) est donc trop absolue.

2. V. Trib. Seine, 6 juin 1850, *Le Droit*, 19 juin 1850; Patinot : *loc. cit.*, p. 659; Trib. Comm. Bordeaux, 4 novemb. 1891, *Rev. périod. des assur.*, 93, 71; Trib. Comm. Rouen, 11 octob. 1895, *Journ. des assur.*, 96, 14; Arrêt précité du 26 avril 1890.

3. Trib. Aix, 17 juill. 1851, *Journ. des assur.*, 52, 231 : Trib. Lyon, 20 novemb. 1851, *ibid.*, 52, 9; Trib. Aix, 4 décemb. 1851, *ibid.*, 52, 10; Trib. Largentière, 18 mai 1852, *ibid.*, 62, 226; Trib. comm. Rouen, 20 octob. 1885, *ibid.*, 88, 106; Douai, 10 novemb. 1879, D. P. 81, 5, 31; Agen, 24 novemb. 1885, S. 87, 2, 149.

4. Par exemple en perdant toute existence propre (Cass., 26 octob. 1885, D. P. 86, 1, 130), ou en ne déposant pas, conformément aux Statuts, un capital suffisant pour parer aux risques non éteints (Bordeaux, 15 novemb. 1851, S. 52, 2, 90).

Peut-on considérer comme une garantie suffisante pour les assurés le dépôt effectué dans un établissement de crédit d'une somme représentée par des titres? Le Tribunal de commerce a, le 1er mars 1899 (*Rev. des Sociét.*, 91, 539), déclaré que le dépôt ne constitue pas une garantie quand il est fait sans affectation spéciale à la garantie des assurés. Cette solution n'a pas été consacrée par la Cour de Paris qui, le 1er juillet 1891 (*Rev. des Sociét.*, 91, 540), a décidé que la circonstance que l'affectation spéciale ne résulte pas expressément de l'acte de dépôt ne saurait en modifier le caractère ou l'effet qui consiste à assurer l'accomplissement des engagements sociaux. La Cour va trop loin; l'on peut avoir plus que des doutes sur la valeur de la garantie résultant d'un dépôt volontaire et libre conséquemment.

5. Cass., 26 octob. 1885, D. P. 86, 1, 130; Bordeaux, 15 novemb. 1851, S. 52, 2, 90; Trib. civ. Lille, 25 juillet 1892, *Rev. périod. des assur.*, 93, 71. Toutefois Comp., observat. *ibid.*

6. Trib. féd. suisse, 26 avril 1899, S. 91, 4, 22. — Mais cette décision,

Il est inutile de faire remarquer que la Société mise en liquidation subsistant toujours pour les besoins de sa liquidation le liquidateur serait en droit de réclamer aux assurés le montant de ce qu'ils pourraient devoir encore [1].

§ 2. Résolution du fait de l'assuré.

Les devoirs qui incombent à l'assuré et dont l'inobservation est de nature à entraîner la résolution sont de plusieurs sortes. Non seulement l'assuré doit, lors de la conclusion du contrat, faire connaître toutes les circonstances propres à permettre à l'assureur d'apprécier en toute sécurité le risque, non seulement il ne doit rien faire pour aggraver les risques, mais il est tenu obligatoirement d'acquitter la première prime et d'autre part, s'il entend voir maintenir le contrat, il (lui ou la personne qui a accepté cette charge) doit payer la prime annuelle.

A — Réticences.

Le contrat d'assurance sur la vie est un contrat de bonne foi. D'un autre côté, il repose et doit nécessairement reposer sur les déclarations du futur assuré. Si pour des objets mobiliers ou immobiliers l'assureur peut se rendre compte par lui-même avec une certaine exactitude de la qualité du risque qu'il assure, s'il est aisé d'apprécier la valeur d'un navire, d'une maison, d'un mobilier à raison du mode de construction, des matériaux employés, il en est autrement en matière d'assurance sur la vie. L'indication de l'âge ne suffit pas et l'assureur s'exposerait à de graves mécomptes s'il se bornait, comme on pourrait le croire, à s'en tenir à ce renseignement et à baser le contrat sur les chances que relèvent les tables de mortalité. Tout dépendant des causes de nature à abréger l'existence de l'assuré, la Compagnie doit donc manifestement connaître non seulement si la santé du proposant est bonne lors des pourparlers engagés, mais encore les faits qui sont de nature à influer sur la vie de cette personne. Il tombe

justifiée à tous les points de vue, proclame pour l'assuré le droit de réclamer des dommages-intérêts, dommages-intérêts pouvant être accordés sous forme d'une diminution proportionnelle de la prime.

[1] La jurisprudence est constante. Il suffira de citer Cass., 20 octob. 1885, D. P. 86, 1, 429; 7 mai 1893, *Journ. des assur.*, 90, 425; Trib. comm. Bordeaux, 19 novemb. 1891 et Trib. civ. Lille, 25 juill. 1892, *Rev. périod. des assur.*, 93, 71 et 74; Paris, 25 janv. 1892 et Trib. civ. Limoges, 2 avril 1892, *Rev. périod. des assur.*, 92, 412; Trib. civ. Poitiers, 13 févr. 1894 (*La Loi*, 21-22 avril 1895); Trib. civ. Bordeaux, 4 mars 1895, *ibid.*, 4 mai 1895; Trib. comm. Sens, 15 mai 1895, *ibid.*, 16 mai 1895; Trib. comm. Seine, 24 juill. 1895, *Journ. des assur.*, 96, 48.

tous le sens que seul l'assuré est à même de fournir des renseignements. Il n'y a que lui qui puisse indiquer ce qu'a été sa santé aux époques antérieures, quels sont ses antécédents, quelles sont ses habitudes.

Ce n'est donc pas trop demander que d'exiger, au moment où le contrat va se signer, que l'assuré fasse connaître toutes les circonstances permettant à la Compagnie d'apprécier si oui ou non elle doit assumer les risques. C'est se conformer à l'essence même du contrat que d'imposer à l'assuré[1] la plus grande franchise. C'est appliquer les principes généraux du droit que d'édicter une sanction[2]. En principe la résolution, c'est-à-dire la peine qui doit atteindre celui qui ne se conforme pas à une obligation qui lui incombe, devrait être prononcée, les déclarations servant de base au contrat, le contrat devant disparaître lorsqu'il a été passé au vu de déclarations inexactes. Pourtant il n'en est point ainsi : le mensonge et la dissimulation ne constituent point par eux-mêmes un motif de résolution, mais seulement lorsqu'ils se produisent dans des circonstances déterminées[3].

En premier lieu, il faut que l'acte dont s'agit soit imputable à l'assuré. D'autre part, il est essentiel que la réticence se produise au moment où les parties s'engagent. Enfin il est indispensable que la dissimulation soit non pas grave, ce seul fait ne suffirait point, mais de nature à induire la Compagnie en erreur soit sur les conditions, soit sur le contrat lui-même. Cette dernière circonstance est décisive : l'assureur ne peut se plaindre des agissements de l'assuré qu'autant qu'il peut établir qu'il n'aurait point traité dans les conditions ac-

---

1. Par assuré, nous entendons tant celui qui contracte une assurance sur sa tête que celui sur la tête duquel un tiers a souscrit une police. Les réticences, les fausses déclarations faites par ce tiers assuré produiraient donc le même effet que celles émanant d'une personne ayant contracté une assurance sur sa propre vie. Cette solution, cependant, a été contestée (Labbé : Note, S. 89, 2, 225), par le motif que le dol étant personnel, les réticences et fausses déclarations ne sauraient, en droit pur, vicier le contrat à l'égard de celui qui n'a pas été complice du dol, que la nullité pour cause de réticences ne peut, en conséquence, être prononcée que si elle est expressément prévue par le contrat. Assurément, le principe posé est juste, le dol est personnel, mais il est impossible, dans un contrat semblable, de séparer le tiers assuré du preneur d'assurance : le tiers agit au nom et pour le compte du preneur ; il fait les déclarations pour lui ; le preneur en est responsable aussi complètement que s'il les avait faites lui-même. L'on a donc raison de soutenir (Beldows : *Le contrat d'assurance en cas de décès*, p. 159 et 160) que la nullité résulte tant des principes généraux du droit que de la convention. La Cour de Paris paraît avoir, implicitement il est vrai, statué dans ce sens, Paris, 30 janvier 1880, S. 80, 2, 232.

2. Trib. fédér. suisse, 16 décembre 1892 cité *in Annales de Dr. Commerc.*, 1894, 37.

Notons qu'il ne s'agit pas là d'un dol, comme l'a soutenu M. Labbé, mais d'une erreur. — Couteau : *op. cit.*, T. II, p. 113 ; Chavegrin : *Le Droit*, 1er août 1889 ; Dupuich : Note, D. P. 94, 2, 425. Comp. la jurisprudence reproduite dans cette dernière dissertation.

3. V. ce qui a été dit à cet égard dans ce *Traité*, T. II, p. 20 et suiv.

tuelles s'il avait connu les faits cachés [1]. En d'autres termes, la réticence ou la dissimulation ne peuvent être opposées comme causes de résolution que lorsqu'elles diminuent l'opinion du risque. A la vérité, la circonstance que l'assuré était de bonne foi importe peu : l'erreur est sans effet [2]. La Compagnie n'a pas à rechercher les mobiles qui ont guidé le proposant, elle n'a pas à apprécier si avec un peu plus de vigilance le proposant lui aurait fait connaître des faits qui auraient pu la mettre en garde. Du moment qu'elle a été trompée cela suffit [3].

Lorsque l'assureur a pu établir qu'il était victime d'une omission due à l'assuré [4], il peut réclamer la résolution du contrat [5]. Le texte

1. Conf. Marshall — op. cit., dans le *Traité des assur. terr.* de Quénault, p. 333 ; Chavegrin : *Le Droit*, 1er août 1889, Dupuich : Note, D. P. 94, 2, 426 et les renvois de jurisprudence, *ibid.*

2. En doctrine, car la jurisprudence semble subordonner la déchéance au fait volontaire et conscient de l'assuré. — V. les citations d'arrêts dans ce *Traité*, T. II, p. 33. *Adde* Cyprés : *op. cit.*, p. 84 et surtout la très remarquable dissertation de M. Dupuich, D. P. 94, 2, 428. Henry : *L'assur. sur la vie d'après les arrêts les plus récents*, Paris, 1895, p. 7. Vavasseur : *Tr. des sociét. commerc.*, 3e édit., T. II, p. 294.
En tout cas, la circonstance que le médecin de la Compagnie n'aurait point révélé la maladie susceptible de modifier l'opinion du risque ne saurait être invoquée par l'assuré. — V. *supra*, T. II, p. 38. *Adde* Observat. de M. Dupuich : D. P. 94, 2, 427, 2e col.
Il ne faut pas confondre l'excuse tirée d'une ignorance et celle qui pourrait résulter de la bonne foi. Pour taire, écrit judicieusement M. Dupuich (Note, D. P. 94, 2, 428, 2e col.), il faut savoir ; or, la personne qui ignore un fait ne saurait se voir reprocher un acte de dissimulation. La réticence, dit fort bien le Tribunal de commerce de Bruxelles (7 décembre 1889, *Rec. périod. des assur.*, 89, 285), est, de la part de l'assuré, la non révélation de circonstances qu'il connaissait au moment du contrat, ce qu'il aurait dû faire connaître à l'assureur ; c'est la suppression ou l'omission volontaire d'une chose qu'on devrait dire, ce qui ne se comprend que d'une chose que l'on connaît.
C'est par application de ces principes que l'on a pu refuser de voir une réticence dans le silence gardé par un assuré sur les causes de la mort de son père survenue à une époque ancienne et dans des conditions sur lesquelles il pouvait avoir des renseignements inexacts (Trib. civ. Seine, 15 juill. 1885, *Journ. des assur.*, 85, 691, ou dans le silence tenu à l'égard d'une maladie qui a causé la mort et qui, bien que pouvant remonter à une époque antérieure au contrat, n'a pris que postérieurement un caractère appréciable, en sorte qu'à ce moment ni l'assuré, ni sa famille ne soupçonnaient une atteinte sérieuse à la santé. (Trib. comm. Seine, 17 sept. 1885, *Journ. des assur.*, 85, 624 ; Paris, 29 oct. 1886, *Rec. périod. des assur.*, 86, 506).

3. Suivant le droit commun, la bonne foi n'empêche pas que l'erreur entraîne nullité du contrat. — Larombière : *Obligat.*, sur l'art. 1110, n° 12 ; Aubry et Rau : *op. cit.*, T. IV, p. 218. Conf. Dupuich : Note, D. P. 94, 2, 428.

4. Le dernier projet élaboré à la demande du Gouvernement suisse (V. *L'Opinion*, 15 novembre 1896) impose (art. 13) à l'assureur l'obligation de délivrer à l'assuré qui en a fait la demande une copie des déclarations faites dans la proposition ou ailleurs et qui ont servi de base à la conclusion du contrat.

5. Serait-il possible d'opposer à l'assureur que la mort a été causée par une maladie autre que celle qui n'avait pas été déclarée et qui n'avait aucune corrélation avec l'affection qui a déterminé le décès ? L'affirmative a été proclamée (Paris, 30 janv. 1884, D. P. 84, 2, 246. Mai. La solution con-

de la police [1] qui fait la loi des parties d'après l'art. 1134 C. Civ. et qui, du reste, reproduit l'art. 348 C. Com. applicable tant en matière d'assurances terrestres qu'en matière d'assurances maritimes, lui confère le droit de faire prononcer la révocation du contrat, sans que le juge puisse substituer une autre peine, et par exemple prescrire une réduction de l'assurance [2].

Pour entraîner la déchéance la réticence doit d'abord être contemporaine du contrat [3], porter sur des circonstances graves que le juge du fait apprécie souverainement [4]. Telles seraient les déclarations erronées, à moins d'une disposition spéciale du contrat [5], concernant soit l'âge de l'assuré [6], soit d'après certaines polices, sa si-

traire affirmée précédemment (Rouen, 21 janv. 1877, D. P. 77, 2, 126; Trib. Tours, 30 août 1874, *Monit. des assur.*, 73, 374) a été énergiquement défendue (V. notamm. Vavasseur : *Tr. des sociét. civ. et commerc.*, 3° édit. T. II, p. 293) par un motif tiré du § 2 de l'art. 348 C. Com.; cette disposition prononce la nullité de l'assurance « même dans le cas où la réticence n'aurait pas influé sur la perte de l'objet assuré », ce qui peut se traduire en matière d'assurance sur la vie « alors même que la maladie non déclarée n'aurait pas influé sur la mort de l'assuré », Comp. Dupuich : Note, D. P. 94, 2, 427.

On ne pourrait opposer à l'assureur que l'affection non déclarée n'a nullement influé sur le décès de l'assuré (Rouen, 21 janv. 1876, D. P. 77, 2, 126; — Comp. Trib. Comm. Seine, 20 juin 1879 et Paris (motifs), 30 janvier 1880, D. P. 81, 2, 234).

1. *Toute réticence, toute fausse déclaration qui diminuerait l'opinion du risque ou qui en changerait le sujet annule l'assurance.*

2. Notamm. Nancy, 12 novemb. 1887. *Rec. périod. des assur.*, 87, 523. Quant au droit de la Compagnie aux primes, - V. Paris, 23 novembre 1893. *Journ. des assur.*, 95, 115 et *Rec. périod. des assur.*, 94, 369.

3. On ne saurait confondre avec la dissimulation contemporaine du contrat lui-même celle qui viendrait à se produire lors du payement de la première prime, payement avant lequel l'assurance est sans existence et sans effet. Cass., 10 avril 1884. S. 85, 1, 366. *Contrà*, Paris, 19 avril, 1882. S. 83, 2, 138.

4. Cass., 24 févr. 1835. S. 35, 1, 435; 25 janv. 1848. Bonnev. de Mars. : T. alphabet, n° 314; 25 avril 1876. D. P. 76, 1, 435; 6 mars 1888, *Journ. des assur.*, 88, 224; 29 avril 1889. *Gaz. des Trib.*, 6-7 mai 1889. Cf. Lefort : *Les assurances terrestres*, n° 557 et suiv.

5. V. Dalloz : *Rép.*, v° *Assur. terr.*, n° 332; J. supr. des Etats-Unis (*Albany Law Journ.*, XIII, 201 et *Journ. du dr. intern. priv.*, 76, 200); Chaveprin : *Etude sur les réticences et déclarat. fausses ou inexactes dans l'assurance sur la vie.* (*Le Droit*, 1er août 1889). — *Contrà* Trib. civ. Seine, 25 juill. 1885 (*Journ. des assur.*, 805, 604) et Note de M. Labbé, S. 83, 2, 25.

6. Il arrive parfois, en effet, que des assureurs insèrent une clause portant que *toute différence constatée entre la date de naissance déclarée lors de la souscription du contrat et celle portée en l'acte de naissance de l'assuré produit lors du décès, par le bénéficiaire, donnera lieu soit à une réduction proportionnelle du capital assuré, soit au remboursement, sans intérêts, des sommes perçues en trop sur les primes.*

L'inexactitude relative à l'âge a été envisagée par M. le professeur Roelli dans son projet de loi sur les assurances. Les dispositions qu'il propose (art. 70) peuvent se résumer ainsi : l'indication inexacte de l'âge de l'assuré n'a pour conséquence de délier l'assureur que si l'âge réel n'était pas compris dans les limites d'admission établies par l'assureur; il faut alors appliquer par analogie les dispositions du droit commun en matière d'assurances terrestres.

Si le contrat dont l'assureur se départit est une assurance sur la vie

tuation sociale, sa profession, son domicile, soit ses antécédents héréditaires [1], soit lorsqu'il y a eu une question à ce sujet le nom du médecin de la famille [2], soit les maladies dont il a pu souffrir précédemment, mais à la condition qu'elles aient un véritable caractère de gravité, qu'elles soient de nature à indiquer une mauvaise constitution et à faire croire à une abréviation de l'existence normale [3] sans que

rachetable, l'assureur doit payer le prix de rachat. Ce prix est calculé d'après le montant de la réserve à la date où l'assureur découvre le vice des déclarations; si cette découverte est postérieure à l'expiration du contrat, le prix de rachat se base sur le montant de la réserve au jour de l'expiration.

Lorsque l'âge d'entrée réel est compris dans les limites d'admission, il y a lieu d'appliquer les dispositions suivantes : 1° Si la prime stipulée est inférieure à celle qui aurait correspondu à l'âge d'entrée réel, la somme assurée est réduite à celle correspondant, pour l'âge d'entrée réel et d'après le tarif, à la prime stipulée. L'assureur peut réclamer avec intérêt ce qu'il a payé en plus de la somme calculée d'après l'alinéa précédent. — 2° Si la prime stipulée est supérieure à celle qui aurait correspondu à l'âge d'entrée réel, l'assureur rembourse la différence entre la réserve actuelle et celle qui correspondrait à l'âge d'entrée réel. Pour l'avenir, les primes sont basées sur l'âge d'entrée réel. — 3° Les calculs prévus sous chiffres 1 et 2 du présent article ont lieu d'après les tarifs en vigueur au moment de la conclusion du contrat.

1. Trib. civ. Seine, 9 avril 1881, et 25 juillet 1885, *Journ. des assur.*, 81, 257 ; 85, 601 ; Trib. civ. Angers, 7 juin 1891, *Journ. des assur.*, 93, 166. Il a été jugé toutefois qu'il n'y aurait pas déchéance punissable si, interpellé sur les causes de la mort de son père, l'assuré n'avait pas fait une réponse exacte pour un événement ancien sur lequel il a pu être inexactement renseigné. Trib. civ. Seine, 25 juill. 1885, *Journ. des assur.*, 85, 601.

2. Trib. comm. Bruxelles, 1er juill. 1886, *Rec. périod. des assur.*, 87, 601 ; Trib. comm. Gand, 28 juill. 1896, *Journ. des assur.*, 96, b59.

3. La dissimulation de certaines affections nettement déterminées est incontestablement de nature à permettre la résolution du contrat. Telles seraient une attaque d'apoplexie, la paralysie locale ou générale, l'épilepsie, l'aliénation mentale, l'altération du cœur et du système circulatoire, une ou plusieurs hémoptysies, les affections pulmonaires et laryngées (phtisie etc.), l'asthme, la goutte, l'hydropisie, les tumeurs diverses, les vices de conformation congénitaux ou acquis susceptibles d'abréger la vie comme les hernies, les infirmités cachées dans la profondeur des organes telles que les fistules, les rétrécissements rectaux ou variceux, les incurvations marquées de la colonne vertébrale qui, par la gêne qu'elles apportent aux mouvements respiratoires et circulatoires, prédisposent aux affections du cœur et des gros vaisseaux et rendent le pronostic plus grave dans le cours des affections de poitrine. — Bertillon : art. *Assurance*, dans le *Dictionnaire encyclopédique des sciences médicales*. T. VI, p. 711, etc.

Il a été jugé spécialement que l'assuré commet une réticence de nature à entraîner l'annulation lorsqu'il ne parle pas de son mal, alors qu'il ne pouvait pas ne pas en avoir connaissance. (Trib. comm. Strasbourg, 1er sept. 1875, *Journ. des assur.*, 76, 27 ; Rouen, 7 mai 1877, D. P. 81, 2, 236 ; Trib. civ. Seine, 30 avril 1875, et sur appel Paris, 12 févr. 1878, D. P. 78, 2, 58 ; Trib. civ. Strasbourg, 13 mai 1878, *Journ. des assur.*, 78, 922 ; Trib. civ. Seine, 9 avril 1881, *Ibid.*, 87, 257 ; id. 24 févr. 1885, *Rec. périod. des assur.*, 85, 563 ; Bruxelles, 22 déc. 1891, *Journ. des assur.*, 92, 158), ou qui, tout en révélant la maladie, a cherché à en dissimuler la gravité (Trib. Seine, 11 mai 1877, et Paris, 5 juill. 1878, D. P. 81, 2, 236 ; Trib. civ. Seine, 14 mai 1891, *Journ. des assur.*, 91, 246).

L'assuré commet une réticence quand il dissimule une inflammation de la moelle épinière (Rouen, 21 janv. 1876, D. P. 76, 2, 126 ; S. 78, 2, 337 ; Nancy, 16 février 1884, *Rec. périod. des assur.*, 86, 624), soit une maladie de cette na-

naturellement l'assuré puisse se faire juge de la gravité de l'affection.

Lors donc que l'affection ne pourra avoir aucune action sur la santé, sur l'existence même de l'assuré, la résolution ne pourra être réclamée[1].

Conformément à un principe admis pour toutes les assurances terrestres, le proposant doit déclarer s'il a déjà souscrit des polices avec d'autres Compagnies et même s'il a fait de simples propositions.

Aucune critique sérieuse n'a jamais été élevée contre une clause de cette nature et la pénalité qu'elle édicte en cas d'inobservation. Il est certain que cette omission suffit, à elle seule, pour faire prononcer la résolution : la Compagnie n'a pas à prouver, par exemple, que l'assuré est mort de la maladie qui, connue par un précédent assureur, avait fait écarter sa proposition. Le contrat d'assurance est un contrat de bonne foi. L'assuré doit donc être sincère. Il ne le serait pas en ne déclarant pas qu'il a souscrit une police avec une autre Compagnie, en cachant soit le rejet d'une proposition, et rejet connu[2], soit

---

ture et la syphilis (Rouen, *Ibid.* ; C. de Hanovre, 5 juin 1874, D. P. 77, 5. 426, S. 78, 2, 337), soit des accès d'épilepsie (Paris, 12 févr. 1878, S. 80, 2, 225. — V. la note de M. Labbé *Ibid.* ; D. P. 78, 2, 589, ou un état de paralysie ou des attaques d'apoplexie (Trib. civ. Seine, 25 juin 1881, *Journ. des assur.*, 81, 478), une fluxion de poitrine et une phlébite (Paris, 17 févr. 1884, S. 83, 2, 25 ; Dalloz : *Rép.*, Supplém., v° *Assur. terr.*, n° 3520, une affection de poitrine (Rouen, 7 mai 1877, S. 80, 2, 225 et la note ; D. P. 81, 2, 134), surtout l'existence de la phtisie (Trib. civ. Seine, 24 février 1885, *Journ. des assur.*, 85, 547), ou d'une pleurésie (Paris, 5 juillet 1878, S. 80, 2, 225) et même des bronchites (Trib. comm. Bruxelles, 15 décemb. 1888, *Rec. périod. des assur.*, 88, 327 ; Trib. civ. Seine, 4 mai 1891, *Ibid.*, 91, 121), soit une maladie mentale (Trib. Tours, 30 août 1871, *Monit. des assur.*, 73, 171), soit une maladie de foie assez grave pour nécessiter des visites fréquentes du médecin (C. Genève, 18 avril 1887, *Journ. des assur.*, 87, 453), soit un rhumatisme articulaire (Trib. civ. Seine, 15 novemb. 1885, *Journ. des assur.*, 85, 171), avec des fièvres intermittentes accompagnées de troubles digestifs suivies d'un affaiblissement général (Trib. civ. Bruxelles, 20 juill. 1880, *Journ. des assur.*, 81, 22), ou le diabète (Trib. civ. Bruxelles, 24 mars 1895, *Journ. des assur.*, 96, 171).

1. Encore une fois c'est une question d'espèce. Il appartient au juge de se prononcer pour chaque cas. Il sera seulement permis de retenir ici que la Compagnie ne pourrait reprocher une omission portant sur des accidents qui se sont manifestés lors d'un premier accouchement et qui ne se sont pas reproduits depuis (Paris, 7 janvier 1879, D. P. 80, 2, 121 ; S. 80, 2, 229), sur des maladies inexistantes ou sans gravité réelle ou guéries (Trib. civ. Seine, 29 oct. 1886, *Journ. des assur.*, 89, 15), quand l'affection non relevée n'a consisté qu'en accidents passagers disparus sans laisser de traces (Paris, 17 mai 1889, *Journ. des assur.*, 90, 32 ; Paris, 22 mars 1873, *ibid.*, 93, 435, *Rec. périod. des assur.*, 93, 463 ; Bruxelles, 30 mars 1889, *Rec. périod. des assur.*, 89, 115). Pareillement on ne saurait considérer comme coupable de réticence la personne qui va aux eaux pour changer d'air et qui n'indique pas ce déplacement (Paris, 29 oct. 1886, *Rec. périod. des assur.*, 86, 506).

Il importe d'ajouter que la Cour de Paris tend de plus en plus à écarter la présomption, sinon de fraude, au moins de réticence quant à l'état de santé du contractant lorsqu'il s'est écoulé un long temps entre la souscription du contrat et le décès du contractant. Paris, 12 janv. 1894, *Journ. des assur.*, 94, 96 ; *Rec. périod. des assur.*, 94, 132.

2. Cass., 10 avril, 1877, D. P. 77, 1, 159, Rouen, 17 févr. 1874, Rouen v. de

un ajournement équivalant à un refus sans qu'il y ait à tenir compte d'un avis donné à l'agent de la Compagnie [1]. Mais la résolution ne peut être prononcée que lorsque l'assuré a réellement agi en vue d'une assurance; de simples pourparlers ne suffiraient point [2]. Pareillement la Compagnie ne saurait exciper de ce que l'assuré aurait ignoré le rejet de sa première proposition [3]. Il y a là un fait matériel : l'échec d'une première tentative; la Compagnie est certainement en mesure de réclamer qu'on le lui fasse connaître, mais elle ne peut pas exiger que l'assuré la tienne au courant de ce qu'il ignore ou de ce qu'il est censé ignorer; elle ne saurait faire un reproche à l'assuré qui, après avoir songé à souscrire une police avec une Compagnie et avoir fait certaines démarches, n'a pas, pour des raisons qu'il lui appartient d'apprécier, songé à donner suite à son dessein.

L'assuré commet une faute en se rendant coupable d'une réticence. Néanmoins cette faute n'est pas assez grave pour entraîner nécessairement la nullité du contrat. Il est, en effet, bien des circonstances qui semblent de nature à atténuer sa culpabilité. Aussi a-t-il toujours été admis que l'assureur n'était pas tenu de faire prononcer la résolution. Ce serait aller contre la nature même des choses que de soutenir que la déchéance a un caractère absolu.

D'autre part, si grave qu'elle soit, l'irrégularité résultant d'une omission imputable à l'assuré peut être couverte non seulement par la prescription de dix ans par application de l'art. 1304 C. Civ. à partir du jour où l'assureur a connu soit l'erreur, soit le dol, mais même par une ratification expresse ou même tacite, cette dernière pouvant, a-t-on dit, s'induire, par exemple de l'encaissement de la prime lorsqu'il n'est pas douteux que, par ce fait, la Compagnie a renoncé à se prévaloir de l'irrégularité [4].

Dans ces derniers temps [5], il s'est produit un mouvement sérieux en

<hr>

Mars. : III, 213. Trib. comm. Strasbourg, 1er mars 1875, *Ibid.*, III, 197; Trib. civ. Seine, 26 août 1884, *Rec. périod. des assur.*, 85, 169; *Id.*, 3 mars 1885, *Ibid.*, *Id.*, 1er avril 1886, *Journ. des assur.*, 87, 523 ; Trib. comm. Seine, 9 juin, 1888, *Ibid.*, 88, 298 ; *Journ. des assur.*, 88, 435 ; Trib. civ. Seine, 14 mai 1891, *Rec. périod. des assur.*, 91, 121. Cf. Paris, 27 novemb. 1893, *Journ. des assur.*, 95, 145. V. aussi un arrêt de la Cour Suprème des États-Unis *(Albany Law Journal*, 1875, 304) cité *Journ. du dr. intern prec.*, 75, 386.

1. Paris, 5, juill. 1878, D. P. 81, 2, 244 ; S. 80, 2, 225.

2. Paris, 21 janv. 1891, D. P. 91, 2, 318. Il en serait de même s'il y avait eu retrait volontaire de la proposition par l'assuré. — Paris, 12 janv. 1894, *Journ. des assur.*, 94, 95.

3. Paris, 10 novemb. 1886, *Journ. des assur.*, 87, 7 — Paris, 22 mars 1893, *Rec. périod. des assur.*, 93, 404. *Journ. des assur.*, 93, 434 — Trib. civ. Seine, 28 janvier 1895, *Ibid.*, 95, 223 ; Paris, 18 juill. 1895, *Ibid.*, 45.

4. V. Besançon, 3 mars 1882, S. 83, 2, 60. Cpr. Cass., 18 novemb. 1851, D. P. 51, 1, 314, et Chavepuin, *loc. cit.*, § 4.

5. Peut-être sous l'influence de la jurisprudence de la Cour de Paris qui tend à écarter la présomption de fraude ou de réticence quand il s'est écoulé un long temps entre la souscription du contrat et le décès du contractant et à vouloir s'en tenir exclusivement à la comparaison du certificat émané du

faveur de la réduction des causes d'annulation pour réticence ou déclarations inexactes. Il a semblé que l'assureur pouvait se considérer, après un certain laps de temps, (cinq années et même moins), comme privé du droit d'exciper de faits imputables à l'assuré, en d'autres termes que le temps écoulé rendait la police *incontestable*.

La clause insérée à cet égard dans les polices, et qui est parfaitement licite, car elle ne porte en rien atteinte aux principes d'ordre public et partant se trouve obligatoire, aux termes de l'art. 1134 C. Civ., a été combattue. On a fait valoir que l'incontestabilité n'est qu'apparente, que l'on ne peut se faire garantir contre sa propre fraude et que l'assureur conserve toujours, malgré la clause d'incontestabilité, le droit d'opposer la nullité de l'assurance lorsque celle-ci est entachée de dol. Ces critiques cependant n'ont pas arrêté. La clause dont il s'agit, dit-on, n'a point pour objet de couvrir les vices qui altèrent l'essence même du contrat, les manœuvres qui ont amené la conclusion du contrat ; pour prendre des faits dont le caractère répréhensible n'est pas douteux, la renonciation consentie par avance par la Compagnie ne priverait pas cette dernière de réclamer la nullité au cas où le proposant aurait, pour la visite médicale, substitué une personne mieux portante que lui.

Ce que la clause dite d'*incontestabilité* vise, c'est surtout l'omission, l'erreur dont le futur assuré peut se rendre coupable et qui, même en présence de sa bonne foi, serait de nature à entraîner la résiliation de la police. Son but est de consolider les contrats au regard des assurés qui, par ignorance des règles strictes de l'assurance, auraient omis la déclaration des faits qu'ils ignoraient et dont l'importance leur aurait échappé. D'autre part, cette clause est la consécration absolue de la bonne foi qui doit présider à l'exécution des contrats. Dans la généralité des cas, le souscripteur traite en vue d'une indemnité qui sera recueillie, après sa mort, par sa femme ou par ses enfants et, dans l'impossibilité où il se trouve fatalement de surveiller par lui-même l'exécution du contrat, il doit tenir, avant tout, à créer, au profit des bénéficiaires, une créance certaine et indiscutable. La clause d'incontestabilité répond à la nature toute particulière du contrat puisque, en cas de contestation, ce n'est jamais le souscripteur de l'assurance qui est appelé à défendre ses propres déclarations, mais bien des tiers qui sont hors d'état de le faire efficacement.

La clause d'incontestabilité insérée dans la police procure à l'assuré

médecin de la Compagnie et de celui dressé par le médecin de l'assuré quant à la dernière maladie. Paris, 12 janvier 1894. *Rec. périod. des Assur.*, 94, 132 ; *Journ. des Assur.*, 94, 96 et la note.

En Allemagne la doctrine et la jurisprudence ont une tendance également à admettre que si l'assureur connaissait l'inexactitude de certaines données et n'en avait pas moins continué à percevoir les primes il devrait être présumé avoir renoncé à opposer l'exception. — Hinrichs ; *Zeitschr. f. Handelsr.* T. XX, p. 108 ; Lefort : *La législat. allem. et autrich. sur les assurances sur la vie (Rec. périod. des assur.,* 1894, p. 327.)

une sécurité absolue : elle lui garantit que sa volonté de gratifier une personne recevra son entière exécution. Aussi l'adoption de cette clause a-t-elle été fortement recommandée[1] et non sans raison. Des Compagnies n'ont pas hésité à insérer dans les polices une clause libérant l'assuré coupable de réticence après un laps de temps déterminé[2]. Cette renonciation à demander la nullité est absolument valable. Elle est équitable, car il importe que le bénéficiaire qui ignore les vices du contrat et qui est en droit de compter sur sa validité et sur ses effets n'ait pas à redouter une contestation. Elle est de nature à rassurer l'assuré qui pourrait avoir des inquiétudes pour l'avenir. Enfin elle n'est pas défavorable aux assureurs, car il est d'expérience que c'est surtout pendant les premières années que les sinistres se produisent pour les affaires acceptées grâce à des réticences ou à des fausses déclarations.

Lorsque l'action a été intentée dans le délai pour réticence ou fausse déclaration, si les faits reprochés à l'assuré sont reconnus fondés, le contrat est mis à néant. La Compagnie est libérée quant au capital assuré. Mais doit-elle conserver les primes encaissées par elle ? Tout dépend de la police. Si parfois des Compagnies ont reconnu

1. D'Avenel : *Les assurances sur la vie (Revue des Deux-Mondes, 15 sept. 1895)*, Ambroselli : op. cit., p. 55; G. Sainctelette : *La clause d'incontestabilité dans les polices d'assurance sur la vie (Rec. périod. des assur., 1895, Bulletin, p. 82 et suiv.); La police complète du Phénix (L'Observateur, 28 mai 1896, p. 145 et 146)*.

Dans le rapport qu'il présentait en 1891 à la Société des juristes suisses sur les *principes à édicter à la base d'une loi fédérale du contrat d'assurance sur la vie*, M. Rehfous soutenait qu'il y avait lieu de fixer un délai passé lequel l'action en nullité pour réticences ou fausses déclarations ne serait plus recevable, seulement il proposait de fixer ce délai à dix années, ajoutant qu'il est presque impossible que dans une période aussi longue les circonstances qui étaient de nature à exercer une influence sur l'opinion du risque ne manifestent pas leur existence de manière à permettre à l'assureur de se faire libérer de ses obligations s'il s'y croit fondé.

Voici comment s'exprime à cet égard le projet de loi rédigé par M. Rolli à la demande du gouvernement suisse (art. 11) : « Le vice des déclarations est sans effet si l'assureur l'a provoqué lui-même, ou s'il a renoncé expressément ou tacitement à s'en prévaloir. Il y a, en particulier, renonciation tacite :

1° Si l'assureur a connu, lors de la conclusion du contrat, l'état réel de la circonstance qui donne lieu au vice des déclarations, 2° si l'assureur a conclu le contrat malgré le défaut de réponse à une des questions posées par lui, à moins toutefois que, d'après les autres réponses, cette question dût paraître résolue dans un sens déterminé; 3° si l'assureur, découvrant le vice des déclarations postérieurement à la conclusion du contrat, ne se départit pas dans le délai d'un mois dès cette découverte, ou ne demande pas dans le même délai la restitution d'une prestation qu'il a déjà fournie. »

2. Après avoir posé en principe que *toute réticence, toute fausse déclaration, qui diminueraient l'opinion du risque ou qui en changeraient le sujet annulent l'assurance*, des polices ajoutent : *Toutefois, après cinq années entières écoulées, depuis la souscription de l'assurance, les dispositions du paragraphe ci-dessus ne pourront plus être invoquées par la Compagnie.*

Il va de soi que cette clause ne peut être invoquée par l'assuré qu'autant qu'elle figure dans la police. — Trib. comm. Bruxelles. 31 janv. 1896, Rec. périod. des assur., 96, 117.

qu'en pareille circonstance l'assuré pouvait réclamer les primes, sauf naturellement la première[1], le plus souvent la police réserve à l'assureur le droit de garder les sommes[2], et elle le lui réserve de toute façon sans avoir à distinguer suivant que l'assuré aurait été de bonne ou de mauvaise foi[3].

B — *Paiement de la première prime.*

Comme dans toutes les assurances terrestres l'assuré doit acquitter le montant de la première prime. Ce versement est obligatoire en ce qu'il atteste que le contrat a pris cours. Les polices, du reste, ont bien soin d'affirmer que le contrat n'a pas d'existence tant que l'assuré ne s'est pas libéré. Dès lors, si ce dernier, par un acte purement volontaire[4], ne s'acquitte point, le contrat est dépourvu d'effet[5].

En fait la police porte toujours quittance de la première prime et elle n'est remise à l'assuré que contre remboursement de la somme

---

1. V. Trib. comm. Seine, 9 juin 1888, *Journ. des Assur.*, 88, 435. — Comp. Observ. Henry : *L'assur. sur la vie, d'après les arrêts les plus récents*, p. 9.

2. *Les déclarations soit du contractant, soit du tiers assuré servent de base au présent contrat. Toute réticence, toute fausse déclaration qui diminueraient l'opinion du risque ou qui en changeraient le sujet annulent l'assurance et, dans ce cas, les primes payées demeurent acquises à la Compagnie.* — L'assureur ayant jusqu'au jour de l'annulation du contrat couru les risques, les primes qui correspondent à la période des risques n'ont pas été payées sans cause. Cf. Fox : *op. cit.*, p. 95. V. en ce sens, Paris, 12 févr. 1878, D. P. 78, 2, 58.

C'est en vain qu'il serait objecté qu'une partie des primes encaissées va, par suite de l'arrêt de l'opération, se trouver sans emploi. Il a été répondu avec raison (Couteau : *op. cit.*, T. II, p. 153) que l'assureur trompé par suite du fait de l'autre contractant est d'autant plus en droit de conserver cette portion de primes à titre d'indemnité qu'elle a été comptée par avance pour la formation de la mutualité du groupe dans lequel était compris celui dont l'assurance a dû être annulée.

3. La loi belge du 11 juin 1874 (art. 10 et 11) distingue : dans le cas où le contrat d'assurance est annulé l'assureur doit, si l'assuré a agi de bonne foi, restituer les primes ; au contraire, en cas de dol, fraude ou mauvaise foi, l'assureur conserve la prime.

Dans ce sens Hehlous : *op. cit.*, p. 32 ; Ambroselli : *op. cit.*, p. 52 ; Forquin d'Almenta : *op. cit.*, p. 75 et 76 ; Cypres : *op. cit.*, p. 89. Nous n'acceptons pas une distinction ; elle est inadmissible du moment que la réticence est punissable, abstraction faite de la bonne foi de son auteur, la portée de l'art. 348 C. Comm. étant générale.

4. Les retards imputables à l'agent de la Compagnie ne sauraient donc être opposés à l'assuré. — V. Cass. 4 mai 1887, S. 87, 1, 199 ; D. P. 87, 1, 206.

5. *La police n'a d'existence et d'effet*, disent les polices, *qu'après le paiement de la première prime.*

M. Ambroselli *op. cit.*, p. 601 a fait observer que c'est peut-être aller un peu hardiment contre la vérité juridique des faits que de dire que la police n'a pas d'existence avant le paiement de la première prime ; le contrat d'assurance étant un contrat consensuel, il existe dès l'instant où la volonté des parties s'est rencontrée, ce n'est pas l'existence, c'est l'efficacité du contrat qui se trouve subordonnée à l'accomplissement de la condition.

qu'il doit. Toutefois il peut en être autrement. En pareille circonstance, en l'absence de tout paiement, et à moins que par une exception qui n'a jamais lieu, l'assureur n'ait accordé un délai, le contrat est dépourvu d'effet [1].

C. — *Aggravations des risques.*

Lorsque l'assureur accepte la demande d'une personne désireuse de se faire assurer, il ne traite qu'en vue des risques qui lui sont révélés, des risques ordinaires, pour ainsi dire; la prime qui est la contre-partie de l'obligation assumée par lui est calculée d'après les probabilités des décès signalées par une table de mortalité qui, elle-même, est le résultat d'expériences fournies par des têtes placées dans des conditions d'existence normale. Si par son fait, l'assuré modifie les risques, s'il les augmente, s'il s'expose volontairement et frauduleusement à ces risques, il change les conditions du contrat; de cette modification il suit nécessairement que le contrat ne saurait être maintenu tel qu'il a été souscrit.

Seulement tout changement n'entraîne pas la rupture des engagements. Outre qu'il est parfaitement loisible à l'assuré d'éviter la déchéance édictée dans certains cas pour le cas d'aggravation des risques, en révélant à l'assureur les circonstances nouvelles de manière à lui permettre d'apprécier si sa responsabilité est augmentée et s'il ne doit pas, de son côté, imposer des conditions nouvelles, l'assuré n'est réellement en faute qu'autant que l'aggravation est le résultat de sa propre volonté [2], qu'autant qu'elle n'est pas une conséquence logique,

[1]. Il pourrait être convenu qu'une portion seulement de la première prime annuelle serait payée comptant, auquel cas, bien entendu, l'existence de la police ne saurait plus être subordonnée qu'au payement de cette première fraction. On s'est demandé seulement si le payement du surplus ne serait pas, du moins, obligatoire à l'époque convenue, de telle sorte, par exemple, que si la première prime était payable par fractions trimestrielles, l'assuré ne pourrait se désister du contrat en abandonnant à la Compagnie la fraction qu'elle a touchée. Le Tribunal de Lyon (5 février 1870, D. P. 70, 3, 80) n'a pas cru devoir admettre ce désistement. Mais cette décision, se fondant sur les termes de la police en cause dans l'espèce, ne saurait être généralisée; la police pourrait en effet être conçue dans un sens différent, ce qui paraît même le cas le plus ordinaire. — Henry, op. cit., p. 47.

[2]. Il faut donc écarter l'aggravation résultant d'un événement fortuit, par exemple une épidémie. Ce fait pouvait être prévu par l'assureur lors de la signature de la police; s'il eut voulu dégager sa responsabilité en pareil cas, il devait insérer une clause dans la police. — Comp. toutefois Alauzet : op. cit., n° 562.

On a soutenu aussi que la Compagnie ne saurait se prévaloir de l'aggravation due à une imprudence, en faisant valoir (Meyer, op. cit., 70. Tissier op. cit., p. 135) que l'instinct de la conservation est tel chez l'homme, qu'il y aura toujours présomption qu'il n'aurait pas commis une imprudence devenue mortelle s'il en avait d'avance entrevu les conséquences.

nécessaire de la situation portée dès le début à la connaissance de l'assureur [1] et aussi qu'autant qu'elle est bien de nature à accroître les chances de mortalité. Quand ces conditions sont réunies, le juge est contraint d'édicter la rupture du contrat contre l'assuré ; il doit la prononcer en l'absence d'une disposition expresse de la police, l'obligation de ne pas modifier les conditions dans lesquelles les parties ont traité dérivant de la nature même du contrat qui est essentiellement un contrat de bonne foi [2]. Du reste, en fait, les polices contiennent presque toutes la stipulation d'une résolution de plein droit, laquelle est rigoureusement obligatoire [3]. En principe et sous la réserve dont il sera parlé plus loin, la Compagnie est libérée [4].

Par application de l'art. 1183 C. Civ. lorsqu'une obligation est révoquée, lorsqu'un contrat est résolu, les choses doivent être remises au même état que si l'obligation n'avait pas existé. Cette disposition ne peut recevoir son application en matière d'assurance sur la vie. Bien que le contrat soit de nul effet et que la Compagnie soit de plein droit libérée en ce qui concerne le capital assuré, l'assureur ne saurait être tenu de restituer les primes acquittées antérieurement. En effet, ces primes représentent le risque que l'assureur a couru antérieurement.

---

1. L'on ne saurait donc incriminer le silence de l'assuré qui n'aurait point révélé l'aggravation de maladies indiquées lors de la signature de la police, pas plus, du reste, que la survenance de maladies déclarées à une date postérieure.

2. L'aggravation des risques motive la rupture du contrat non seulement quand elle est due à une personne souscrivant une assurance sur sa propre tête, mais aussi quand elle est le résultat d'une personne sur la tête de laquelle un tiers a souscrit une assurance à son profit personnel. Quoi que l'on ait pu dire (Grün et Joliat : *op. cit.*, n° 386 ; Quénault : *op. cit.*, p. 46 ; Pardessus : *op. cit.*, T. II, n° 591 ; Merger : *op. cit.*, p. 132 ; Montluc : *op. cit.*, p. 211 ; Vibert : *op. cit.*, p. 121), il n'y a aucune distinction à faire. Sans doute, la personne sur la tête de laquelle repose l'assurance n'est pas partie au contrat ; mais ce serait aller contre la nature même du contrat que de lui permettre de modifier elle-même le risque, déranger les prévisions ; ce serait reconnaître que l'assurance peut garantir autre chose qu'un décès survenu fortuitement. — V. dans ce sens Herbault : *op. cit.*, p. 159 et 177 ; Couteau : *op. cit.*, T. II, p. 245 ; Furquia d'Almeida : *op. cit.*, p. 98.

Mais il est bien certain que la personne qui était en droit de compter sur le versement du capital et qui voit, par le fait du tiers, disparaître cet espoir, a un droit de recours dans les termes de l'art. 1382 C. Civ. — Rome : *op. cit.*, n° 105 ; Herbault : *op. cit.*, p. 177.

3. De par la nature même du contrat l'obligation pour l'assuré de ne pas aggraver les risques existe même en l'absence de toute clause insérée dans le contrat. *En ce sens*, Montluc : *op. cit.*, p. 218.

4. Quelques Compagnies, dit M. Rubon de Couder (*op. cit.*, v° *Assurance sur la vie*, n° 140), en cas de décès arrivé par suite d'un acte volontaire, versent à la famille intéressée une somme à titre d'indemnité ; aucune loi ne les y contraint ; mais il y a là une question de conduite et d'équité et, à ce point de vue, continue le savant magistrat, on ne saurait trop encourager les Compagnies à se montrer libérales et larges envers leur clientèle et à renoncer à toute faculté rigoureuse que la loi leur accorde et qui pourrait effaroucher le public. Cf. dans le même sens, Merger : *op. cit.*, p. 170.

Le maintien dans la caisse de la Compagnie du montant des primes antérieures aux faits considérés comme aggravant les risques n'est pas une confiscation [1], ou une conséquence rigoureuse [2] ; c'est la suite logique de ce principe que la prime représentant le risque, l'assureur doit la conserver tant qu'il a garanti l'*alea* [3].

Si le droit de l'assureur est incontestable, sa rigueur a été dans la pratique fort généreusement atténuée.

Faisant intervenir une distinction aussi rationnelle qu'équitable, les Compagnies stipulent dans tous les cas [4] que si elles ont le droit de garder le montant des primes versées chaque fois qu'il n'y aura pas eu acquittement des trois premières primes annuelles, lorsque l'assuré aura versé, au moins, ces trois primes annuelles il sera tenu compte de la valeur que l'assureur aurait payée s'il avait racheté le contrat la veille du fait considéré comme aggravation de risques [5]. En d'autres termes, les ayants droit peuvent toucher la valeur de rachat de la police lorsque trois primes annuelles au moins ont été versées : ils profitent de l'assurance comme si cette dernière avait suivi son cours normal [6].

1. Patinot : *loc. cit.*, p. 561. Cf. dans le même sens : Alauzet : *op. cit.*, n° 565.

2. Ruben de Couder : *op. cit.*, v° *Assur. sur la vie*, n° 138.

3. V. les décisions anglaises rapportées par M. de Montluc : (*op. cit.*, p. 222); 1777 aff. Tyrie *versus* Fletcher (Cowper, 666) et 1781 : aff. Berman *versus* Woolbridge (Douglas, 789).

4. Ainsi tombe la critique formulée, soit en 1868 par M. Patinot (*loc. cit.*, p. 561) se récriant contre « *le rétablissement au profit des Compagnies d'assurances de la confiscation abolie par nos lois criminelles* »; soit en 1870 par M. Tissier (*op. cit.*, p. 214 et 215), lequel réclamait la même solution en cas de résolution pour le suicide et le duel et en cas de résiliation volontaire.

5. Voici ce que disent les polices dans l'article concernant le duel, le suicide ou la condamnation judiciaire : *En cas de décès par suite de ces risques exclus, si les trois premières primes annuelles n'ont pas été payées, la police est de plein droit sans effet et les primes payées demeurent acquises à la Compagnie. Si les trois premières primes annuelles ont été acquittées, la Compagnie tient compte aux ayants droit de la valeur qu'elle aurait payée si elle avait racheté le contrat la veille du décès.*

Pour le cas d'aggravation résultant du voyage et du séjour à l'étranger, il est également dit : *Dans le cas de résiliement, si les trois premières primes annuelles n'ont pas été payées, la police est de plein droit sans effet et les primes payées demeurent acquises à la Compagnie. — Si les trois premières primes annuelles au moins ont été acquittées, la Compagnie tient compte aux ayants droit de la valeur qu'elle aurait payée si elle avait racheté le contrat la veille du départ ou de l'embarquement.*

Enfin, la disposition concernant le risque de mer ou exercice de la profession de marin, après avoir prononcé la résiliation, à moins d'une convention expresse et spéciale, ajoute : *Dans le cas de résiliement, si les trois premières primes annuelles n'ont pas été payées, la police est de plein droit sans effet et les primes payées demeurent à la Compagnie. — Si les trois premières primes annuelles au moins ont été acquittées, la Compagnie tient compte aux ayants droits de la valeur qu'elle aurait payée, si elle avait racheté le contrat la veille du jour de l'embarquement.*

6. Toutes les dispositions relatives à l'exercice du droit de rachat sont applicables. Par conséquent il faut considérer que la Compagnie doit s'acquitter entre les mains non pas nécessairement des héritiers mais bien de

Les circonstances susceptibles d'être considérées comme [1] aggravant les risques ne peuvent être fixées *à priori* : si pour certains faits le doute n'est pas possible, il n'en saurait être ainsi pour d'autres : tel fait peut avoir un effet capital sur l'abréviation de la vie lorsqu'il se produit dans des conditions déterminées et au contraire ne pouvoir, autrement, amener aucun résultat pour la mortalité. Aussi convient-il de laisser au juge du fond le pouvoir d'apprécier dans la plénitude de son autorité si, eu égard aux termes du contrat [2], la circonstance relevée à la charge de l'assuré aggrave réellement le risque de façon à entraîner la rupture du contrat [3].

Seulement il appartient indubitablement aux Compagnies de prévoir spécialement certains faits, des circonstances particulières qui sont de nature à rapprocher l'arrivée de la mort, c'est-à-dire à hâter le moment où l'assureur devra verser la somme stipulée.

Toutes les polices relèvent les cas les plus fréquents : le suicide, le duel, la mort résultant d'une condamnation judiciaire, le risque de voyage et le séjour à l'étranger dans des cas déterminés, le risque de mer, en principe le risque de guerre [4].

2. — Suicide.

Par cela seul que l'assuré met lui-même un terme à ses jours, le contrat doit être sans effet à l'égard de la Compagnie. Il est inutile d'insister. En traitant, cette dernière avait prévu que le décès se produirait à une époque voisine de celle indiquée par les tables de mortalité pour les personnes d'un âge pareil. En se tuant, l'assuré hâte le jour de son décès. Ce n'est plus le hasard qui fixe le jour du décès, c'est un acte

toutes personnes ayant qualité pour recevoir. Il a été décidé (Trib. Seine, 18 novemb. 1895, *Journ. des assur.*, 94, 95) pour le cas de suicide que la valeur de rachat ne devrait pas revenir au bénéficiaire, mais bien au patrimoine de l'assuré. Cette solution est inadmissible : le droit de rachat ne peut être une valeur successorale, puisque le droit au capital assuré lui-même n'en est pas une. — Cf. Henry : *op. cit.*, p. 45.

1. La matière de l'aggravation des risques a été remarquablement traitée par M. Vivante dans son livre : *Il contratto di assicurazione*, T. III, p. 169 à 219.

2. Il est à peine besoin de faire remarquer que si la clause est obscure elle doit, dans l'état actuel de la jurisprudence, être interprétée contre l'assureur et partout de la police. — Vivante : *op. cit.*, p. 198.

3. Alauzet : *op. cit.*, op. n° 562 ; Bland : *op. cit.*, p. 444 ; Monthie : *op. cit.*, p. 219.

4. Dans son ouvrage, fort intéressant d'ailleurs, (*op. cit.* p. 78 et suiv.). M. Ambrosetti distingue les faits qui aggravent le risque au point d'amener immédiatement la réalisation du sinistre (duel, suicide, condamnation judiciaire) et les circonstances qui, tout en augmentant dans certaines proportions les probabilités des décès, permettent, néanmoins, le maintien de l'assurance, mais à des conditions spéciales (profession de marin, voyage et séjour en pays étranger, survenance d'une guerre).

volontaire. Les polices qui dégagent expressément l'assureur en cas de suicide ne font que se conformer à la nature même des choses et édicter une déchéance qui est en rapport intime avec l'essence du contrat.

Cette déchéance est encourue d'une façon absolue, c'est-à-dire même en l'absence d'une disposition spéciale de la police. De sa nature l'assurance sur la vie ne garantit et ne peut garantir que le décès survenu à la suite d'un événement fortuit. Le juge ne saurait donc refuser de prononcer la rupture du contrat au profit de l'assureur. Il doit proclamer la libération de ce dernier même au cas où il y aurait dans le contrat une clause reconnaissant le maintien de l'assurance même en cas de suicide[1]. Mais la Compagnie ne peut exciper du sui-

1. Une pareille clause serait contraire à l'ordre public, ainsi qu'on l'admet généralement. (Contrà toutefois, Dollhac de Borne: *De la déclaration des risques dans les assurances sur la vie. (L'Opinion,* 15 août 1891, p. 114). Par suite, elle devrait être réputée non écrite. Les remarques présentées à cet égard devant les Chambres belges, lors du vote de l'art. 11 de la loi du 11 juin 1874 (Furquim d'Almeida: *op. cit.,* p. 92), conservent toute leur valeur pour la France.

Certaines législations, (C. comm. hongrois, art. 504 ; Loi luxembourgeoise du 16 mai 1891 sur les assurances sur la vie) permettent de convenir que le contrat ne sera pas plus annulé en cas de suicide qu'en cas de duel ou de condamnation judiciaire puisqu'elles disposent que *sauf convention contraire* l'assureur est libéré, si l'assuré perd la vie par suite de suicide, de duel ou de condamnation judiciaire. En Angleterre, les polices admettent, pour la plupart, la validité de l'assurance même en cas de suicide, si le contrat a été maintenu durant un certain nombre d'années.

Dans ces derniers temps, l'on a voulu en France faire accepter ce régime et l'on a été jusqu'à soutenir que par une police dite *incontestable* l'assureur pourrait fort bien s'engager à renoncer à la déchéance résultant soit du suicide, soit du duel, lorsque la police aurait couru un temps déterminé.

Autant la clause d'incontestabilité a sa raison d'être et se trouve légitime en présence de réticences ou d'omissions, autant l'on doit soutenir que l'assureur ne saurait renoncer à se prévaloir de la déchéance quand le souscripteur de la police s'est tué volontairement d'une façon consciente ou bien est mort en duel. Il est vrai que l'on a fait valoir qu'en présence d'une pareille clause le contrat d'assurance conserve toujours son caractère aléatoire, qu'il y est suffisamment pourvu par le délai qui s'écoulerait entre la conclusion de l'assurance et le moment où la Compagnie renoncerait à toute contestation. (Sainctelette : *Rec. périod. des assur.,* 1895. Bullet. p. 86. — V. aussi Patinot : *loc. cit.,* p. 557.) C'est déplacer la question. L'assurance garantit exclusivement des risques fortuits ; or, lorsqu'un assuré met lui-même fin à ses jours ou s'expose à un combat singulier il ne subit pas les effets du hasard ; il y a là un fait voulu, prémédité. L'ordre public s'oppose à l'extension du contrat en pareil cas. Il est inadmissible qu'un acte immoral en lui-même comme le suicide, qu'un délit tel que le duel, puissent créer un droit de créance contre l'assureur et que des actes condamnables puissent engager ce dernier totalement innocent.

La déchéance n'est pas, comme l'enseigne M. Vivante, (*op. cit.,* p. 295 et suiv.), une règle interprétative déduite de la nature du contrat, mais bien une règle capitale qui résulte de l'essence du contrat. Ainsi qu'on l'a fait remarquer il y a plusieurs années, (Blondel: *Des assur. sur la vie, dans leurs rapports avec le droit civil, et spécialtem. des bénéficiaires du contrat,* p. 148), il ne doit pas plus être permis à un assureur sur la vie d'accepter le suicide qu'il est permis à l'assureur contre l'incendie de donner à l'assuré le droit de mettre le feu lui-même à sa maison.

cide comme motif de rupture du contrat qu'autant que l'assuré qui a mis fin à ses jours savait réellement ce qu'il faisait, était conscient de ses actes.

Dans l'état actuel de la jurisprudence et quoi qu'il ait pu être dit [1], il appartient à l'assureur de prouver non seulement le fait même du suicide [2] qui met un terme à son obligation mais encore que l'assuré s'est donné la mort dans l'intégrité de ses fonctions mentales [3].

Les Compagnies sont absolument dans leur droit d'insérer dans les polices une clause pour édicter la déchéance en présence d'une simple tentative de suicide. Il est certain qu'elles n'ont pas intérêt à voir maintenir leurs engagements à l'encontre d'un assuré qui a cherché à rompre le contrat et qui peut être amené à reprendre une autre fois le projet qui n'a pas abouti. Mais il faut que le cas de tentative soit expressément visé. Dans le silence de la police, l'assureur ne pourrait réclamer la rupture du contrat qu'à la condition d'établir que la tentative de suicide a amené des désordres tels que l'on est en mesure de croire à l'abréviation de l'existence pour l'assuré [4].

Le cas de suicide libère la Compagnie aussi bien lorsqu'il s'agit d'une personne qui avait directement et personnellement souscrit une

---

1. Les critiques que nous formulions précédemment en retraçant l'état de la jurisprudence, (V. *Suprà* T. II, p. 57 et suiv.) ont été ultérieurement reprises par M. Ambroselli (*op. cit.*, p. 85 et suiv.). Par malheur il n'est guère possible de compter sur un revirement

2. Le juge du fait apprécie souverainement les circonstances qui permettent de dire s'il y a eu ou non suicide.

Il convient simplement de noter ici que l'on ne pourrait considérer comme s'étant donné la mort l'individu qui aurait abrégé son existence par des excès ou des désordres. Pareillement il ne serait pas possible de considérer comme s'étant donné la mort volontairement, la personne, qui sans cette témérité que rien n'explique, serait morte dans l'accomplissement d'un devoir soit imposé, soit volontaire. La Compagnie serait donc hors d'état d'invoquer l'exception de suicide à l'égard d'un médecin qui serait mort en soignant ses malades, ou d'autre part à l'égard d'une personne qui, sans appartenir à l'armée, viendrait à périr, soit en aidant à la répression d'une émeute, soit en coopérant à l'arrestation de malfaiteurs.

V. anal. en matière d'assurance contre les accidents, Trib. corr. Seine, 7 août 1896. *Le Droit*, 10 septemb. 1896.

En Espagne l'assureur déclare ne pas répondre du décès arrivé dans une entreprise ou un fait extraordinaire et notoirement téméraires ou imprudents, le juge ayant un pouvoir de reconnaître pour apprécier l'imprudence plus ou moins évidente du danger extraordinaire qui enlève à l'assuré le bénéfice de l'assurance. Ce pouvoir discrétionnaire a été critiqué par le motif que tel juge, suivant son tempérament, traitera tels faits de graves imprudences alors que tel autre les admettra. Selosse : *L'assurance en Espagne.* (*L'Opinion*, 15 mai 1891, p. 68).

3. En Autriche, malgré certaines résistances, on semble croire que si l'assureur doit démontrer que l'assuré a volontairement mis fin à ses jours rien ne s'oppose à l'insertion d'une clause contraire — C. sup. Autriche, 5 décemb. 1874. *Jurist. Blætter*, 1875, 371 ; *Journ. du dr. intern. pr.* 1896, 194.

4. Trib. Seine, 10 mai 1884. *Rec. périod. des assur.*, 84, 348. — V. aussi Trib. Seine, 1er avril 1889. *Journ. des assur.*, 89, 225.

assurance, que lorsque le suicidé est une personne sur la tête de laquelle reposait l'assurance souscrite par un tiers [1].

§ 2 — Duel.

De même que le suicide, la mort de l'assuré survenue dans un duel autorise l'assureur à considérer le contrat comme rompu et à se réputer libéré [2]. Les polices le décident et en le disant elles ne font que se conformer soit aux règles mêmes du contrat qui disposent que seule la mort survenue par hasard est garantie par l'assurance sur la vie, soit à ce principe incontestable qu'un fait délictueux (et juridiquement parlant on ne saurait dénier ce caractère au duel [3]) ne saurait engendrer une action en faveur des bénéficiaires.

La déchéance édictée pour le duel touche à l'ordre public et résulte de la nature même des choses. Elle est absolue et s'applique dans tous les cas, sans distinguer si la police a été souscrite par une Société française ou une Société étrangère. Les parties ne sauraient donc insérer dans le contrat une clause dérogatoire [4].

Les polices ont soin de dire que l'assureur ne garantit pas le risque

1. Mercer : *op. cit.*, p. 143 ; Persil : *op. cit.*, nº 178. La solution serait la même au cas où le décès surviendrait soit à la suite d'un duel, soit par une condamnation judiciaire. — *Contrà*, Pardessus : *op. cit.*, T. II, nº 590 ; Grun et Joliat : *op. cit.*, nº 386.

2. Il est à noter que le législateur, dans certains pays, notamment en Hollande (C. comm. art. 309), tout en visant le suicide, a laissé le duel de côté. Mais c'est tout à fait exceptionnel.

3. C'est cette observation qui paraît avoir décidé le législateur belge à considérer le duel comme une cause de déchéance. — *Ann. parlement.*, Ch. des représent., 1872-1873, p. 107 à 109.

4. Le Code de commerce hongrois, (art. 504) et la Loi luxembourgeoise du 16 mai 1891 sur les assurances sur la vie, valident une convention de ce genre. Mais partout ailleurs la déchéance semble édictée d'une façon absolue.

Dans ces derniers temps, lors de l'élaboration des polices, dites *incontestables*, l'on a paru disposé à admettre qu'après un certain laps de temps l'assureur pourrait être considéré comme privé du droit de se prévaloir du duel comme cause de déchéance. Pour notre part nous ne saurions accepter une pareille solution, contraire à tous les principes en matière d'assurances sur la vie. L'on a dit, à la vérité, que le duelliste exerce son droit de légitime défense ; mais c'est oublier que le risque n'en est pas moins anormal : c'est oublier aussi que le duel est, après tout, une infraction à la loi et qu'un délit ne saurait constituer un droit pour son auteur. Comp. cependant, *Étude crit. des condit. génér. des polices d'assur. sur la vie.* (Monit. des assur., 1889, p. 279.)

Dans un très intéressant travail sur *le duel et la législation* (*La Réforme sociale*, 1er mai 1895, p. 592, et suiv., surtout p. 711, note,) M. S. Dean déclare qu'il suffirait d'accorder à l'assureur un recours contre l'agresseur, de même que les Compagnies d'assurances ont un recours contre l'auteur d'un incendie. Nous concevons fort bien la possibilité d'un pareil recours, mais il n'en est pas moins vrai que le duel a, par lui-même, un caractère beaucoup trop volontaire, si l'on peut s'exprimer ainsi, et beaucoup trop délictueux pour pouvoir être accepté.

du duel. Cette disposition suffit. Seulement elle n'est pas indispensable : même si elle ne figurait pas dans le contrat, le juge saisi de la question devrait la suppléer.

L'assureur peut également se prévaloir du duel auquel a pris part la personne sur la tête de laquelle un tiers a souscrit une assurance.

γ. — Condamnation judiciaire.

Le contrat est rompu au profit de la Compagnie d'assurance lorsque l'assuré a subi la peine de mort à la suite d'une condamnation judiciaire. Les motifs qui justifient la déchéance prononcée en pareil cas par les polices et qui, cette fois encore, devrait être suppléée en cas de silence se conçoivent aisément : l'homme qui meurt dans ces conditions a aggravé le risque en perpétrant le forfait pour lequel il a été condamné : il a compromis son existence : d'un autre côté, la mort infligée comme punition d'un crime ne peut devenir une cause d'enrichissement pour la famille du condamné [1].

La déchéance serait également encourue, même en l'absence de toute clause spéciale [2], en cas de décès survenu dans l'accomplissement d'un crime ou d'un délit. Il est certain, en effet, que l'assuré qui a succombé dans ces conditions est l'artisan de sa mort : de plus, le décès a eu lieu à la suite d'un acte délictueux ; or, il serait immoral de considérer cet acte délictueux comme étant de nature à conférer un avantage à autrui [3].

Admettre le maintien du contrat dans ces circonstances, ce serait méconnaître ce principe général en matière d'assurance que nul ne peut se faire garantir sa faute personnelle.

D'autre part, l'assureur serait en mesure d'exciper comme motif de nullité de la mort reçue par l'assuré comme insurgé dans une sédition et fusillé les armes à la main [4]. La personne qui participe à l'émeute s'expose volontairement à être tuée, elle le sait, elle aug-

1. *Contra* Vivante : *op. cit.*, p. 214.

2. La déchéance existe même au cas où la condamnation qui a entraîné la mort aurait été injustement prononcée. — Pardessus : *op. cit.*, T. II, n° 590 ; Morger : *op. cit.*, p. 139.

3. Dans plusieurs des pays où l'assurance sur la vie est réglementée, il est expressément décidé que l'assureur ne répond pas de la mort causée par un crime ou un délit. (V. C. Comm. italien, art. 450 ; C. Comm. espagnol, art. 458 ; C. Comm. argentin, art. 609 ; C. Comm. chilien, art. 575 ; Loi luxembourg. du 16 mai. 1891, art. 41 ; Loi belge du 11 juin 1874, art. 41.) Sous l'empire de la loi belge il est reconnu généralement que la déchéance est encourue seulement si le décès avait eu pour cause immédiate et directe un crime ou un délit commis par l'assuré et dont il avait pu prévoir les conséquences. Furquim d'Almeida : *op. cit.*, p. 90 ; Namur : *op. cit.*, p. 112.

4. Paris, 27 juill. 1878, S. 78, 2, 212 ; D. P. 80, 1, 126 ; Cass., 11 août 1879, S. 79, 1, 358 ; D. P. 80, 1, 126. V. aussi Couteau ; *op. cit.*, T. II, p. 224, etc. ; Fey : *op. cit.*, p. 118.

mente donc par elle-même les chances normales de décès, les seules que la Compagnie pouvait prévoir et dont elle devait tenir compte.

δ. — Voyage et séjour à l'étranger.

Le contrat par lequel une Compagnie assure l'existence d'une personne est basé sur les chances de décès survenant dans les conditions normales de l'existence de l'assuré ; la prime est calculée d'après la vraisemblance que la mort arrivera à un âge voisin de celui qu'indiquent les tables de mortalité. Le contrat ne peut être maintenu si l'appréciation à laquelle la Compagnie a dû se livrer à la réception de la proposition dont la teneur lui fait connaître le genre de vie, l'habitation du futur assuré est démentie par les agissements postérieurs de ce dernier, si l'assuré se place dans des conditions autres, plus désavantageuses, s'il entreprend un voyage et par suite se trouve exposé aux périls d'une navigation ou de pérégrinations aventureuses, s'il va se fixer dans des localités dangereuses ou malsaines pour un étranger qui n'est pas acclimaté.

Tout déplacement cependant n'est pas interdit. Il ne faut pas croire que la police cesse d'avoir effet dès que l'assuré a quitté le lieu où il habitait, soit pour se rendre d'un port à un autre ou pour aller se fixer dans une autre contrée. Les polices laissent et doivent raisonnablement laisser une très grande latitude à ce sujet. Ce qu'elles visent simplement, c'est le fait d'une très longue traversée maritime, d'habitation dans des pays insalubres ou peu sûrs, là où la vie est exposée à des dangers résultant soit de maladies dues au climat ou à la constitution sanitaire, soit du défaut de soins, soit du manque de sécurité [1].

Par cela seul que l'assuré s'embarque pour une traversée qui doit le conduire au delà des mers ou par cela seul qu'il va s'établir dans une contrée lointaine qui n'est pas une de celles dans lesquelles le séjour est autorisé par la police [2], la Compagnie est en droit de soute-

1. En Espagne l'assureur est libéré par le décès arrivé au cours d'un voyage hors d'Europe. On a reproché à cette disposition qui repousse *a priori* tous les voyages extraeuropéens, d'être pusillanime en égard à la nécessité des voyages pour des négoces et à la diminution des dangers à la suite des progrès de la navigation. (Sciasce : *loc. cit.*, p. 70.)

2. D'une façon générale les polices autorisent les voyages par terre ou par mer et les risques de séjour *dans l'Europe tout entière, dans tous les autres pays et régions situés au nord du 35e degré de latitude nord, excepté en Asie à l'est du 50e degré de longitude ; dans tous les pays ou régions situés au sud du 30e degré de latitude sud ; en Tripolitaine, au Maroc, en Égypte jusqu'à la deuxième cataracte, en Syrie, en Palestine, dans toutes les îles de la Méditerranée ; dans la République Argentine, au Paraguay et dans la Caroline du Nord ; en Nouvelle Calédonie et à Taïti.*

Quels sont les pays où le séjour est interdit en principe? La meilleure liste est celle qui a été donnée par le *Comité des Compagnies d'assurances sur*

nir que l'assuré ayant augmenté les chances de décès, c'est-à-dire modifié les conditions primitives du contrat, ce dernier devient nul et sans effet. La validité de la clause par laquelle la Compagnie déclare qu'elle ne répond pas des risques de voyage et de séjour au delà des limites et en dehors des contrées fixées par la police et prononce le résiliement n'est pas douteuse [1].

Lorsqu'il a constaté l'infraction, le juge ne peut se dispenser de prononcer la libération de l'assureur sans avoir à tenir compte des circonstances invoquées comme justification [2], sauf s'il pouvait établir à la charge de l'assureur une faute, faute consistant notamment en ce que le représentant de la Compagnie, mis au courant de la situation et invité par exemple à faire modifier la police et à toucher la surprime serait resté dans l'abstention. Le juge devrait même reconnaître la rupture des engagements en l'absence d'une clause formelle dans la police [3].

Toutefois, il est essentiel de le remarquer, le déplacement dont l'assuré se rend coupable ne rend pas nécessairement le contrat nul. La déchéance pourra être évitée si, mis au courant de ce qui s'est passé l'assureur consent à faire d'autres conditions à l'assuré et accepte de supporter les risques nouveaux, plus graves que ceux prévus dans la police primitive, moyennant une surprime dont l'encaissement préalable est nécessaire pour lier l'assureur [4].

ε. — Profession de marin.

La profession de marin fait indubitablement encourir à celui qui l'exerce des dangers spéciaux. Aussi l'assureur est-il en droit de réclamer la libération, lorsque l'assuré se trouve par son métier exposé aux risques de la mer dont il n'avait pas été question lors de la signature de la police [5].

---

la vie quant il a eu à fixer les contrées où l'assuré ne peut se rendre qu'à la condition d'acquitter une surprime, V. T. II, p. 58 à 70, note.

1. Trib. civ. Seine, 22 décemb. 1893, *Journ. des assur.*, 93, 63 ; *Rec. périod. des assur.*, 94, 82, et sur appel, Paris, 10 juill. 1895, *Journ. des assur.*, 95, 516 et *Rec. périod. des assur.*, 95, 392.

2. Et même avoir à s'arrêter à une déclaration faite par l'assuré postérieurement à son arrivée dans la nouvelle résidence. — Trib. Civ. Seine, 12 décemb. 1893, *Journ. des assur.*, 94, 63.

3. Couteau : *op. cit.*, T. II, p. 219.

Les primes versées ne sont acquises à la Compagnie que lorsqu'elle n'a pas encaissé au moins trois primes annuelles ; dans le cas contraire, elle tient compte de la valeur qu'aurait eu le contrat si elle l'avait racheté la veille du départ.

4. Mais évidemment il faut que la police puisse être rétablie. Le bénéficiaire ne saurait, en offrant de payer la surprime, maintenir le contrat lorsque l'assuré est décédé au cours des pourparlers. Trib. Seine, 22 décemb. 1893, Paris, 10 juill. 1895 décisions précitées.

5. *Si l'assuré est ou devient marin de profession ou fait partie à un titre quelconque du personnel de la flotte, la police est résiliée de plein droit à partir du*

L'assuré qui, postérieurement à la conclusion du contrat, monte un navire soit de la marine de l'État, soit de la marine de commerce et à quelque titre que ce soit, non seulement s'il est appelé à jouer un rôle actif soit comme officier ou patron, soit comme matelot, mais même s'il ne participe pas aux manœuvres [1] est exposé à voir le résiliement réclamé et obtenu par la Compagnie.

Ce résiliement intervient dans les conditions habituelles : il a lieu de plein droit et à partir du jour de l'embarquement. D'autre part, la Compagnie qui a le droit de conserver les primes antérieurement versées lorsqu'il n'a pas été payé au moins trois primes annuelles tient compte aux ayants droit de la valeur de rachat de la police la veille de l'embarquement quand les primes des trois premières années au moins ont été acquittées.

Le contrat n'est pas rompu dans tous les cas. Si l'assureur est fondé à agir lorsque l'assuré exerce la profession de marin ou l'une de celles assimilées d'une manière habituelle et lorsqu'il y a voyage en mer, sans avoir à considérer l'éloignement d'Europe et la durée du voyage, à l'inverse le résiliement dont parle la police n'est pas encouru lorsque l'assuré n'est pas un marin de profession, quand il n'y a pas voyage en mer, ou bien s'il ne s'agit que de voyages même en mer mais purement accidentels, de voyages d'affaires ou d'agrément [2].

D'autre part, la déchéance peut être évitée. Il suffit que la Compagnie, sur un avis donné par l'intéressé, ait consenti à la convention spéciale qui autorise la police et aussi qu'elle ait reçu la surprime ou supplément destiné à mettre la prime primitive en rapport avec les risques plus graves qui sont assumés [3].

ζ. — Risque de guerre.

Le service dans l'armée n'est pas, par lui-même, un motif de rup-

jour de l'embarquement, à moins d'une convention expresse et spéciale. Dans le cas de résiliement prévu par le paragraphe précédent, si les primes des trois premières années n'ont pas été payées la police est de plein droit sans effet et les primes payées demeurent acquises à la Compagnie. Si les primes des trois premières années ou moins ont été acquittées, la Compagnie tient compte aux ayants droit de la valeur qu'elle aurait payée si elle avait racheté le contrat la veille de l'embarquement.

1. La disposition dont s'agit concerne donc les officiers, matelots, mécaniciens ainsi que les ingénieurs, commissaires, comptables, gens de service, et même les employés du service postal maritime. V. Supra, T. II, p. 72.

2. Trib. civ. V. Seine, 2 mai 1876, Bonnex, e Mars., III, 212.

3. Il est d'usage de n'exiger la surprime ni des officiers de la marine de l'État ni de ceux des principales Compagnies de navigation : elle est remplacée par la surprime exigée pour le séjour dans les pays insalubres. En Angleterre, certains assureurs ont admis que l'effet du contrat était suspendu pendant la durée du voyage et que ce dernier terminé, au retour dans les foyers, le contrat entrait de nouveau en vigueur. — Bunyon ; op. cit., p. 67 et suiv.

ture du contrat. En temps de paix, le militaire ne se trouve pas, en général, dans une situation hygiénique inférieure, il n'est pas exposé à plus de risques qu'une autre personne. Si donc un assuré est incorporé et s'il vient à mourir au service en temps de paix, la Compagnie est hors d'état d'arguer de ce fait [1]. Il importe peu que le service se fasse soit à titre d'engagé volontaire soit à titre d'appelé à la suite du tirage au sort, qu'il n'ait pas lieu en France pourvu qu'il y ait séjour soit en Europe (y compris la Corse), soit en Algérie ou en Tunisie, les contrées lointaines, les colonies étant exclues [2].

Il n'y a aggravation de risques qu'en cas de guerre et même de guerre avec une puissance étrangère [3]. C'est uniquement en pareille circonstance que la Compagnie peut agir : les circonstances ne sont plus celles qui avaient été prévues lors de la conclusion du contrat ; l'assuré est exposé au feu de l'ennemi, aux maladies, aux privations, etc.

Toutefois, le seul fait que l'assuré participe à la guerre n'entraîne pas la libération de l'assureur. La solution contraire eût été trop rigoureuse, elle eût rendu l'assurance sur la vie presque impraticable en égard aux obligations militaires qui peuvent, dans des circonstances données, être imposées à un nombre considérable de Français. Il a paru préférable de décider, tout en reconnaissant la possibilité d'un contrat spécial pour le cas de guerre, qu'au jour où l'assuré entrerait en campagne [4] l'assurance serait de plein droit suspendue pendant toute la durée de la guerre [5].

1. *Si l'assuré est ou devient militaire*, lit-on dans les polices, *la Compagnie garantit les risques de tous services militaires en temps de paix, en Europe, en Algérie, en Tunisie, y compris le risque de mort reçue dans la répression d'une émeute, d'une sédition ou d'une insurrection.*

2. Par conséquent, si le militaire vient à se rendre, même en temps de paix dans une possession française, il n'est plus garanti par la police. Cette conséquence est forcée, puisque l'assureur tient compte pour toute personne de la circonstance qu'elle affronte une traversée et qu'elle réside hors de l'Europe. Il n'y a aucune raison pour donner un traitement différent au militaire. La déchéance peut donc intervenir mais nullement à raison du service militaire, sauf, bien entendu, le cas où une surprime aurait été payée.

3. Le cas d'émeute, de guerre civile est donc tout différent : les polices ne laissent aucun doute à ce sujet.

4. La disposition a un caractère général, elle concerne aussi bien l'officier que le simple soldat, le combattant que celui qui fait partie des services auxiliaires de l'armée, non seulement l'assuré qui a été incorporé dans l'armée régulière mais encore celui qui s'est engagé dans des compagnies franches ou dont le service militaire a été requis par l'autorité.

5. Voici comment s'expriment les polices à cet égard : *La présente police ne couvre pas le risque de guerre contre une puissance étrangère, ce risque pouvant toutefois faire l'objet d'un contrat distinct conformément aux conditions arrêtées pour cette assurance spéciale par le Conseil d'administration et qui seront en vigueur au moment de la déclaration de guerre.*

Si l'assuré est appelé à prendre part à une guerre contre une puissance étrangère, soit comme combattant, soit dans un des services auxiliaires de l'armée, l'assurance est suspendue de plein droit du jour où l'assuré est entré en campagne ; elle reste en suspens pendant toute la durée de la guerre et pendant un délai de huit mois à compter de la cessation définitive des hostilités.

Après la guerre et après l'expiration d'un délai fixé par la police à compter de la cessation définitive des hostilités, si l'assuré est vivant l'assurance doit rentrer en vigueur [1] ; ce n'est pas un nouveau contrat, c'est le contrat ancien qui revit ; l'assuré est dispensé de tout examen médical et il n'a qu'à payer toutes les primes échues durant la campagne [2] à peine de résiliation ou de réduction selon le nombre des primes antérieurement versées [3].

Cependant il est permis à l'assuré de ne pas attendre le laps de temps devant s'écouler après la fin de la guerre : il peut agir dès qu'il est rentré dans ses foyers à l'effet d'obtenir la remise en vigueur de la police ; il lui suffira de subir la visite du médecin préposé par la Compagnie dans le but de faire constater que sa santé est toujours bonne, qu'elle n'a pas été ébranlée par les péripéties de la guerre et aussi de verser, s'il y a lieu, les primes échues avec intérêts de retard [4].

Au contraire, en cas de mort survenue soit pendant la guerre, soit pendant le laps de temps qui a suivi, l'assurance est annulée [5]. La Compagnie aurait pu considérer le contrat comme dépourvu de tout effet ou tout au moins réputer qu'elle ne doit que la valeur de rachat en rapport avec le nombre des primes antérieurement versées. Mais l'assureur n'a pas voulu agir de la sorte : sous l'empire de sentiments qui ne sauraient trop être loués, l'assureur a déclaré que sans tenir compte des primes déjà payées il verserait aux ayants droit de l'assuré le montant intégral de la réserve et qu'il ne conserverait que la partie des primes correspondant aux risques réellement courus.

Ce mode de règlement, toutefois, a soulevé des critiques. On a fait

1. On lit dans les polices : *Si l'assuré est vivant à l'expiration du délai de huit mois ci-dessus spécifié, l'assurance rentre en vigueur de plein droit sans examen médical, mais sous la condition expresse du paiement préalable de toutes les primes qui auraient pu échoir pendant la suspension de l'assurance.*

2. L'assuré doit, en outre, les intérêts, la Compagnie ne pouvant souffrir de ce qui s'est passé, aussi est-il dit qu'il doit les intérêts de retard à quatre pour cent pour les primes qui n'auraient pas été payées à l'échéance.

3. *À défaut de paiement des primes*, déclarent les polices, *et après envoi d'une mise en demeure, (dans les conditions habituelles), la police sera résiliée ou réduite suivant la distinction précédemment établie.*

4. Une clause habituellement insérée dans les polices dit, en effet, que l'assuré qui, rentré dans ses foyers, aura fait constater le bon état de sa santé par un médecin désigné par la Compagnie pourra en versant, s'il y a lieu, les primes échues avec intérêts de retard, obtenir la remise en vigueur de la police sans attendre l'expiration du délai de huit mois.

5. Le genre de mort importe peu ; il n'y a pas à distinguer le cas où l'assuré aurait été tué sur le champ de bataille ou aurait succombé dans un hôpital à des blessures, ou chez lui ou en captivité, à des maladies, ou même à des privations.

6. *Si l'assuré*, lit-on dans les polices, *décède soit dans le cours de la guerre, soit dans le cours du délai de huit mois sans qu'il y ait à distinguer si le décès est la conséquence de la guerre ou s'il est dû à des causes indépendantes de la guerre, l'assurance est annulée, mais quel que soit le nombre des primes payées, la Compagnie verse aux bénéficiaires du contrat le montant intégral de la réserve établie conformément aux procédés de calcul adoptés par la Compagnie.*

observer, en particulier, qu'il était grave de considérer que la police résiliée par le seul fait de la mobilisation ne pouvait revivre qu'après un long délai, huit mois, à dater de la cessation complète des hostilités. On lui a reproché enfin d'être quelque peu onéreux. Il a surgi des combinaisons spéciales. D'abord le système dit de *l'assurance intégrale*. Inspiré assurément par ce qui avait été pratiqué à l'égard de certaines modifications des risques, il garantit la totalité du capital indiqué au contrat par une surprime fixe variant, suivant la situation militaire de l'assuré, de 5 à 10 °/₀ du capital assuré ; il aboutit à cette conséquence que si le total des surprimes versées par les assurés excédait le total des pertes résultant des décès survenus pendant la guerre, cet excédant, déduction faite des frais, serait réparti au marc le franc entre les assurés de cette catégorie[1].

Puis a surgi le système de la *mutualité* : il consiste en ce que l'assuré devrait verser, dès le jour de l'entrée en campagne, une cotisation à la fois proportionnelle au capital à assurer sur sa tête pendant la guerre et variable avec la situation militaire de manière à permettre au fonds spécial qui aurait reçu cette cotisation de payer les sinistres survenus parmi les *cotisés* pendant la durée de la guerre et pendant les huit mois qui suivraient. Ce système a naturellement tous les aléas attachés à la forme de la mutualité : en cas d'insuffisance du fonds spécial pour la totalité des capitaux assurés, ceux-ci doivent subir une réduction jusqu'à due concurrence et être payés au marc le franc, sans cependant que la somme à verser par l'assureur puisse jamais être inférieure au tiers du capital assuré ; au contraire, en cas d'excédant les sommes composant le fonds spécial seraient restituées aux assurés survivants au prorata de leurs cotisations.

Enfin, dans ces derniers temps il a été soutenu que le risque de guerre pouvait fort bien être assuré[2] sans aucune surprime, au moyen d'une

---

1. M. Ambrosetti qui a clairement exposé ce qui a été fait relativement au risque de guerre (*op. cit.*, p. 105), reproche à cette surprime d'être nécessairement élevée parce qu'elle doit être en rapport avec la gravité du risque couru et d'être presque prohibitive. Il est certain que l'homme appelé sous les drapeaux songera moins, au moment de son départ, à acquitter une surprime qu'à constituer des ressources liquides destinées à procurer aux siens des moyens de subsister pendant son absence.

Il faut toutefois ajouter qu'à l'étranger c'est le régime de la surprime qui est surtout pratiqué. — V. *L'Assurance moderne*, 17 juill. 1896.

2. Bien que grave, très grave même, comme nous l'avons montré, le risque de guerre est parfaitement assurable. On a soutenu récemment le contraire, notamment en 1893 dans le *Monde économique*. Mais cette argumentation ne saurait arrêter. (V. *Le risque de guerre est-il assurable?* [*L'Assurance Moderne*, 18 juill. 1896].)

En premier lieu il a été allégué que les bases et les statistiques manquent ou sont trop anciennes pour déterminer le risque de guerre. La réponse est facile : l'assurance sur la vie repose sur des calculs de probabilité ; or, la combinaison des risques de guerre ne procède pas autrement. Des calculs ont été faits sur le nombre des victimes des guerres passées, au moyen des documents les plus authentiques. Grâce à ces études, il est permis d'évaluer

ingénieuse combinaison basée sur la participation des assurés aux bénéfices. La part de bénéfices revenant aux assurés assujettis au service militaire en temps de guerre, au lieu de leur être immédiatement versée, est mise en réserve pour constituer une caisse spéciale dit «fonds de guerre»: si aucune guerre n'est survenue avant l'échéance du contrat, l'assuré ou ses ayants droit rentrent en possession des bénéfices déposés au fonds de guerre; si, au contraire, la guerre a eu lieu, les bénéfices sont mis à contribution pour le règlement des sinistres concurremment avec les réserves spéciales attribuées par la Compagnie à son fonds de guerre.

Ce procédé a été fortement loué[1]. On trouve en effet qu'il permet au père de famille exposé à quitter ses foyers en cas de guerre et aussi à perdre la vie alors que son travail seul subvient aux besoins de la famille, de partir tranquille sur l'avenir des siens dont la situation se trouve sauvegardée[2].

avec une suffisante approximation les effets meurtriers des guerres futures. C'est ce qu'ont fait toutes les Compagnies qui ont assuré ce risque.

D'autre part, il a été objecté que l'outillage de guerre est tellement perfectionné qu'il accroît encore l'impossibilité de la détermination du risque. Cet outillage perfectionné n'augmentera pas nécessairement le nombre des morts dans les guerres à venir. Par excès de perfectionnement dans l'armement, la guerre se réduira à un choc unique et décisif; tout porte à le croire et c'est l'opinion la plus répandue. Le plus actif et le plus diligent des deux adversaires remportera la victoire, s'il est servi par les circonstances politiques, économiques et stratégiques. Les victimes du premier choc seront nombreuses, mais pourquoi s'élèveraient-elles à un chiffre supérieur à celui de 1870, où vingt batailles sanglantes ont été livrées sans que les pertes totales de l'armée allemande atteignissent 5 % de l'effectif *entré en France*.

D'ailleurs, le risque de guerre est si bien assurable qu'il est accepté en France et à l'étranger. Le journal *L'Assurance Moderne* a publié (nos du 31 juillet, 15-31 août, 15-30 septembre 1896, et nos suivants) un état, dressé d'après le *Zeitschrift für Versicherungswesen*, 1892, de toutes les Compagnies et allemandes qui assurent le risque de guerre en Allemagne. Comp. à ce propos Dorlhac de Borne: *De l'assurance du risque de guerre*, (L'Opinion, 15 juill. 1891, p. 103 et s.) et G. Hamon: *Histoire générale de l'assurance en France et à l'étranger*, p. 538 et suiv. M. Hamon a exposé en détail les combinaisons acceptées en Angleterre, aux États-Unis, en Suisse, en Italie, etc.

1. V. *L'Observateur*, 28 mai 1896; *Le Temps*, 27 juin 1896, Hamon, loc. cit.

2. Il a été fondé une Société, approuvée par décret, (Journ. off.), 20 août 1896, ayant pour objet de garantir aux ayants droit de chacun des assurés morts victimes de la guerre, de l'émeute ou de l'insurrection, le payement d'une indemnité représentée par un titre de rente au ci... 3 %, perpétuel, dont l'importance variera suivant le nombre des victimes, sans pouvoir dépasser 150 fr. de rente.

Le risque donnant droit à cette indemnité comporte les décès sur le champ de bataille ou par suite de blessures reçues sur le champ de bataille, ceux causés par les accidents et, en général, pour toutes causes se rattachant à l'état de guerre, émeute ou insurrection, ayant occasionné la mort violente ou des blessures mortelles. La Société dont s'agit a pour but également de constituer pour les assurés survivants, à l'âge où cesse l'obligation légale du service militaire, et sur la tête de chacun d'eux, une rente viagère dont l'entrée en jouissance n'aura lieu qu'à partir de l'âge de 50 ans.

Lors d'une déclaration de guerre, la Société pourra recueillir des souscriptions destinées à former un capital qui sera réparti proportionnellement

D — *Paiement des primes.*

Le prix des risques acceptés par l'assureur c'est la prime [1]. Sans prime pas d'assurance. Sans doute le paiement de la prime est purement facultatif, en ce sens que, après une année il est parfaitement permis à l'assuré de discontinuer le contrat, contrairement à ce qui se passe en matière d'assurance contre l'incendie, mais il n'en est pas moins vrai que la personne qui a signé une police doit nécessairement se libérer si elle entend maintenir l'obligation de la Compagnie [2].

La police [3] qui indique les conditions dans lesquelles la prime doit

au montant de la souscription individuelle entre les ayants droit, qui dans six mois devront justifier que les décès sont survenus dans les conditions prévues par les Statuts.

Les fonds destinés à faire face au paiement des indemnités pour cause de décès et à la constitution des rentes viagères se composent de l'ensemble des fonds communs des 25 classes formant l'effectif général de l'armée et susceptibles d'être appelées sous les drapeaux.

Enfin, pour jouir du droit au bénéfice des rentes viagères les assurés devront, dans les trois mois qui précéderont leur libération du service militaire, aviser la Société de leur existence et de leur résidence, faute de quoi ils seront considérés comme renonçant à cette rente. — *L'Opinion*, 15 octobre 1896, p. 149.

En réalité c'est une société tontinière d'assurances sur la vie.

1. Et la prime annuelle, car la question ne se pose même pas pour la première prime puisque le contrat n'a d'effet qu'au jour où ce premier versement a été effectué.

Il importe de noter que l'agent qui aurait, pour le compte de l'assuré, fait le premier versement aurait droit au remboursement même si le contrat n'avait pas eu de suite. — Cf. Just. de paix d'Avallon, 3 mars 1893, *Rec. périod. des assur.*, 93, 344.

2. En théorie le non paiement de la prime semble présenter une certaine difficulté. D'un côté, il y a l'art. 983 C. Civ. sur la condition résolutoire ou lorsque les engagements ne sont point remplis. D'autre part, il y a l'art. 1978 C. Civ. disposant qu'en cas de rente viagère le défaut de paiement des arrérages ne suffit pas à motiver la résolution du contrat et que le crédirentier a seulement le droit de faire vendre les biens de son débiteur en quantité suffisante pour assurer le service des arrérages. Assurément pour appliquer ce dernier article l'on peut se prévaloir de l'analogie qui existe entre le contrat de rente viagère et le contrat d'assurance sur la vie. Mais une raison d'analogie ne suffit pas. L'art. 1978 est une disposition de droit exceptionnel. Au contraire, l'art. 1184 est une disposition de droit commun. Dès lors, c'est ce texte qui doit être appliqué. — Cf. Rome : *op. cit.*, p. 154.

3. On connaît les dispositions courantes : *Le paiement des primes (autres que la première) étant toujours facultatif, la police ne continue à avoir d'effet que si la prime a été acquittée à l'échéance ou, au plus tard, avant l'expiration des délais fixés au paragraphe suivant, qui sont laissés à l'assuré pour manifester sa volonté d'acquitter ou non ladite prime.*

A défaut de paiement dans les trente jours qui suivent l'échéance et huit jours après l'envoi par la Compagnie d'une lettre recommandée détachée d'un registre à souche et contenant rappel de l'échéance, l'assurance est de plein droit résiliée, sans qu'il soit besoin d'aucune sommation ni autre formalité quelconque, la lettre

être acquittée, déclare de la façon la plus formelle que le maintien de l'assurance dépend du paiement de la prime et que si dans un laps de temps indiqué ce paiement n'est pas effectué par un fait imputable à l'assuré seul, le contrat est rompu [1].

La résiliation que détermine le non paiement de la prime dans le délai accordé par les Compagnies françaises, plus soucieuses des intérêts des assurés que bien des assureurs étrangers [2], est, après un

recommandée dont il vient d'être parlé constituant, de convention expresse entre les parties, une mise en demeure suffisante.

Il est également de convention expresse entre les parties qu'il sera suffisamment justifié de l'envoi de la lettre recommandée au moyen du récépissé de la poste, et du contenu de cette lettre au moyen de la production du livre à souche mentionné ci-dessus.

Voici comment s'exprime le projet rédigé par M. le professeur Roelli (art. 24 et 25) : Si la prime n'est pas payée à l'échéance ou durant le délai de grâce fixé au contrat, l'assureur doit sommer par écrit le souscripteur, aux frais de ce dernier, et en l'avertissant des suites qu'aurait son retard d'effectuer le paiement dans les dix jours dès l'envoi de la sommation. L'assureur qui a été avisé de l'aliénation ou de la mise en gage des droits résultant de l'assurance, doit porter en même temps à la connaissance de l'acquéreur ou créancier gagiste, aux frais de ce dernier, la sommation de payer adressée au souscripteur. A défaut par le souscripteur ou par l'ayant droit de payer la prime dans le délai de dix jours établi à l'alinéa 1, l'assureur est délié du contrat; les dispositions relatives au droit de réduction ou de rachat demeurent réservées. — L'assureur délié par défaut de paiement de la prime peut, à son choix, se départir du contrat ou poursuivre le souscripteur en paiement. Sous peine de forclusion, la poursuite doit être intentée par voie de droit dans les quatre semaines dès l'échéance d'un délai de dix jours. Le fait par l'assureur d'accepter le paiement de la prime arriérée et des frais, ou d'obtenir ce paiement par voie de poursuite, remet en vigueur le contrat.

1. Sous réserve du droit pour l'assuré d'avoir soit une assurance réduite, soit la valeur de rachat. La réduction se produit de plein droit sans aucune mise en demeure. Trib. civ. Seine, 10 avril 1895. *Journ. des assur.*, 95, 26.

2. Des Compagnies suisses et allemandes considèrent l'assurance comme résiliée de plein droit après l'expiration du délai de grâce sans autre avertissement. Il en est de même en Angleterre (Bunyon : *Law of Life insurance*, p. 361 et suiv.; Konig dans le *Handbuch des deutschen Handels und Wechselrechts* de Endemann, T. III, p. 804.) Des Compagnies américaines ne stipulent en faveur de l'assuré ni délai de grâce, ni avertissement (Rehfous : *Des principes à édicter à la base d'une loi fédérale sur le contrat d'assurance sur la vie*, p. 38. — Sur la validité de cette clause, V. Trib. civ. Seine, 22 décembre 1892. *Rev. périod. des assur.*, 93, 58).

Le système français qui prévoit un délai et un avertissement semble préférable à tous les points de vue. Il est excessif de frapper de déchéance un contrat qui peut durer depuis de longues années à raison d'un simple oubli, d'un éloignement motivé par la santé, les affaires et mille autres circonstances; c'est trop exiger d'un assuré que de lui prescrire qu'il doit se souvenir qu'à telle date, après une année, il aura à s'acquitter. D'autre part, la résiliation est grave à un double point de vue, comme l'a judicieusement noté M. Rehfous (*op. cit.*, p. 39) : l'assuré se trouvera peut-être dans l'impossibilité de contracter une nouvelle assurance soit en raison de son âge et de la prime à payer, soit à cause de l'état de sa santé; en outre, ce n'est pas le preneur qui doit recueillir le montant de l'assurance; ce sont souvent des tiers qui ignorent l'époque de l'échéance des primes et ne peuvent sauvegarder leurs intérêts compromis par un oubli du souscripteur.

avertissement donné dans une forme convenue [1], encourue de plein droit [2]; il n'y a pas d'autre mise en demeure que celle résultant du contrat lui-même. Toutefois, pour se prévaloir de la résiliation de plein droit, abstraction faite de toute formalité légale, la Compagnie doit, aux termes d'une jurisprudence trop certaine [3], n'avoir pas par ses agissements [4] modifié le caractère de la prime et n'avoir point par elle-même rendu la prime portable, de quérable qu'elle était [5].

1. Par exemple une lettre chargée ou recommandée. Paris, 22 avr. 1874, *Journ. des assur.*, 73, 287; Trib. comm. Rouen, 19 nov. 1887, *Journ. des assur.*, 88, 32; Trib. civ. Seine, 2 mars 1896, *ibid.*, 96, 113 et *Rec. périod. des assur.*, 96, 205.

Comp. sur les conditions qui doivent être réunies en pareil cas l'exposé aussi clair que complet fourni par M. Valéry dans son livre sur les *Contrats par correspondance*, Paris, 1895, p. 392 et suiv.

On a quelquefois prétendu que, dans le cas d'une assurance sur la vie, l'assureur n'a pas à mettre en demeure le stipulant qui ne peut être contraint au paiement des primes. C'est le motif donné dans une sentence arbitrale rendue par MM. Delanple et Duverger et confirmée par un arrêt de la Cour de Paris en date du 27 mars 1872, *Journ. des assur.*, 52, 124. Mais il a été établi (Patinot : *loc. cit.*, p. 553) que bien que la Compagnie n'ait pas le droit de poursuivre le paiement des primes, elle n'en doit pas moins mettre le stipulant en demeure de payer.

2. Et l'assuré ne saurait se faire un titre de l'attitude bienveillante de la Compagnie se traduisant par des mesures gracieuses telles que les sursis, pour soutenir qu'elle a créé à son égard un état nouveau qui lui serait opposable. Trib. civ. Seine, 2 mars 1896, *Rec. périod. des assur.*, 96, 113.

Le tribunal saisi d'une demande en paiement de la prime échue ne doit pas surseoir à statuer par la raison qu'une instance en nullité de la police est pendante devant une autre juridiction, surtout si la demande en paiement est antérieure à l'instance en nullité. — Trib. comm. Seine, 6 avril 1896, *la Loi*, 13 mai 1896.

De ce que le contrat n'engendre un lien de droit qu'entre l'assureur et l'assuré, il suit qu'en cas de non paiement des primes, la mise en demeure doit être adressée au souscripteur seul, sans que le bénéficiaire qui, malgré son intérêt, est un tiers, puisse réclamer un avertissement. V. notamm. Trib. civ. Seine, 7 juill. 1886, *Rec. périod. des assur.*, 85, 517; Trib. civ. Seine, 22 novemb. 1892, *ibid.*, 93, 119; *Journ. des assur.*, 93, 127; Cass., 5 août 1889, *Journ. des assur.*, 89, 527.

Mais si le bénéficiaire est, par suite d'une convention légalement formée, devenu le débiteur personnel des primes et a été accepté par la Compagnie en cette qualité, il y a lieu de le mettre également en demeure. Cass., 5 août 1889 précité; Trib. civ. Seine, 6 avril 1896, *Journ. des assur.*, 96, 472, *Rec. périod. des assur.*, 96, 508; Paris, 29 juin 1895, *Journ. des assur.*, 96, 19; *Rec. périod. des assur.*, 95, 538. Il a toutefois été décidé que le transfert de la police par voie d'endossement n'autoriserait pas le cessionnaire à soutenir que la Compagnie l'ayant accepté comme cessionnaire, se trouve tenue de l'avertir du non paiement des primes et de le mettre en demeure de les payer. Paris, 14 avril 1892, *Rec. périod. des assur.*, 92, 520.

3. Il est inutile d'insister; la jurisprudence a été exposée précédemment (V. T. II, p. 81 et suiv. *Adde* Cass., 4 novemb. 1891, *Rec. périod. des assur.*, 92, 87, Paris, 2 mars 1893, D. P., 93, 2, 256; Trib. civ. Saint-Gaudens, 11 juin 1894, *Rec. périod. des assur.*, 94, 644).

4. Il appartient à la personne qui argue de ces agissements à les prouver. Trib. civ. Seine, 19 avril 1894, *Journ. des assur.*, 95, 26.

5. Dans ce dernier cas, il faut un acte renfermant les éléments constitutifs d'une mise en demeure régulière, par exemple une sommation, un commandement (Paris, 6 févr. 1841, S. 45, 2, 118; Orléans, 23 mars 1861, P. 61,

A cette jurisprudence pourrait seule déroger une clause formelle validant la mise en demeure conventionnelle [1] bien que la prime eût un caractère de quérabilité [2].

Il importe d'ajouter que la Compagnie peut (et rien ne l'y oblige) rétablir ou plus exactement faire remettre en vigueur le contrat résilié pour défaut de paiement de la prime. Mais en pareille circonstance elle a le droit d'exiger du souscripteur non seulement qu'il se libère de l'arriéré mais aussi qu'il justifie du bon état de sa santé à cette époque. Bien mieux, l'assuré n'a aucun droit absolu : tout dépend de l'assentiment des administrateurs [3].

Par assimilation avec ce qui a lieu pour l'assurance contre l'incendie il a été soutenu que, de même que l'assuré est libre, en présence de la faillite de l'assureur, de demander une caution ou la résolution du contrat, lorsque l'assuré tombe en faillite, la Compagnie peut, de son côté, se prévaloir de l'art. 346 C. Com. et faire résoudre le contrat si l'assuré ne fournit pas une caution pour le paiement des primes [4].

C'est une inexactitude absolue [5]. Le paiement de la prime par l'assuré se fait d'avance, mais il est facultatif : l'assuré n'est pas lié pour l'avenir ; libéré pour l'année précédente, du moment qu'il a dû payer par avance il ne doit rien quant à l'année qui suivra celle pour laquelle il a fourni sa prestation. Aucune obligation ne lui incombe, et si aucune obligation ne lui incombe l'assureur ne peut exiger une caution pour garantir l'accomplissement de cette obligation [6].

954 ; D. P. 61. 2. 78. — V. aussi Rouen, 25 févr. 1880, S. 80. 2. 243 ; D. P. 81. 2. 27. Cass. 30 août 1880. S. 81. 1. 425 ; D. P. 80. 1. 464). Des démarches faites au nom de l'assureur, des circulaires ou imprimés ne suffiraient donc pas. — V. ce qui a été dit, *supra*, T. II, p. 89, etc.

1. Notamment une lettre chargée.

2. Cass., 26 avril 1876, S. 77. 1. 30 ; D. P. 76. 1. 462 ; Paris, 24 févr. 1883, *Journ. des assur.*, 84. 24 ; 5 janv. 1884, S. 84. 2. 115 ; Trib. civ. Seine, 25 janv. 1884, *Journ. des assur.*, 86. 311 ; 5 juill. 1886, *ibid.*, 86. 515 ; Lyon, 3 déc. 1886, *ibid.*, 87. 51. Toulouse, 11 mars 1885, *Rec. périod. des assur.*, 85. 270 ; Trib. civ. Vienne, 11 juill. 1885, *ibid.* 85. 406 ; Cass. 6 novemb. 1891, D. P. 92. 1. 343 (et note de M. Poncet), *Rec. périod. des assur.*, 92. 87 et observat. *ibid.* ; Trib. civ. Thonon, 24 juin 1893 et Bourges, 7 novemb. 1893. *Rec. périod. des assur.*, 94. 86 et 87 ; *Journ. des assur.*, 94. 43 ; Agen, 25 juill. 1895, *Journ. des assur.*, 96. 44 ; *Rec. périod. des assur.*, 96. 68, Trib. civ. Dijon, 17 déc. 1895, *ibid.*, 96. 197 et *ibid.*, 96. 312 ; Trib. civ. Saint-Affrique, 11 mars 1896, *Rec. périod. des assur.*, 96. 259 ; Toulouse, 19 mars 1896, *Journ. des assur.*, 96. 533, etc.

3. Trib. civ. Seine, 2 mars 1896, *Journ. des assur.*, 96. 143 ; *Rec. périod. des assur.*, 96. 205.

4. En ce sens Grün et Joliat : *op. cit.*, nos 339 et 332, Quénault : *op. cit.*, p. 302 et 313 ; Persil : *op. cit.*, n° 225 ; Pouget : *Journ. des assur.*, 1865, p. 61 ; Boudousquié : *op. cit.*, nos 571 et 572 ; Merger : *op. cit.*, p. 166 ; Bonne : *op. cit.*, p. 163 ; Tixier : *op. cit.*, p. 217 ; Moulhue : *op. cit.*, p. 264 ; Vibert : *op. cit.*, p. 112 ; Ruben de Couder : *loc. cit.*, n° 124 ; Herbault : *op. cit.*, p. 267.

5. Il convient de faire observer en passant que la Compagnie ne saurait être tenue, à raison de la faillite de l'assuré, de payer le capital indiqué en la police comme dû au jour du décès, la condition qui rend exigible cette somme, la mort du stipulant ne s'étant pas réalisée. — Comp. Mornard : *op. cit.*, p. 320.

6. Couteau : *op. cit.*, T. II, p. 310.

L'état de faillite n'a par lui-même aucun effet sur la situation de l'assuré à l'égard de l'assureur. Tout dépend de la question de savoir si les primes peuvent être payées par le failli.

Assurément dans la grande majorité des cas, en enlevant à l'assuré des ressources certaines, en le contraignant à un état de gêne, en l'empêchant de contracter un emprunt la faillite le met dans l'impossibilité de continuer le service des primes [1] et de maintenir le contrat passé au profit d'un bénéficiaire, maintien parfaitement valable, la faillite de l'assuré n'entraînant pas par elle-même la révocation de la stipulation intervenue au profit d'un tiers [2]. Mais alors le contrat prend fin non pas à raison de la déclaration de la faillite, mais uniquement pour non paiement de la prime; le contrat est arrêté dans son cours comme toutes les fois qu'une personne entend ne plus voir continuer l'opération.

D'autre part, l'assuré non muni d'un concordat [3] peut travailler pour son compte personnel et réaliser des gains; il lui est parfaitement loisible d'en profiter et, par conséquent, de les affecter au paiement de la prime.

Du reste, il convient d'ajouter que la prime ne doit pas nécessairement être acquittée par l'assuré; le contrat serait parfaitement maintenu en cas de paiement effectué par une tierce personne agissant pour le compte du souscripteur de la police et, au moins, avec son consentement tacite [4].

Si la faillite de l'assuré n'entraîne pas la résolution de l'assurance, à plus forte raison la déconfiture est sans aucun effet et la Compa-

[1]. Il a été établi précédemment dans ce *Traité* (T. II, p. 285), que les créanciers ne sauraient, de leur seul gré, se substituer à l'assuré et contre le gré de ce dernier maintenir le contrat. C'est la suite de cette règle que le contrat d'assurance sur la vie est un contrat éminemment personnel et qu'il ne peut subsister que par l'unique volonté de la personne sur la tête de laquelle repose l'assurance, règle qui a fait admettre que le représentant des créanciers ne pouvait pas céder le contrat sans le consentement de l'assuré (Trib. comm. Genève (et non Gênes comme il a été dit par erreur, T. II, p. 285, note 3), 9 janv. 1893, S. 90. 4. 24; Coulazou : *op. cit.*, p. 112), ni faire vendre la police aux enchères (Trib. civ. Seine, 1er déc. 1876, *Journ. des assur.*, 77. 181).

[2]. La faillite ne saurait, en effet, motiver la révocation de l'assurance, V. *Supra*. T. II. p. 282. *Adde* Trib. civ. Nogent-sur-Seine, 11 août 1892, *Rec. périod. des assur.*, 93. 154.

[3]. Pour l'assuré qui a obtenu un concordat la question ne se pose même pas puisqu'il est remis à la tête de ses affaires. Cf. Sur la capacité du failli en ce qui touche la souscription d'une assurance sur la vie, Douai, 14 mars 1893, *Journ. des assur.*, 96. 19.

[4]. V. à titre d'exemple Angers, 28 déc. 1881, D. P. 83. 2. 105; Cass., 19 janv. 1880, D. P. 80. 1. 468; Trib. civ. Seine, 22 novemb. 1892, *Journ. des assur.*, 92. 127; *Rec. périod. des assur.*, 93. 149. La Cour de Cassation dans un des motifs de son arrêt de principe du 2 juillet 1884 (S. 85. 1. 11; D. P. 85. 1. 150) n'a-t-elle pas reconnu que *les primes peuvent être acquittées par le bénéficiaire ou par tout autre aux lieu et place du stipulant?*

gnie est absolument hors d'état d'opposer cette situation de l'insolvabilité pour réclamer une caution [1].

§ 3. Résolution du fait du bénéficiaire.

Les obligations du bénéficiaire de l'assurance consistent essentiellement à ne pas aggraver les risques, c'est-à-dire à laisser la condition prévue au contrat se réaliser dans les conditions normales et lorsque se produit cette condition, en cas de décès de l'assuré, à fournir à la Compagnie toutes les justifications exigées par la police pour le versement du capital.

Le bénéficiaire appelé à profiter du contrat ne devant, pas plus que l'assuré, augmenter les risques acceptés par l'assureur, il suit que tout acte commis par ce bénéficiaire soit seul, soit de connivence avec l'assuré ou un tiers, et qui tend à aggraver la responsabilité de l'assureur peut être considéré comme un motif de rupture du contrat. Il en est ainsi quand, par exemple, le bénéficiaire se rend complice du suicide de la personne assurée ou se bat en duel avec elle, ou l'entraîne dans des entreprises devant amener la mort.

Les polices ont le soin de prévoir le cas où la personne sur la tête de laquelle repose l'assurance perdrait la vie par un fait criminel imputable au bénéficiaire et elles édictent la déchéance en semblable circonstance [2].

Cette déchéance est absolument licite [3], non seulement parce qu'elle résulte du contrat qui fait la loi des parties, mais aussi parce qu'il est dans l'esprit de notre droit (V. notamm. art. 727 C. Civ.) d'empêcher l'auteur d'un crime de profiter des dépouilles de la victime, et enfin parce que le contrat dont s'agit étant aléatoire, il est impossible que celui qui doit en tirer parti puisse supprimer par son fait cet élément aléatoire.

Outre que les parties ne sauraient, par une disposition formelle, déroger à l'article de la police rendant en pareil cas l'assurance de nul effet, le juge devrait, en l'absence de toute clause édictant la rup-

1. C'est ce qu'enseignent même les auteurs qui font intervenir l'art. 446 C. Comm. au cas de faillite. — V. Robou de Combier; loc. cit., n° 124; Tissier; op. cit., p. 217.

2. Les polices s'expriment généralement ainsi : *Si la personne sur la tête de laquelle repose l'assurance perd la vie par le fait du bénéficiaire du contrat, l'assurance est de nul effet et les primes payées restent acquises à la Compagnie.*

La déchéance est édictée spécialement par certaines législations : C. Comm. portug., art. 458; C. Comm. hongrois, art. 504 et 505; C. Comm. chilien, art. 575; C. Comm. argentin, art. 699.

3. V. Trib. civ. Seine, 14 juin 1885, Bonnev. de Mars. cat. 445, 7 mars 1887, *Rec. périod. des assur.*, 87, 430. *Journ. des assur.*, 87, 117.

ture, déclarer le contrat rompu au profit au profit de l'assureur. Il s'agit d'une sanction qui tient à l'ordre public.

Il est permis aux contractants de préciser les circonstances dans lesquelles le contrat devra être sans effet. Il peut être convenu, par exemple, que ce sera uniquement en cas de condamnation. Mais sauf cette restriction, le seul fait que le bénéficiaire a enlevé la vie à l'assuré suffit. Il n'y a pas à distinguer entre l'assassinat et le meurtre [1] et pareillement entre l'homicide et le décès survenu à la suite de coups et blessures, même lorsqu'il n'y avait pas intention de donner la mort [2]. Il ne faut pas plus établir une distinction pour le cas où le bénéficiaire aurait été complice, aurait prêté son concours au meurtrier de l'assuré.

Il va de soi que le contrat ne peut être rompu qu'autant que la mort a été donnée volontairement, en connaissance de cause. La Compagnie serait hors d'état de se prévaloir de la clause de déchéance si l'auteur n'avait agi que par imprudence [3], conformément à la loi, ou s'il ne jouissait pas de ses facultés, de sa liberté morale.

La déchéance est absolue en ce sens que le juge doit la prononcer sans s'arrêter aux faits et circonstances de nature à être considérés comme de simples circonstances atténuantes. Mais elle est absolue seulement à l'égard du bénéficiaire qui a causé la mort. Si donc la police avait été souscrite en faveur de plusieurs personnes, l'assurance ne serait pas sans effet à l'égard de toutes, elle serait nulle exclusivement pour le bénéficiaire coupable.

Si le signataire d'une police souscrite en faveur de ses enfants venait à être tué par l'un d'eux, la renonciation au bénéfice que ferait le meurtrier ne permettrait pas aux frères et sœurs innocents du meurtre de réclamer la totalité de la somme promise par la Compagnie ; cette dernière profiterait de la nullité partielle de l'assurance et de la libération qui en résulte. Cependant, cette solution ne saurait être admise en présence d'une assurance intervenue en faveur de la succession même du stipulant : le meurtrier renonçant à la succession de son auteur, la qualité d'héritier ne lui appartient plus et la Compagnie est obligée de remettre l'intégralité de la somme à la succession à laquelle le meurtrier est désormais étranger [4].

Comme toutes les fois qu'il y a aggravation de risques et rupture

---

1. La circonstance que la mort aurait été donnée par un époux surprenant son conjoint en flagrant délit d'adultère ne ferait pas obstacle à la déchéance. — V. toutefois Couteau : *op. cit.*, T. II, p. 247.

2. Trib. civ. Seine, 7 mars 1887, *Rev. périod. des assur.*, 87, 430 ; *Journ. des assur.*, 87, 177. — Comp. Delvincourt : *Traité prat. du contrat d'assur. sur la vie*, p. 43 ; *Contra* Cyprès : *op. cit.*, p. 101.

3. Mercer : *op. cit.*, p. 142. Couteau : *op. cit.*, T. II, p. 246 ; Furquim d'Almeida : *op. cit.*, p. 93 ; Ambrose III : *op. cit.*, p. 171.

4. A. D. : *Étude critique des conditions générales des polices d'assurance sur la vie* (*Mosat. des assur.*, 1884, p. 208 et 209).

du contrat les primes doivent appartenir à la Compagnie. En fait
cette dernière est dans l'habitude, lorsque trois primes annuelles au
moins ont été acquittées, de tenir compte aux ayants droit de la valeur qu'elle aurait dû payer si elle avait racheté le contrat la veille
du décès [1].

On sait, d'autre part, que pour toucher la somme assurée, le bénéficiaire dont la qualité est constante [2] est tenu de faire connaître le décès à la Compagnie et de fournir certaines pièces propres à établir [3]
tant la mort que les circonstances dans lesquelles elle a eu lieu,
c'est-à-dire de remettre un acte de décès avec un certificat du médecin indiquant le genre de maladie ou d'accident auquel l'assuré a succombé, en plus de l'acte de naissance qui seul fixe sur la sincérité
de la déclaration concernant l'âge, et aussi de la police qui constitue
le titre du bénéficiaire [4].

Il arrive parfois que le médecin qui a prodigué à l'assuré les derniers
soins, donnant à l'obligation du secret professionnel une portée qu'elle
n'a pas, refuse de délivrer le certificat réclamé avec tant de raison par
les Compagnies. Malgré la clause de la police, la Compagnie est tenue [5].
Le médecin, dans l'état actuel de la jurisprudence, ne pouvant être
considéré comme obligé de délivrer ce certificat, c'est-à-dire de rom-

1. C'est donc à tort que M. Typaldo Bassia (*op. cit.*, p. 120) déclare que la
Compagnie ne restitue pas la réserve ou la valeur de rachat acquise à l'assuré la veille de son décès dans le cas « où la mort est due à la perversité
du bénéficiaire. »

2. Si le bénéficiaire nommément désigné dans la police n'a aucune justification à fournir autre que le contrat et les diverses pièces dont parle la police
puisque c'est le contrat lui-même qui lui confère son droit, il n'en peut être
de même quand le profit de la police doit être recueilli par des bénéficiaires
considérés comme indéterminés. Il faut arriver à la détermination de ces
tiers, à la justification de leur droit héréditaire en vertu duquel ils sont appelés à recueillir le capital assuré. Il faudra alors produire soit un acte de
notoriété, soit un intitulé de l'inventaire dressé après le décès de l'assuré.
Si parmi les bénéficiaires se trouvent des mineurs, la Compagnie sera en
droit d'exiger une expédition de l'acceptation bénéficiaire faite en leur nom;
s'il se trouve des femmes mariées, la Compagnie ne pourra se libérer prudemment sans connaître les conventions matrimoniales qui les régissent;
elle se fera donc communiquer leurs contrats de mariage ou produire, à défaut, l'acte civil de mariage. — Ambroselli : *op. cit.*, p. 196.

3. *Le décès de l'assuré doit être notifié à la Compagnie*, lit-on dans les polices,
*par les ayants droit au bénéfice de l'assurance dans un délai de trois mois, à comp-
ter de la date de ce décès.* (Ce délai est porté à six mois, pour l'assuré qui
viendrait à décéder au cours d'un voyage ou dans un séjour dans des contrées éloignées).

4. *Les sommes dues par la Compagnie sont payées au siège social dans les trente
jours de la remise de la police et des pièces justificatives dûment légalisées, lesquelles comprennent notamment l'acte de décès de la personne dont la vie est assurée et le certificat du médecin constatant le genre de maladie ou d'accident auquel
elle a succombé.*

5. Trib. comm. Seine, 4 juillet 1889, *Rec. périod. des assur.*, 90, 220. V. nos
observations *ibid.*; Paris, 4 février 1891, *Rec. périod. des assur.*, 91, 86; *Journ.
des assur.*, 91, 136; D. P. 91, 2, 217. — Ambroselli : *op. cit.*, p. 193.
Cf. au point de vue du retard dans la délivrance du certificat, Trib. civ.
Seine, 1er avril 1890, *Rec. périod. des assur.*, 90, 224; *Journ. des assur.*, 90, 185.

pre le devoir du silence, la Compagnie ne saurait se prévaloir d'une omission qui n'est en rien imputable au bénéficiaire et qui est due à une impossibilité, laquelle emporte exonération (art. 1147 C. Civ.)[2]. Seulement il est certain que le bénéficiaire ne doit pas s'en tenir à la prévision d'un refus, qu'il doit réellement faire, au moins, une démarche auprès du médecin (bien des médecins trouvant, non sans raison, qu'il est des cas où l'on peut équitablement signer une attestation), et qu'il lui appartient d'établir cette tentative.

La circonstance que le bénéficiaire est dans l'impossibilité de représenter la police à raison d'une perte, d'un vol, d'une destruction ne libère pas la Compagnie[3]. Seulement, comme au cas d'une police endossable cette dernière pourrait être amenée à payer deux fois, elle agit conformément à son droit autant qu'à son intérêt en prenant toutes les précautions, et notamment en déposant le montant de la somme à la Caisse des dépôts et consignations[4], avec faculté, pour le bénéficiaire, d'en faire le retrait soit au cas où la police se retrouverait, soit au cas de prescription[5].

---

1. V. notamm. Cass., 18 novemb. 1885, S. 86, 1, 86 et D. P. 86, 1, 247 ; Trib. civ. Havre, 30 juillet 1884 (et non 1886) S. 87, 2, 69 ; Trib. civ. Besançon, 17 févr. 1887, S. 87, 2, 94 et ce *Traité*, T. II, p. 119.

2. La Compagnie peut, à la vérité, demander une autre preuve (Trib. civ. Besançon, 17 févr. 1887, S. 87, 2, 94). Elle peut réclamer une enquête, charger un agent de faire des investigations sur place. Elle a aussi le droit de recourir, pour justifier les soupçons qu'elle pourrait conserver, à la notoriété, à la preuve testimoniale, à tous renseignements, etc.

3. Trib. civ. Seine, 17 juin 1873, *Journ. des assur.*, 73, 413. 11 avril 1876, *ibid.*, 76, 218. 19 juin 1880, *ibid.*, 81, 308 ; C. Genève, 7 sept. 1885; *Sem. jud.* 1885, p. 279; Couteau : *op. cit.*, T. II, p. 260. Béliard : *op. cit.*, p. 53.

4. Paris, 13 déc. 1851, D. P. 55, 5, 31; Trib. comm. Seine, 2 déc. 1859, Trib. Seine, 17 juin 1873, *Journ. des assur.*, 73, 413; Trib. Seine, 11 août 1876, *ibid.*, 78, 103. Trib. civ. Seine, 19 juin 1880, *ibid.*, 308. Trib. comm. Bruxelles, 17 janvier 1878, Clous et Bonjean : *Jurisprud. des Trib. de Belgique*, T. XXVII, p. 185.

5. Les questions susceptibles de se poser en pareille occurrence sont traitées plus loin avec les détails que comporte le sujet. V. le chapitre suivant.

Mais il importe de noter que, dans ces derniers temps, l'on a longuement insisté (Bailly : *De l'obligat. imposée au bénéficiaire d'une police non à ordre de remettre à la Compagnie le double de la police pour toucher le montant de l'assurance.* [*Monit. des assur.*, mai 1895, p. 260, etc.]) en faveur de la suppression de la clause imposant la représentation pour les polices non à ordre. Pour des polices à ordre, dit cet auteur, l'obligation se comprend; elle ne se conçoit pas pour les autres; pour les polices payables à personnes dénommées, le paiement effectué entre les mains du bénéficiaire désigné dans le contrat éteignant complètement la dette et opérant, à sa date, en l'absence de toute opposition ou signification de transfert, la libération entière et complète de la Compagnie à l'égard de tous.

CHAPITRE QUATRIÈME

PERTE DE LA POLICE.

La perte de la police ne saurait être considérée comme une cause d'extinction du contrat. En effet l'assurance sur la vie n'est pas un contrat solennel, l'écriture est exigée, non *ad solemnitatem* mais *ad probationem*[1]. La solution est la même pour toutes les assurances[2].

Autrefois la question avait paru douteuse, au moins pour les polices à ordre. Se basant sur cette idée qu'en matière de titre à ordre ou au porteur le débiteur ne doit qu'au titre, des Compagnies affirmaient être libérées quand le titre ne pouvait être représenté à l'administra-

1. Le projet élaboré par M. Roelli qui supprime (art. 15) la police à ordre, dispose (art. 16) qu'en cas de perte de la police l'ayant droit peut demander l'annulation de ce document au juge du lieu d'exécution du contrat, que les dispositions du Code fédéral des obligations touchant l'annulation des lettres de change (art. 793 et suivants) s'appliquent par analogie à l'annulation des polices et qu'après annulation, l'ayant droit peut, à ses frais, requérir de l'assureur une nouvelle expédition de la police.

Il est vrai que, d'après ce projet, l'assureur est tenu de signer et de remettre au souscripteur de l'assurance un document (police) réglant les droits et obligations des contractants (art. 13) et que le projet règle ce qui a trait à la police, en décidant (art. 14) que si le souscripteur accepte sans faire de réserve la remise de la police, il est présumé d'accord avec son contenu, qu'à défaut par le souscripteur de demander la rectification de la police dans le mois qui suit la remise de ce document, son contenu vaut comme accepté et qu'il en est ainsi pour les avenants.

Il convient de remarquer que, d'après le Code civil de Zurich dû au savant Bluntschli, le contrat n'est obligatoire qu'à la condition d'être passé par écrit, c'est-à-dire qu'autant que l'assureur a remis à l'assuré une police ou qu'il a mentionné l'opération sur ses opérations. — V. Lehr : *Code civil du canton de Zurich de 1887*, Paris, 1890. Lefort : *Les assurances sur la vie d'après le Code civil du canton de Zurich* (Rev. périod. des assur., 1893, p. 553.)

2. C'est si vrai que la Compagnie peut délivrer un duplicata qui, étant destiné, dans l'esprit même du représentant de la Compagnie, à remplacer la police, met l'assureur dans la nécessité de payer à la personne qui remet ce duplicata. — Paris, 22 mars 1882, Bonnex, de Mars., II, 663; Agnel : *op. cit.*, n° 498.

tion de la Société[1]. Mais cette prétention est abandonnée maintenant : le porteur conserve sa créance contre la Compagnie soit que le titre ait seulement été égaré ou volé, soit qu'il ait été détruit[2].

[1]. Trib. comm. Seine, 2 déc. 1890, Paris, 13 déc. 1851. Bonnev. de Mars, II, 128.

[2]. Est-il possible de recourir aux formalités des art. 149 à 152 C. Comm. pour se faire délivrer un duplicata ?

C'est ce que M. Bailly a très lucidement et fort complètement exposé dans son livre sur *La transmission du bénéfice du contrat* (p. 200 et 201, note).

Lorsque la personne qui a souscrit une police pure et simple au profit d'une personne déterminée réclame un nouveau titre, la Compagnie peut sans crainte, lui en livrer un. Elle peut acquérir la certitude qu'il n'y a pas eu cession à un tiers puisqu'elle n'a été informée d'aucune transmission. Elle n'a pas plus à redouter une cession cumulative de la créance à deux personnes au moyen du titre original prétendu détruit et du duplicata parce que le cessionnaire ne peut manquer de se renseigner auprès d'elle et, par conséquent, de la mettre au courant. Pour la Compagnie, d'ailleurs, peu importe qu'il y ait deux titres : elle ne doit qu'à une personne déterminée, et, en cas de transport, au concessionnaire régulier de la créance qui ne peut agir que comme ayant cause de son cédant (Buchère ; *Traité des valeurs mobilières*, 2e édition, nos 467 et 922). Néanmoins, la Compagnie devra prudemment, pour avertir en tant que de besoin les tiers, relater dans le duplicata les circonstances qui ont motivé sa création et y mentionner le jugement qui en a prescrit la délivrance.

Mais si la police est à ordre, par conséquent transmissible par endossement, la Compagnie ne pourrait pas être tenue à délivrer un duplicata, même en vertu de décisions judiciaires enjoignant au titulaire du titre perdu de fournir une garantie suffisante pour assurer le remboursement intégral de sa valeur, dans le cas où le titre, régulièrement transmis par endossement, serait représenté par un tiers.

En effet, le titre peut se trouver entre les mains d'un tiers ; si ce tiers est de bonne foi, si, en acquérant la police même de celui qui l'a volée ou qui l'a revêtue d'un faux endossement, il n'a commis aucune faute lourde, il ne pourra pas être évincé par celui auquel la Compagnie aurait remis un duplicata, car l'art. 2279 est inapplicable en cette matière. Un débat s'engagerait donc entre les deux prétendant droit ; la Compagnie devrait payer celui qui aurait obtenu gain de cause (Lyon Caen et Renault : *Traité de droit commerc.*, T. IV, nos 130, 291, 321 ; Bravard-Veyrières et Demangeat : *Dr. commerc.*, T. III, p. 347, 353 à 859. Vainement la Compagnie opposerait au porteur du *primata* le jugement qui lui a enjoint de délivrer à l'assuré un *duplicata* ; il répondrait que ce jugement est vis-à-vis de lui *res inter alios acta*, que, porteur d'un titre à ordre, il n'est pas l'ayant cause du cédant, qu'il a un droit propre et indépendant contre la Compagnie. Cependant, la Compagnie pourrait être obligée d'exécuter également ces engagements vis-à-vis du porteur du *duplicata*, si ce nouveau titre avait circulé depuis sa délivrance et était arrivé entre les mains d'un tiers. La Compagnie refuserait donc avec raison de s'exposer à des risques de cette nature.

Il n'y a qu'un cas où la Compagnie pourrait être obligée de délivrer un duplicata d'une police à ordre dont le titulaire a été dépossédé ; c'est le cas, assurément fort rare (V. cependant. Trib. comm. Seine, 6 sept. 1864, *Journ. des assur.*, 65, 136), où l'assuré pourrait prouver, non plus seulement selon le mode organisé par l'art. 1348 C. Civ., mais d'une manière incontestable, que le titre a été détruit (Wahl : *Traité théor. et prat. des titres au porteur*, T. 91, nos 1223, 1224, 1226, 1235 ; Buchère : *Étude sur les titres au porteur perdus ou volés*, p. 67 à 71 et *Traité des valeurs mobilières*, 2e édit., no 1069 ; de Folleville : *De la possession des meubles*, no 467, p. 682).

La jurisprudence est conforme. Si par son jugement du 17 juin 1873 (Bonn. de Mars ; III, 172), le Tribunal civil de la Seine a condamné un assureur à remettre un duplicata, il a expliqué que ce duplicata ne devait servir

Ce qui prouve, d'autre part, que l'obligation de l'assureur persiste c'est que l'assureur ayant nettement déclaré que le capital ne serait versé que sur la production de la police, l'on a essayé de parer aux conséquences que doit entraîner la non présentation du titre lorsque la police est cessible par voie d'endossement [1], et que des Compagnies ont soit payé le capital assuré en échange d'une sûreté réelle ou personnelle que fournit le bénéficiaire pour garantir son obligation éventuelle de restituer [2], soit consenti à laisser intervenir un jugement d'accord déclarant, conformément aux conclusions du bénéficiaire, que la libération résultera d'un dépôt à la Caisse des dépôts et consignations, emploi devant être fait d'un titre de rente au porteur [3] sur l'État français à remettre au bénéficiaire ou à ses ayants droit après

que pour les transmissions de l'assurance et en réservant à la Compagnie le droit de faire valoir, à l'échéance, toutes les fins de non-recevoir et exceptions si le titre original n'était pas représenté. (Dans le même sens : Trib. civ. Seine, 22 janv. 1876, *Journ. des assur.*, 76, 119). L'arrêt de la Cour de Paris du 22 mai 1882 (*Journ. des assur.*, 82, 660) s'explique par des circonstances d'espèce. *Non obstat* le jugement du Tribunal civil de la Seine du 18 mai 1893 (*Journ. des assur.*, 93, 259, *Rev. périod. des assur.*, 93, 112) ; en effet, malgré des motifs divergents et assez peu justifiés, à vrai dire (*Rev. périod. des assur.*, 1893 ; *Bull. des assur.*, p. 63), le dispositif consacre en réalité la solution déjà adoptée.

1. La difficulté ne peut s'élever que pour ces polices, en ce sens que si la Compagnie s'acquittait sans aucune précaution elle serait exposée à payer deux fois.

2. Cette combinaison nous paraît offrir des difficultés réelles.

L'affectation à titre de gage de valeurs mobilières est onéreuse pour le bénéficiaire ; la prestation d'une caution est souvent difficile ; d'autre part, la Compagnie hésitera avec raison à accepter une caution dont il lui faudra surveiller la solvabilité pendant trente années. Quant à la constitution des hypothèques elle comporte aussi des inconvénients ; sans parler ni des craintes que peuvent inspirer les sûretés hypothécaires à raison de l'action résolutoire et des hypothèques occultes, ni des ennuis et des lenteurs qu'elles entraînent à raison des formalités nombreuses auxquelles sont soumises soit l'acquisition et la conservation du droit hypothécaire, soit la procédure en expropriation forcée, ni du danger que court le créancier ayant hypothèque sur un bâtiment, dans le cas où ce bâtiment ayant été incendié, l'assurance de ce bâtiment a été annulée à cause d'une déchéance encourue par le débiteur, sans parler de tous ces inconvénients, et de bien d'autres inhérents aux sûretés hypothécaires, il faut remarquer que si, au cours des trente années pendant lesquelles durera l'hypothèque, l'immeuble vient à être vendu, le prix sera attribué aux créanciers qui suivent la Compagnie d'assurances dont le droit n'est qu'éventuel. (Pont : *Privilèges et hypoth.*, T. II, n° 1378.) Il est vrai que ces créanciers seront tenus de rendre à la Compagnie la part qui lui reviendra dans le prix, si son droit vient plus tard à se réaliser. Mais comment cette obligation sera-t-elle garantie ? Il faudra sur ce point s'en rapporter à l'appréciation des tribunaux qui tantôt obligeront la Compagnie à se contenter d'une caution, tantôt ordonneront l'emploi de la somme. — Bailly : *op. cit.*, p. 204 et 205, note.

3. Parfois il a été soutenu que la Caisse devrait acheter soit un titre de rente au nom du bénéficiaire dépossédé, (Trib. civ. Seine, 26 mars 1879, *Bonn. de Mars.*, III, 236), soit un titre au porteur pour le compte du bénéficiaire dépossédé. Cette combinaison a été critiquée, (Bailly : *op. cit.*, p. 205, note 1) par le motif que si plus tard un tiers, porteur de la police, se présente, la Compagnie qui, alors, agira contre le bénéficiaire ne pourra soutenir que ce titre de rente est affecté exclusivement à sa créance, car elle n'a

un délai de trente années à partir du décès ou de l'échéance de la police.

Pour être retardée pendant une si longue période puisque l'assureur a incontestablement le droit de déclarer que la non production de la police empêchera de toucher[1], la perception du capital assuré n'en est pas moins certaine, sauf bien certainement le cas où la Compagnie aurait, de son côté, lieu de croire à sa libération.

Mais qu'arriverait-il, la créance contre l'assureur existant toujours, si le bénéficiaire d'une police endossable prouvait que la police a été détruite, perdue ou volée? pourrait-il demander une nouvelle police ou si le contrat est arrivé à échéance, le paiement du capital assuré?

Le bénéficiaire peut agir contre la Compagnie lorsque la destruction est prouvée, c'est-à-dire lorsqu'il a pu établir l'événement, incendie, inondation, etc., et la disparition de la police durant cet événement[3]. Comme il s'agit de faits matériels, tous les modes de preuve sont admissibles. Seulement il est essentiel que ces preuves rendent les faits certains, indiscutables.

Mais quand la police a été perdue, volée ou soustraite par une escroquerie ou bien par un abus de confiance, le porteur dépossédé sera sans droit contre la Compagnie, alors même qu'il pourrait faire la preuve, assurément fort difficile, de la perte, du vol, de la soustraction, de l'abus de confiance. En effet, si en cas de destruction prouvée la Compagnie peut être obligée de remettre une nouvelle police ou de payer le montant de l'assurance, c'est parce qu'elle n'a rien à risquer, le titre ne pouvant plus lui être présenté. En cas de perte ou de vol la police est, au contraire, restée dans le commerce; elle a pu être revêtue d'un endossement nominatif ou d'un endossement en blanc et arriver entre les mains d'un tiers de bonne foi qui fera valoir ses droits si, en l'acquérant même de celui qui a volé la police ou qui l'a revêtue d'un faux endossement, il n'a commis aucune faute lourde. Un débat s'engagera entre ce tiers porteur et le bénéficiaire qui prétend avoir perdu la police ou avoir été victime d'un vol, d'un abus de confiance. La Compagnie paiera celui qui aura obtenu gain de cause[4].

---

aucun privilège, et elle devra donc subir le concours des créanciers du bénéficiaire sur le produit de la vente du titre en supposant que ce titre puisse être saisi, ce qui est très douteux. — V. cependant Wahl, op. cit., et Cass., 2 juill. 1893, Gaz. des Trib., 4 et 21 juillet 1894.

1. Trib. Seine, 17 juin 1873, Journ. des assur., 73, 413; 11 avril 1876, ibid., 76, 218; 19 juin 1880, ibid., 80, 308, C. Genève, 7 sept. 1885, Sem. jud., 1885, p. 279; Couteau: op. cit. T. II. p. 261, Herbert: op. cit., p. 53, Ambrosetti: op. cit., p. 196

2. Comp. Wahl: op. cit., n° 1209 et suiv., 1222 et suiv., 1234 et suiv., Bailly: op. cit., p. 207 à 209.

3. Il faut prouver que la police était détenue par le demandeur, qu'elle existait dans l'immeuble ou dans l'objet mobilier détruit, qu'elle a été détruite en même temps que cet objet, et n'a été ni volée pendant l'organisation des secours, ni soustraite par un tiers.

4. Lyon-Caen et Renault: Traité de droit commerc., T. IV, n° 130, 294 et 321.

Donc la preuve de la perte ou du vol du double de la police, fût-elle faite, ne lèverait pas l'obstacle juridique qui s'oppose à ce que la Compagnie puisse être obligée de payer au porteur qui a été victime de cette perte ou de ce vol.

Il est à peine nécessaire de faire observer que bien que devant se libérer sur le vu de la police, la Compagnie, qui n'a aucune raison de supporter la bonne foi du bénéficiaire, peut verser le capital en l'absence du titre constatant l'existence, au titulaire d'une police pure et simple, non établie à ordre, par conséquent non endossable et payable au bénéficiaire désigné par la police et que la Compagnie ne court pas le risque de se voir opposer à ce paiement, s'il a été fait de bonne foi [1].

La Compagnie qui n'a reçu aucun avis de cession, aucune défense, opposition ou saisie-arrêt payera valablement au créancier désigné dans le titre, même si cette personne ne lui remet pas le titre. Seulement elle est en mesure de réclamer une quittance spéciale, d'exiger en particulier l'insertion d'une mention indiquant le motif pour lequel la police n'a pas été représentée (perte, vol, destruction), ainsi que l'engagement de remettre le titre s'il se retrouve, à l'effet d'empêcher une nouvelle réclamation de la somme [2].

Bravard-Veyrières et Demangeat, *Traité de droit commerc.*, T. III, p. 347, 354, 359.

1. Larombière : *Obligat.*, T. I, sur l'art. 1240, n° 4.

2. L'on a recommandé (Bailly : *op. cit.*, p. 167) de faire rédiger la quittance par un notaire qui en garderait minute, et qui, en cas de perte d'une première expédition, pourrait en délivrer une seconde, une troisième, etc. Mais ce procédé n'aurait-il pas pour conséquence d'imposer à l'assuré une dépense que rien ne justifie puisqu'un acte rédigé par un particulier aurait autant d'effet ?

CHAPITRE CINQUIÈME

ACTION PAULIENNE.

Il est de droit commun que les créanciers agissant en vertu de l'action Paulienne, dans les termes de l'art. 1167 C. Civ., peuvent faire rescinder les actes passés par leur débiteur en fraude de leurs droits.

Cette voie leur est-elle ouverte en matière d'assurance sur la vie et au regard de l'assureur [1]?

L'exercice de l'action Paulienne, nul ne l'ignore, est subordonné à la réunion de plusieurs conditions. Il faut non seulement que le débiteur soit insolvable, mais aussi que l'acte attaqué ait augmenté cette insolvabilité. Il importe, d'un autre côté, s'il s'agit d'un acte onéreux (et tel est le cas puisque entre l'assureur et l'assuré il y a un contrat à titre onéreux, l'un s'engageant à verser une somme à une date indiquée si l'autre acquitte jusque-là la prime annuelle) que le tiers qui a traité avec le débiteur ait compris qu'une fraude se commettait grâce à son intervention. Ces conditions sont de rigueur [2].

Tout d'abord on peut se demander comment les créanciers pourraient soutenir que le débiteur a, suivant la définition donnée, créé ou augmenté son insolvabilité en traitant avec une Compagnie d'assurances. La somme qui sera touchée par suite de la mort de l'assuré ne

1. Il est à reconnaître que si l'action Paulienne peut faire tomber le contrat, ce serait seulement à l'égard des créanciers et même des créanciers antérieurs à l'acte (Bruxelles, 12 juillet 1882, D. P. 83, 2, 107. — V. aussi Cass., 7 févr. 1872, D. P. 73, 1, 80) et nullement *ergà omnes*, à l'égard des parties contractantes. Cette remarque, a-t-il été dit (Rome : *op. cit.*, p. 170), ne manque pas d'intérêt : si l'insolvable d'aujourd'hui parvient à relever ses affaires, ou recueille une succession qui change sa situation de fortune, rien n'empêche que le contrat ainsi attaqué ne produise des effets *inter partes*, ou que la partie lésée n'obtienne réparation du préjudice qu'elle a souffert.

2. V. Marchal : *op. cit.*, p. 180.

provient pas du patrimoine de ce dernier; elle est fournie par la caisse d'une autre personne, la Compagnie d'assurances. Les auteurs qui semblent vouloir faire prédominer surtout les intérêts des créanciers paraissent bien le reconnaître [1]. Sans doute le débiteur a fourni les primes pour permettre au bénéficiaire de toucher le capital assuré ; mais quel reproche les créanciers sont-ils en mesure de lui adresser de ce chef lorsqu'il a prélevé la somme sur ses revenus, c'est-à-dire sur la fraction destinée à être dépensée et d'une autre façon [2] ? C'est aller contre la réalité des choses et méconnaître le droit de disposition quant aux revenus que de soutenir [3] que le stipulant épuise son actif par les primes et accroît le chiffre de son passif; c'est affirmer que le débiteur doit tout à ses créanciers, et qu'il ne lui est pas permis de rien distraire de ses ressources [4]. La prétention des créanciers pourrait, tout au plus, se comprendre s'il s'agissait d'une assurance effectuée au moyen d'une prime unique, considérable et sans aucun rapport avec les ressources.

Mais, et ceci semble absolument décisif, comment établir que l'assureur a été *particeps fraudis*, à moins de présumer sa complicité, ce qui serait aussi inique que contraire aux règles en matière de preuve [5].

Il n'est pas possible de dire que le représentant d'une Compagnie qui traite avec une personne munie de tous les documents nécessaires peut se rendre compte des motifs qui ont déterminé le proposant à souscrire une police. En admettant qu'il y ait une intention de fraude, elle sera toujours habilement déguisée. Aussi une entente coupable à imputer à la Compagnie ne peut ni se prouver, ni même exister, quoi qu'il ait pu être soutenu [6]. La doctrine [7] semble bien le

1. Rabatel : *De la nature de l'assurance sur la vie et de ses effets au décès de l'assuré*, p. 313.

2. La jurisprudence belge dénie aux créanciers le droit d'intenter l'action Paulienne non pas pour faire prononcer la résolution du contrat, mais pour obtenir le capital assuré. Bruxelles, 12 juillet 1882, D. P. 83, 2, 207; Trib. Bruxelles, 1er sept. 1882. *Journ. des assur.*, 83, 63.

En Suisse, on semble croire que l'action révocatoire ne peut être exercée que du chef des primes. — Berdez : *op. cit.*, p. 279.

3. Comp. Rome : *op. cit.*, p. 167; Rabatel : *op. cit.*, p. 313; Berdez : *op. cit.*, p. 283.

Il a été décidé (Bruxelles, 12 juill. 1882, D. P. 83, 2. 107) que le payement des primes depuis le moment où l'assuré est devenu insolvable n'a pas un caractère frauduleux quand la police a été souscrite au moment où il n'y avait pas encore insolvabilité.

4. Il peut fort bien arriver, par exemple, que la femme d'un insolvable ait des ressources personnelles soit par son travail, soit à la suite d'une libéralité la concernant seule, et qu'elle veuille fournir les fonds pour le service des primes. Il se peut aussi qu'un tiers, le bénéficiaire notamment, désire assurer le maintien du contrat en se chargeant du service des primes. En pareille circonstance, les créanciers ne sauraient dire que l'acquittement des primes a diminué le patrimoine de leur débiteur.

5. Les créanciers étant demandeurs, le fardeau de la preuve leur incombe.

6. Vivante : *op. cit.*, p. 220.

7. V. par exemple Taudière : *op. cit.*, p. 195; Béchade : *op. cit.*, p. 162; Typaldo Bassia : *op. cit.*, p. 188.

reconnaître puisqu'elle écarte l'application de l'art. 1167 en ce cas [1].

L'on ne saurait pas plus reconnaître, en principe, aux créanciers de l'assuré le droit de réclamer la révocation du contrat au regard du bénéficiaire.

D'abord, lorsque le contrat a le caractère d'un contrat à titre onéreux (et il est incontestable que dans certains cas particuliers, dans la réalité des faits l'assurance peut avoir ce caractère,) la solution ne saurait faire doute. Comment prétendre que le bénéficiaire qui se fait souscrire une police pour l'indemniser, par exemple, d'avances faites par lui, a participé à une fraude et comment soutenir que l'assuré a eu le tort de s'acquitter d'un engagement ?

Mais l'assurance peut, vis-à-vis du bénéficiaire constituer un acte à titre gratuit, une libéralité. Là encore on est en droit se demander comment l'assuré qui s'est fait promettre qu'à son décès une somme sera payée par un tiers à une autre personne a augmenté son insolvabilité. Ce que le législateur a en vue c'est évidemment un acte diminuant les biens d'un débiteur, gage de ses créanciers. Or, le capital assuré qui sera, en vertu de la police, attribué au bénéficiaire n'est pas un bien au sens strict du mot ; ce n'est pas le gage des créanciers du stipulant puisque ce capital n'a jamais été dans ses biens et, au contraire, a toujours appartenu *jure proprio* [2] au bénéficiaire [3].

D'un autre côté, peut-on sérieusement soutenir que dans tous les cas il y a de la part du stipulant intention de léser ses créanciers. Le père qui contracte une assurance au profit de ses enfants, le mari qui souscrit une police dans l'intérêt de sa femme ne s'acquittent-ils pas

1. On a parfois si bien reconnu l'impossibilité de l'exercice de l'action paulienne intentée conformément à l'art. 1167 que l'on a invité les créanciers à agir en vertu de l'art. 1166 et, au cas où aucun bénéficiaire n'a été désigné, à réclamer la valeur de rachat au lieu et place de leur débiteur. Rome : *op. cit.*, p. 171. Précédemment (V. T. III, p. 29 et suiv.), nous pensons avoir établi l'incapacité des créanciers de ce chef.

2. Les créanciers n'ont aucun intérêt à agir en cas d'assurance contractée au profit de tiers réellement indéterminés puisqu'en pareille circonstance la créance contre la Compagnie tombe dans le patrimoine, gage des créanciers.

3. Les auteurs enseignent en grande majorité que l'application de l'art. 1167 C. Civ., doit être écartée. Comp. Mornard : *op. cit.*, p. 312 et suiv.; Béchade : *op. cit.*, p. 162. Couteau : *op. cit.*, T. II, p. 114; Deslandres : *op. cit.*, p. 194 et suiv., 199, etc. — V. toutefois Claro : *Des assurances sur la vie entre époux.* Paris, 1893, p. 280. Rabatel : *op. cit.*, p. 313.

La jurisprudence belge incline dans ce sens. Elle refuse le droit d'action aux créanciers, en faisant exception pour le cas, non douteux à notre sens, où le payement des primes aurait réellement un caractère frauduleux. Bruxelles, 12 juillet 1882, D. P. 83, 2, 167 ; *Pas.*, 82, 2, 102.

C'est en vain qu'il serait allégué qu'en Belgique il existe un texte formel (l'art. 43 de la loi du 11 juin 1874) proclamant que la somme stipulée payable au décès de l'assuré appartient exclusivement à la personne désignée et n'a jamais fait partie des biens de l'assuré. En France les mêmes principes sont constants, bien que résultant non d'un texte, mais d'une jurisprudence qui est inti si entée aujourd'hui quant au droit propre du bénéficiaire, droit remontant au jour de la signature du contrat.

d'un devoir reconnu par la loi; par la morale? La fraude qui, d'un avis unanime [2], est un élément indispensable existe-t-elle nécessairement en pareille circonstance?

Enfin n'y aurait-il pas une contradiction à reconnaître aux créanciers le droit d'arguer vis-à-vis de la Compagnie de l'acte fait en fraude de leurs droits, de déclarer que l'acte est nul et, d'autre part, à admettre qu'ils ont le pouvoir de réclamer le profit de l'assurance? Il faut être logique, l'on ne saurait tout à la fois être fondé à faire annuler un contrat et à exiger l'exécution de ce contrat [3].

Dans tous les cas, si le patrimoine du stipulant a été diminué au préjudice des créanciers, c'est uniquement du montant des primes. C'est de cette somme seule que les créanciers pourraient demander compte [4]. Le but de l'action Paulienne est moins de faire tomber l'acte frauduleux que de restituer au patrimoine du débiteur, gage commun de ses créanciers, ce qui en est frauduleusement sorti. Seules, les primes sont sorties de ce patrimoine, seules elles doivent y rentrer [5]. Et encore l'on ne saurait l'affirmer d'une façon absolue.

1. Les partisans de l'exercice de l'action Paulienne sont bien obligés de refuser le droit d'agir aux créanciers lorsque la stipulation est destinée à assurer des ressources (Hémard : *op. cit.*, p. 169), ou bien lorsque la créance contre la Compagnie a été acquise par le tiers gratifié à la suite d'une opération ayant le caractère d'un acte à titre onéreux (Hubatel : *op. cit.*, p. 313).

2. Colmet de Santerre : *Dr. civ.*, T. V, n° 82 *bis*, IX ; Demolombe : *Obligat.*, T. II, n° 191 et suiv. ; Larombière : *Obligat.*, T. II, sur l'art. 1167, n° 5 ; Laurent : *Dr. civ.*, T. XVI, n°s 453-454 ; Dalloz : *Rép.*, Supplém., v° *Obligations*, n° 341.

3. Mornard : *op. cit.*, p. 317.
On peut se demander, d'ailleurs, comment des créanciers seraient en mesure de faire prononcer la rescision d'un contrat pareil. Il a un caractère éminemment personnel. Les créanciers ne sauraient pas plus faire supprimer le contrat intervenu en faveur d'un tiers, de la femme du souscripteur que révoquer une libéralité ; dans les deux cas, en effet, il faudrait substituer une volonté à celle de l'assuré, exercer un droit attaché à la personne.

4. V. dans ce sens, Trib. Bruxelles, 1er sept. 1882, *Journ. des assur.*, 83, 63. Comp. Mornard : *op. cit.*, p. 312.

5. Thaller : *op. cit.*, p. 194. Conf. Paris, 21 décembre 1880, D. P. 81, 1, 203.
Il convient d'observer que, par cet arrêt, la Cour de Paris a annulé un contrat d'assurance souscrit par une personne au profit de sa femme et de sa fille en laissant le bénéfice à sa succession. Comme l'a relevé M. Thaller (*op. cit.*, p. 195), c'est là une décision qui ne saurait être approuvée. Cet assuré eût-il donc souscrit cette police si ce n'était pour sa femme et sa fille? Il faut prendre les contrats tels qu'ils sont et les tenir pour valables ou les annuler tout entiers.
Au cas où l'action Paulienne pourra être intentée contre le cessionnaire d'un contrat, que devra-t-on restituer? L'un des auteurs qui admettent l'application de l'art. 1166 C. Civ. (Hubatel : *op. cit.*, p. 314) l'indique ainsi : l'étude du mécanisme des assurances apprend que le cédant transmettrait exactement la dernière prime annuelle payée avant la cession de la valeur de rachat du contrat au moment de la cession ; les créanciers peuvent donc se faire restituer ces deux valeurs et, en outre, toutes les primes qui ont pu être payées depuis la cession par le preneur d'assurances cédant ; ces principes ont été implicitement reconnus et appliqués par la Cour de Grenoble dans un arrêt du 2 février 1882 (P. 82, 577, arrêt sur renvoi de cassation, Cass., 17 août 1880, P. 82, 48).

Les primes sont, dans la grande majorité des cas, payées avec les revenus. Or, il est de la nature des revenus d'être dépensés surtout lorsqu'ils sont en rapport avec la situation de fortune. Les créanciers ne sont pas fondés à lui imposer un emploi. Somme toute, il faut constamment en revenir à cette idée : avec ses revenus l'assuré aurait pu faire toutes dépenses à son gré (*lautius vivere*); de quel droit, privés du droit de critiquer l'emploi pour des achats ou pour des opérations plus ou moins utiles, plus ou moins régulières même, mais dont il ne reste aucune trace, les créanciers pourraient-ils intervenir à l'égard d'une opération aussi morale que la souscription d'une assurance sur la vie? Si étendus que soient les droits du créancier, ils ne sauraient aller jusqu'à priver une personne de prendre sur son nécessaire, de restreindre ses dépenses légitimes à l'effet d'assurer le service des primes pour permettre à quelqu'un qui lui est cher d'obtenir, après le décès, des ressources particulières fournies par un tiers. Ce serait donc seulement en cas de primes excessives, sans rapport avec la situation pécuniaire que les créanciers pourraient intervenir[1].

D'autre part, M. Deslandres (*op. cit.*, p. 68 et 69) conclut que si l'action Paulienne est recevable, le contrat sera réputé n'avoir pas eu lieu, et les primes devront être restituées par la Compagnie au créancier qui a introduit l'action jusqu'à concurrence de sa créance, que la Compagnie pourra, de son côté, réclamer ce qu'elle a remboursé des primes qu'elle a reçues puisqu'elle doit conserver le prix des risques courus par elle, de plus que la Compagnie sera en mesure de refuser la continuation de l'assurance jusqu'au paiement de cet arriéré, mais que rien n'interdit à l'assuré de maintenir le contrat par le paiement des primes, l'opération n'en subsistant pas moins entre les deux parties.

1. Cette doctrine n'est que l'application de cette règle proclamée tant de fois par la jurisprudence qu'au cas où le profit de l'assurance doit être recueilli par le bénéficiaire, les créanciers du stipulant n'ont droit au remboursement de «primes que» suivant les cas », « *suivant les circonstances* ».

CHAPITRE SIXIÈME

Les obligations engendrées par le contrat d'assurance sur la vie peuvent s'éteindre par la prescription [1].

A cet égard il convient de distinguer la situation de l'assureur et celle de l'assuré [2].

[1]. En Belgique, avant la loi du 11 juin 1874 sur les assurances, l'art. 432 C. Comm. qui édicte la prescription de cinq ans pour les actions qui dérivent d'une police d'assurance n'étant applicable qu'en matière maritime, c'était la prescription de droit commun, c'est-à-dire celle de trente ans, qui devait être adoptée en matière d'assurance sur la vie. Ce délai parut trop long. Il fut réduit par la loi de 1874 (art. 32), à trois ans à compter de l'événement donnant ouverture à l'action. Ce délai de trois ans peut encore être réduit par la convention des parties. — Namur : *Code Comm. belge*, T. III, nº 1529; Turquin d'Almeida : *op. cit.*, p. 172.

Il a été jugé (Gand, 25 juill. 1896, *Journ. des assur.*, 97, 23) que l'art. 32 de la loi belge du 11 juin 1874 qui fixe à trois ans la prescription à compter de l'événement qui donnera ouverture à l'action est inapplicable à l'action en nullité du contrat basée sur le dol et la fraude mais qu'il faut, en ce cas, suivre la prescription de droit commun, c'est-à-dire celle de dix ans, instituée par l'art. 1304 C. Civ. et prenant cours à dater du jour où le dol est découvert.

L'art. 31 de la loi du 16 mai 1891, sur les assurances dans le Grand Duché de Luxembourg dispose que toute action dérivant d'une police d'assurance est prescrite après trois ans à compter de l'événement qui y donne ouverture.

En Espagne toutes les actions qui naissent du contrat d'assurance sur la vie sont soumises à la prescription du droit commun, c'est-à-dire de vingt ans.

Le projet rédigé par M. Roelli à la demande du Gouvernement suisse dispose (art. 45) que tout droit fondé sur le contrat d'assurance se prescrit par deux ans dès la date du fait qui donnait ouverture à ce droit, mais que sous réserve du droit pour l'assureur de fixer un délai pour la justification de son droit, le contrat ne peut soumettre les prétentions de l'ayant droit à des délais de déchéance plus courts que celui établi au précédent alinéa.

[2]. Nous n'ignorons pas que la prescription a moins pour effet d'éteindre les obligations que de les faire présumer éteintes, mais il n'est pas possible de faire abstraction de la prescription en présence des termes de l'art. 2219

L'obligation qui incombe à l'assureur consiste à payer la somme convenue lorsque se réalise l'événement prévu par la police. Cette obligation est tantôt à terme et tantôt conditionnelle. La prescription court dans les termes de l'art. 2257 C. Civ., c'est-à-dire à dater du jour où la condition s'est accomplie, où le terme est échu, c'est-à-dire de la mort de l'assuré.

C'est la prescription de droit commun qui est applicable, celle de trente ans. Il en est ainsi non pas seulement parce que l'opération est, par elle-même, un contrat civil [1], mais encore et surtout parce qu'il n'existe aucune disposition spéciale, le seul texte de nature à offrir quelque analogie, l'art. 432 C. Comm. étant inapplicable puisqu'il ne concerne que les assurances maritimes [2]. Dès lors, l'expiration de trente années comptées à partir du décès et l'assureur n'a pas versé le capital assuré et sauf, bien entendu le cas où il y aurait eu interruption, l'assureur pourra soutenir que son obligation est éteinte.

Un pareil laps de temps est de nature à créer pour une Compagnie d'assurances des difficultés très sérieuses. En effet, il la place dans la nécessité de conserver en caisse et par suite improductives des sommes assez fortes pour lui permettre de s'acquitter sans retard [3]. Aussi les Compagnies ont imaginé de limiter leurs engagements à une certaine durée. A cet effet elles insèrent toujours dans les polices une clause aux termes de laquelle la personne appelée à toucher le capital assuré doit, sous peine de déchéance, le réclamer dans un délai assez bref [4].

Une pareille disposition est parfaitement licite. Contestée autrefois [5], en vertu de l'art. 2220 C. Civ. auquel, soutenait-on, l'art. 1134 C.

C. Civ. et aussi parce que les polices déclarent dans certains cas qu'à la suite d'un certain laps de temps la partie est déchue.

1. Comp. la juste observation de M. Bailly : *Assurances sur la vie; de la transmission du bénéfice du contrat*, Paris, 1894, p. 202, note.

2. Paris, 11 déc. 1854, D. P. 55, 5, 31. D'ailleurs, l'application de cet article est manifestement impossible : dire qu'après cinq ans, date du contrat, l'obligation de l'assureur serait éteinte, ce serait en réalité abolir les contrats d'assurance sur la vie. — Hémar : *op. cit.*, p. 172.

3. D'un autre côté, comme l'observe M. Ruben de Couder (*loc. cit.*, v° *Assur. sur la vie*, n° 143), il serait matériellement impossible aux Compagnies de produire une comptabilité régulière pour le cas où l'on voudrait élever, après quinze ou vingt ans, une réclamation qui n'aurait pas été admise.

4. Des Compagnies ont édicté parfois un délai de trois ans, d'autres celui d'un an.

Voici ce qu'on lit dans les nouvelles polices : *Le décès de l'assuré doit être notifié à la Compagnie par les ayants droit au bénéfice de l'assurance dans un délai de trois mois à compter de la date de ce décès.*

Ce délai est porté à six mois pour l'assuré décédé au cours d'un voyage par terre ou par mer et d'un séjour hors des limites et en dehors des contrées prévues par la police.

Les sommes dues par la Compagnie sont payées au siège social dans les trente jours de la remise de la police et des pièces justificatives...

5. Paris, 19 déc. 1849, S. 50, 2, 42.

Civ. ne saurait déroger [1], la validité n'est plus douteuse maintenant [2].

Si la prescription conventionnelle et le délai indiqué dans la police sont valables, lorsque le contrat ne contient aucune clause à ce sujet la prescription applicable est celle de trente ans [3]. La circonstance que le bénéficiaire ne peut fournir les pièces justificatives et notamment la police qui aurait été perdue, détruite, soustraite ne libère pas la Compagnie. Seulement la déclaration qu'une police susceptible d'endossement a été égarée pouvant amener l'assureur à payer deux fois, il lui est loisible de prendre toutes les précautions et notamment de déposer le montant de la somme à la Caisse des Dépôts et Consignations, en reconnaissant au bénéficiaire le droit de retirer cette somme à l'expiration des délais de prescription, c'est-à-dire après trente années [4] à dater du décès de l'assuré, sauf bien entendu

1. Ce système ramènerait à cette proposition : si la convention fait la loi des parties, ce n'est qu'autant que les parties ne dérogent pas à des dispositions d'ordre public, or, l'art. 2220 qui interdit de renoncer à une prescription a ce caractère. La prescription repose sur la présomption que le débiteur a été libéré mais qu'il a perdu la preuve de cette libération. De même qu'il n'est pas permis d'y renoncer, il ne saurait être permis d'en rapprocher l'époque et de reconnaître que le débiteur sera présumé être libéré et présumé en l'avoir perdu la preuve de sa libération.

Il y a là une confusion. Cet article 2220 défend bien de renoncer par avance à une prescription non acquise, mais il ne s'agit point d'une renonciation à la prescription. L'assureur seul pourrait, dans le cas dont il s'agit, opposer la prescription et ce qu'il y a renoncé en stipulant formellement que le paiement ne pourrait lui être réclamé que pendant un court délai ? c'est tout le contraire. Donc l'art. 2220 n'a rien à faire.

D'autre part, a-t-il été dit (Rome : *op. cit.*, p. 178), pour que cet article fût applicable, il faudrait supposer que l'assureur eût dit qu'*on pourrait lui réclamer à toute époque, quarante, cinquante ans, etc., après la date de l'exigibilité*, le paiement de la somme convenue, sans qu'il pût opposer d'autre exception que celle du paiement, de la compensation, etc. Tel est le sens de l'art. 2220 mais c'est tout simplement l'hypothèse renversée.

2. Cass. 25 juill. 1863, D. P. 63, 1, 17. S. 64, 1, 892.

Antérieurement, la Cour de Nancy n'avait pas hésité à reconnaître la validité de la clause par le motif, notamment, que la durée de l'exigibilité d'un droit est susceptible d'être réglée par la même convention qui lui a donné l'existence (Nancy, 25 juillet 1851, S. 51, 2, 573, D. P. 52, 2, 67).

V. dans le sens de cette doctrine : Quénault : *op. cit.*, p. 181 ; Grün et Joliat : *op. cit.*, p. 401 ; Alauzet : *Assur.*, T. II, n° 541 ; Persil : *op. cit.*, n° 254 ; Bourdoncle-Piré : *op. cit.*, p. 415 ; Merger : *op. cit.*, p. 174 ; Vibert : *op. cit.*, p. 114 et 115 ; Ruben de Couder : *op. cit.*, V° *Assur. sur la vie*, n° 143 ; Tessier : *op. cit.*, p. 219 ; Rome : *op. cit.*, p. 177 et 178 ; Palluot : *loc. cit.*, p. 56 ; Grün : Note, *Journ. des assur.*, 1873, p. 417.

3. Grün et Joliat : *op. cit.*, p. 421 ; Alauzet : *Assur.*, T. II, n° 558 ; Sébire et Carteret : *Encyclop. du dr.*, V° *Contrat d'assur. sur la vie*, n° 54 ; de Follenville : *op. cit.*, p. 345.

4. Invoquant la ressemblance qui existerait entre la police susceptible d'endossement et un billet à ordre ou une lettre de change l'on a enseigné parfois qu'il fallait appliquer l'art. 189 C. Comm. et, dès lors, reconnaître qu'un délai de cinq années suffit.

Bien que pour avoir s'inspirer de l'opinion d'Emérigon (*Traité des Assur.*, ch. II, sect. 6), cette opinion brillamment défendue jadis (Chais-d'Est-Ange : *Gaz. des Trib.*, 21 décembr. 1851, n'a point prévalu (Trib. civ. Seine, 17 juin 1873, *Journ. des assur.*, 73, 414. — Comp. aussi notre *Traité*, T. II, p. 15, note 2.)

à l'assureur et à l'assuré de restreindre le délai par une disposition spéciale [1].

Seulement la Caisse des dépôts et consignations est tenue de faire emploi de ce capital en une rente sur l'État 3 %, de manière que les arrérages de cette rente puissent être touchés, sous réserve d'une caution à fournir à la même Caisse à l'effet de garantir les cinq premières années d'arrérages [2].

C'est avec raison. Il est impossible d'assimiler le contrat d'assurance au contrat de change. L'identité du mode de transmission n'a aucunement pour conséquence l'identité des deux titres. L'essence ne saurait être modifiée par une facilité de transmission empruntée à un contrat. L'assurance sur la vie n'a aucun des caractères d'une opération commerciale et les tribunaux civils ont toujours été reconnus compétents pour juger les contestations auxquelles elle pourrait donner lieu. Enfin, comment appliquer aux polices d'assurance cet article 189 qui fait partir les délais de la prescription du jour du protêt ou de la dernière poursuite judiciaire? En appliquant aux polices l'art. 189, on assimile deux contrats qui n'ont ni la même nature, ni les mêmes caractères, qui ne peuvent être interprétés par les mêmes juges, et on assimile deux prescriptions qui ne peuvent, dans la réalité même des choses, avoir leur point de départ identique.

De plus, c'est méconnaître ce principe fondamental que les exceptions ne sauraient être étendues. L'art. 189 constitue une disposition dérogatoire au droit commun, il restreint la durée de la prescription commune; en outre, il ne vise que certains actes, expressément les billets à ordre et les lettres de change. Il faut ajouter que la portée restreinte de l'art. 189 a été reconnue de longue date (Cass., 13 mars 1828; Cass., 4 déc. 1837).

Un second système (Quéruel, *op. cit.*, p. 190, etc.) soutient qu'il faut dire que la prescription à éditer est celle de cinq années dont parle l'art. 332 C. Comm. pour les assurances maritimes.

Cette argumentation n'est pas fondée.

Les prescriptions et les déchéances sont des dispositions d'un caractère arbitraire et de droit rigoureux; elles ne peuvent résulter que d'une disposition formelle, et ne sont pas susceptibles d'être étendues, par voie d'analogie, d'un cas à un autre. Assurément il existe une similitude, « une sorte de parenté » entre les assurances maritimes et les assurances terrestres, mais on rencontre aussi des différences caractéristiques non seulement au point de vue de la compétence mais encore et surtout à l'égard du point de départ. L'art. 432 C. Comm. fait courir, par exemple, la prescription à compter du contrat; cette règle ne peut recevoir application lorsqu'il s'agit d'assurance sur la vie puisque l'indemnité étant due à raison du décès de l'assuré, c'est uniquement à partir de cet événement que peut courir la prescription.

En l'absence d'une loi spéciale c'est le droit commun qui doit être appliqué. La prescription est la prescription trentenaire édictée par l'art. 2262 C. Civ., et le point de départ est celui fixé par l'art. 2257. — Sic, Paris, 13 déc. 1851, D. P. 55, 5, 34; Trib. civ. Seine, 17 juin 1873, *Journ. des assur.*, 73, 413; Trib. civ. Seine, 11 août 1876, *ibid.*, 78, 103; G. Grun : Note, *Journ. des assur.*, 1873, p. 413, etc.

1. L'on a insisté sur les mérites d'une restriction au droit commun en faisant observer que le contrat de l'assurance est plus rapidement exposé à la disparition. On a fait valoir aussi que si le délai d'un an serait trop court et aurait des inconvénients pour l'assurance susceptible d'endossement, le délai de cinq ans à dater du décès de l'assuré serait suffisant. — Grun : Note, *Journ. des assur.*, 1873, p. 417; M. Dalode, de son côté, (*Journ. des assur.*, 1873, p. 223), a proposé un laps de trois années. — Comp. Vouzanges : *Monit. des assur.*, 1880, p. 345.

2. Paris, 13 décembre 1851, D. P. 55, 5, 34; Trib. civ. Seine, 11 août 1876, *Journ. des assur.*, 78, 103; Trib. civ. Seine, 26 mars 1879, *ibid.*, 79, 218; Trib.

Si la prescription peut, de droit commun, être suspendue ou interrompue au cas où l'assureur a fixé, à peine de déchéance, un délai pour réclamer le montant du capital assuré, il ne saurait être question ni de suspension, ni d'interruption ; en effet il ne s'agit plus de prescription. Lorsque le bénéficiaire du contrat a laissé écouler le laps de temps qui lui était imparti, il est forclos, moins en vertu de la prescription que par suite de la convention elle-même [1].

À l'égard de l'assureur l'assuré qui entend maintenir le contrat doit non seulement avoir mis la Compagnie à même d'apprécier le risque, mais aussi acquitter la prime [2].

Le contrat d'assurance étant basé sur les déclarations du contractant, lorsque ce dernier a commis une réticence ou fausse déclaration, la nullité est encourue au profit de la Compagnie. Mais cette dernière peut être privée du droit de se prévaloir de cette cause de nullité d'abord par la prescription du droit commun (art. 1304 C. Civ.), lorsqu'il aura couru un délai de dix ans du jour de la découverte du dol ou de l'erreur, puis par une prescription conventionnelle. En effet, dans ces derniers temps plusieurs Compagnies ont inséré dans la police une clause aux termes de laquelle elles renonçaient au droit de se prévaloir de la réticence après un délai de cinq années entières écoulées depuis la souscription de l'assurance [3].

civ. Seine, 18 juin 1880, *Journ. des assur.*, 50, 308 ; Trib. civ. Seine, 12 févr. 1881, Bonnes. de M... III, 266.

1. Bonne : *op. cit.*, p. 179.

2. Des auteurs (Bonne : *op. cit.*, p. 173, et suiv. ; Thaller : *op. cit.*, p. 218 et 219), ont distingué dans l'obligation de l'assuré vis-à-vis de l'assureur deux choses : l'obligation en elle-même et l'obligation de payer les primes échues et ils ont contenu que le laps de temps nécessaire pour la prescription n'était pas le même pour toutes deux.

Pour se libérer complètement, pour le présent et pour l'avenir, de l'obligation de payer les primes, dit-on, le stipulant doit rester trente ans sans faire aucun payement, en sorte tant il qu'aucune interruption ou suspension de prescription ne survienne dans le délai. Comme il détient les quittances en cas de payement des primes il paraîtrait au premier abord et, quoi qu'il ait pu être dit (Merger : *op. cit.*, p. 172), prudent de la part de l'assureur d'exiger de lui un nouveau titre après 28 ans (art. 2263a) ; mais son intérêt même lorsqu'il a si longtemps payé les primes garantit qu'il continuera à les payer. Il ne s'agit que du cas où le stipulant a exactement payé les primes, on chercherait en vain une Compagnie d'assurances où le défaut de payement pendant un délai beaucoup plus court n'ait pour effet de résilier le contrat.

Pour libérer le stipulant du payement des primes échues il n'est pas besoin d'un délai de trente ans ; le délai de cinq ans suffit en principe s'il s'agit de primes annuelles ou payables à des termes périodiques plus courts (art. 2277 C. Civ).

Les partisans de cette doctrine reconnaissent que les stipulations des polices empêcheront le plus souvent l'application de ces principes.

3. Après avoir reproduit les mentions habituelles sur le caractère obligatoire des déclarations, soit du contractant, soit du tiers assuré et édicté la nullité lorsque les réticences, fausses déclarations sont de nature à diminuer l'opinion du risque ou à en changer le sujet avec médiation du droit pour la Compagnie de conserver les primes acquises, ces polices ajoutent : *Toutefois, après cinq années entières écoulées depuis la souscription de l'assurance les dispositions ci-dessus ne pourront plus être invoquées par la Compagnie.*

Les polices stipulent toujours qu'à défaut de paiement de la prime dans le court délai qui est imparti, le contrat se trouve résilié de plein droit. Au cas où, par impossible, cette clause n'existerait point ou bien au cas où un assureur ne voudrait pas s'en prévaloir, quelle prescription pourrait être invoquée par l'assuré qui, sans se prétendre libéré de l'engagement qu'il a souscrit, chercherait à refuser le paiement d'une partie des primes dont le versement ne lui aurait pas été réclamé ?

Si l'on a soutenu parfois que l'assuré pourrait, en semblable occurrence, exciper de la prescription de cinq ans, la prime ayant le caractère d'annuités et l'art. 2277 C. Civ. réservant la prescription de cinq ans pour tout ce qui est payable par année ou à des termes plus courts [1], cette opinion n'a point prévalu [2]. Assurément, la prime d'assurance sur la vie peut être payable non pas en une fois mais en plusieurs, chaque année, même tous les six mois ou tous les trois mois ; néanmoins ce fractionnement n'est, en réalité, qu'une simple modalité de la prime ; il n'est pas de l'essence du contrat d'assurance sur la vie, la prime exigible de l'assuré pouvant fort bien consister en une prestation unique, en une somme payée une fois pour toutes. Or, l'art. 2277 C. Civ. ne concerne manifestement que tout ce qui, de son essence même, est payable à des termes courts, tout ce qui peut ressembler à un revenu ; ce sont les sommes sur lesquelles on compte pour acquitter les dépenses quotidiennes. La disposition du Code Civil dont s'agit est basée sur la présomption que le créancier ne négligera pas de les recouvrer durant cinq années. Il n'en saurait être de même pour un établissement comme une Compagnie d'assurances qui ne vit pas au jour le jour du produit des primes encaissées par elle [3].

---

1. Romme : *op. cit.*, p. 175 ; Tissier : *op. cit.*, p. 219 ; Blondel : *op. cit.*, p. 161 ; de Folleville : *op. cit.*, p. 209. V. aussi Hecht : *La prime et la cotisation dans l'assurance*, Paris, 1899, p. 163.

2. Paris, 13 déc. 1851. P. 52, 567 ; Grün et Joliat : *op. cit.*, n° 241 ; Alauzet, *Assur.*, T. II, n° 598 ; Dalloz : *Rép.*, v° *Assur. Terr.*, n° 341 ; Sebire et Carteret, *Encyclopéd. du dr.*, v° *Contrat d'assur. sur la vie*, n° 54 ; Merger : *op. cit.*, p. 171 ; Agnel : *op. cit.*, n° 342 ; Moulhac : *op. cit.*, p. 228 et 229 ; Ruben de Couder : *op. cit.*, v° *Assur. sur la vie*, n° 141.

3. En passant, il convient de rappeler ce qui se rapporte à la prescription pour deux formes d'assurances en cas de vie : la rente viagère immédiate et la rente viagère différée.

On admet, par application des art. 2262, 2263, 2277 C. Civ., mais sauf convention contraire, que l'obligation de payer la rente est soumise à la prescription de droit commun, celle de trente années à partir de la date du titre ou plutôt de l'exigibilité de la rente, sauf cause légitime de suspension ou d'interruption, et que les arrérages se prescrivent par cinq années, mais aussi que le paiement de la rente viagère différée étant stipulée sous la condition suspensive de l'existence de l'assuré à une époque déterminée, ce n'est qu'à partir de cette époque, que peut recommencer à courir la prescription soit des arrérages soit du fonds même de cette rente viagère différée. — Merger : *op. cit.*, p. 217 et 231.

HUITIÈME PARTIE

COMPÉTENCE ET PROCÉDURE

Dans le langage juridique, le mot compétence désigne le pouvoir que le législateur donne au juge d'exercer ses fonctions dans les limites qu'il détermine.

On distingue la compétence *ratione materiæ*, compétence réelle, absolue ou d'attribution, c'est-à-dire le droit qui appartient à un ordre de juridiction de prononcer sur des litiges d'une nature déterminée à l'exclusion de tout autre ordre de juridiction, et la compétence *ratione personæ* ou compétence *personnelle*, relative, ou territoriale, en d'autres termes le droit qui revient à certains tribunaux de régler une affaire de préférence à un autre juge du même ordre.

L'incompétence, c'est le défaut de pouvoir du juge à l'effet de mettre un terme au différend.

L'incompétence est *matérielle* ou *absolue* lorsque le plaideur veut saisir de son affaire un juge alors que la loi a attribué la connaissance de contestations de ce genre à des tribunaux d'un ordre déterminé, lorsque la cause est, par sa nature, hors des attributions du tribunal. C'est ainsi que la juridiction administrative et la juridiction criminelle sont sans qualité pour mettre un terme à des litiges dans lesquels l'intérêt privé est seul en jeu. Au contraire, l'incompétence est *personnelle* ou *relative* lorsqu'il s'agit d'un débat porté à un tribunal qui, bien que compétent à raison de la nature même de l'affaire, ne peut prononcer parce que les parties ne sont point domiciliées dans son ressort.

CHAPITRE PREMIER

COMPÉTENCE D'ATTRIBUTION POUR LES COMPAGNIES FRANÇAISES

Les contestations qui risquent de s'élever à l'occasion d'opérations d'assurances sur la vie peuvent être soumises, suivant les cas, à la justice de paix, au tribunal civil de première instance ou au tribunal de commerce, à la Cour d'appel et à la Cour de Cassation [1].

1. Au début, le contrat d'assurance attribuait à des arbitres le droit de statuer sur les difficultés qui pourraient diviser la Compagnie et l'assuré ou ses ayants droit. Les polices contenaient, par exemple, cette clause : « *Toute contestation entre la Compagnie et l'assuré ou ses ayants droit sur l'exécution du présent contrat est jugée par trois arbitres choisis l'un par la Compagnie, l'autre par l'assuré ou ses ayants droit et le troisième par les deux arbitres réunis. Les trois arbitres prononcent à la majorité des voix. Ils sont dispensés de toute formalité judiciaire.* »

On reconnaîtrait que la compétence des arbitres était limitée par le contrat lui-même qui établissait l'arbitrage. C'était une clause compromissoire; elle pouvait avoir son importance. Aussi des auteurs avaient-ils tiré sur son maintien, la question de validité n'étant pas douteuse.

Mais par la suite, la jurisprudence (surtout en matière d'assurance contre l'incendie) a réputé cette clause irrégulière. (Notamment Paris, 3 juill. 1854, Dalloz, *Rép.*, v° *Compromis*, n° 228, Cass., 7 mars 1838, S. 38, 1. 996, Appel *op. cit.*, n° 252 ; Robert de Condes : *op. cit.*, v° *Assur. terr.*, n° 186). Ainsi la clause a disparu d'une façon complète. D'ailleurs, elle était de toute façon sans valeur à l'égard des tiers ; elle établissait une juridiction exceptionnelle à laquelle les tiers ne pouvaient pas être forcés de se soumettre, en l'absence du consentement des parties ou de leurs auteurs. — Herbault : *op. cit.*, p. 271.

Seulement de ce que la clause dont s'agit ne saurait, dans l'état de la jurisprudence, être validée, il ne s'en suit pas qu'il y ait interdiction de soumettre un litige expressément indiqué à un arbitrage. Ce mode de solution, à la condition d'être conforme aux prescriptions des art. 1003 et 1028 C. P. C., est parfaitement licite. Ce qui est interdit, c'est l'arbitrage édicté à l'avance sans indication de l'objet du litige et des noms des arbitres (just. de paix du IVe arr. de Paris, 9 mars 1891, *Journ. des assur.*, 94, 499), mais rien que celui-là ; il n'a jamais été interdit à un assureur qui est en contestation avec un assuré de convenir que la difficulté actuelle ne sera pas soumise aux tribunaux, et qu'elle sera réglée par des arbitres. — V. à titre d'exemple, Caen, 24 novemb. 1891, *Le Droit*, 4 déc. 1891.

§ 4. Justice de paix.

Le juge de paix connaît de toutes actions purement personnelles et mobilières, en dernier ressort jusqu'à la valeur de cent francs, et à charge d'appel jusqu'à la valeur de deux cents francs. Ce magistrat ne doit statuer que lorsqu'il peut trancher le débat sans engager soit pour le passé, soit pour l'avenir un intérêt supérieur aux limites de sa compétence[1]. C'est donc presque exclusivement en matière de demandes en paiement de primes inférieures que le juge de paix est compétent.

Actionné devant le juge de paix en paiement de la prime, l'assuré peut faire valoir différents moyens.

D'abord, il lui est possible de prétendre que l'assureur donne une mauvaise interprétation de la police. En second lieu, il lui est loisible de soutenir que cette police est nulle ou que le contrat est résolu. Enfin il peut mettre en doute l'existence de la police ou encore arguer de ce que la Compagnie n'a pas la capacité juridique nécessaire pour le poursuivre.

Avec une clarté plus ou moins douteuse, tant les nuances sont difficiles à saisir, la jurisprudence distingue.

Au cas où l'assuré se borne à opposer à l'action dirigée contre lui un simple moyen de défense, s'il soutient, par exemple, que la police est résiliée sans que ce fait de résiliation soit nié par l'assureur, le juge de paix est compétent pour statuer sur les causes de la résiliation, le juge de l'action étant le juge de l'exception. Mais il faut que la question de validité soit soumise uniquement comme moyen de défense et non comme demande principale ou reconventionnelle[2].

Si les conclusions de l'assuré invoquant la résiliation de la police

1. Est-il permis aux parties de proroger la compétence du juge de paix, pour une question spéciale ?

Il a été décidé que le tribunal ne saurait annuler comme incompétemment rendue, la sentence d'un juge de paix condamnant un assuré à payer pour cotisation une somme de 48 fr. 70 c., par le motif que la prorogation contractuelle de juridiction consentie par les parties n'était pas valable, « le litige étant à naître et les parties ne s'étant pas présentées d'accord devant le juge de paix, » alors que la clause litigieuse de la police répondait à toutes les exigences de la loi par la déclaration ainsi conçue de l'assuré : « Je consens à ce que les contestations relatives au paiement des cotisations soient jugées en dernier ressort, quelle que soit l'importance du litige, par le juge de paix du siège de la société. » Cass., 4 décemb. 1889, Gaz. des Trib., 6 décemb. 1889.

2. Cass., 12 juin 1860, P. 61,887, Cass., 22 juill. 1861, S. 61, 1,951, D. P. 61,1,306 ; Cass., 27 avril 1875, S. 75,1,273, D.P. 75,1,421, Trib. Lyon, 30 août 1882, Journ. des assur., 82, 312 ; Cass., 15 mai 1855, S. 65,1,419, Cass., 18 décemb. 1851, Journ. des assur., 94,191, et Rev. périod. des assur., 94, 625 ; Trib. civ. Lyon, 22 févr. 1891, Rev. périod. des assur., 94, 620.

On sait que la question de nullité ne sera pas tranchée dans le dispositif du jugement ; il n'y aura donc pas à cet égard chose jugée. V. Petiton : Note, D.P. 89,1,411.

sont de nature à être considérées comme emportant une demande reconventionnelle, le juge de paix est incompétent [1]. Ce magistrat est sans pouvoir soit pour prononcer sur une exception mettant en question l'existence même de la police [2], pour dire si le contrat n'a pas pris fin, notamment à la suite d'une cession de portefeuille [3], soit pour interpréter le contrat, même si le chiffre du litige est modique [4].

Les affaires commerciales étant exclues de la juridiction des tribunaux de paix, lorsque le contrat d'assurance a un caractère commercial le juge de paix est sans qualité pour connaître des contestations quand bien même la valeur du litige serait inférieure à deux cents francs.

§ 2. Tribunal civil et Tribunal de commerce.

A — *Notions générales.*

La compétence du juge varie avec la nature juridique de l'opération qui a donné lieu au litige. Pour déterminer qui, en matière d'assurance sur la vie, a le droit de statuer sur les différends, du tribunal civil ou du tribunal de commerce, il importe de préciser le caractère du contrat.

Au point de vue du fonctionnement, on distingue l'assurance mu-

---

1. Cass., 16 août 1843, S. 43,1,863 : 25 févr. 1867, S. 67,1,97 ; D. P. 67,1,79 ; Trib. Seine, 22 mars 1876, Bonnev. de Mars., III, 210 : Cass., 9 févr. 1880, D.P. 81,1,206 ; Lyon, 26 décemb. 1887, *Journ. des assur.*, 88.262. V. auss. Cass., 10 décemb. 1888, D.P. 89,1,441 et la note de M. Petiton ; Cass., 4 mars 1891, D. P. 91,1,291.

Décidé cependant que le juge de paix était dans ces conditions compétent, malgré les conclusions à fin de nullité de la police, si la demande reconventionnelle ne pouvait se justifier et n'était opposée que dans le but évident d'échapper à la compétence du juge de paix. Paris, 12 janvier 1887, *Journ. des assur.*, 88,87.

Herbault a envisagé l'hypothèse où, après une signification de l'assuré qu'il entendait user de la faculté de rachat, la Compagnie, sans avoir égard à cette signification, ayant assigné l'assuré devant le juge de paix en paiement d'une prime de 200 fr., l'assuré conclut à ce que la Compagnie soit déboutée de sa demande et forme une demande reconventionnelle ayant pour but de lui faire donner acte de la résiliation mais se voit opposer par la Compagnie que l'exercice du droit de rachat n'est pas possible, la police n'ayant pas duré le t.mps nécessaire pour l'autoriser. En pareille circonstance, dit Herbault (op. cit., p. 273), le juge de paix devra appliquer l'art. 8 de la loi du 25 mai 1838 : il pourra, ou bien statuer sur la demande en paiement, ou bien renvoyer les parties à se pourvoir pour le tout, devant le tribunal civil de l'arrondissement. — Comp. Cass., 25 févr. 1867, S. 67, 1, 97 ; D.P. 67,1,79.

2. Trib. Seine, 26 févr. 1873, *Journ. des assur.*, 73.257.

La solution serait identique si c'était la validité même de la Société qui était mise en question. — Trib. Épinal, 28 mars 1856, *Journ. des assur.*, 56.163 : Trib. paix. Paris, 16 juin 1874, *Journ. des assur.*, 74,190.

3. Trib. Seine, 22 mars 1876, Bonnev. de Mars., III, 210.

4. Trib. Civ. Seine, 26 févr. 1873, *Journ. des assur.*, 73,257. Trib. civ. Seine, 14 janv. 1874, Bonnev. de Mars., III, 181.

tuelle et l'assurance à prime fixe. L'assurance mutuelle dont il sera parlé plus loin avec les détails nécessaires, n'est jamais un acte de commerce sauf circonstances tout à fait exceptionnelles [1] : le contrat d'assurance souscrit avec une mutuelle est civil [2] tant à l'égard de la Compagnie qu'à l'égard de l'assuré. Les personnes dont l'ensemble constitue la Société ne font ni une entreprise, ni une spéculation ; elles cherchent non à réaliser un bénéfice mais à réduire les pertes qu'elles pourraient éprouver en cas de réalisation de certains risques ; elles ne tendent qu'à se procurer réciproquement la juste indemnité de leurs pertes. Or, ce qui caractérise l'acte commercial c'est l'idée de spéculation [3].

Lorsqu'il s'agit d'opérations faites par une Compagnie à primes fixes, il y a lieu de distinguer suivant le point de vue auquel on se place.

De même que l'assurance contre l'incendie, l'assurance sur la vie constitue un acte commercial de la part de l'assureur [4]. Le but de la

1. Tel serait le cas où l'assurance aurait été contractée par un commerçant spécialement pour les besoins de son commerce, par exemple pour parer à l'insolvabilité qui pourrait résulter du décès de débiteur. — V. Lyon-Caen et Renault : *Traité de dr. commerc.*, T. 1, p. 143.

2. Mais à raison de son caractère et non à raison de ce fait que les sociétés d'assurances mutuelles sont des sociétés civiles. M. Guillouard a doctement établi, en effet, (*Traité du Contrat de Société*, Paris, 1891, p. 153) que l'élément essentiel à l'existence de toute société, l'intention de faire un bénéfice, manque dans ces associations.

3. Tout en contestant le *criterium* fourni par l'idée de spéculation, M. Thaller (*Étude sur les actes de commerce*, [*Annales de Dr. commerc.*, août 1895, p. 177,]) ne méconnaît pas le caractère civil ; il reconnaît que l'on se trouve, avec une mutuelle, en présence non pas d'une circulation d'argent ou à plus forte raison de produits, mais seulement d'une simple attribution du fonds de contribution à ceux des sociétaires dont le risque s'est réalisé et il en conclut qu'il n'y a rien là qui soit de nature commerciale.

Le caractère civil est unanimement reconnu. V. à titre d'exemple : Herbault : *op. cit.*, p. 275 ; Clément : *Assur. mut.*, p. 50 ; Lyon-Caen et Renault : *Traité de dr. comm.*, T. 1, p. 143.

Il en est de même à l'étranger. V. Trib. de l'Emp. d'Allem., 13 novemb. 1885, *Entscheidung. d. Reichsger. in civilsach.* XIV, 233 et *Journ. du Dr. int. priv.*, 87, 342).

Il n'est que juste d'ajouter que la circonstance qu'une assurance à prime fixe serait conclue par une mutuelle, modifierait la nature de l'acte et lui donnerait le caractère commercial. — Cass., 8 nov. 1892, *Rev. des Sociét.*, 93, 179. Conf. Cass., 23 oct. 1889, *ibid*, 72 ; Cass., 22 décemb. 1891, *ibid*, 92, 181.

4. Ruben de Couder : *op. cit.*, v° *Assur. sur la vie*, n° 9 ; Vibert : *op. cit.*, p. 46 ; Herbault : *op. cit.*, p. 256 ; Couteau : *op. cit.*, T. II, p. 50 ; Mornard : *op. cit.* p. 92 ; Lefebvre : Note S, 86, 2.201.

Cass., 16 juill. 1872, S. 72. 1, 277 ; D. P. 73, 1, 97 ; Rennes, 26 juill. 1884, S. 86, 2, 201 ; Trib. civ. Genève, 13 janv. 1843, S. 83, 4, 31 ; Trib. civ. Genève, 25 avril 1883, S. 83, 4, 8 ; C. supér. de Luxembourg, 28 mai 1880 et 28 juin 1883, S. 86, 4, 9.

Avant la révision du Code de commerce en Belgique, par conséquent sous l'empire du Code de 1807, les trois Cours d'appel de Belgique admettaient que l'assurance à primes n'était pas un acte de commerce même pour l'assureur. Namur : *Cours de dr. commerc.*, T. 1, p. 52 à 53 ; Lyon-Caen et Renault : *Traité de dr. commerc.*, T. 1, p. 141, note 1.

Société d'assurances est de faire une suite de spéculations, son objet unique est l'entreprise d'opérations présentant des chances de gain. Le caractère résulte, non pas de ce fait relevé parfois[1] que les Sociétés d'assurances à primes sont des agences d'affaires dans les termes de l'art. 632, § 4, C. Comm., puisque l'agent d'affaires est celui qui fait les affaires d'autres personnes dont il est le mandataire, ce qui n'est pas le cas, l'assureur agissant pour lui-même et ne jouant pas plus le rôle d'un agent d'affaires à l'égard de l'assuré que le vendeur à l'égard de l'acheteur, mais bien de ce qu'il y a, en réalité, acte de spéculation. L'assurance maritime est un acte de commerce (art. 633 C. Comm.) lorsqu'elle est faite par l'assureur à prime dans un but de spéculation. Il est conforme à l'esprit de la loi et à la raison de ne pas faire dépendre le caractère du risque. La spéculation à laquelle se livre l'assureur a la même nature, qu'il s'oblige à réparer les dommages causés à un navire ou à des marchandises pour les risques de

1. V. notamm., Paris, 6 décemb. 1852, D.P. 53,2,81 ; Grenoble, 23 juin 1852, D.P. 54,5,51 ; Bédarride : *Juridict. commerc.*, n° 277 ; Bravard-Veyrières et Démangeat : *Dr. commerce*, T. VI, p. 392.

Pour réfuter l'opinion que les assurances terrestres à primes ne constituent pas des actes de commerce, ces opérations n'étant pas comprises textuellement dans l'énumération des art. 632 et 633 C. Comm. (Carré : *Compét.*, T. II, p. 560 ; Grün et Joliat : *op. cit.*, p. 395), après avoir relevé cette circonstance que le silence du législateur s'explique à raison de ce que lors de la rédaction du Code de Commerce les assurances maritimes étaient seules pratiquées et connues, ou Rome : *op. cit.*, p. 245; Herbault : *op. cit.*, p. 277) a fait valoir cette considération que les sociétés à primes sont « de véritables agences d'affaires qui louent leurs services à leur clientèle. »

Dans l'intéressante étude déjà citée sur *Les actes de commerce* (*Annales de Dr. commerc.*, août 1895, p. 201), M. Thaller a montré que l'on ne saurait tenir compte de cette circonstance que dans les Sociétés à prime fixe : il y a une véritable mutualité, où les assurés, quoique sociétaires entre eux, ne se connaissent pas, marqués par la Compagnie qui leur a fait souscrire les polices. La mise en œuvre d'une Compagnie à primes fixes se complique d'un élément particulier qui doit faire distinguer de la mutuelle.

Le savant professeur ajoute : Ce qu'il y a de plus intéressant à relever c'est la fonction d'agence d'affaires que la Compagnie, c'est-à-dire, l'ensemble des actionnaires, exerce vis-à-vis de l'ensemble des assurés. Les assurés ne gèrent plus eux-mêmes, comme dans la mutuelle, l'entreprise de l'assurance. Ils en confient le fonctionnement à une Société par actions. Une opposition d'intérêts s'établit par là, entre eux, et l'agence centrale qui exploite le service des polices. Cette agence pourrait se faire rétribuer de ses soins moyennant un salaire ou un traitement déterminé, ou en stipulant un tantième de rétribution sur les encaissements ou les paiements. Elle préfère opérer à forfait : si les primes restant aux besoins de l'ensemble des primes, la Compagnie garde la différence. S'il les dépassent, elle couvrira elle-même le complément en prélevant sur la réserve constituée par l'argent des actionnaires de quoi y faire face. Or, l'agence d'affaires est une entreprise de commerce, aux termes de l'art. 632. La loi a étendu la sphère normale de la commercialité par des considérations d'où la notion de la circulation est absente, de manière à placer sous la faillite et la compétence des juges de commerce un genre d'entreprises qu'on tenait probablement en défiance. Si l'agence d'affaires n'était pas visée dans l'énumération, tout motif d'apparenter aux exploitations commerciales les Compagnies d'assurances à prime fixe disparaîtrait.

mer ou les dommages causés par l'incendie, par la grêle, par la mort. On ne pourrait expliquer comment l'assurance serait pour l'assureur un acte de commerce dans le premier cas et un acte civil dans le second [1].

Du côté de l'assuré le contrat d'assurance sur la vie accepté par la Compagnie est un contrat civil [2].

Dans la réalité des choses, la personne qui souscrit une police d'assurance sur la vie n'agit pas dans un but de spéculation ou de lucre : on ne voit pas ce qu'elle pourrait gagner à stipuler au profit d'un tiers pour l'époque où elle n'existera plus. Ce que le signataire d'une assurance sur la vie veut dans la très grande majorité des cas c'est, au moyen d'un sacrifice annuel, à la suite d'un prélèvement effectué sur des revenus, sur des ressources dont il a la libre disposition, procurer un capital moins à lui-même, au cas où il vivrait à une certaine époque, qu'à des personnes qui lui sont chères.

En est-il ainsi lorsque l'assuré est un commerçant ?

Il n'existe aucune raison de distinguer. La circonstance que le souscripteur de l'assurance est un commerçant ne modifie en rien la nature juridique du contrat. L'assuré, même commerçant, qui assure sa vie le fait toujours, non à son profit, au profit de sa succession, au profit de ses héritiers, mais au profit direct de ses enfants ou de sa femme. Il y a là un acte de prévoyance, un acte de dévouement qui ne se rattache pas au commerce et qui a sa source dans des affections, dans des motifs d'ordre moral [3].

Et le caractère de l'acte ne subit aucune modification à raison de ce fait que la police est transmissible par voie d'endossement. Les chances aléatoires qui se rencontrent dans une convention ne sauraient la rendre nécessairement commerciale entre toutes les parties contractantes si elle n'est pas telle par sa nature et par son but: on ne

---

1. Lyon-Caen et Renault : *Traité de dr. commerc.*, T. I, p. 141 et 142.

2. Caen, 3 juill. 1877, S. 77, 1, 417 ; ib. P. 78, 1, 349 ; Paris, 30 mars 1878, S. 78, 1, 171 ; Rennes, 26 juill. 1884, S. 86, 2, 201.
Cf. Lyon-Caen et Renault : *Traité de dr. comm*, T. I, p. 141.

3. Labbé : Note, S. 86, 2, 201.
Assurément il a été jugé qu'une police d'assurance sur la vie émanée d'une Compagnie anonyme constituée par actions stipulant à primes et stipulant avec chances de pertes ou de gains a un caractère éminemment commercial (Paris, 12 févr. 1857, S. 57, 2, 156) et, d'autre part, qu'une police d'assurance sur la vie souscrite par une Compagnie à prime fixe d'assurances sur la vie est un contrat commercial tant à l'égard de la Compagnie qu'à l'égard de l'assuré qui avait stipulé à son profit une participation dans les bénéfices de la société. (Trib. Lyon, 16 mars 1868, *Journ. des assur.*, 71, 79.) Mais, il a été remarqué à juste titre, (*Répert. de. dr. fr.*, v° *Assur. sur la vie*, n° 186) que ces décisions sont surtout relatives au caractère de l'assurance à l'égard de la Compagnie, société commerciale, créant un titre transmissible par endossement et incidemment relatives au caractère de l'assurance à l'égard de l'assuré, par ce motif qu'il stipule à son profit avec participation dans les bénéfices de la Compagnie.

saurait assimiler une police d'assurance sur la vie avec ses déchéances éventuelles à un acte de commerce [1].

L'acte dont il s'agit ne pourrait, au regard de l'assuré, perdre son caractère civil que dans le cas où l'assurance constituerait, indépendamment de la qualification du contrat, une opération commerciale, eu égard à la cause de l'assurance, en d'autres termes si elle avait été souscrite par l'assuré à raison de sa profession de commerçant [2], spécialement en vue de garantir un prêt commercial [3].

A — *Tribunal Civil.*

En France la juridiction ordinaire appartient aux tribunaux civils d'arrondissement. Ils constituent les juges de droit commun en ce sens qu'ils ont pouvoir de prononcer en première instance, c'est-à-dire comme premier degré de juridiction sur toutes les affaires personnelles, réelles et mixtes, excepté celles qui auraient été déclarées être de la compétence des juges de paix et les affaires de commerce dans les arrondissements où il y aurait des tribunaux de commerce établis (L. 24 août 1790, tit. IV, art. 4).

Si les décisions du tribunal civil rendues comme juge du premier degré peuvent être déférées à la Cour d'appel lorsqu'il s'agit de plus de 1,500 francs, le tribunal statue comme juge d'appel sur les sentences rendues en premier ressort par le juge de paix.

Les contestations qui peuvent s'élever soit relativement au versement de la prime, au maintien d'une assurance dont la Compagnie invoque la nullité, soit au sujet de l'attribution du bénéfice d'une assurance, soit à l'occasion de la succession sont de la compétence du tribunal civil. Pareillement le tribunal prononce, mais en dernier ressort et dans des formes déterminées, sur les contestations relatives à la perception des droits de timbre et d'enregistrement (L. 22 frim. an VII, art. 64 et 65).

Le procès dirigé contre l'assuré ou les ayants droit de l'assuré par la Compagnie, est de la compétence du Tribunal civil [4]. C'est que la

1. Trib. civ. Seine, 17 juin 1893, Bonnev. de Mars., III, 171 ; Besançon, 27 mars 1876, S. 76, 2. 132. Cf. Couteau : *op. cit.*, T. II, p. 50. — *Contrà*, Masson : *op. cit.*, p. 118.

2. Trib. comm. Seine, 23 oct. 1862, Bonnev. de Mars., III, 93 ; Trib. Lyon, 16 mars 1868, *ibid.*, Trib. comm. Seine, 19 oct. 1882, *Journ. des assur.*, 83, 444.

3. Trib. comm. Bruxelles, 24 févr. 1896, *Journ. des assur.*, 96, 135, *Rec. périod. des assur.*, 96, 269.

4. Au cas où, par impossible, l'assureur ne serait pas un assureur de profession le litige devrait naturellement être soumis à la juridiction civile puisque de toute façon il n'y a pas acte de commerce.

Il est inutile de remarquer que toutes les contestations soulevées par les contrats passés avec des mutuelles sont de la compétence des tribunaux civils puisque l'opération a, de toute façon, le caractère civil. — V. notamm. Trib. civ. Seine, 30 oct. 1893, *Journ. des assur.*, 93, 44. La juridic-

la personne qui traite avec une Compagnie ne fait en aucune façon acte de commerce [1].

Il est vrai que l'acte dont s'agit est commercial au regard de la Compagnie. Mais ceci importe peu. Il est sans difficulté, au point de vue de la juridiction, qu'un acte soit commercial pour une partie, civil pour l'autre. Celle qui a fait acte de commerce ne peut, si elle est défenderesse, décliner la compétence du tribunal de commerce : l'autre le peut [2].

Indépendamment des contestations existant entre l'assureur et l'assuré, il peut surgir d'autres litiges.

À l'occasion d'une police d'assurance sur la vie, par exemple, des créanciers peuvent contester l'attribution faite par un mari, par un père en faveur de sa femme ou de ses enfants; des héritiers peuvent soutenir, d'autre part, que le profit de l'assurance doit entrer en ligne de compte pour le calcul de la réserve ou de la quotité disponible. En pareil cas, c'est le tribunal civil qui a seule qualité pour statuer puisque c'est le juge du droit commun.

Pareillement, le tribunal civil est exclusivement compétent pour les questions soulevées par l'application des lois concernant le timbre, l'enregistrement, les droits de mutation [3].

Dans la grande majorité des cas, l'assurance sur la vie est un contrat civil, même lorsqu'elle est souscrite par un commerçant. Il se peut toutefois que le caractère juridique du contrat subisse une modification. Tel serait le cas d'une assurance souscrite par un commerçant

tion commerciale ne pourrait être suivie d'une action contre une mutuelle que si cette dernière avait, en réalité, conclu un contrat d'assurance à prime fixe. Cass., 9 novembre 1892, *Journ. des assur.*, 93, 5.

1. Rouen, 22 avril 1847, S. 48, 2, 449. D. P. 48, 2, 150; Paris, 24 janvier 1865, S. 65, 1, 151. Rouen, 12 août 1873, Bonnev. de Mars., 1, 162. Trib. Seine, 17 juin 1873, *Journ. des assur.*, 73, 413. Besançon, 27 mars 1876, S. 86, 2, 132. Rennes, 26 juill. 1884, S. 86, 2, 201. Aix, 17 janvier 1883, S. 83, 2, 434. Cass., 5 févr. 1895, *Journ. des assur.*, 95, 225, Couteau : *op. cit.*, T. II, p. 59; Herbault : *op. cit.*, p. 275.

2. Limoges, 3 mars 1885, S. 85, 2, 150. Labbé : Note, S. 86, 2, 201.

Dans le but de supprimer tout débat relativement à la compétence, des Compagnies ont imaginé d'insérer dans les polices une clause pour déclarer qu'elles font élection de domicile à Paris et que le Tribunal Civil de la Seine est seul compétent. Cette compétence ainsi affirmée par la Compagnie ne saurait être déclinée par elle. L'assureur a renoncé par cela même à son lever une contestation à cet égard. L'incompétence ne pourrait être proclamée que si elle existait *ratione personæ*.

Les difficultés qui s'engagent entre une Compagnie mutuelle et son agent sont de la compétence de la justice civile. Paris, 25 févr. 1860, *Journ. des assur.*, 71, 55 ; Paris, 28 mars 1857, *Journ. des assur.*, 57, 169. — *Contra*, Toulouse, 11 févr. 1846, S. 46, 2, 184.

3. Décidé, d'autre part, que l'acquisition d'une agence d'affaires et notamment de l'emploi de directeur d'une Compagnie d'assurances à primes fixes sur la vie n'est pas un acte de commerce, et que la demande en paiement du prix doit être portée, non devant la juridiction commerciale, mais bien devant le tribunal civil. (Paris, 24 mars 1849, Bonnev. de Mars., II, 59.)

en vue de son commerce [1], d'une police signée pour fournir une garantie à un commerçant, par exemple pour garantir le capital qui aurait été apporté par un commanditaire [2]. En pareille circonstance, c'est le tribunal de commerce qui doit statuer.

Quoi que l'on ait pu dire [3], si le tribunal civil avait été saisi, le tribunal de commerce ne devrait pas se déclarer nécessairement incompétent. Il n'y aurait, en effet, qu'une incompétence relative, une incompétence *ratione personæ*; la juridiction de droit commun c'est le tribunal civil; lui seul a plénitude de juridiction: dès lors, il est toujours loisible aux parties d'y recourir et de le saisir de préférence aux juridictions d'exception telles que le tribunal de commerce. L'assuré qui n'a pas fait acte de commerçant en souscrivant une police peut, à son unique volonté, saisir le tribunal civil ou le tribunal de commerce [4].

C. — *Tribunal de Commerce.*

Le tribunal de commerce n'est qu'un juge d'exception : il ne connaît en premier ressort à quelque chiffre que s'élève l'affaire et en dernier ressort, c'est-à-dire sans appel jusqu'à 1.500 fr. de principal, que des affaires dont la compétence lui a été attribuée par un texte légal. D'après le Code de Commerce qui, en principe, a fixé ses attributions, la juridiction consulaire règle les contestations qui sont relatives aux actes de commerce, notamment pour ce qui se rapporte soit aux sociétés, soit à la faillite; elle statue, d'autre part, sur les actes faits par une personne pour les besoins de son commerce; enfin elle vide les différends qui risquent de s'élever à l'occasion de l'emploi de certaines formes usitées pour la transmission des valeurs.

En matière d'assurances sur la vie, le tribunal de commerce est compétent au sujet des réclamations formulées contre la Compagnie par les assurés luttant contre une société commerciale [5] à raison

---

1. Notamm. Trib. Comm. Seine, 23 oct. 1862, Bonnev. de Mars., III, 93 ; Trib. Lyon, 16 mars 1868, *ibid.* ; Trib. Comm. Seine, 19 oct. 1882, *Journ. des assur.*, 83,144.

2. Cass., 9 juin 1890, S. 90, 1, 305 ; D. P. 90, 1, 410.

3. Beaune : *op. cit.*, p. 240 ; Herbault : *op. cit.*, p. 278 et 279. — Comp. Bioche : *Dict. de procéd.*, v° *Trib. Comm.*, n° 90 ; Locré : *Esprit C. Comm.*, T. VIII, p. 200 ; Carpet. : *Compét.*, oct. 485, n° 487 ; Bonfin pitt : *op. cit.*, n° 386 ; Orléans, 5 mars 1812, S. 42, 2, 394 ; D. P. 42, 2, 202.

4. Cass., 12 décemb. 1836, D. P. 37, 1, 194 ; S. 37, 1, 442 ; Bourges, 17 juillet 1837, D. P. 38, 2, 82 ; S. 38, 2, 124 ; Bourges, 31 mars 1841, D. P. 42, 2, 55, S. 42, 2, 78 ; Cass., 6 novemb. 1844, D. P. 44, 1, 476 ; S. 44, 1, 168 ; Paris, 30 décemb. 1853, S. 54, 2, 124 ; Cass., 22 févr. 1859, S. 59, 1, 324 ; Cass., 26 juin 1867, S. 67, 1, 190 ; Cass., 21 juill. 1873, S. 73, 1, 444 ; Cass., 30 juill. 1884, S. 85, 1, 77 ; Limoges, 3 mars 1885, S. 85, 2, 150.

5. Ce qui exclut naturellement les opérations intervenues avec les mutuelles qui sont des sociétés civiles ; la juridiction consulaire ne pourrait

d'une opération qui pour elle est un acte de commerce[1]; il l'est également pour les différends qui divisent la Compagnie, société de commerce, et ses agents ou employés; il l'est enfin lorsqu'au cours d'une procédure de faillite un débat s'engage sur les droits respectifs sinon de l'assuré, au moins du bénéficiaire et des créanciers de l'assuré.

Les Sociétés d'assurances terrestres à primes fixes sont des Sociétés commerciales puisqu'elles spéculent sur la différence espérée entre le total des primes encaissées et le montant des sommes à payer aux assurés, augmenté des frais généraux de l'entreprise[2]. Le tribunal de commerce a donc qualité pour connaître de l'action intentée par un assuré contre une Compagnie d'assurances sur la vie: il s'agit de l'appréciation des conséquences d'un acte commercial.

Si la juridiction civile est compétente pour statuer sur les questions susceptibles de s'élever entre l'assuré ou mieux entre le bénéficiaire et les tiers en ce qui concerne le droit au capital assuré, le tribunal de commerce est exclusivement compétent lorsque les litiges s'élèvent entre le bénéficiaire et les créanciers de l'assuré tombé en faillite[3]. Tout ce qui se rapporte à la faillite est du domaine exclusif du juge commercial aux termes de l'art. 635 C.Comm. Lorsque le syndic agissant au nom de la masse réclame dans l'intérêt de celle-ci le bénéfice de l'assurance contractée par le failli, ou, au contraire, quand le bénéficiaire désigné dans la police prétend, à l'encontre de la masse, avoir seul le droit de toucher le capital assuré, il y a là un litige né de la faillite puisque sans la faillite la question d'attribution de l'assurance ne se serait pas posée et que c'est d'après la règle de la matière des faillites que cette question doit être résolue[4].

Dans tous les cas la juridiction commerciale a seule pouvoir pour prononcer sur les contestations existant entre la Compagnie et ses agents (art. 634 C. Comm.)[5] La juridiction commerciale est donc bien compé-

---

connaître du litige engagé par un assuré que et, malgré son titre de mutuelle, la Compagnie avait, en réalité, passé un contrat à prime fixe. — V. notamm. Caen, 9 novemb. 1892, *Journ. des assur.*, 93, 5.

1. Ou lorsque la Compagnie agit contre l'assuré quand le contrat a revêtu le caractère commercial à raison de cette circonstance qu'il était destiné à garantir un prêt commercial, par exemple. Trib. comm. Bruxelles, 24 févr. 1896. *Journ. des assur.*, 96,115; *Rev. périod. des assur.*, 96, 269.

2. V. les arrêts cités par Dalloz: *Rép.*, v° *Sociétés*, n° 820 et suiv.; *Adde* notamm. Grenoble, 25 juin 1862, D. P. 64, 5, 31; Paris, 12 févr. 1857, D. P. 57, 2,134; Cass., 16 juill. 1872, D. P. 73, 1, 97. Alauzet: *C. Com.*, T. VIII, n° 2981; Bravard Veyrières et Démangeat: *Dr. Commer.*, T. VI, p. 492; Lyon-Caen et Renault: *Traité de dr. commerc.*, T. I, p. 141.

3. Dijon, 16 oct. 1887, *Journ. des faill.*, 88,370. V. à titre d'exemple, Trib. Comm. Lille, 17 mars 1885, S. 88, 4, 127; Trib. Comm. Seine, 28 avril 1896, S. 89, 2,98.

4. Note, *Journ. des faill.*, 88,372.

5. Toulouse, 14 févr. 1853; S. 46, 2,181, Cass., 11 févr. 1851, *Journ. des assur.*, 51, 329; Poitiers, 3 juin 1847, P. 48, 1, 181; Paris, 3 juill. 1851, *Journ. des assur.*, 51, 201. Grenoble, 25 juin 1852, S. 53, 2, 272, D. P. 51, 3, 51.

tente [1] pour connaître de toute action en reddition de compte intentée par la Compagnie contre son agent [2], ou en paiement de reliquat de compte [3], comme de toute action introduite de son côté par l'agent contre la Compagnie [4]. La gestion de l'agence confiée à l'agent a, en effet, le caractère commercial comme la Compagnie elle-même [5].

Enfin la juridiction commerciale est compétente pour régler les litiges existant entre les agents et sous-agents puisqu'il ne s'agit, en résumé, que de l'action d'un commerçant contre son commis à raison des actes faits par ce dernier en cette qualité [6].

C. — Cour d'appel.

La Cour d'appel statue sur les décisions rendues en premier ressort par les juridictions qui sont placées dans sa dépendance: les jugements des tribunaux de première instance, (L. 27 vent. an VIII, art. 22); les jugements des tribunaux de commerce (art. 644 C. Comm.; les ordonnances de référés rendues par le président du tribunal civil (art 809 C. P. C.); les ordonnances d'un seul juge si elles sont par leur nature susceptibles d'appel. D'autre part, elle connaît comme premier et second degré de juridiction des procès pendants devant les tribunaux de première instance ou de commerce et dans lesquels elle a usé de son droit d'évocation (art. 473 C. P. C.), enfin des questions de compétence soulevées par le règlement de juges entre deux juridictions du ressort (art. 363 C. P. C.)

La Cour d'appel est donc, par cela même, appelée à prononcer en matière d'assurances sur la vie, sur les litiges concernant soit le versement de la prime, soit l'annulation ou la résiliation du contrat, soit le versement de la somme promise et réclamée sinon par l'assuré, au moins par les ayants droit ou par les créanciers de l'assuré, soit les difficultés suscitées à l'occasion de l'ouverture de la succession. Incompétente pour tout ce qui se rapporte à la matière fiscale, la Cour d'appel con

---

1. Même si l'agent représente une Société ayant un caractère civil comme une mutuelle, Paris, 16 novemb. 1859, *Journ. des Trib. Comm.*, n° 6806, XIX, 437. Cf. Paris, 17 mars 1855, *ibid.*, n° 1319, IV, 237; 21 avril 1856, *ibid.*, n° 1809, V, 311; Trib. Comm. Seine, 12 févr. 1857, *ibid.*, n° 2065, VI, 151; Paris, 27 févr. 1869, S. 69, 2, 136.

2. Trib. Comm. Seine, 27 avril 1852, *Journ. des Trib. Comm.*, 123, 1, 161; 7 juill. 1852, Bonnev. de Mars., III, 39; 4 avril 1852, *Journ. des assur.*, 52, 72; 16 novemb. 1869, *Journ. des assur.*, 54, 709; 7 juin 1870, Bonnev. de Mars., III, 152; Paris, 3 mars 1877, *Journ. des assur.*, 77, 377.

3. Paris, 3 juill. 1851, *Journ. des assur.*, 51, 201.

4. Notamment à raison de la révocation d'emploi, Cass., 18 févr. 1862, Bonnev. de Mars., I, 96.

5. Comp. les intéressantes remarques de M. Couvin: *L'Agent d'assurances, étude sur sa condition juridique* (Journ. des assur., 1895, p. 180).

6. Trib. Comm. Liège, 11 avril 1881, Cloes et Bonjean, 82, 1159; C. Supér. Luxembourg, Pas. Luxemb., II, 43.

naît encore des difficultés soulevées par la faillite, par le concours du bénéficiaire avec les créanciers de l'assuré, et aussi des litiges auxquels peut donner lieu la gestion des agents.

E. — Cour de Cassation.

La Cour de Cassation a pour but de maintenir l'unité de jurisprudence, de veiller à la saine interprétation de la loi. Son rôle n'est pas de juger les affaires ; elle examine les décisions qui lui sont déférées, elle détermine la compétence notamment par voie de règlement de juges, elle apprécie non seulement si les jugements et arrêts ont été prononcés dans les formes prescrites, mais encore s'ils ont été rendus conformément à la loi, et surtout conformément à l'interprétation qu'elle a reçu la mission de donner.

Elle tient pour établis tous les faits que les premiers juges ont constatés et n'exerce son contrôle que pour les conséquences juridiques qui ont été déduites de ces circonstances, elle laisse de côté leur appréciation pour rechercher si la sentence qui lui est soumise a bien déduit de ces faits le caractère juridique convenable, si elle a fait ressortir de ces faits déclarés constants les conséquences légales nécessaires.

Elle respecte l'interprétation des documents telle qu'elle a été faite par les premiers juges, grâce aux circonstances extérieures, à la recherche de l'intention des parties ; elle accepte les constatations matérielles, notamment quant aux circonstances dans lesquelles la police a été souscrite ou pour l'influence des réticences. Mais elle revendique le droit de dire que dans tel cas une clause dont le texte était clair et qui, par conséquent, s'imposait, aux termes de l'art. 1134 C. Civ., a été méconnue et que, sous prétexte d'interprétation elle a été violée.

Toutes les questions soulevées par l'application des polices pouvant être portées devant la Cour de Cassation, cette dernière a eu à connaître de difficultés relatives soit à la capacité des parties contractantes, soit aux obligations réciproques, soit aux effets du contrat vis-à-vis de l'assuré ou des tiers, soit à son extinction, soit au régime fiscal, et aussi aux questions de compétence. Ces controverses étaient de son domaine. Il faut ajouter que n'étant pas tenue par la lettre de la loi puisque ce contrat n'a été réglementé ni par les rédacteurs du Code Civil qui l'ont laissé de côté, ni par des lois spéciales, la Cour de Cassation, sans se départir de son rôle, a su trouver le moyen d'édifier une doctrine qui semble de nature à fournir tous les éléments de solution pour les difficultés susceptibles de surgir.

F — *Juridiction criminelle.*

Ce n'est que très accessoirement que la juridiction criminelle est en mesure de connaître des questions d'assurances sur la vie[1]. Pourtant elle peut avoir à intervenir soit lorsque les agents sont poursuivis à raison de faits délictueux tels que des actes de concurrence déloyale à eux imputables[2], soit lorsque le médecin délivre un faux certificat[3], soit lorsque le bénéficiaire s'est rendu coupable d'un acte mettant fin à l'existence de l'assuré[4], ou bien a commis des fraudes tendant à obliger la Compagnie à verser le capital assuré hors des cas prévus[5].

G — *Juridiction administrative.*

Le Conseil d'Etat ne peut être saisi que dans des circonstances très rares, où il s'agit du fonctionnement même de la Société, c'est-à-dire de la surveillance telle qu'elle est fixée par les dispositions spéciales[6], du retrait de l'autorisation[7], de la modification des Statuts ou de celle des tarifs. Mais en aucun cas le Conseil d'Etat n'a à intervenir dans les contestations existant soit entre l'assureur et l'assuré ou ses ayants droit, soit entre la Compagnie et son agent. Les litiges nés à l'occasion de l'exécution ou de l'interprétation soit des clauses d'une police, soit d'un traité, doivent être soumis aux juges de l'ordre judiciaire parce qu'il ne s'agit là que de difficultés soulevées par une convention d'intérêt privé. Le fait que les Statuts ont été approuvés par le Gouvernement ne leur confère pas le

1. Nous renvoyons à ce que nous avons dit à cet égard dans notre travail sur *Les Assurances (en général)*, nᵒˢ 1024 et suiv.: V. notamm., Cass., 31 juill. 1857, S. 58, 1, 85 : Trib. corr. Provins, 3 août 1880, *Journ. des assur.*, 81, 484.

La responsabilité civile de la Compagnie peut être déclarée en semblable occurrence, Cass., 20 avril 1853, *Journ. des assur.*, 54, 34; Cass., 31 juill. 1857, S. 58, 1, 85.

2. V. Cauvin : *L'agent d'assurance, étude sur sa condition juridique* (*Journ. des assur.*, 1895, p. 178).

3. Cass., 28 juill. 1882, *Rev. périod. des assur.*, 88, 402.

4. V. ce que nous avons dit *supra*, T. II, p. 97 et suiv. La Compagnie qui, à la suite d'un crime, d'un meurtre, a dû verser le capital assuré a le droit d'introduire une action en responsabilité dans les termes de l'art. 1382 C. Civ. contre l'auteur du méfait. — C. d'assises Jura, 28 juin 1884, S. 85, 2, 219.

C'est par action principale et non par voie d'appel en garantie que la Compagnie doit procéder en pareil cas. — Paris, 30 mai, 1884, *Journ. des Trib. comm.*, XXXIV, 189.

5. Cf. *Supra*, T. II, p. 114, note 1.

6. V. notamm. Cons. d'Et., 14 mai 1880, D. P. 81, 3, 93.

7. Cf. Déc., 17 août 1880, (Duverpier : *Collect. des lois*, 86, 69) ; Décr., 17 déc. 1882, (*Ibid.* : 86, 327.)

caractère d'acte public ; ils restent à l'état de conventions particuliè-res de telle sorte qu'il appartient à la juridiction de droit commun de les interpréter, la décision de cette juridiction ne pouvant en au-cune façon altérer l'acte administratif constitué par le décret d'auto-risation que le Gouvernement a jugé convenable d'octroyer[1].

Les Conseils de préfecture ne peuvent connaître des contestations intéressant les Compagnies d'assurances sur la vie que lorsque le débat porte sur les contributions directes ou sur les taxes qui sont assimilées à ces dernières.

---

1. Cass., 15 févr. 1826, Dalloz, *Rép.*, v° *Assur. terr.*, n° 271 ; Cass., 13 décemb. 1852, D. P. 52, 1, 332 ; S. 53, 1, 97 ; Paris, 10 novemb. 1857, Bonnev. de Mars., II, 194 ; Cass., 7 avril 1862, D. P. 64, 1, 167 ; S. 62, 1, 984. — V. aussi Cass., 5 avril 1830, Dalloz, *Rép.*, v° *Sociét.*, n° 1478 ; Cass., 25 août 1842, *ibid.*

CHAPITRE DEUXIÈME

COMPÉTENCE LOCALE POUR LES COMPAGNIES FRANÇAISES

Les dispositions du Code de procédure civile en ce qui touche la compétence territoriale doivent être appliquées pour les litiges qui s'élèvent à l'occasion des opérations faites par les Compagnies d'assurances sur la vie.

C'est le domicile du défendeur qui détermine le tribunal chargé de statuer : *actor sequitur forum rei.*

Si donc le procès est intenté par la Compagnie contre l'assuré ou contre ses ayants droit, c'est le tribunal du domicile de cet assuré ou de ces ayants droit qui doit être saisi.

Si, au contraire, l'action est dirigée soit par l'assuré, soit par les ayants droit de ce dernier contre la Compagnie, le tribunal du lieu où existe le siège social a qualité. Cette solution que consacre l'art. 59 C. P. C. est logique. Le lieu où est établi le siège social d'une Société peut être assimilé au domicile d'une personne physique : le juge de ce lieu est plus à portée de connaître le véritable objet des choses; il est plus facile, dans le même lieu, aux parties de faire entre elles, aux moindres frais possibles, dans les papiers, registres, etc., les recherches nécessaires pour défendre leurs prétentions [1].

En principe donc la Compagnie doit, comme toute Société, être assignée devant le tribunal du siège social par application de l'art. 59 C. P. C. [2]. C'est là où la police est souscrite. Les contestations qui s'élèvent à l'occasion de contrats même passés dans des localités différentes par les agents placés sous les ordres de l'administration centrale doivent être déférées au tribunal du lieu où est établi le siège social [3].

---

1. Boitile : *Traité de procéd. en mat. civ. et commerc.,* Paris, 1853, p. 199.
2. V. à titre d'exemple Bordeaux, 12 févr. 1873, *Journ. des assur.,* 73, 139.
3. Herbault, *op. cit.,* p. 281. — *Sic,* Rome (*op. cit.,* p. 248) s'emparant de l'art. 420 C. P. C. fait valoir que le demandeur a le choix entre le tribunal

Les Compagnies ont l'habitude d'inscrire dans les polices une clause attribuant compétence exclusive aux tribunaux du département de la Seine pour les contestations surgissant entre elles et l'assuré ou les personnes appelées à un titre quelconque à profiter du contrat [1]. C'est en effet à Paris qu'elles ont leur siège.

Une pareille disposition se justifie à tous les points de vue.

Pour un procès il y a lieu de se reporter aux polices, documents, registres etc. ; ces pièces sont déposées aux archives de la Compagnie, il est du devoir des parties comme de la bonne administration de la justice que la communication puisse se faire d'une façon aussi complète que rapide. D'autre part, il est de l'intérêt bien entendu de la Compagnie qu'elle puisse, sinon surveiller les agissements de ses mandataires, au moins s'entendre avec eux, leur fournir toutes indications utiles comme aussi remettre le soin de prononcer non à des juges saisis accidentellement des litiges soulevés par le contrat d'assurance sur la vie mais bien à des personnes au courant des difficultés autant que de la jurisprudence spéciale.

D'autre part, la clause dont s'agit est parfaitement licite [2]. Son application est rigoureusement obligatoire sans que l'assuré puisse, en particulier, exciper de ce fait qu'elle se trouve insérée dans les conditions générales imprimées [3], et sans que le juge puisse pré-

dans l'arrondissement duquel la Compagnie a son siège et celui dans l'arrondissement duquel le paiement doit être effectué. Mais il est à noter que contrairement à ce qui avait été décidé précédemment (Caen, 1er juill., et 6 août 1845, D. P. 46, 2, 162), la Cour de cassation a reconnu (Cass., 20 mai 1873, D. P. 73, 1, 470 ; S. 73, 1, 329) que si, aux termes de l'art. 420, le demandeur peut, en matière commerciale, assigner le défendeur devant le tribunal dans l'arrondissement duquel la promesse a été faite et la marchandise livrée, dans un contrat d'assurance sur la vie les primes que l'assuré s'engage à payer à l'assureur représentent le prix de l'assurance et ne sauraient être considérées comme une marchandise vendue.

L'on ne saurait pas plus, au cours d'un litige tendant au paiement de la somme assurée, invoquer le § 3 de l'art. 420 C. P. C. attribuant compétence au tribunal dans l'arrondissement duquel le paiement doit être effectué. En effet l'obligation en pareil cas est non pas celle de payer les primes, mais celle de payer à l'assuré la somme assurée, or, cette somme est toujours stipulée payable au siège social. — Note, D. P. 73, 1, 469.

1. *Toutes les contestations, de quelque nature qu'elles soient,* lit-on dans les polices, *qui pourraient être intentées directement ou indirectement contre la Compagnie, à l'occasion du présent contrat ou pour son exécution, seront, de convention expresse, soumises aux tribunaux du département de la Seine.*

2. Cf. notamment, Grenoble, 30 juin 1864, *Journ. des assur.,* 64, 384 ; Cass., 30 juin 1874, D. P. 76, 1, 395 ; S. 76, 1, 475 ; Dijon, 24 juill. 1877, D. P. 78, 2, 144, S. 77, 2, 322 ; Cass., 25 juin 1878, S. 79, 1, 357 ; D. P. 79, 1, 212 ; Nîmes, 18 avril 1882, *Journ. des assur.,* 82, 245 ; Cass., 6 avril 1886, S. 86, 1, 269 ; D. P. 86, 5, 97 ; Toulouse, 8 juin 1887, *Gaz. du Midi,* 26 juin 1887 et Dalloz, *Rép., Supplém.,* v° Sociétés, n° 2248 ; Trib. comm. Marseille, 13 mai 1892, *Rec. périod. des assur.,* 92, 417 ; Trib. civ. Lille, 27 novemb. 1892, et 13 février 1893, *ibid.* 94, 30 et 31 ; Herbault : *op. cit.,* p. 281 ; Roume : *op. cit.,* p. 248.

3. La compétence est fixée par une pareille clause non seulement pour l'action en paiement des primes mais aussi pour l'action en paiement de l'indemnité. Dijon, 24 juill. 1877, et Nîmes, 18 avril 1882 précités. — Cass., 30 juin

tendre que l'assuré a pu ignorer l'existence de cette disposition [1]. Mais la Compagnie est toujours maîtresse de renoncer au bénéfice de cette clause introduite dans son intérêt seul et elle peut laisser régler la difficulté par le tribunal dans le ressort duquel habitent l'assuré ou ses ayants droit [2]. Seulement cette renonciation, si elle peut être tacite et résulter de certaines circonstances particulières [3], ne doit pas s'induire trop facilement ; en particulier le juge ne pourrait la faire ressortir de ce que, dans le but d'éviter des difficultés, pour procurer des facilités la Compagnie aurait, malgré la clause formellement édictée pour le tribunal du siège social, chargé de l'opération un agent domicilié dans une autre localité [4], ou, d'autre part, et dans le but de fournir à l'assuré le moyen de se libérer plus commodément, aurait conféré à l'agent le droit de toucher les primes à son domicile personnel [5].

Toutefois si le tribunal du siège social de la Compagnie est seul compétent [6], cette règle n'est pas absolue.

1874, S. 76, 1, 475 ; Cass., 25 juin, 1878, D. P. 79. 1. 212 ; S. 79, 1, 357 ; Trib. Lyon, 27 mai 1882 ; Cass., 10 novemb. 1884, S. 86, 1, 32.

On sait bien, du reste, que les clauses imprimées de la police ont le même effet obligatoire que les clauses manuscrites.

1. L'assuré qui a apposé sa signature sur une police ne saurait, en effet, arguer de ce qu'il aurait signé sans lire le document. — Riom, 10 juin 1878, *Journ. des assur.*, 78, 421.

Il semble même que l'attribution de juridiction peut, en l'absence d'une clause formelle, résulter de ce fait que l'indemnité était stipulée payable au siège social. Cass., 7 févr. 1870. Bonnev. de Mars., 1, 227 ; Nîmes, 18 avril 1882, S. 82, 214

2. Herbault : *op. cit.*, p. 281.

3. Par exemple de ce fait que les primes étaient constamment remises non au siège social mais à l'agent et que l'intention formelle des parties était de considérer la localité dans laquelle habitait cet agent comme le lieu du paiement. — Cass., 10 mars 1873, D. P. 74, 1. 124 ; S. 73, 1, 320.

C'est donc une question d'espèce, une question pour laquelle il s'agit d'apprécier l'intention des parties.

4. Cass., 20 mai 1873, S. 73, 1, 320.

5. Cass., 25 juin 1878, S. 79, 1, 357 ; Cass., 17 décemb. 1879. S. 81, 1, 27.

6. Il a été décidé (Rouen, 21 novemb. 1875, *Journ. des assur.*, 76, 434. Cf. aussi Cass., 11 avril 1876, *ibid.*, 77, 62) que la clause de la police attribuant juridiction au tribunal du siège social n'est pas applicable au cas d'une instance en garantie : si après une cession régulièrement faite d'un contrat d'assurance sur la vie, la Compagnie refuse de payer entre les mains du cessionnaire, c'est à bon droit que ce dernier assigne la succession du cédant devant le tribunal dans le ressort duquel cette succession s'est ouverte et que celle-ci, à son tour, touchée par l'action du cessionnaire appelle en garantie la Compagnie d'assurances. Cet arrêt se base sur ce que les Statuts d'une Société qui attribuent une juridiction pour les actions susceptibles d'être intentées contre elle ne sauraient déroger aux règles exceptionnellement graves de la garantie.

Ultérieurement, la Cour de Cassation a jugé (10 novemb. 1884, *Journ. des assur.*, 85, 216) que si, aux termes de l'art. 181 C. P. C., le défendeur à une demande principale peut assigner devant le tribunal saisi de cette demande les tiers contre lesquels il prétend avoir un recours en garantie, l'action intentée par le cessionnaire d'une police d'assurance contre son cédant et

Une Société de commerce peut posséder plusieurs maisons sociales à titre de principaux établissements, elle peut avoir, par conséquent, indépendamment de son domicile principal, plusieurs domiciles accessoires ou succursales. En pareil cas il est possible d'assigner la Compagnie devant le tribunal dans l'arrondissement duquel existe cette succursale [1].

Cette jurisprudence [2] a été louée. Il n'est pas possible, a-t-on dit, d'exiger des personnes qui ont traité avec des Compagnies dont les opérations s'étendent sur toute la France, qu'elles fassent toutes le voyage à Paris (c'est là que les Sociétés ont ordinairement leur siège

l'action intentée par ce dernier contre la Compagnie sont deux actions distinctes dont aucune n'est l'accessoire ou la dépendance te l'autre et qu'en conséquence, la Compagnie doit être assignée à son siège social lorsqu'un article de la police contient attribution de juridiction à ce tribunal.

D'autre part, la transformation donnée par le fait de la Compagnie au caractère de la prime engendre-t-elle une dérogation au point de vue de la compétence? On a pu le croire en présence d'un arrêt décidant que si une Compagnie, après avoir stipulé dans la police que les primes seraient acquittées à son domicile, c'est-à-dire qu'elles seraient quérables, a l'habitude de les faire toucher au domicile de l'assuré, les rend portables, la Compagnie ne saurait se prévaloir de la clause attribuant compétence au tribunal de son domicile comme lieu de jugement; et que c'est le tribunal du domicile de l'assuré qui a qualité pour prononcer, puisque c'est là où le paiement doit avoir lieu. (Cass., 10 mars 1873, D. P. 74, 1, 125, S. 73, 1, 329. — Cf. aussi Ruben de Couder: op. cit., v° Assur. sur la vie, n° 68 et 69.)

Mais il importe de ne pas exagérer la portée de cette décision. Cet arrêt a été rendu dans une espèce où la Compagnie était dans l'usage de faire toucher les primes au domicile de l'assuré. D'où la conclusion que sa doctrine serait inapplicable au cas où la Compagnie aurait agi d'une façon accidentelle et aussi au cas où la Compagnie aurait voulu donner des facilités à l'assuré. C'est ce qui a été reconnu postérieurement à l'arrêt de 1873. Il a été décidé, en effet (Cass., 25 juin 1878, D. P. 79, 1, 212 ; Cass., 17 déc. 1879, D. P. 80, 1, 262), qu'une Compagnie d'assurances ne saurait être réputée renoncer au droit qu'elle tient de la loi et de ses Statuts d'être assignée devant le tribunal du lieu de son siège social par cela seul que, pour donner des facilités à l'assuré, elle fait toucher les primes au domicile de celui-ci.

1. Boune : op. cit., p. 249 ; Herbault : op. cit., p. 281 ; Couteau : op. cit., T. II, p. 45.

Cass., 11 juin 1845, S. 45, 1, 700 ; D. P. 45, 1, 362 ; 30 déc. 1846, S. 47, 1, 285 : D. P. 47, 1, 80 : 26 novemb. 1849, S. 50, 1, 44 ; D. P. 50, 1, 59 ; 10 novemb. 1852, S. 52, 1, 788 ; D. P. 53, 1, 105 ; 18 avril 1854, S. 54, 1, 304 ; D. P. 54, 1, 149 ; Caen, 1er juill. 1845, S. 46, 2, 385 : 6 août, 1845, S. 46, 2, 387 ; D. P. 45, 4, 97 ; 12 mai 1846, D. P. 47, 2, 130 ; Paris, 20 novemb. 1852, D. P. 54, 5, 157 ; 8 décemb. 1852, D. P. 54, 5, 158 ; Besançon, 4 févr. 1854, D. P. 54, 2, 238 : Nimes, 9 décemb. 1872, D. P. 73, 5, 122 : Toulouse, 27 juill. 1872, S. 76, 1, 475 ; D. P. 76, 1, 376 ; Aix, 13 janv. 1884, S. 84, 2, 134 ; D. P. 85, 2, 49 . Bordeaux, 23 décemb. 1885, Rec. des arr. de la C. de Bordeaux, 88, 1, 112 ; Orléans, 2 fév. 1889, Journ. des assur., 89, 164.

Il en est surtout ainsi quand la police oblige l'assuré à faire élection de domicile dans une ville où la Compagnie a une succursale; cette clause est attributive de juridiction pour le tribunal de cette ville. — Trib. comm. Bordeaux, 22 août 1853, cité par Couteau : op. cit., T. II, p. 49. Conf. Bruxelles, 26 janv. 1864, Pas., 46, 2, 155.

2. Elle a été étendue même au cas où la Société serait dissoute si elle était encore à l'état de Société mise en liquidation. — Trib. civ. Lyon, 20 janv. 1886, Monit. jud. de Lyon, 18 mars 1887.

social pour obtenir justice[1]. Seulement tout bureau, toute agence ne constitue pas nécessairement une succursale au point de vue de la compétence. Il n'y a succursale qu'autant que l'agence est munie d'une sorte de personnalité, qu'elle est susceptible d'être considérée comme un fonctionnement de l'établissement principal, qu'elle est dirigée par un agent disposant des mêmes pouvoirs, quant aux contrats à former et aux polices à recueillir, que le directeur placé au siège social, investi du pouvoir de traiter avec les tiers et de faire tout ce que la Compagnie pourrait faire elle-même[2].

En droit, ce qui caractérise la succursale au point de vue de la compétence, c'est l'étendue des pouvoirs de l'agent au regard de la Compagnie, c'est sa capacité pour obliger cette dernière[3].

Il convient donc de voir des succursales dans l'agence à la tête de laquelle la Compagnie a placé un sous-directeur chargé de traiter avec les tiers, de recevoir les primes et de procéder au règlement des sinistres[4], ou dans l'agence générale établie en permanence dans un grand centre de population et ayant à sa tête un directeur autorisé à débattre et arrêter les conditions de l'assurance, à signer la police, à toucher le montant des primes et à faire procéder, le cas échéant, aux constatations intéressant la Compagnie[5].

La Compagnie étant considérée comme domiciliée là où elle a sa succursale, le tribunal de la succursale est compétent. Mais c'est seulement quand la police ne contient aucune clause donnant juridiction au tribunal du siège social[6].

Au contraire, l'on ne saurait assimiler à la tenue d'une succursale dont l'établissement emporte attribution de compétence pour les juges du lieu de l'agence l'installation dans un département, par une Compagnie dont le siège social est à Paris, d'un agent dépourvu du pouvoir de traiter pour la Compagnie et de l'obliger[7], chargé uniquement de rechercher des propositions à soumettre à l'administration sans pou-

1. David : *De la Compét. en mat. commerc.*, Paris, 1896, p. 196.
2. Cass., 11 juin 1845, S. 45, 1, 700 ; D. P. 45, 1, 362.
3. C'est la théorie que nous formulions il y a plusieurs années dans notre étude sur *Les Assurances (en général)*, n° 976.
4. Cass., 26 novemb. 1849, S. 50, 1, 44 ; D. P. 50, 1, 39 ; 17 févr. 1851, S. 51, 1, 685 ; D. P. 51, 1, 149 ; Orléans, 2 févr. 1889, D. P. 90, 2, 165 ; Grenoble, 19 novemb. 1888, Dalloz : *Rép., Supplém.*, v° *Sociétés*, n° 2247 ; Agen, 10 juill. 1893, *Rec. périod. des assur.* ; Nîmes, 1er juin 1893, *ibid.* 95, 530.
5. Toulouse, 27 juill. 1872, D. P. 76, 1, 395. — V. aussi, Paris, 8 décemb. 1852, D. P. 56, 5, 157.
6. Cass., 6 avril 1886, *Journ. des assur.*, 86, 197.
D'un autre côté, il est à noter que si les Statuts portent que les contestations relatives au paiement des primes pourront être jugées au siège de l'agence, c'est une dérogation qui ne peut pas s'étendre au paiement de l'indemnité, et que, dès lors, ce paiement doit être réclamé au lieu du siège social. — Orléans, 2 févr. 1889, *Journ. des assur.*, 89, 161.
7. Cass., 5 févr. 1879, *Journ. des assur.*, 79, 95 ; Cass., 15 mars 1893, D. P. 90, 1, 443.

voir sanctionner par eux-mêmes une police[1], ou de remettre aux assurés les polices et les quittances des primes signées par la direction centrale, alors surtout qu'il est expressément déclaré que la police se fait à Paris, siège de la Société, et que la somme due en cas de décès est payable dans cette ville et au siège social[2].

Pareillement le tribunal du siège social de la Compagnie aurait seul capacité pour juger au cas où l'assuré se trouverait en présence d'une agence qui, à titre de facilités, encaissait les primes déclarées par la police payables au siège social, si le titulaire n'avait pas qualité pour engager la Compagnie[3], ou encore si le gérant de l'agence, privé du droit d'engager la Société, en consentant seul les polices d'assurances et en réglant les indemnités avait uniquement pour mission de rechercher les assurances pour le compte de la Compagnie, de faire le nécessaire pour assurer la production des affaires, l'instruction, la surveillance et le règlement des sinistres[4].

Lorsque la Compagnie n'a en province aucune succursale dont les agents aient les pouvoirs nécessaires pour la représenter, la compétence appartient sans conteste au tribunal du siège social[5].

Il convient d'ajouter que les Compagnies d'assurances sur la vie, à la différence des Compagnies d'assurances contre l'incendie, n'ont généralement pas de succursales placées sous les ordres d'un agent investi du pouvoir de traiter pour la Société et de l'obliger envers les tiers. Par suite, l'on ne saurait songer à la compétence d'un tribunal autre que celui du siège social[6]. L'intervention des agents d'une Compagnie d'assurances ne se borne, en effet, qu'à obtenir des propositions à transmettre à la Compagnie et ils n'ont pas qualité pour donner une sanction véritable au contrat qui est signé au siège social par un des administrateurs et le directeur.

De ce que les conventions intervenues entre la Compagnie et ses

1. Trib. comm. Rouen, 26 décemb. 1892, *Journ. des assur.*, 93. 169.

2. Cass., 20 mai 1873, D. P. 73. 1. 469, S. 73. 1. 329 ; Cass., 25 juin 1878, D. P. 79. 1. 213. S. 79. 1. 337. Orléans, 2 février 1889, D. P., 90. 2. 165. *Contra* toutefois Toulouse, 27 juill. 1872. S. 76. 1. 175 ; D. P. 76. 1. 395.

3. Trib. Belfort. 21 juill. 1885 : *Rec. périod. des assur.*, 87. 577.

4. Grenoble, 6 mars 1885 : *Rec. périod. des assur.*, 85. 579. Orléans, 2 févr. 1889. *Journ. des assur.*, 89. 161.

5. V. not comm. Trib. civ. Lyon, 28 décemb. 1888, Dalloz, *Rép., Supplém.*, vº *Sociétés*, nº 2247.

6. C'est ce que dès 1881 M. Vavasseur établissait doctement (*Tr. des sociét. civ. et comm.*, 3e édit., T. II, p 297). C'est aussi ce qui résulte de plusieurs arrêts dans lesquels, sur le pourvoi des Compagnies d'assurances sur la vie, la Cour de cassation a nettement reconnu en décidant que, d'après les Statuts, les Compagnies d'assurances sur la vie n'ont qu'une seule maison sociale, sise à Paris (Cass., 20 mai 1873 (2 arrets) D. P. 73, 1, 479. V. aussi Trib. comm. Rouen, 26 décemb. 1892, *Journ des assur.*, 93. 169 et les notes. C'est, d'autre part, ce que met bien en lumière la nouvelle rédaction des polices : *Toutes les contestations, de quelque nature qu'elles soient, qui pourraient être intentées directement ou indirectement contre la Compagnie, à l'occasion du présent contrat ou pour son exécution, seront, de convention expresse, soumises aux tribunaux du département de la Seine.*

agents intéressent la vie même de la Société, il suit que c'est le tribunal du lieu du siège social qui doit être compétent pour connaître des contestations qui divisent une Compagnie et ses agents. Il faut noter, d'autre part [1], que l'extension donnée par la pratique à l'art. 59 C. P. C. et qui permet de saisir le tribunal de la succursale n'a été introduite que pour la facilité des relations commerciales du public avec les Compagnies : les agents de celle-ci ne sont que des instruments dans la conclusion des contrats avec les tiers : ils sont, suivant une juste expression [2], les hommes de confiance de la Compagnie. C'est au siège social qu'ils ont à rendre compte de leur mandat : c'est là que doivent se régler toutes les affaires entre eux et la Société. Si pendant un certain temps la jurisprudence a conservé la compétence exclusive du tribunal du lieu du siège social [3], dans ces dernières années elle a semblé vouloir assimiler, au point de vue de l'attribution de compétence aux tribunaux des succursales, les actions intentées par les tiers et celles introduites par les employés des sociétés commerciales [4].

On a fait valoir que les raisons qui militent en faveur de la compétence du tribunal de la succursale pour les contestations nées à l'occasion du contrat d'assurance lui-même se représentent ici, qu'il n'importe pas moins aux agents des Compagnies qu'aux étrangers de pouvoir obtenir justice sur place [5]. Ces motifs n'ont rien de décisif. C'est le tribunal du siège social qui doit être réputé compétent parce que les contrats intervenus entre la Compagnie et ses agents, loin

1. David : *op. cit.*, p. 198.

2. C'est le mot dont se sert M. Ehrenberg dans un travail sur *la responsabilité des Compagnies d'assurance par le fait de leurs agents. (Jubilé de Ihering à la Faculté de droit de Gottingue, 1892)* : *Annales de Dr. commerc.*, 1895, 205.

3. Paris, 3 juill. 1851, *Journ. des assur.*, 51, 201 : Trib. comm. Seine, 27 avril 1852 et 7 juill. 1852 ; *Journ. des Trib. Comm.*, I, 161 : nº 289, I, 374 ; 4 août 1852, *ibid.*, nº 330, I, 430 : Paris, 27 juin 1854, *ibid.*, nº 1109, III, 408, et 3 févr. 1864, *ibid.*, nº 4784, XIII, 430 ; Cass., 22 mai 1854, *ibid.*, nº 1043, III, 302 : Paris, 12 novemb. 1858, *ibid.*, nº 2706, VIII, 74 ; Cass., 18 févr. 1862, Bonnev. de Mars., I, 96 ; Paris, 14 novemb. 1863, *Journ. des Trib. comm.*, nº 4699, XIII, 302, : Paris, 9 juill. 1864 ; Bonnev. de Mars., II, 288 : Trib. comm. Seine, 16 nov. 1869 : *Journ. des Trib. Comm.*, nº 6896, XIX, 437 : 3 juin 1870 : Bonnev. de Mars., III, 152 : 20 août 1874, *ibid.*, nº 8148, XXIV, 316 ; Paris, 3 mars 1877 : *Journ. des assur.*, 77, 377 : Lyon, 10 août 1888, D. P. 84, 2, 205 : Lyon, 21 octob. 1885, S. 86, 2, 437. — V. Cauvin : *L'agent d'assurance, étude sur sa condition juridique, (Journ. des assur.*, 1895, p. 181 à 183.)

Et la compétence du tribunal du siège social existe même au cas où la Compagnie est actionnée comme civilement responsable des actes délictueux de son agent : Cass., 3 décemb. 1881, Dalloz : *Rép., Supplém., vº Sociétés*, nº 2245.

4. Paris, 21 décemb. 1854, Bonnev. de Mars., II, 161 : Paris, 5 juill. 1855 : *Journ. des Trib. comm.*, nº 1423, IV, 318 : Cass., 18 juin 1861, *ibid.*, nº 3808, XI. 07 : Cass., 29 janvier 1883 et 1ᵉʳ décemb. 1884, S. 85, 1, 482 : Aix, 20 juin 1886 : *Gaz. Pal.*, 87, 2 supplém. 66 : et sur pourvoi Cass., 23 avril 1888 : *Gaz. Pal.*, 9 mai 1888 : Cass., 2 juin 1885, S. 85, 1, 375 ; Cass., 21 févr. 1887, S. 87, 1, 119 : Cass., 33 avril 1888, S. 88, 1, 360.

5. David : *op. cit.*, p. 198.

d'être spéciaux à telle ou telle succursale, touchent à la constitution, au fonctionnement même de la Compagnie [1].

Toutes les contestations qui mettent en jeu l'existence même de la Compagnie doivent nécessairement être soumises au tribunal du lieu du siège social. L'action en dissolution, l'action en déclaration de faillite devraient donc être portées exclusivement devant le tribunal du siège social [2]. Il est certain que le tribunal compétent pour déclarer la faillite d'un commerçant est le tribunal du lieu où ce commerçant a le centre de ses affaires [3]. Des procès de ce genre nécessitent la consultation et la production de pièces et documents qui ne se trouvent qu'au lieu de l'établissement principal. Notamment au point de vue de la déclaration de faillite, c'est là où se trouve le siège social que la société est le mieux connue; c'est là que les intéressés, le ministère public ou le tribunal de commerce ont pu suivre la marche de ses affaires, surveiller tous ses actes, apprécier sa situation, ses embarras, leur nature et leurs causes [4].

Pareillement les difficultés qui se produiraient au cours d'une liquidation seraient de la compétence du tribunal du siège social [5].

---

1. Cauvin : *loc. cit.*

2. Cass., 16 mars 1874, S. 75, 1, 51 ; Cass., 13 févr. 1884, S. 84, 1, 264.

3. Cass., 21 juill. 1875, S. 75, 1, 358 ; 21 décemb. 1875, S. 77, 1, 314 ; 28 avril 1880, S. 81, 1, 22.

C'est donc au greffe du tribunal du lieu où la Société a son principal établissement que la faillite de cette Société serait à déclarer. — Cass., 16 mars 1875, S. 75, 1, 260 ; Cass., 27 juin 1875, S. 75, 1, 358.

Si, eu égard à l'existence de plusieurs succursales, la faillite a été déclarée en plusieurs lieux, un règlement de juges doit intervenir par la Cour de Cassation. Cf. Vavasseur : *Tr. des sociét.*, 3e édit, T. II, p. 499.

4. David : *op. cit.*, p. 499.

5. La jurisprudence est constante. A titre d'exemple, il suffira de citer : Paris, 2 févr. 1870, *Pal.*, 70, 779 ; Cass., 11 juin 1888, D. P., 89, 1, 253 ; Conf. Nîmes, 21 juin 1887. *Rec. des arr. de la C. de Nîmes*, 87, 228.

CHAPITRE TROISIÈME

PROCÉDURE.

La procédure en vigueur auprès des différentes juridictions doit être suivie pour les litiges concernant les assurances sur la vie. Il faut appliquer les règles qui s'imposent soit en matière civile, soit en matière commerciale suivant que l'affaire est portée devant l'une ou l'autre de ces deux juridictions.

Il s'agit là de l'application du droit commun. Néanmoins il convient de présenter plusieurs remarques.

Il peut se faire que le litige concerne, indépendamment de l'assureur, une autre personne : tel serait le cas d'un bénéficiaire se présentant en concours avec le représentant des créanciers de l'assuré et réclamant tous les deux à la Compagnie le montant du capital assuré ; tel serait également le cas où l'assureur se trouverait exposé à la demande d'un duplicata de la part d'un assuré, propriétaire d'une police et d'un tiers porteur qui aurait perdu la police. En pareille circonstance il n'y a pas lieu de faire intervenir la disposition aux termes de laquelle, en cas de pluralité de défendeurs le demandeur peut les assigner tous à son choix, au domicile de l'un d'eux, puisque tous les défendeurs qui s'adressent à la Compagnie ne sont pas également obligés [1]; il est certain en effet que dans cette occurrence tous les réclamants n'ont pas un droit égal, qu'il n'y en a qu'un seul envers qui la Compagnie est obligée principalement, la créance ne pouvant appartenir qu'à un seul, et que les autres ne sont qu'éventuellement tenus. La disposition du § 2 de l'art. 59 C. P. C. ne s'applique que lorsque les parties sont obligées d'une manière égale et semblable [2] et non lors-

1. Cass., 21 mai 1873, S. 73, 1, 329 ; D. P. 75, 1, 466 ; Cass., 18 décemb. 1883, D. P. 85, 5, 100. V. les observat., *Rev. périod. des assur.*, 84, 96 et 97.

2. Rousseau et Laisney : *Dict. de procéd.*, v° *Compétence*, n° 43; Bioche : *Dict. de procéd.*, v° *Compét. des trib. civ.*, n° 120; Boitard et Colmet d'Aage :

qu'il n'y a pas opposition d'intérêts ou quand l'instance est dirigée devant le tribunal du défendeur dans le but de distraire les autres parties de leurs juges naturels [1].

La procédure est faite au nom des directeur et administrateurs en exercice [2] de même qu'elle est dirigée contre eux [3].

La Compagnie est valablement assignée par la remise de l'exploit d'ajournement au représentant de la Société. La circonstance que ce dernier aurait déclaré vouloir cesser ses fonctions ne rendrait pas l'assignation nulle s'il avait continué à gérer les intérêts de la Compagnie et si sa cessation de fonctions n'était pas connue [4]. En tout cas, la nullité de l'assignation devrait être opposée dès le début de la procédure ; elle ne pourrait être proposée pour la première fois en cause d'appel [5].

En cas d'élection de domicile dans le bureau d'un agent, c'est là que doivent être signifiés tous les actes [6].

Les exploits doivent être rédigés dans les formes légales. Néanmoins, le nom de la personne qui agit pour la Compagnie n'est pas exigé à peine de nullité ; il suffit que la partie adverse n'ait pu se tromper sur l'identité du demandeur ; la désignation de la Compagnie avec l'emploi du mot « directeur » suffirait : l'insertion du nom personnel du directeur n'est pas indispensable [7].

Assignée devant un tribunal privé du droit de statuer, la partie peut opposer l'incompétence. Cette exception doit être proposée avant toute défense au fond [8] lorsque le contrat est commercial et que c'est

Lecons de procéd. civ., P. I, n° 139. Carré et Chauveau : *Lois de la procéd.*, p. 341, P. I, Q. 257.

1. Cass., 27 avril 1857, D. P. 57, 1, 398 ; 15 nov., 1871, D. P. 72, 1, 51 ; 21 févr. 1873, D. P. 76, 1, 121 ; Agen, 2 févr. 1852, D. P. 52, 2, 205 ; Toulouse, 27 juillet 1871, D. P. 76, 1, 415.

2. En cas de dissolution ou de retrait d'autorisation, la Société, bien que dissoute en fait et de fait, peut poursuivre en justice par l'intermédiaire de ses représentants légaux. L'on ne saurait nier le droit d'action ; jusqu'au jour où s'est produit l'événement, il a existé une association qui a contracté des engagements ou, au contraire, on a fait contracter dans son intérêt, il est juste que la situation soit réglée par ceux qui sont mieux placés que personne pour la connaître. — C. Orléans, 21 juillet 1859, D. P. 61, 2, 29 et la note *ibid.*

3. Une société commerciale, à moins de conventions particulières contraires, ne peut être valablement assignée qu'à son siège social, dans ses succursales ou chez ses représentants investis de pouvoirs suffisants : une signification serait donc nulle si elle était faite en la personne et au domicile d'un agent ne pouvant être considéré que comme un simple correspondant et non comme un mandataire capable de le représenter. — Trib. civ. Lyon, 11 juillet 1891, *Journ. des assur.*, 93, 49.

4. Rouen, 17 avril 1865, *Journ. des assur.*, 67, 417.

5. Arrêt précité du 17 avril 1866.

6. Bruxelles, 26 janv. 1846, *Pas.*, 46, 2, 175.

7. V. Riom, 28 mai 1886, D. P. 87, 2, 26, et Crépon : *Trait. de l'appel en mat. civ.*, Paris, 1888, T. II, n° 2440.

8. La sommation de communiquer les pièces rend non recevable l'exception d'incompétence relative, si cette sommation porte sur des pièces con-

le tribunal civil qui a été saisi[1] ; c'est la conséquence de cette règle que la plénitude de juridiction appartenant au tribunal civil, ce dernier peut prononcer sur les litiges même commerciaux lorsque les parties acceptent sa compétence ; or, c'est accepter nécessairement la compétence que de ne pas faire valoir, dès le début, que le juge saisi ne pouvait régler le différend. Au contraire, si le contrat a un caractère civil, le tribunal de commerce étant absolument incompétent puisqu'il n'est que juge d'exception, le tribunal qui aurait été saisi doit non seulement accepter en tout état de cause[2] les conclusions à fins d'incompétence, mais même se déclarer d'office incompétent[3].

Une cause est appelable selon le chiffre du litige. En matière d'assurance il y a dans le contrat deux éléments déterminés : la prime annuelle et le chiffre pour lequel l'assurance a été faite. Lequel de ces deux chiffres devra servir à fixer le ressort ? Si la contestation roule exclusivement sur le chiffre de la prime, le ressort est déterminé par le chiffre de la demande, c'est-à-dire du montant de la prime réclamée par l'assureur. Ceci est sans difficulté. Il en est autrement lorsque c'est le contrat lui-même qui est contesté ; quand, à la réclamation de la Compagnie l'assuré oppose ou bien la nullité du titre, ou bien la résiliation du contrat. Assurément il a été décidé que la base d'évaluation du litige doit être prise dans le chiffre de l'assurance, ce chiffre représentant le véritable intérêt du procès, dès lors qu'est soulevée la question de savoir si la Compagnie restera ou non obligée à des indemnités éventuelles, jusqu'à concurrence de la somme fixée par le contrat comme étant celle des risques ; mais cette doctrine semble avoir été par avance condamnée par la Cour de Cassation lorsque la Cour suprême a jugé[6] qu'en cas de demande en paiement d'une prime annuelle d'assurance contractée pour un nombre d'années déterminé et à laquelle on oppose la nullité ou la résiliation de la police, le taux du dernier ressort se fixe non par le chiffre de la somme assurée, mais par le total de toutes les primes stipulées pour les années pendant lesquelles devrait encore durer l'assurance, que le jugement qui statue sur la contestation est en dernier ressort si le tribunal ne dépasse pas quinze cents francs, encore bien que la somme assurée

cernant le fond du droit et a été faite sans aucune réserve. — Trib. civ. Bezas, 12 mai 1896, *Rev. period. des assur.*, 96, 394. — Cont. Nancy, 13 mai 1893, *ibid.*, 93, 781. — Pau, 9 mai 1888, D. P. 89, 2, 461.

1. Civ., 11 janv. 1847, D. P. 47, 1, 138. Civ., 21 novembre 1848, D. P. 48, 1, 231.

V. Couteau Bonne, *op. cit.*, p. 240 ; Herbault, *op. cit.*, p. 279.

2. Trib. civ., Seine, 31 juillet 1894, *Bullet. de l'assur.*, 95, 97.

L'incompétence peut être apposée même en appel et en cassation.

3. La jurisprudence est constante, V. notamm., Cass., 3 février 1891, *Gaz. Pal.*, 12 févr. 1891 et la note.

4. Crépon, *op. cit.*, t. 1, n° 683 et suiv.

5. Auger, 22 décembre 1864, S. 65, 2, 171 ; D. P. 65, 2, 41.

6. Civ., 18 novembre 1863, S. 64, 1, 133 ; D. P. 64, 1, 217.

fût supérieure à ce chiffre. Cette dernière solution a été fortement recommandée[1]. Ce qui est en contestation lorsque l'assuré refuse de payer les primes, ce n'est pas la question de savoir si, au cas où le contrat serait maintenu, la Compagnie serait tenue de payer l'indemnité en cas de sinistre, mais uniquement la question de savoir si l'assuré est tenu des primes, ce qui, à ce point de vue, ne peut dépasser le total des primes venant à échéance pour les années pendant lesquelles doit encore durer l'assurance[2].

Il est interdit de former en appel des demandes nouvelles, art. 464 C. P. C.) Cette prohibition concerne uniquement les demandes, mais non les moyens.

Il suit de là que les héritiers qui, en première instance, ont contesté la validité de l'attribution à une femme mariée du bénéfice de l'assurance par leur auteur et qui ont été déboutés de leur demande par le motif qu'il y avait eu donation acceptée par la femme, peuvent soutenir pour la première fois en appel que l'acceptation est nulle pour défaut d'autorisation maritale; ce n'est en effet qu'une défense aux prétentions de la femme admises par le jugement[3].

1. Crépon : op. cit., T. I, n° 691.

2. Il faut ajouter avec l'éminent magistrat que postérieurement à l'arrêt précité du 15 novembre 1863 et en conformité de la décision du 22 décembre 1863 indiquée plus haut, la Cour de Paris (Paris, 16 mars 1882, S. 83, 4, 89, D. P. 83, 2, 153) a proclamé que le jugement rendu sur une demande en paiement de cotisations dues par un assuré est en dernier ressort, bien que le chiffre de la demande soit inférieur à 1,500 fr., lorsque la contestation porte, en outre, sur l'existence même du contrat d'assurance.

3. Cass., 24 janvier 1879, S. 79, 1, 159, D. P. 79, 1, 56.

le tribunal civil qui a été saisi [1]; c'est la conséquence de cette règle que la plénitude de juridiction appartenant au tribunal civil, ce dernier peut prononcer sur les litiges même commerciaux lorsque les parties acceptent sa compétence; or, c'est accepter nécessairement la compétence que de ne pas faire valoir, dès le début, que le juge saisi ne pouvait régler le différend. Au contraire, si le contrat a un caractère civil, le tribunal de commerce étant absolument incompétent puisqu'il n'est que juge d'exception, le tribunal qui aurait été saisi doit non seulement accepter en tout état de cause [2] les conclusions à fins d'incompétence, mais même se déclarer d'office incompétent [3].

Une cause est appelable selon le chiffre du litige. En matière d'assurance il y a dans le contrat deux éléments déterminés: la prime annuelle et le chiffre pour lequel l'assurance a été faite. Lequel de ces deux chiffres devra servir à fixer le ressort [4]? Si la contestation roule exclusivement sur le chiffre de la prime, le ressort est déterminé par le chiffre de la demande, c'est-à-dire du montant de la prime réclamée par l'assureur. Ceci est sans difficulté. Il en est autrement lorsque c'est le contrat lui-même qui est contesté: quand, à la réclamation de la Compagnie l'assuré oppose ou bien la nullité du titre, ou bien la résiliation du contrat. Assurément il a été décidé [5] que la base d'évaluation du litige doit être prise dans le chiffre de l'assurance, ce chiffre représentant le véritable intérêt du procès, dès lors qu'est soulevée la question de savoir si la Compagnie restera ou non obligée à des indemnités éventuelles jusqu'à concurrence de la somme fixée par le contrat comme étant celle des risques; mais cette doctrine semble avoir été par avance condamnée par la Cour de Cassation lorsque la Cour suprême a jugé [6] qu'en cas de demande en paiement d'une prime annuelle d'assurance contractée pour un nombre d'années déterminé et à laquelle on oppose la nullité ou la résiliation de la police, le taux du dernier ressort se fixe non par le chiffre de la somme assurée, mais par le total de toutes les primes stipulées pour les années pendant lesquelles devrait encore durer l'assurance, que le jugement qui statue sur la contestation est en dernier ressort si le tribunal ne dépasse pas quinze cents francs, encore bien que la somme assurée

cernant le fond du droit et a été faite sans aucune réserve. — Trib. civ. Bazas, 12 mai 1895, *Rev. périod. des assur.*, 96, 394. — Conf. Nancy, 13 mai 1893, *ibid.*, 93, 284; Pau, 9 mai 1888, D. P. 89, 2, 164.

1. Cass., 11 janv. 1847, D. P. 47, 1, 138; Cass., 21 novembre 1848, D. P. 48, 1, 234.

V. *Contrà* Renne: *op. cit.*, p. 240; Herbault: *op. cit.*, p. 279.

2. Trib. civ. Seine, 31 juillet 1895, *Bullet. de l'assur.*, 95, 97.

L'incompétence peut être opposée même en appel et en cassation.

3. La jurisprudence est constante. V. notamm. Cass., 3 février 1897, *Gaz. Pal.*, 12 févr. 1897 et la note.

4. Crépon: *op. cit.*, T. I, n° 685 et suiv.

5. Angers, 22 décembre 1864, S. 65, 2, 175; D. P. 65, 2, 44.

6. Cass., 18 novembre 1863, S. 64, 1, 133; D. P. 64, 1, 247.

fût supérieure à ce chiffre. Cette dernière solution a été fortement recommandée [1]. Ce qui est en contestation lorsque l'assuré refuse de payer les primes, ce n'est pas la question de savoir si, au cas où le contrat serait maintenu, la Compagnie serait tenue de payer l'indemnité en cas de sinistre, mais uniquement la question de savoir si l'assuré est tenu des primes, ce qui, à ce point de vue, ne peut dépasser le total des primes venant à échéance pour les années pendant lesquelles doit encore durer l'assurance [2].

Il est interdit de former en appel des demandes nouvelles, (art. 4646 C. P. C.). Cette prohibition concerne uniquement les demandes, mais non les moyens.

Il suit de là que les héritiers qui, en première instance, ont contesté la validité de l'attribution à une femme mariée du bénéfice de l'assurance par leur auteur et qui ont été déboutés de leur demande par le motif qu'il y avait eu donation acceptée par la femme, peuvent soutenir pour la première fois en appel que l'acceptation est nulle pour défaut d'autorisation maritale; ce n'est en effet qu'une défense aux prétentions de la femme admises par le jugement [3].

---

1. Crépon : *op. cit.*, T. I, nº 691.
2. Il faut ajouter avec l'éminent magistrat que postérieurement à l'arrêt précité du 18 novembre 1863 et en conformité de la décision du 22 décembre 1864 indiquée plus haut, la Cour de Paris (Paris, 16 mars 1882, S. 83, 2. 89 ; D. P. 84. 2. 153) a proclamé que le jugement rendu sur une demande en paiement de cotisations dues par un assuré est en dernier ressort, bien que le chiffre de la demande soit inférieur à 1,500 fr., lorsque la contestation porte, en outre, sur l'existence même du contrat d'assurance.
3. Cass., 29 janvier 1879, S. 79, 1. 139 ; D. P. 79, 1. 76.

CHAPITRE QUATRIÈME

SOCIÉTÉS ÉTRANGÈRES OPÉRANT EN FRANCE

Actuellement les Compagnies d'assurances ne fonctionnent plus exclusivement dans les pays où elles ont été créées : elles font de nombreuses opérations dans les autres contrées. Les Compagnies étrangères [1]

1. Bien que l'on ait pu dire (Cass., 29 juin 1870, S. 70, 1, 373 ; D. P. 78, 1, 416 ; 21 juin 1880, S. 81, 1, 130 ; Trib. Seine, 24 mai 1884, S. 82, 2, 84 ; Trib. corr. Seine, 20 novemb. 1888, *Gaz. des Trib.*, 1er janv. 1889 ; Paris, 23 janv. 1889, *Le Droit*, 9 févr. 1889 ; Trib. Leipzig, 25 novemb. 1871, *Journ. du Dr. int.*, 74, 82, Vavasseur ; Note, *Journ. du Dr. int. priv.*, 1875, 349 ; Pipi : *Condit. lég. des Sociét. étrang. en France*, Paris, 1884, p. 169 et suiv. ; Chervet : *Des Sociét. commerc. en dr. internat. priv.*, Paris, 1886, p. 130, etc. ; Calmendy : Not., D. P. 90, 2, 1 ; Thaller : *Rev. crit. de législat. et de jurisprud.*, 1883, p. 349 et *Ann. de Dr. commerc.*, 1890, p. 241 ; Pineau : *Des Sociét. commerc. en dr. intern. priv.*, Paris, 1894 et note de Huvelin : *Annales de Dr. commerc.*, 1895, p. 143. La Société étrangère est celle qui a à l'étranger non pas seulement le siège social ou administratif, mais bien le centre effectif de son exploitation et de ses affaires, le lieu où se concentre sa vie commerciale et industrielle (Gand, 18 févr. 1888, *Pas.*, 88, 2, 349 ; l'objet principal de son entreprise, pour prendre les termes des Codes de commerce italien (art. 230), roumain (art. 280) et portugais (art. 110) ; c'est en matière d'assurances le pays où elle doit principalement opérer. — Lyon-Caen : *Journ. des Soc. civ. et commerc.*, 1884, p. 82, etc. ; Note, S. 85, 1, 169 et *Rev. crit. de législat. et de jurisprud.*, 1884, p. 602, Chavegrin : Note, S. 88, 2, 89 ; — Cauf. Boistel : *Précis de Dr. comm.*, 3e édit., Paris, 1884, no 396 *ter* ; Asser et Rivier : *Élém. de Dr. intern. priv.*, p. 197 ; Surville et Arthuys : *Dr. intern. priv.*, no 136 ; Weiss : *Traité théor. et prat. de droit intern. priv.*, Paris, 1894, t. II, p. 118 ; Despagnet : *Précis de Dr. intern. priv.*, 2e édit., Paris, 1894, p. 234 ; G ..., 18 février 1889, précité ; Trib. Marseille, 11 mars 1888 (*Journ. du Dr. int. priv.*, 88, 1, 297) ; Bruxelles, 23 mars 1889, *Belg. jud.*, 59, 1024, Paris, 25 janv. 1889 (*Journ. des faillites*, 89, 62) ; Trib. comm. Seine, 8 févr. 1892 (*Journ. du Dr. int. priv.*, 92, 478).

Comp. sur cette controverse le résumé donné au *Supplément du Répertoire* de Dalloz, v° *Sociétés*, nos 2252 et suiv.

Une Société étrangère peut posséder une succursale avec siège administratif en France sans cesser, pour cela, d'être une Société étrangère du moment qu'elle a un siège social véritable à l'étranger. — Trib. Seine, 10 févr. 1881, *Journ. du Dr. int. priv.*, 81, 458 ; Paris, 12 mai 1884, *ibid.*, 82, 317 ; Paris, 29 juill. 1887, *Le Droit*, 23 octobre 1887.

ceptent de très nombreux contrats d'assurances sur la vie avec des Français ou avec des personnes habitant la France.

Les Compagnies étrangères régulièrement constituées suivant leur droit national et qui peuvent se prévaloir soit de la loi du 30 mai 1857, soit des nombreux décrets rendus par la suite en conformité de cette loi[1]

La nullité d'une Société étrangère ne peut être prononcée que par le juge du pays dont la Société tient sa nationalité. Trib. corr. Seine, 10 février 1881: *Journ. du Dr. int. priv.*, 81, 158; Paris, 12 mai 1882; *Journ. du Dr. int. priv.*, 82, 317; Chambéry, 1er décemb. 1866, S. 67, 2, 182; D. P. 66, 2, 246. — La jurisprudence belge, notamment, est fixée dans ce sens. Trib. Courtrai, 24 février 1887: *Le Droit*, 1er avril 1887; Gand, 12 avril 1888: *Le Droit*, 11 mai 1888; Cass. Belge, 12 avril 1888; *Pas.*, 88, 1, 186 et *Le Droit*, 11 mai 1888. — Cf. Rousseau: *Manuel prat. des sociétés par actions*, 2e édit., Paris, 1890, p. 855 et 856.

1. L'autorisation exigée pour les Sociétés anonymes étrangères par la loi du 30 mai 1857, peut-elle résulter d'un traité aussi bien que d'un décret et, en conséquence, en présence du Traité franco-allemand de Francfort qui accorde aux sujets allemands le droit de jouir en France de tous les avantages accordés à la nation la plus favorisée, les Sociétés allemandes ont-elles le pouvoir d'exercer leurs droits en France?

En cassant un arrêt de la Cour de Paris du 1er juillet 1893, (*Journ. du Dr. int. priv.*, 93, 1205), la Cour de Cassation a décidé l'affirmative par son arrêt du 14 mars 1895. (*Journ. du Dr. int. priv.*, 95, 837. — V. ibid., les conclusions de M. l'avocat général Desjardins).

On peut avoir des doutes au sujet du bien fondé de cette décision envisagée au point de vue juridique, quoi que l'on ait pu dire (Weiss: *Traité élément. de dr. intern. priv.*, 2e édit., p. 157; Note, *Pand. fr. pr.*, 93, 5, 37; Kauffmann: *Journ. du Dr. int. priv.*, 1882, p. 115 et suiv.).

Outre qu'en parlant des *sujets* le Traité de Francfort n'a manifestement voulu parler que d'individus physiques sans s'arrêter aux personnes morales qui, tenant leur création fictice de la loi civile, s'évanouissent, pour ainsi dire, à chaque frontière. (Thaller: *Les Compagnies françaises d'assurance et le gouvernement d'Alsace-Lorraine*, p. 39; Pileau: *Les Sociétés commerc. en droit intern. priv.*, p. 31; Ledru: *Journ. des Soc. civ. et comm.*, 1895, p. 304. — Comp. Cass., 1er août 1860, D. P. 60, 1, 444; Orléans, 10 mars et 19 mai 1860, D. P. 60, 2, 126 et 127; Trib. fédér. Suisse, 19 octob. 1888, *Journ. du Dr. int. priv.*, 90, 518), le texte et l'esprit de l'art. 11 du Traité de Francfort indiquent que la disposition vise exclusivement les clauses et avantages pouvant résulter de traités de commerce passés avec d'autres nations; le Protocole intervenu le 4 novembre 1871, précisément au sujet de cette partie du Traité de Francfort, a décidé que la situation des Sociétés anonymes d'Alsace-Lorraine ne pourrait être réglée que par une entente diplomatique; or, le droit pour les Sociétés étrangères d'ester en justice en France doit être reconnu non par un traité de commerce, mais par un décret rendu sur l'avis du Conseil d'État (l. 30 mai 1857, art. 2); cette autorisation donnée pour un nombre assez considérable d'États ne l'a jamais été pour l'Allemagne. De plus, dans le langage diplomatique cette clause du traitement de la nation la plus favorisée ne s'applique généralement qu'en matière douanière et n'a jamais été considérée comme ayant une influence sur les droits et les obligations des étrangers en France (Note, *Journ. des assur.*, 1895, p. 264). — Cf. Lyon-Caen. Note, S. 96, 1, 161; *Rev. crit. de législat. et de jurisprud.*, 1896, p. 232.

La Cour de Rouen, jugeant comme Cour de renvoi, le 22 juillet 1896 (*Journ. des Soc. civ. et comm.*, 96, 402; *Rev. des Sociét.*, 97, 18), a accepté la manière de voir de la Cour de Cassation.

On l'a dit avec raison (*Journ. des Soc. civ. et comm.*, 96, 492, note), le meilleur argument fourni par cet arrêt est la situation faite en Alsace-Lorraine aux Sociétés anonymes françaises. On comprend le désir des Cours françaises de ne pas se montrer moins libérales que ne l'a été la Cour suprême

sont justiciables des tribunaux français[1], alors surtout qu'elles ont un siège et un établissement en France, une succursale[2] dans le sens véritable du mot[3]

de Leipsick par son arrêt du 11 avril 1882 (D. P. 83, 2, 10 et 11; S. 84, 4, 17. *Journ. des assur.*, 82, 160, 199, 237, 437. — Cf. ce *Traité*, T. Ier, p. 267). Mais ce sont là des raisons de fait et non de droit; il est regrettable qu'un texte précis ne soit pas intervenu, comme l'avait annoncé le Protocole du 4 novembre 1871, pour régler définitivement, la situation des Sociétés anonymes d'Alsace-Lorraine. En son absence, le principe proclamé est susceptible d'entraîner de graves difficultés pratiques.

Dans tous les cas, cette jurisprudence qui serait un retour sur ce qui avait été décidé antérieurement (V. Cass., 19 mai 1863. S. 63, 1. 353; D. P. 64, 1. 218), ne paraît pas applicable aux Sociétés d'assurances sur la vie, lesquelles sont soumises à une autorisation spéciale, à la surveillance du gouvernement français par l'art. 66 de la loi du 24 juillet 1867 — Note, *Rev. des Soc.*, 1895, p. 344.

1. Il est à noter que certaines législations étrangères ont subordonné l'autorisation dont a besoin une Compagnie française pour agir dans le pays à la condition que toutes les contestations issues du contrat d'assurance seraient soumises aux tribunaux de la localité. V. notam. Trib. comm. Genève, 11 mars 1886. *Sem. jud.*, 1886, 197; Trib. civ. Genève, 11 décembre 1888, *Sem. jud.*, 11 février, 1889, 73.

2. Pendant un certain temps l'on a paru disposé à admettre la solution contraire par le motif que l'art. 39 C. P. C. vise une habitation de fait, ce qui ne saurait se comprendre lorsqu'il s'agit d'un être moral (Trib. comm. Rouen, 8 fév. 1875. *Journ. du Dr. int. privé*, 76. 103; Aix. 16 janv. 1883. *ibid.*, 83, 173). Mais ce système est complètement abandonné.

Il est reconnu aujourd'hui que le fait d'avoir une succursale en France attribue compétence aux tribunaux de ce pays. — Chambéry, 1er décembre 1866, S. 67, 2. 182; D. P. 66. 2. 246; Trib. comm. Marseille, 16 mars 1875, *Jurisp. de Marseille*, 75, 217; Cass., 20 août 1875, S. 76, 1. 124; Paris, (Sol. impl.) 2e mai 1884, *Journ. des Soc. civ. et comm.*, 89, 181; Cass., 4 mars 1885, S. 85, 1. 169; D. P. 85, 1. 353 et sur renvoi Nîmes, 21 juillet 1885, *Journ. du Dr. int. privé*, 85. 445; Bordeaux, 25 mars 1885, *Journ. du Dr. int. privé*, 86, 740; Trib. comm. Seine, 26 mars 1887 et Paris, 1er août 1888, *Le Droit*, 20 octob. 1888. V. Anal. Gênes, 21 mai 1889. *Consul. com.*, 89, 185; Lyon-Caen : Note, S. 85. 1. 169; Vavasseur : *op. cit.*, 944 et 953.

La Compagnie assignée par exploit délivré à la succursale, ce qui est parfaitement valable (Cass., 29 août 1875, S. 76. 1. 124), peut d'autant moins soutenir qu'elle n'a pas de domicile en France qu'elle a tenu à se prévaloir de ce domicile dans une instance antérieure. — Trib. comm. Seine, 26 mars 1887 et Paris, 1er août 1888, *Le Droit*, 20 octob. 1888 et *Gaz. du Pal.*, 20 juillet et 28 oct. 1888; Trib. fédér. Suisse, 29 avril 1887. *Sem. jud.*, 87. 322.

Il a bien été jugé (Trib. civ. Seine, 2 décemb. 1892. *Journ. du Dr. int. privé*, 93. 592) que les Sociétés étrangères d'assurance qui ne possèdent en France que des succursales ne peuvent être contraintes de communiquer leurs livres à leurs assurés français qu'au dans le lieu où elles ont leur siège social. Mais cette décision se conçoit : l'on ne saurait imposer à une Compagnie qui a réuni et réuni nécessairement toute sa comptabilité au siège social l'obligation de la transmettre à ses représentants.

3. Tout établissement possédé par une Société loin de son siège social ne constitue pas nécessairement une succursale. De la succursale il faut distinguer avec soin l'agence dont l'existence ne suffit pas pour entraîner compétence. (*Supra*, T. III. p. 126. *Adde* : Trib. civ. Seine, 26 octob. 1895, *Rev. des Sociét.*, 96. 467 et la note.

La distinction a été faite par la Cour de Cassation dans l'arrêt précité du 4 mars 1885 (S. 85. 1. 169; D. P. 85, 1. 353). Seulement on peut hésiter quant au motif que donne cette décision quand elle fait résulter le caractère

La compétence du juge français s'étend même, par application de l'art. 14 C. Civ., à la déclaration de faillite [1], sans que la nationalité du créancier puisse être invoquée [2] et sans que le juge puisse s'arrêter à cette circonstance que la Société n'a qu'un établissement de fait [3].

de succursale de la circonstance que le bureau serait important. Ce critérium n'est pas suffisant.

V. aussi sur le caractère de l'agence, Haute Cour d'Angleterre, 9 juillet 1885, *Rev. intern. de Dr. marit.*, 1885-86, p. 245.

Dans tous les cas, c'est aux tribunaux qu'il appartient d'apprécier si l'agence d'une Société a le caractère de succursale. — Cf. Vincent et Penaud : *Dict. de Dr. intern. privé*, v° *Compét. en mat. civ.*, n° 111.

1. Ceci n'est point douteux : la juridiction consulaire française peut, à la requête de tout créancier, quelle que soit sa nationalité, prononcer la faillite de la Société étrangère qui, tout en ayant à l'étranger son siège social, a en France soit son principal établissement (Trib. comm. Seine, 16 août 1872, *Journ. du Dr. int. priv.*, 74, 124 ; Paris, 20 juin 1874, D. P. 76, 5, 222 ; Nancy, 8 mai 1875, *Journ. du Dr. int. priv.*, 77, 144), soit même une succursale (Paris, 23 décemb. 1847, S. 48, 2, 355 ; Trib. comm. Seine, 18 août 1875, *Journ. du Dr. int. priv.*, 76, 455 ; Paris, 17 juill. 1877, S. 80, 2, 193 ; Paris, 7 mars 1878, *Journ. du Dr. int. priv.*, 78, 606 ; Aix, 3 avril 1884, *Journ. du Dr. int. priv.*, 85, 84). C'est la conséquence de ce principe formulé par l'art. 14 C. Civ., que l'étranger, même non résidant en France, peut être cité devant les tribunaux français pour l'exécution des obligations contractées soit en France, soit en pays étranger.

V. la jurisprudence rapportée par M. Houpin : *Traité général théor. et prat. des sociét. civ. et commerc.*, Paris, 1895, p. 469. Cf. Duvivier : *Traité de la faillite des sociétés commerc.*, Paris, 1887, p. 248 ; Rousseau : *Manuel prat. des sociét. par actions*, p. 357, etc. — En ce sens Paris, 23 novembre 1895, *Rev. des Sociét.*, 96, 152 et les renvois de doctrine et de jurisprudence, *ibid.*

Contrà toutefois Carle et Dubois : *La faillite dans le dr. intern. privé*, Paris, 1875, p. 47 et 49. Glasson : *De la compét. des Trib. franç. entre étrangers* (*Journ. du Dr. int. priv.*, 1881, p. 425) ; Gerhaut : *De la compét. des trib. fr. à l'égard des étrang. en mat. civ. et comm.*, Nancy et Paris, 1883, p. 439 et 444 ; Dalloz : *Rép.*, *Supplém.*, v° *Faillites*, n° 1544 ; Bruxelles, 7 août 1874, *Pas.*, 72, 2, 33 ; C. de Lacques, 9 avril 1884, *Journ. du Dr. int. priv.*, 84, 455.

La liquidation judiciaire d'une Société en Angleterre ne peut être assimilée à la mise en faillite de cette Société ; cet état, par suite, ne saurait faire obstacle à la déclaration de faillite, par un tribunal français, de cette même Société opérant en France, sur la demande de créanciers français intéressés. Le but de la liquidation judiciaire est, sans doute, le même que celui de la faillite, la répartition équitable de l'actif entre tous les créanciers, mais cette procédure n'offre point les garanties instituées par la loi française pour protéger les intérêts de la masse des créanciers, aussi bien les droits connus que les droits latents, et pour assurer l'observation des règles d'égalité et de justice dans la liquidation et la répartition. — Aix, 3 avril 1884, *Journ. du Dr. int. priv.*, 85, 84 ; C. d'Et. 8 mars 1884, *ibid.*, 84, 544 ; Cass., 21 avril 1885, *ibid.*, 85, 242 ; Gény : *De la condit. jurid. des Français à l'étranger*, Paris, 1840, p. 587.

2. Cass., 21 janvier 1875, S. 75, 1, 124 ; Cass., 17 juillet 1877, S. 77, 1, 449 ; Paris, 23 mai 1878, S. 80, 2, 193 ; Cass., 4 février 1885, S. 86, 1, 200.

Il a même été décidé que l'art. 14 C. Civ. étant applicable en matière de faillite, un Français peut faire déclarer la faillite en France d'une Société étrangère comme il peut la faire condamner à l'exécution d'une obligation, même lorsqu'elle n'a aucun établissement en France et lorsqu'il s'agit d'opérations passées à l'étranger, — Cass., 12 novemb. 1872, S. 73, 1, 17 ; D. P. 74, 1, 468 ; Paris, 17 juill. 1877, S. 78, 2, 193 ; Aix, 30 novemb. 1880, *Journ. du Dr. int. priv.*, 81, 363. — Houpin : *loc. cit.* ; Rousseau : *loc. cit.*

3. Cass., 19 mars 1872, D. P. 74, 1, 465. Conf. Dalloz : *Rép.*, *Supplém.*, v° *Faillites*, n° 1545.

Ce même juge a pareillement le droit de prendre toutes les mesures provisoires à l'égard des Sociétés étrangères, notamment le droit de désigner un séquestre, un administrateur pour l'établissement sis en France[1].

Les Sociétés dont il s'agit peuvent actionner devant la juridiction française le Français qui, à l'étranger, a traité avec elles. C'est l'application de l'art. 15 C. Civ. Il importerait peu que la loi du pays étranger refusât aux Compagnies françaises la faculté d'assigner les nationaux de ce pays devant leurs tribunaux. Seulement la Société étrangère qui poursuit en France est obligée de se conformer au droit commun français pour la désignation du tribunal chargé de statuer[2].

La déclaration de faillite dans le pays d'origine n'empêcherait pas la déclaration en France. V. Rousseau et Defert : *Code annoté des liqui[dat]. jud., des faillites et des banqueroutes*, Paris, 1884, p. 578. Paris, 7 mars 1878 et 31 janvier 1890, *Journ. du Dr. int. priv.*, 78, 675 et 97, 131. Cass., 29 avril 1885, *ibid.*, 85, 292; Paris, 7 mars 1878, *Journ. des Trib. comm.*, XXVII, 195; Lyon, 24 avril 1850, S. 51, 2, 354; Aix, 15 mars 1870, S. 70, 2, 297. D. P. 70, 2, 204; Trib. comm. Marseille, 16 avril 1871; *Journ. de Mars.*, 72, 2, 99. Cass., 12 novembre 1872, S. 73, 1, 17; D. P. 73, 1, 168, Trib. civ. Seine, 24 juillet 1877; *Gaz. des Trib.*, 29 juillet 1877. Contra cependant, Paris, 21 décembre 1847; S. 48, 2, 355; Alauzet : *C. Comm.*, T. VI, n° 2434; Carle et Dubois : *De la faillite dans le droit internat.*, priv., n° 24 et p. 46, note 50.

Les observations divergentes des auteurs ne sauraient empêcher d'adhérer à la jurisprudence.

Comme le fait dit remarquer avec raison devant la Cour de Paris M. l'avocat-général Hémar (cité par MM. Rousseau et Defert : *op. cit.*, p. 579), il n'est pas possible que des créanciers français, privés de la protection du pouvoir local, soient mis dans la nécessité de s'adresser à un pouvoir étranger, de faire valoir leurs droits à une distance souvent considérable de leur domicile, au prix de dépenses susceptibles de priver une créance déjà compromise, qu'ils soient exposés à voir ainsi tout l'actif qui leur avait inspiré confiance et qui leur était leur gage, émigrer vers les régions étrangères et échapper à leur surveillance.

L'art. 59 C. P. C. n'est pas en antinomie avec l'art. 14 C. Civ.; l'art. 14 appartient à la loi générale, la disposition qu'il édicte a pour but incontestable le règlement de certaines questions internationales; quant à l'art. 59, il tranche une question de compétence entre les tribunaux français. C'est vainement que l'on chercherait dans l'art. 59 une dérogation à l'art. 14. Il est placé au titre de l'ajournement. Il appartient au livre II du Code de procédure intitulé : *Des tribunaux inférieurs*, et bien certainement cette partie de nos lois judiciaires ne concerne que les tribunaux français.

Il ne semble pas pourtant que la justice française puisse prononcer la dissolution de la Société; son existence est, en effet, totalement indépendante de la condition qu'elle peut avoir en France. — Chambéry, 1er décembre 1866, D. P. 68, 2, 216; Paris, 12 mai 1881, *Journ. du Dr. int. priv.*, 81, 517.

1. Trib. Seine, 1er octobre 1884, *Journ. du Dr. int. priv.*, 85, 191.

2. Le Français peut, toutefois, renoncer à la compétence des tribunaux français et se laisser assigner devant un juge étranger. — Trib. Seine, 10 février 1886, *Journ. du Dr. int. priv.*, 85, 325; Trib. comm. Marseille, 19 juillet 1888, *Rev. intern. de dr. marit.*, 1888-89, 112; Cass., 29 février 1888, D. P. 88, 1, 483; Cass., 13 mars 1889, *Le Droit*, 24 mars 1889; Cohendy, Note, D. P. 85, 2, 49. Lyon-Caen : *Rev. crit. de législat. et de jurisprud.*, 1886, p. 343.

Seulement, il est à noter que le seul fait par le Français de laisser prendre un jugement contre lui à l'étranger n'emporterait pas renonciation. — Paris, 28 janvier 1885, *Journ. du Dr. int. priv.*, 85, 539; Gerlaud : *op. cit.*, 105.

D'autre part, en principe (les polices contenant presque toujours une clause attribuant compétence au tribunal étranger [1]), les Sociétés étrangères peuvent être assignées devant les tribunaux français par le Français qui réclame l'exécution du contrat accepté par cette Compagnie [2]. L'art. 14 C. Civ. dispose en effet et d'une façon générale [3] que l'étranger débiteur d'un Français pourra toujours être assigné devant les tribunaux français.

La Société étrangère ne saurait même se prévaloir de la règle de compétence des tribunaux du lieu du siège social. L'art. 59 § 5 C. P. C. n'étant applicable qu'aux Sociétés françaises, cet article ne déroge pas aux dispositions de l'art. 14 C. Civ., dont la portée est générale [4].

Et la compétence existe non seulement lorsque le Français a directement traité avec la Compagnie, mais même lorsqu'il est le cessionnaire de la créance qu'un tiers étranger avait contre cette Compagnie [5].

Une Société doit être assignée devant le tribunal du lieu de sa rési-

Des conclusions au fond feraient seules perdre le droit d'opposer l'incompétence.

Pareillement la renonciation ne saurait s'induire d'une clause compromissoire déclarée nulle. — Trib. comm. Seine, 8 janvier 1889, *La Loi*, 20 janvier 1889. Paris, 12 juillet 1889, cité par Vincent : *Dict. de Dr. intern. priv.*, *Revue de l'année* 1889, Paris, 1890, v° *Compét. en mat. civ.*, n° 13. — *Contrà*, Paris, 2 mars 1892, Dalloz, *Rép.*, *Supplém.*, v° *Sociétés*, n° 2282; Chambéry, 1er décemb. 1866, D. P. 66, 2, 256; S. 67, 2, 182. Paris, 11 janvier 1865, D. P. 65, 2, 188. Cass., 21 novembre 1860, D. P. 61, 1, 466.

Il appartient aux juges du fond d'apprécier souverainement les circonstances d'où peut résulter cette renonciation. — Cass., 28 février 1877, D. P. 77, 1, 471; Cl. Paris, 1er juillet 1896, *Journal du Dr. int. priv.*, 96, 840.

1. Cette clause parfaitement valable enlève au Français d'une façon absolue le droit de saisir le juge français. — V. Trib. Seine, 10 février 1886, *Journ. du Dr. int. priv.*, 86, 325; Caen, 7 mai 1884, *La Loi*, 17 juillet 1884.

2. V. par exemple, Paris, 3 février 1870, *Journ. des assur.*, 70, 260.

Le résumé de la doctrine et de la jurisprudence à cet égard se trouve dans le *Dictionnaire de Dr. intern. privé*, de MM. Vincent et Pénaud, v° *Compét. en mat. civ.*, n° 21 et suiv., et dans le *Supplément* du *Répertoire* de Dalloz, v° *Sociétés*, n° 2279.

L'état de mise en liquidation de la Société étrangère ne saurait empêcher la justice française de prononcer sur les obligations acceptées par cette Société envers des Français. — Arrêt précité du 3 février 1870.

3. C'est-à-dire sans distinguer entre les personnes physiques et les Sociétés. — Aubry et Rau : *op. cit.*, T. I, p. 188; Trib. Seine, 3 juillet 1889, *Journ. du Dr. int. priv.*, 94, 853; Paris, 5 juillet 1894, *ibid.*, 95, 90.

4. Cass., 26 juill. 1853, S. 53, 1, 688; D. P. 53, 1, 233; Cass., 19 mai 1863, S. 63, 1, 352 (V. les conclusions de M. le procureur général Dupin, *ibid.*); D. P. 63, 1, 219. Rouen, 23 novemb. 1862, S. 63, 1, 268; D. P. 63, 5, 355; Cass., 14 novembre 1864, S. 65, 1, 435; D. P. 64, 1, 466; Amiens, 2 mars 1865, S. 65, 2, 210; D. P. 64, 2, 105. Paris, 9 mai 1865, S. 65, 2, 211; D. P. 65, 2, 106; Cass., 23 février 1874, S. 74, 1, 145; Cass., 9 décemb. 1878, S. 79, 1, 269; Cass., 4 mars 1885, D. P. 85, 1, 353. Trib. Marseille, 17 juin 1885, *Journ. du Dr. int. priv.*, 86, 188. Limoges, 29 juin 1885, *Gaz. du Pal.*, 10 nov. 1885; Nîmes, 21 juillet 1885, *ibid.*, 12 août 1885. — Rousseau : *Man. prat. des sociét. par actions*, p. 353. — V. Lyon-Caen et Renault : *Tr. de dr. commer.*, T. II, p. 797.

5. En ce qui concerne la transmission par les modes commerciaux, par exemple par l'endossement, la question n'a jamais fait doute, par le motif que le débiteur doit nécessairement prévoir la substitution d'un créancier à un autre et qu'il lui appartient d'apprécier qu'il peut introduire seulement

dence en France ; si elle n'a pas de résidence, devant le tribunal dans l'arrondissement duquel la convention a eu lieu ou devant celui dans l'arrondissement duquel le paiement devrait être effectué (art. 420 C. P. C.). Le tribunal du domicile aurait encore qualité pour statuer si le contrat avait été passé à l'étranger et devait recevoir son exécution en France ou réciproquement, ou si le paiement devait s'effectuer à l'étranger.

Les tribunaux français ne sont pas nécessairement [1] compétents pour connaître des contestations qui s'élèvent entre des personnes dont aucune n'est française [2]. La justice française a donc le pouvoir absolu de se proclamer sans qualité pour prononcer dans un procès intéressant des étrangers qui, par exemple, lutteraient quant à l'attribution du bénéfice de l'assurance [3]. Elle peut légalement refuser de statuer sur la contestation existant entre eux.

les moyens de défense et les exceptions à diriger personnellement contre le dernier porteur (Cass., 18 août 1856, S., 57, 1, 286 ; D. P., 57, 1, 39).

Au contraire, un débat s'est engagé pour le cas où la créance est civile et transmissible par la cession ordinaire.

D'un côté, il a été jugé que le débiteur pourra opposer au cessionnaire qu'il ne peut avoir que les droits à lui cédés par l'ancien créancier et que ce dernier était étranger et ne pouvait invoquer l'art. 14 C. Civ., (Cass., 26 janvier 1833, S, 33, 1, 100 ; Paris, 27 mars 1845, S, 35, 2, 218).

D'autre part, il a été enseigné que la nature de la créance importe peu, que du moment qu'il s'agit d'un Français créancier d'un étranger, les termes de l'art. 14 étant généraux, les tribunaux français sont compétents, qu'il n'est pas exact de prétendre que le débiteur ayant pour créancier un étranger a un droit acquis à ne pas être soustrait à ses juges parce que la compétence d'un tribunal ne constitue jamais un droit acquis pour les parties à tel point qu'une loi nouvelle peut la faire cesser, que l'on voit tous les jours les créanciers obligés d'assigner leur débiteur à un nouveau domicile, bien éloigné parfois de celui qu'il avait au moment où son obligation est née (Fœlix et Demangeat : Traité du droit intern. priv., 4e édit., Paris, 1866, T. I, p. 358, note a ; Bonfils : De la compét. des trib. fr. à l'égard des étrang., Paris, 1865, n° 67 ; Deloynes : Rev. crit. de législat. et de jurisprud., 1877, p. 648 ; Despagnet : Précis de dr. intern. priv., 2e édit., Paris, 1891, p. 304).

Il a été décidé qu'une police d'assurance sur la vie passée entre un étranger et une Compagnie étrangère et cédée à un Français permet à ce dernier d'assigner la Société devant les tribunaux français, par application de l'art. 14 C. Civ. ; qu'en admettant que la cession d'une créance faite en dehors du débiteur ne puisse avoir pour résultat d'attribuer compétence à une juridiction qui était incompétente entre les parties originairement contractantes, il n'en est pas de même lorsque la cession a figuré, ainsi que cela a lieu en matière d'assurance sur la vie, dans les prévisions formelles du contrat ; que la Compagnie doit alors être considérée comme s'étant obligée directement envers le tiers qui se trouve dans la suite titulaire de la créance.

Trib. Civ. Seine, 10 janvier 1883, et sur appel, Paris, 21 novembre 1883, Rev. périod. des assur., 86, 251. V. Observat. ibid.

1. Il est, en effet, de doctrine et de jurisprudence constantes que le juge français peut se dessaisir, de même qu'il a la faculté de se considérer saisi en l'absence de toutes conclusions prises du chef de l'incompétence. — Cf. les citations fournies par MM. Vincent et Penaud : loc. cit., n° 337, etc.

2. Les décisions sont reproduites par MM. Vincent et Penaud : op. cit., n° 239, etc. ; Vincent : Revue de l'année 1888, Paris, 1890, col. X°, n° 5 ; Revue de l'année 1889, Paris, 1890, col. 1re, n° 14, etc.

3. Couteau : op. cit., T. II, p. 51. Et cet auteur ajoute que l'on ne pourrait

On ne saurait demander à la justice française de connaître, entre étrangers, de contestations relatives à des engagements contractés et exécutoires en pays étrangers[1]. Aussi pourrait-elle également refuser de régler un litige existant entre un étranger et une Société étrangère à moins que, cette incompétence étant purement relative, il y ait eu renonciation soit expresse soit tacite[2] par le défendeur, ou attribution de domicile[3], spécialement si la police avait été contractée en France par l'intermédiaire d'une succursale, l'établissement en France d'une succursale par une Compagnie étrangère comportant élection de domicile[4]; la France se trouve être à la fois le *locus contractus* et le *locus solutionis*[5].

Lorsqu'une assurance a été contractée en même temps avec une Compagnie française et une Compagnie étrangère par une police attribuant juridiction à la justice compétente pour cette dernière Compagnie, l'assuré a le droit d'agir contre la Compagnie française devant le tribunal

par une habileté de procédure, par exemple une saisie-arrêt entre les mains de la Compagnie, distraire les étrangers de leurs juges naturels.

Toutefois, bien que la clause insérée dans la police et reconnaissant la compétence de juridiction étrangère soit la loi des parties et doive être respectée, il a été jugé (Trib. Civ. Seine, 10 avril 1880, Bonnev, de Mars. : III, 248), qu'un créancier étranger peut valablement pratiquer une saisie-arrêt en France sur les sommes dues, par une Compagnie, encore bien qu'il s'agisse de sommes exigibles en vertu d'une police contractée en pays étranger par un étranger et que les tribunaux français sont compétents pour statuer sur la validité de la saisie-arrêt.

1. Cass., 17 juillet 1877, D. P. 78, 1, 366. Cass., 13 janvier 1878, D. P. 78, 1, 110. Cas., 12 janvier 1876, D. P. 76, 1, 317. — Comp. les observations de M. le conseiller Demangeat, *Journ. du Dr. int. priv.*, 1877, p. 109.

Il a été jugé ces temps derniers (Trib. civ. Seine, 11 juillet 1895, *Journ. du Dr. int. priv.*, 96, 356), qu'une Compagnie étrangère qui a en France un domicile ne saurait opposer l'exception d'incompétence alors que la contestation soulevée par un assuré de nationalité étrangère porte sur un contrat passé en France et qu'il ne s'agit que de l'*exequatur* à donner à une décision étrangère pour que celle-ci soit exécutée sur les biens possédés en France par la Société.

2. V. à titre d'exemple Trib. civ. Seine, 11 juillet 1895 (*Journ. du Dr. int. priv.*, 95, 413); dans cette affaire l'assuré étranger, après avoir été condamné au défaut, ne s'était pas borné à former opposition, il avait, en outre, conclu au fond.

3. Trib. Seine, 5 janvier 1887; Trib. Comm. Havre, 18 juin 1875, *Journ. du Dr. int. priv.*, 76, 358; Lyon, 19 mai 1876, *ibid.*, 77, 227.

4. Trib. Seine, 10 avril 1880 (Sol. impl.). Bonnev, de Mars. : III, 248. Paris, 5 novembre 1883, *Journ. des assur.*, 85, 269. Douai, 3 juin 1885, *Journ. du Dr. int. priv.*, 87, 606. V. les remarques *Journ. du Dr. int. priv.*, 1884, p. 181 et 285.

5. Si le débat a un caractère commercial, le juge français doit se déclarer compétent, Trib. comm. Bordeaux, 13 octobre 1888, *Gaz. Pal.*, 19 mai 1889, (suppl.). Trib. Comm. Seine, 26 juin 1888, *La Loi*, 21 juill. 1888. Trib. Comm. Havre, 19 mars 1889, *Journ. Havre*, 1889, 1, 197; Trib. Comm. Seine, 25 mai 1889, *Le Droit*, 15 juin 1889. Paris, 6 décembre 1889, *Le Droit*, 23 décemb. 1889.

Il en serait autrement non seulement si la convention devait s'exécuter en France, mais encore si le défendeur à l'action était domicilié en France. Trib. Seine, 26 mars 1887, *Pand. fr. pér.*, 88, 2, 281. Trib. Seine, 21 juillet 1887, (Sol. impl.).

français du ressort lorsque le débat n'existe que vis-à-vis de la Compagnie française, l'autre Compagnie ayant satisfait à ses engagements[1]. Dans ces circonstances la juridiction étrangère doit être considérée comme stipulée dans l'intérêt seul de l'assuré, lequel a la faculté d'y renoncer, sans que la Compagnie défenderesse puisse protester contre son assignation devant ses juges naturels ; les tribunaux français sont compétents pour statuer sur le litige ainsi déterminé[2].

L'étranger qui a souscrit en France une assurance avec une Compagnie française peut l'assigner devant les tribunaux français. Il importe peu que la police contienne ou non une disposition relative à la compétence. La Société française ne saurait être admise à décliner la compétence du tribunal français, ce dernier étant, en effet, son juge naturel. Mais d'autre part, quand il s'agit d'une assurance passée par un étranger avec une Compagnie française établie à l'étranger et y ayant fait élection de domicile, la justice française n'a pas à intervenir.

Il va de soi que toutes les fois que la justice française peut statuer, c'est le tribunal du siège social de la Compagnie qui est compétent.

Les Sociétés étrangères autorisées reconnues et sous les restrictions indiquées plus haut peuvent agir en France tant comme demanderesses que comme défenderesses.

Il n'en est pas de même pour les Sociétés dont l'existence n'est pas reconnue en France.

Bien que Sociétés de fait[3], on ne saurait faire abstraction de leur existence et des résultats qu'a pu amener leur action[4]. Sans doute, elles n'ont pas le droit de saisir elles-mêmes les tribunaux français par application de l'art. 15 C. Civ.[5] : il importe de les arrêter dans leurs opérations en leur faisant craindre de n'avoir pas le moyen de contraindre leur cocontractant à l'exécution de leurs obligations. Mais elles peuvent, au contraire, être citées devant ces mêmes tri-

---

1. L'attribution de juridiction aux tribunaux étrangers s'expliquait dans l'affaire qui a permis de formuler cette solution par cette considération que l'assurance contractée avec la Compagnie française se liait à celle contractée le même jour avec des Compagnies étrangères ; cette stipulation n'était faite qu'en vue de l'assuré ne voulant pas, en cas de difficultés sur le contrat, diviser sa cause et s'exposer à des contrariétés de juridiction. Cf. *Pandectes franç.*, v° *Assur. sur la vie*, n° 483.

2. Paris, 16 décembre 1858, *Journ. des assur.*, 79, 117.

3. Cass., 30 novembre 1857, D. P. 58, 6.22; Paris, 8 mars 1858, D. P. 58, 2.19 Orléans, 30 mai 1857, S. 57, 2.288   V. aussi Cass., 19 mars et 13 mai 1862, S. 62, 1.825 et 828, D. P. 62, 1.108 et 339.

La situation juridique faite à ces Sociétés est celle des Sociétés commerciales françaises déclarées nulles. — Weiss : *Traité théor. et prat. de dr. in tern. priv.*, T. II, p. 449, note 1.

4. Lyon Caen et Renault : *Traité de dr. commerc.*, T. II, p. 808.

Les savants auteurs font observer que c'est ainsi qu'on traite les Sociétés françaises, constituées irrégulièrement, et, par suite, nulles. — Cf. Bravard Veyrières et Demangeat : *Dr. Commerc.*, T. I, p. 209.

5. Cass., 1er août 1860, S. 60, 1.985; D. P. 60, 1.414.

bunaux[1] : leur situation irrégulière, opposable en tout état de cause[2], ne saurait avoir pour effet de leur conférer le privilège d'échapper aux conséquences des obligations assumées par elles et leur permettre d'en tirer profit en les exonérant de leurs charges[3].

Seulement, tandis que la procédure entamée contre une Société régulièrement constituée est introduite contre la Société même, lorsqu'il s'agit d'une Société non valablement organisée, c'est contre les administrateurs que le procès doit avoir lieu[4].

Les contestations soulevées devant les tribunaux français à l'occasion de contrats passés avec des Compagnies étrangères doivent être réglées conformément à la loi française. C'est un principe bien incontestable que les formes de procéder en justice sont régies par la loi du pays où le procès est engagé, la *lex fori*[5].

1. Paris, 22 décembre 1892, D. P. 93, 2, 157; Comp. Aix, 17 janvier 1861, D. P. 61, 2,177.
Lyon-Caen : *Condit. lég. des Sociét. étrang. en France*, Paris, 1870, p. 121, etc.; Lyon-Caen et Renault, *Précis de dr. commerc.*, T. I, p. 294 et *Traité de dr. commerc.*, T. II, p. 804, etc.; Buchère : *Des actions judic. exercées en France par les sociét. anonym. etc.* (*Journ. du Dr. int. priv.*, 1882, p. 41); Gerbaut : *Compét. des trib. fr. à l'égard des étrang.*, p. 206, etc.; Pic : *Traité de la faillite des sociét. commerc.*, Paris, 1897, p. 222; Weiss : *op. cit.*, T. II, p. 349; Laurent : *Dr. Civ. internat.*, T. IV, n° 160; Asser et Rivier : *Elém. de dr. intern. priv.*, Paris, 1884, p. 203, note; Lescœur : *Essai histor. et crit. sur la législ. des Soc. comm. en France*, Paris, 1877, n° 150; Champcommunal : *Communautés non autorisées* (*Revue prat. de dr. fr. et étr.*, T. III, 1857, p. 126); Rousseau : *Soc. commerc.*, n° 2463 et suiv.; Pipi : *Condit. lég. des sociét. étrang. en France*, Paris, 1894, p. 165. — Cass., 19 mai 1863, S. 63, 1, 353; D. P. 64, 1,218 et les conclusions de M. le procureur général Dupin, *ibid.*; Rouen, 23 novembre 1863, D. P. 63, 5, 35; Cass., 11 novembre 1864, S. 64, 1, 135; D. P. 64, 1, 166.

2. Les tribunaux pouvant, bien entendu, induire de toutes les circonstances (Trib. comm. Seine, 5 octob. 1894, *Le Droit*, 26-27 octobre 1894) la renonciation, de la part du défendeur au droit de se prévaloir du défaut d'autorisation de la Société. — Lyon-Caen et Renault : *Tr. de dr. commerc.*, T. II, p. 809.

3. De ce que la Compagnie non autorisée peut être actionnée comme défenderesse, il suit nécessairement qu'elle a la faculté d'introduire une demande soit reconventionnelle, soit en garantie. — Lyon-Caen et Renault, *Tr. de dr. commerc.*, T. II, p. 809.
Amiens, 2 mars 1864, S. 64, 1,210; D. P. 64, 2, 10; Paris, 8 avril et 9 mai 1864, S. 64, 2,210; D. P. 64, 2,106; Paris, 7 novembre 1864, S. 66, 2,113; Trib. Seine, 11 mars 1890, *Journ. du Dr. int. priv.*, 90, 155.
L'opinion contraire, (Baillot *Rev. prat. de dr. fr. et étr.*, T. XVII, p. 90; Cherpot : *Des Sociét. commerc. en dr. intern. priv.*, p. 109 et suiv.; Aix, 17 janvier 1861, S. 61, 2,335; D. P. 61, 2, 177; Rennes, 26 juin 1862, S. 63, 1, 343; D. P. 63, 1,218; Paris, 1er mai 1863, S. 63, 1,343, note; D. P. 64, 2,93; Paris, 1er mars 1872, *Journ. du Dr. int. priv.*, 73, 1,271, paraît maintenant également abandonnée.

4. Lyon-Caen : *op. cit.*, n° 66; Lyon-Caen et Renault : *Tr. de dr. commerc.*, T. II, p. 810; Rousseau : *op. cit.*, n° 1263 bis; Champcommunal : *loc. cit.*, p. 426; Gerbaut : *op. cit.*, n° 165.

5. Foelix : *Dr. intern. priv.*, T. I, p. 275; Massé : *Dr. commerc.*, 3e édit., T. II, p. 4; Laurent : *Dr. Civ. intern.*, T. II, n° 251; Asser et Rivier : *op. cit.*, p. 159; Schœffner : *Entwickl. d. internat. Procesr.*, n° 153; Esperson : *Le dr. intern. priv. dans la législ. ital.* (*Journ. du Dr. int. priv.*, 1883, p. 260); Fiore : *De la loi qui doit régir la compét. et les formes de la procéd.* (*La France judic.*, 1878, p. 130).

Les formalités à observer tant pour introduire que pour diriger une action devant un tribunal ainsi que les règles à suivre par cette dernière pour rendre une décision ne peuvent être que celles de la loi du territoire [1]. C'est par la *lex fori* que seront déterminés les formes des exploits [2], la constitution d'avoué, les délais, les voies de

Tr. Seine, 12 décembre 1842, *Le Droit*, 13 décembre 1842 ; Paris, 7 mai 1870, D. P. 72, 1, 213 ; Toulouse, 29 janvier 1872, S. 73, 2, 18 ; Douai, 1er décemb. 1880, *Journ. du Dr. int. priv.*, 82, 307 ; Limoges, 29 juin 1885, S. 87, 2, 21 ; Paris, 7 décemb. 1885, *Journ. du Dr. int. priv.*, 86, 713 ; Lyon, 23 février 1887, *Le Droit*, 7 mai 1887. — Conf. Trib. Anvers, 7 mars 1873, *Pas.*, 73, 3, 38.

1. Foelix : *op. cit.*, T. 1, p. 276.

Les Sociétés autorisées en vertu de la loi de 1857 ou par traité ne sauraient prétendre à aucun privilège en matière de procédure et de compétence. Lyon Caen et Renault : *Précis de Dr. comm.*, T. 1, p. 293. — Comp. Colmar, 11 novembre 1884, *Journ. du Dr. int. priv.*, 82, 317.

2. Il a toutefois été soutenu (Weiss : *Traité élém. de dr. intern. priv.*, 2e édit., Paris, 1890, p. 865. — Cf. Asser et Rivier : *op. cit.*, p. 160), que l'assignation ne devrait pas être régie nécessairement par la *lex fori*. Cette opinion se base sur ce que, au moment où l'assignation est lancée, l'instance n'est pas encore liée ; les plaideurs ne sont pas encore devant le juge, et le point de savoir si ce dernier sera valablement saisi, et s'il y a, par conséquent, une *lex fori* applicable à la procédure est subordonnée à la validité de l'acte introductif d'instance. D'autre part, chaque législation a entouré la signification des actes de procédure de certaines formalités et de certaines garanties destinées à en faciliter la connaissance. Ici on exige un exploit d'huissier, là, une lettre chargée suffit ; ailleurs une publication faite dans les journaux tient quelquefois lieu de signification. Or, la règle *Locus regit actum*, par application de laquelle l'on résout les conflits de lois relatifs aux formes extérieures des actes, ne doit-elle pas valider l'assignation donnée sur un territoire étranger, dans les formes locales ?

Ces raisons sont sérieuses, très sérieuses même en théorie. Mais dans la pratique l'application de la règle *Locus regit actum* serait souvent, pour le demandeur, la cause de frais, de lenteurs, d'embarras de toute sorte auxquels des traités internationaux pourraient seuls porter remède.

C'est donc avec raison que les tribunaux ont, à diverses reprises, validé des assignations à comparaître devant un tribunal étranger données à des Français résidant en France, dans les formes établies par la *lex fori*. — V. notamment, Toulouse, 29 janvier 1872, S. 73, 2, 18 ; D. P. 72, 2, 336 ; Trib. Seine, 30 mars 1886, *Journ. du Dr. int. priv.*, 87, 611 ; Paris, 6 février 1888, *Le Droit*, 16-17 août 1888.

En France les ajournements contre des personnes établies à l'étranger sont signifiés au procureur de la République qui en transmet la copie au Ministre des affaires étrangères ; ce dernier s'efforce de la faire parvenir aux intéressés par la voie diplomatique (art. 69, § 9, C. P. C., et loi du 8 mars 1882).

De ce que les délais courent du jour de la signification au parquet, le défendeur peut n'être averti que d'une façon tardive, si même il l'est jamais, malgré les prolongations de délai accordées par l'art. 73 C. P. C. M. Despagnet l'a judicieusement relevé (*op. cit.*, p. 290). Une excellente innovation consisterait à assigner directement le défendeur à son domicile, en observant les formalités prescrites par la loi du pays où il se trouve, conformément à la règle *Locus regit actum*.

Cependant, comme les législations étrangères peuvent ne pas reconnaître la validité d'une assignation devant le tribunal d'un autre pays, on ne pourrait pas introduire cette règle comme un principe absolu dans notre Code de procédure ; c'est par la voie des traités que l'on devrait arriver à une entente générale sur ce point (Résolut. de l'Inst. de dr. internat., session de 1877, à Zurich (*Annuaire de l'Institut*, T. II, p. 150)).

recours possibles[1], comme l'appel, l'opposition, la requête civile ou le pourvoi en cassation[2], la rédaction et la prononciation des jugements ainsi que le moment où ils ont acquis l'autorité de la chose jugée[3].

Pour les preuves l'on a longtemps discuté sur le point de savoir si l'admissibilité dépendrait de la *lex fori*. Bien qu'il ait été soutenu que le juge a le droit de n'accepter que les preuves qui, d'après la loi de son pays, sont de nature à former sa conviction[4], il semble acquis aujourd'hui[5], que pour dire si une preuve est ou non admissible il faut consulter la loi du pays où s'est accompli le fait à prouver, ou la loi d'après laquelle doit être apprécié le droit qui fait l'objet de la contestation et non la loi du pays où le procès est engagé. Mais il est indubitable que c'est la *lex fori* qui régit la forme dans laquelle la preuve doit être produite puisqu'il ne s'agit que d'une simple question de procédure[6].

Les dispositions légales concernant la caution *judicatum solvi* art. 16 C. Civ.; art. 166, 167 C.P.C. sont applicables. Toutes les fois qu'un assureur étranger[7] voudra soumettre à un tribunal français[8]

En France on admet l'ajournement signifié en la forme française, d'après la règle *locus regit actum*, pour assigner devant la juridiction étrangère compétente. On accepte même qu'en pareil cas l'ajournement signifié en France et fait sous la forme étrangère, en le considérant comme une partie de la procédure qui doit être régie par la *lex fori*, c'est-à-dire, dans l'espèce par la loi étrangère. — Chausse: *Rev. crit. de législat. et de jurisprud.*, 1887, p. 289; *Rev. crit. de législat. et de jurisprud.*, 1888, p. 193; Toulouse, 29 janvier 1872, S. 73. 2. 18.

Les notifications ou significations entre parties au cours du procès peuvent être faites régulièrement au représentant légal de la partie (*procurator ad litem*); lorsque, par exception, elles devront être faites à la partie même la remise s'en fera sans difficulté à son domicile d'élection. — Asser et Rivier: op. cit., p. 165.

1. Cass., 5 juin 1872, *Journ. du Dr. int. priv.*, 74, 125.

2. Il en est de même pour la péremption d'instance. — Weiss: op. cit., p. 708. Despagnet: op. cit, p. 289. — Comp. Asser et Rivier: op. cit., p. 166.

3. Despagnet: *Précis de dr. intern. prive*, 2e édit., Paris, 1891, p. 289.

4. Bar: *Das internationale Privat-und Strafrecht*, Hanovre, 1862, n° 123.

5. Asser et Rivier: op. cit., p. 167 et 168; Laurent, op. cit., T. VIII, p. 45 et suiv.; Institut de Droit internat., session de Zurich, 1877, (*Annuaire de l'Instit. de dr. intern.*, T. II, p. 141); Cass., 21 août 1860, *Journ. du Dr. int. priv.*, 80, 80. Renault: *Rev. crit. de législat et de jurisprud.*, 1884, p. 186; Despagnet: op. cit., p. 290

6. Il faudra donc s'en tenir à la loi française lorsqu'il s'agira du chiffre pour lequel la preuve testimoniale est admise, ou bien lorsque la capacité des témoins sera mise en question, quand il faudra songer à la récusation, ou enfin au cas où le serment serait à prêter. — Comp. Foelix et Demangeat: op. cit., T. I, p. 179 et suiv.; Laurent, op. cit, T. VIII, p. 99, etc.; Cass., 3 mars 1846, S. 46. 1. 93. Despagnet: op. cit, p. 292. Comp. Bard: *Précis de droit internat.*, Paris, 1883, p. 342; Asser et Rivier: op. cit., p. 159 et 170.

7. La disposition du Code Civil est générale et concerne aussi bien la Société étrangère que l'individu étranger. — Lyon Caen: *Condit. lég. des Sociét. étrang. en France*, p. 54; Gerbaut: op. cit, p. 63; Weiss: op. cit., p. 761 et 762; Moulin: *Du droit pour les sociétés commerc. étrang. d'ester en France.* (*Journ. du Dr. int. priv.*, 1896, p. 95 s.), Paris, 27 juillet 1875, D. P. 77. 2. 98.

8. Tant devant la justice de paix que devant le tribunal civil, devant la Cour d'appel et même en cassation. — Weiss: op. cit., p. 761.

un litige concernant un assuré français, il devra fournir cette caution, à moins que le litige n'ait un caractère commercial [1], que l'assureur n'ait réalisé une garantie par un dépôt à la Caisse des dépôts et consignations [2], ou que la Société possède en France des immeubles d'une valeur suffisante pour couvrir les frais et dommages qu'il peut avoir à supporter à la suite du procès, ou enfin qu'il n'existe une dispense légale [3].

On applique le droit commun en ce qui concerne les formes dans lesquelles la caution peut être requise. Il est superflu d'insister. Il suffit de noter ici qu'elle doit être demandée expressément et surtout *in limine litis* [4] et avant toutes conclusions au fond [5] et même avant le débat sur l'incompétence [6].

À défaut de conventions spéciales [7], les tribunaux français doivent

---

1. C'est la loi française qui doit être consultée toutes les fois qu'un doute s'élèvera sur la nature civile ou commerciale du litige. — Weiss : *op. cit.*, p. 765.

2. La garantie peut résulter tant d'une somme consignée que de l'intervention d'un tiers s'engageant comme caution.

3. La loi affranchit non seulement les étrangers autorisés, conformément à l'art. 13 C. Civ., à établir leur domicile en France et ceux qui, en vertu de traités, sont admis à la jouissance des droits civils, mais encore les nationaux des États pour lesquels des traités conclus avec la France ont supprimé l'obligation de la caution *judicatum solvi*. — Pour ces traités, Comp. Vincent et Penaud : *Dict. de dr. intern. priv.*, v° *Caution judicat. solv.*, n°s 70 et suiv. ; Weiss : *Tr. élém. de dr. intern. priv.*, p. 768 à 769 ; Despagnet : *op. cit.*, p. 297 ; Lachau : *Bullet. de la Soc. de législat. comp.*, août-sept. 1896, p. 529.

Il ne semble pas utile d'insister. Ce qu'il faut seulement retenir, c'est que la dispense résulte non seulement de conventions diplomatiques, de traités à proprement parler tels que ceux intervenus avec la Suisse, l'Espagne, etc., en 1828 et en 1882, mais aussi bien de la clause dite de *libre accès* insérée dans les conventions avec la Russie, le Mexique, etc., pour modifier les relations judiciaires des pays entre eux. (Weiss : *op. cit.*, p. 769 ; Trib. Seine, 15 juin 1887, *Le Droit*, 17 juin 1887. — Comp. Vincent : *Les étrang. dev. les trib. fr. Clause du libre et facile accès*, Paris, 1888), et peut-être, comme on l'a soutenu parfois, (David : *De la compét. en mat. commerc.*, p. 537), de la stipulation *du traitement de la nation la plus favorisée.* V. *Supra* T. III p. 129. note.

Mais il a été jugé que les Sociétés autorisées en vertu du traité franco-anglais du 30 avril 1862 ne pourraient l'invoquer pour s'affranchir de la caution *judicatum solvi*. Paris, 27 juillet 1875, *Journ. du Dr. int. priv.*, 76, 357. — Mais, V. Lescœur : *op. cit.* n° 159 ; Rousseau : *Sociét.*, n° 214.

Il semble certain que : la dispense était révoquée au cours de la procédure, l'étranger ne pourrait formuler aucune critique et que le défendeur français devrait aussitôt proposer l'exception. — Trib. Bruxelles, 25 février 1876, *Journ. du Dr. int. priv.*, 78,540. Weiss : *op. cit.*, p. 772.

4. V. art. 166 C. P. C. — Cass., 2 décembre 1834, S. 32, 1, 629 ; D. P. 33, 1, 47.

5. Cass., 19 décembre 1865, *Gaz. des Trib.*, 21 décembre 1865.

6. Demolombe : *C. Nap.*, T. I. n° 235 ; Boitard et Colmet d'Aage : *Leçons de procéd. civ.*, T. I, n° 369 ; Bonceune : *Théor. de la procéd.*, T. III, p. 209 ; Bloche : *Dict. de procéd.*, v° *Caution judicatum solvi* n° 123 ; Poncet : *Traité des actions*, n° 172 ; Gerbaut : *op. cit.*, p. 94 et suiv. ; Weiss : *op. cit.*, p. 711 ; Despagnet : *op. cit.*, p. 297 ; Metz, 26 avril 1820 ; Bruxelles, 27 octob. 1828 ; Bordeaux, 13 juillet 1831. Dalloz, *Rep.*, v° *Exception*, n° 77. Trib. Seine, 23 août 1871, *Journ. du Dr. int. priv.*, 82, 696 ; Trib. civ. Nancy, 8 février 1886, *ibid.*, 99, 2 6 ; Trib. Seine, 2 juin 1886, *ibid.*, 88, 778.

7. Il est à noter que les tribunaux français devraient refuser de tenir

apprécier d'après la loi française la validité ainsi que les clauses de la police acceptée par une Compagnie étrangère [1]. Ainsi par exemple, en cas d'assurance contractée en France sur la tête d'un tiers par une Compagnie étrangère, cette dernière ne pourrait, dans le silence de la police, invoquer pour se soustraire au paiement de l'indemnité, les dispositions de la loi étrangère prohibant l'assurance sur la tête d'un tiers [2]. Il en est de même relativement au mode de paiement des primes : pour rechercher si les primes étaient quérables ou portables il y a lieu, dans le silence de la police, d'appliquer au contrat d'assurance souscrit en France les règles du droit commun français [3].

Le jugement rendu en France contre une Compagnie dont le siège est à l'étranger, lorsqu'il est rendu conformément à la loi française, produit tous les effets prévus par la loi française [4]. Son interprétation aussi bien que son exécution en France [5] doivent être poursuivies dans les conditions fixées par la loi française sans qu'il y ait lieu de s'arrêter à la nationalité des parties [6].

Seulement cette décision n'a d'effet que pour le territoire français [7]. La partie qui désire s'en prévaloir dans un pays étranger doit faire diligences à l'effet d'obtenir du juge de ce pays une sentence rendant la décision française exécutoire dans cette contrée.

Partout il faut un *exequatur* conféré par les tribunaux étrangers. Les conditions peuvent varier [8], mais la règle n'en est pas moins générale et absolue.

Toute personne, française ou étrangère [9], peut pratiquer en France

compte de dispositions contraires à la morale, à l'ordre public et aux bonnes mœurs. C'est ainsi, par exemple, que malgré une clause assurant le suicide ou le duel, le juge français devrait proclamer la libération de la Compagnie.

1. Cass., 18 décembre 1872, S. 73, 1, 35 ; Trib. Seine, 26 novembre 1864, Bonnev. de Mars, : III, 107 ; Trib. Besançon, 21 novemb. 1871. — Comp. C. Alabama, 1878, *Journ. du Dr. intern. priv.*, 80, 311.

2. Trib. Seine, 26 novembre 1864, Bonnev. de Mars, : III, 107.

3. Trib. Besançon, 21 novembre 1871 ; Cass., 18 décembre 1872, S. 73, 1, 35.

4. Cass., 29 janvier 1866, S. 66, 1, 105.

5. C'est le juge français qui connaît aussi bien de l'interprétation de sa décision que de son exécution, quelle que soit la nationalité des parties. — Trib. Seine, 1er août et 19 décembre 1886, *Journ. du Dr. int. priv.*, 86, 325 et 704 ; V. aussi Trib. Saint-Malo, 27 juin 1885, *ibid.*, 86, 196.

6. Ainsi l'étranger peut faire opposition au jugement français, même après une décision d'*exequatur*. Trib. Lyon, 24 avril 1856 et Lyon, 11 décembre 1856, S. 57, 2, 342 ; D. P. 57, 2, 118. — V. toutefois Bruxelles, 19 février 1869, *Pas.*, 69, 2, 231 ; Trib. Courtrai, 21 juin 1879, *Pas.*, 79, 3, 311, *Journ. du Dr. int. priv.*, 80, 408 et 409.

7. C'est si vrai que le juge français ne saurait enjoindre aux autorités étrangères de faire exécuter sa sentence. — Cass., 8 décembre 1851, D. P. 52, 1, 5.

8. Si certaines législations autorisent la révision au fond (celles de la Belgique, des Pays-Bas, du Portugal, de la Suède et de la Norwège, de la Suisse), d'autres écartent d'une façon absolue le droit de révision au fond (celles de l'Angleterre, du Danemark, des États-Unis, de l'Italie, de la Russie), d'autres enfin écartent le droit de révision sous condition de réciprocité (celles de l'Allemagne, de l'Autriche, de l'Espagne, de la Grèce, de la Roumanie, de la Suisse allemande). — Gary : *op. cit.*, p. 631.

9. Tant pour une obligation contractée en France que pour une obligation

une saisie-arrêt au préjudice de son débiteur [1]. Cette exécution peut intervenir non seulement à la suite d'un jugement rendu en France [2], mais encore en vertu d'un acte passé à l'étranger, soit authentique, soit privé [3] et surtout en conformité d'un jugement prononcé à l'étranger même non revêtu de l'*exequatur* [4].

Cette jurisprudence est applicable à la Compagnie étrangère qui agit en France.

Le créancier, quelle que soit sa nationalité, qui pratique en France une saisie-arrêt, doit se conformer nécessairement aux règles édictées par le droit français. Il doit donc s'en tenir aux prescriptions du Code de procédure civile pour l'opposition à dénoncer au débiteur et au tiers saisi; pour l'assignation de ce tiers saisi en déclaration affirmative, pour l'instance en validité. Dans le cas où il y a lieu de dénoncer, pour la régularité de la procédure, la saisie-arrêt pratiquée en France au débiteur saisi domicilié en pays étranger, la dénonciation et l'assignation en validité devront être signifiées dans la huitaine de la saisie au parquet du procureur de la République, sans que l'on puisse invoquer l'augmentation du délai à raison de la distance entre le domicile du saisissant et celui du débiteur prévue par l'art. 563 C. P. C. seulement à l'égard du débiteur domicilié en France [5].

Tout ce qui se rapporte à la saisie immobilière ou à la saisie exécution étant entièrement soumis à la compétence des tribunaux de l'État où les biens sont situés et à la procédure prévue par la législation de cet État [6], lorsque le créancier d'une Compagnie possédant des meubles ou des immeubles en France voudra recourir aux voies d'exécution il devra se soumettre à la juridiction et aux modes de procéder adoptés en France.

---

contractée à l'étranger, V. notamm. Cass., 23 mars 1868, S. 68, 1, 327; Paris, 9 avril 1874, S. 76, 2, 114; Trib. comm. Marseille, 14 février 1880, *Journ. du Dr. int. priv.*, 80, 302; Trib. Seine, 1er août 1883 et Paris, 31 mars 1886, *Journ. du Dr. int. priv.*, 86, 325; — Cont. Paris, 28 décembre 1887, *Pand. fr. pér.*, 88, 2, 59; Trib. Seine, 10 avril 1890, *Bonnes de Mars.*, III, 248.

1. Féraud Giraud : *loc. cit.*, p. 234 et suiv.; Clunet : *Saisie-arrêt pratiquée en France par un étranger sur un Français*, (*Journ. du Dr. int. priv.*, 1882, p. 5) et s.; Foelix et Demangeat : *op. cit.*, T. I, p. 342, note. — Paris, 19 janvier 1846, S. 50, 2, 462; Cass., 23 mars 1864, précité; Paris, 9 avril 1874 ; Trib. comm. Marseille, 14 février 1880 précités. — Cont. Bruxelles, 14 janvier 1839, *Pas.*, 39, 9; Trib. Gand, 6 avril 1870, *Belg. jud.*, 74, 59; Trib. Anvers, 25 novembre 1874, *ibid.*, 72, 719.

2. Et sans qu'il puisse être objecté que ce jugement n'avait pas été rendu exécutoire dans le pays où le débiteur était établi. — Paris, 26 mai 1875, *Journ. du Dr. int. priv.*, 76, 254.

3. C'est en effet la force probante de l'acte qui permet de pratiquer la saisie. — V. Vincent et Penaud : *op. cit.*, v° *Saisie-arrêt*, n° 28 et 29.

4. On semble admettre que lorsque la saisie-arrêt n'a qu'un caractère conservatoire et ne devient un acte d'exécution qu'au moment où elle est validée, le jugement étranger peut légitimer la saisie. — V. Vincent et Penaud : *op. cit.*, v° *Jugement étranger*, n° 52.

5. Gary : *op. cit.*, p. 64. — Paris, 27 janvier 1870, D. P. 71, 2, 100; S. 70, 2, 103; Cass., 6 messidor 1872, S. 72, 1, 363; Trib. Anvers, 23 juin 1882, *Journ. des Trib.*, 82, 499; Bruxelles, 20 février, 1885, *Belg. jud.*, 85, 114.

6. Gary : *op. cit.*, p. 65.

CHAPITRE CINQUIÈME.

SOCIÉTÉS FRANÇAISES OPÉRANT A L'ÉTRANGER

Les Compagnies françaises d'assurances offrent une telle sécurité que très fréquemment elles reçoivent des propositions émanant d'étrangers fixés en France. Les contestations qui s'élèvent en pareil cas, en dehors, du reste, de toute clause attribuant formellement compétence au tribunal du siège social de la Compagnie, sont nécessairement soumises à la juridiction française. Quand c'est la Compagnie qui est demanderesse et sauf renonciation au privilège édicté par la loi, l'art. 14 du Code Civil fait une obligation à l'étranger défendeur d'accepter la juridiction française. Si, au contraire, c'est la Compagnie qui est défenderesse, comme le contrat a été conclu en France c'est la justice française qui est compétente, par application de l'art. 15 et dans les termes des art. 59 et 420 C. P. C.

Mais les Compagnies françaises peuvent encore, par l'intermédiaire d'établissements, de succursales fondés hors du territoire, accepter des contrats proposés par des étrangers.

La plupart des législations autorisent les Compagnies créées dans d'autres pays à ester en justice à la condition de se soumettre à la compétence, à la juridiction des tribunaux du pays[1].

1. C'est requis et établi [...], par exemple, en Belgique par la loi du 18 mai 1873 et l'art. 128 de la loi du 22 août 18[7][3]. (V. Houpin : *Traité théor. et prat. des sociét. par actions*, Paris, 18[9]0, t. II, p. 6[3] etc.); en Hollande (V. les arrêts cités *Journ. du Dr. int. priv.*, 18[9]8, p. 6[2][4]); en Suède, en Danemark, en Espagne, d[u] 30 juill. 18[9]2 (V. L. roy. du 4 novemb. 18[9]3, en Serbie, en Bavière à Berne, à Fribourg, en Hongrie, dans le Grand Duché de Luxembourg, en Roumanie, en Portugal, en Angleterre (V. *Journ. du Dr. int. priv.*, 1882, p. 173, etc.). Convent. franco-anglaise du [2] mars 186[2], art. 1[5], en Alsace Lorraine, etc. Cf. Olivier : *Les Compagnies d'assurances sur la vie devant la législation étrangère* (Monit. général des assur., 18[7]4, p. 301, etc.)

Il convient d'ajouter que dans plusieurs pays, notamment en Autriche, (V. Lyon Caen : *Journ. du Dr. int. priv.*, 188[5], p. 2[7]1), en Hongrie (Blanchet : *Journ. du Dr. int. priv.*, 18[8]7, p. [4]5) etc., la succursale de la Société étrangère doit avoir à ca [...] plusieurs représentants agréés par le gouvernement.

Les Compagnies françaises qui sont engagées par les actes de leurs représentants, des chefs de leurs succursales doivent se soumettre à ces dispositions [1].

domiciliés en Autriche et chargés d'agir au nom de la Société devant les tribunaux.

Un Act de 1878 (*Annuaire de législat. etc.*, 1878, p. 683) a disposé que les Sociétés étrangères établies dans l'État du Massachussetts doivent nommer le Commissaire d'assurances de l'État pour leur mandataire légal à l'effet de les représenter dans leurs procès. Une disposition analogue (24 mai 1881. *Annuaire de législat. etc.*, 1881 p. 776.) impose à toute Compagnie dont le siège n'est pas établi dans l'État de New-York l'obligation de charger, avant toute opération, le préposé du département des assurances de recevoir la signification des actes judiciaires en cas de poursuites contre la Compagnie.

1. Quand la Compagnie française ne peut être considérée comme valablement représentée à l'étranger, c'est devant les tribunaux français qu'elle doit être poursuivie. Mais sous réserve de la possibilité de traités, la liberté des conventions ne s'oppose pas, en principe, à ce qu'un tribunal soit désigné pour connaître des contestations.

En Allemagne les règles de compétence sont les mêmes à l'égard des étrangers qu'à l'égard des nationaux : c'est le lieu où est établi le statut général de juridiction du défendeur ; en d'autres termes, le lieu de son domicile qui détermine le tribunal compétent pour connaître d'une action française. Ainsi un Français dont le principal établissement est demeuré fixé en France ne saurait, s'il est défendeur à une action personnelle, être cité devant un tribunal d'Allemagne par un sujet allemand, même s'il avait eu sa résidence en Allemagne.

Les tribunaux autrichiens ne sont pas, d'une façon générale, compétents pour connaître des actions personnelles dirigées par un sujet autrichien contre un étranger dont le domicile est hors de l'Autriche ; l'étranger doit être assigné en matière personnelle devant le tribunal du lieu de son domicile. Pourtant les juridictions de l'Empire pourraient être saisies compétemment d'une action contre un étranger non domicilié dans l'État si cet étranger peut être considéré comme s'étant soumis à la jurisprudence territoriale, par exemple en contractant en Autriche, s'il possède des immeubles en Autriche, enfin en cas d'urgence (Trib. supr. Vienne, 16 novembre 1876; Foelix et Demangeat : *Traité de dr. intern. priv.*, T. I, p. 382; Weiss : *op. cit.*, p. 935).

En Belgique, aux termes de la loi du 25 mars 1886, (*Annuaire de législat. etc.*, 1886, p. 370) les étrangers peuvent être assignés en matière personnelle devant les tribunaux du Royaume soit par un Belge, soit par un étranger s'ils ont en Belgique un domicile ou une résidence (mais une résidence comportant un séjour de quelque durée, Bruxelles, 8 août 1881, *Pas.*, 82, 2, 147), ou s'ils y ont fait élection de domicile ; si l'obligation qui sert de base à la demande est née, a été ou doit être exécutée en Belgique, s'il s'agit de demandes en validité ou en mainlevée des saisies-arrêts formées dans le Royaume ou de toutes autres mesures provisoires ou conservatoires ; si la demande est connexe à un procès déjà pendant devant un tribunal belge, dans le cas où il y a plusieurs défendeurs dont l'un a en Belgique son domicile ou sa résidence. Les tribunaux belges sont aussi compétents à l'égard des étrangers si l'action est relative à une succession ouverte en Belgique et s'il s'agit d'une contestation en matière de faillite, quand cette faillite est ouverte en Belgique.

La justice anglaise connaît non seulement de toutes actions personnelles concernant des étrangers domiciliés en Angleterre ainsi que de toutes actions en matière de successions mobilières, mais encore des actions personnelles, s'il s'agit d'un contrat, ou si l'action est basée sur l'inexécution commise en Angleterre d'un contrat fait dans n'importe quel pays mais devant, d'après sa teneur, être exécuté en Angleterre ou si l'étranger est défendeur en même temps qu'un tiers domicilié en Angleterre. (Pavitt : *De la Compét. des*

Lorsqu'une Compagnie française est justiciable d'un tribunal étranger, c'est la procédure en vigueur dans le pays qu'il faut suivre pour la contestation. C'est la *lex fori* qui est et qui doit être applicable. Dans la plupart des traités internationaux il est expressément con-

cours des anglais particulièrement à l'égard des étrangers. (*Journ. du Dr. int. priv.*, 1885, p. 543.)

En Italie, d'après le Code de procédure civile (art. 105-107), les étrangers qui ne résident pas dans le pays peuvent être assignés devant la justice locale, quelle que soit la nationalité du demandeur ; s'il s'agit d'obligations provenant de contrats ou de faits accomplis dans le Royaume ou qui doivent y recevoir exécution. (Milan, 5 févr. 1889, *Monit. des Trib.*, 89, 222), — sans que l'art. 14 C. Civ. fr. puisse être invoqué. (Brescia, 11 sept. 1875 ; Catane, 22 mars 1879 ; Gênes, 1 avril 1884 ; Naples, 30 décemb. 1883 ; Cass. Turin, 30 mars 1883, *Journ. du Dr. int. priv.*, 81, 542 ; 85, 161 et 167) ; — dans tous les autres cas dans lesquels il peut être procédé par réciprocité (Trib. Gênes, 30 janv. 1889, *Temi Genov.*, 89, 127.) La même compétence existe à l'égard des étrangers même résidant en Italie pour obligations contractées en pays étranger, quand l'étranger n'a dans le Royaume ni résidence, ni demeure, ni domicile élu et qu'aucun lieu n'a été déterminé pour l'exécution de l'obligation. L'action personnelle est portée devant le juge du lieu où le demandeur a son domicile ou sa résidence.

Le Traité du 15 avril 1890 a réglementé la compétence des tribunaux suisses à l'égard des Français (Cf. Vincent et Pénaud, *op. cit.*, v° *Compét. en mat. civile*, n° 113 et suiv.) Pour les contestations entre Français et Suisses ou entre Suisses et Français c'est le tribunal du domicile du défendeur qui est compétent (Lyon, 25 juillet 1874, D. P. 76. 2. 125 ; Trib. Seine, 1er août 1875, *Journ. du Dr. int. priv.*, 76, 187 ; Cass., 11 juin 1879, S. 80. 1. 33 ; D. P. 80. 1. 21 ; Trib. Seine, 9 août 1884, *Journ. du Dr. int. priv.*, 84, 198 ; Trib. comm. Marseille, 21 août 1885, *Rev. intern. de dr. marit.*, 85-86, 231 ; Brocher ; *Comm. théor. et prat. du traité franco-suisse du 15 juin 1889*, Genève, 1889, p. 20 ; Roguin ; *Journ. du Dr. int. priv.*, 1886, p. 561.) Toutefois un Français s'il n'est pas simplement résidant (Neuchâtel, 24 octob. 1878, Trib. comm., Genève, 8 avril 1886, *Journ. du Dr. int. priv.*, 87, 682 ; Trib. civ. Genève 25 févr. 1886, *ibid.*, 87, 764 ; Martin ; *Etude sur le traité franco-suisse de 1889*, (*Journ. du Dr. int. priv.*, 1879, p. 118 etc.) pourra poursuivre son action devant les juges naturels du défendeur suisse. Quelle que soit la nature, civile ou commerciale, d'une action mobilière et personnelle dirigée par un Français contre un Suisse, elle doit être portée devant les tribunaux de la Suisse si, au moment où le procès est engagé le défendeur ne réside pas en France (Paris, 28 mai 1884, *Journ. du Dr. int. priv.*, 84, 644). Si l'action a pour objet l'exécution d'un contrat convenu par le défendeur suisse dans un lieu situé en France, elle pourra être portée devant les juges du lieu où le contrat a été passé, si les parties y résident au moment du procès.

Il faut ajouter que les Compagnies françaises d'assurances sur la vie n'obtiennent du Conseil d'État l'autorisation d'exercer dans le canton de Genève que moyennant l'engagement formel et rigoureusement obligatoire de soumettre les contestations aux tribunaux du canton (Trib. civ. Genève, 8 mars, 6 décemb. 1888, *Sem. jud.*, 11 et xe 1889, p. 734, sans pouvoir opposer les dispositions du traité franco-suisse du 15 juin 1869. (Trib. comm. Genève, 9 mars 1886 *Sem. jud.*, 86, 199 ; C. Genève, 8 mars 1889, *Sem. jud.*, 89, 89, 724.)

En Danemark les actions personnelles doivent être soumises au tribunal du domicile du défendeur quand même ce dernier est étranger. Il en est de même en Espagne (Foelix et Demangeat ; *op. cit.*, T. I, p. 357 et à 8.) Au contraire, en Hollande l'étranger, même non résidant dans les Pays-Bas, peut être cité devant le juge néerlandais pour l'exécution des obligations par lui contractées envers un Néerlandais soit dans les Pays-Bas, soit à l'étranger. (Foelix et Demangeat ; *op. cit.*, p. 389 ; Asser ; *Rev. de dr. intern.*, 1875, p. 112.) Un étranger non domicilié en Suède ou en Norwège peut être cité devant

venu que les Français seront admis à se faire représenter et assister en justice au même titre que les régnicoles [1].

Quand le juge étranger est saisi de difficultés suscitées par un contrat d'assurance passé à l'étranger par une Compagnie française avec une personne habitant le pays, il doit, si les parties n'ont rien dit à cet égard, tenir compte de la législation du lieu où la convention a été passée, pour l'interprétation, s'en tenir aux lois de l'État ; c'est une application de la règle qui domine le droit international, *locus regit actum* [2].

La procédure entamée hors de France entre un étranger et une Compagnie française [3] peut se terminer par la condamnation de cette dernière. Il convient alors de se demander, et la question a son importance au cas où la succursale a le droit d'engager la Compagnie dont le siège social est en France, quelle est la valeur de ce jugement et si l'étranger peut se prévaloir en France de la décision intervenue en sa faveur.

L'autorité de la chose jugée n'appartenant pas nécessairement aux jugements rendus par les tribunaux étrangers contre des Français, la sentence prononcée hors du territoire français ne s'impose point par cela même. Il est indispensable que la justice française accorde l'*exequatur* (art. 2123 C. Civ. et 546 C. P. C.) [5]. Seulement il ne s'agit pas d'un simple examen de forme destiné à procurer à la décision la force exécutoire qui lui manque ; le juge français du premier degré [5] doit non pas seulement s'en tenir à rechercher si l'on a tenu compte de ce qui, en France, est considéré comme touchant à l'ordre public, mais

les tribunaux ordinaires s'il est présent sur le territoire du royaume ou s'il s'agit de l'exécution d'obligations contractées par lui dans le royaume. Un Français est valablement assigné devant les tribunaux norwégiens et l'ajournement lui est signifié à son domicile en France par un avoué dont la signature est légalisée par le consul norwégien, avoué qui, d'après l'attestation du consul, fait office de *notarius publicus* (Haugesterd, 5 avril 1894. *Journ. du Dr. int. priv.*, 96, 241).

Cf. Gary : *De la condition juridique des Français à l'étranger*, Paris, 1890, p. 607 à 643.

1. Gary : *op. cit.*, p. 619.

2. V. notamm. en matière d'assurance sur la vie, C. Alabama, 1878, *Journ. du Dr. int. priv.*, 89, 311 ; C. de Circuit des États-Unis, 27 janvier 1881, *Albany Law Journ.*, XXIII, 498 et *Journ. du Dr. int. priv.*, 82, 442 ; Anvers, 23 mai 1877, *Jurispred. d'Anvers*, 77, 2, 186. Cf. Haute Cour de justice d'Angleterre, 5 et 6 avril 1895 (*Journ. du Dr. int. priv.*, 96, 1131).

Il en est de même en ce qui concerne les preuves. Parfois le législateur a édicté des dispositions spéciales à ce propos. V. notam. Loi 13 juin 1892 pour l'État du Massachusetts, *Annuaire de législ. étr.*, 1892, p. 943.

3. Ou même à l'étranger entre un Français et une Compagnie française.

4. V. spécialem. en matière d'assurance sur la vie Trib., civ. Seine, 11 juillet 1895 (*Journ. du Dr. int. priv.*, 96, 356).

Jugé (Trib. civ. Seine, 11 juillet 1895, *Journ. du Dr. int. priv.*, 96, 356) que le droit de révision existe au cas où il s'agit d'exécuter en France sur le biens appartenant en France à une Compagnie même si le litige n'intéresse que des étrangers.

5. Cass., 27 décembre 1852, S. 53, 1, 96. — Cf. Hard : *op. cit.*, p. 318.

aussi et sous réserve des traités conclus pour l'exécution des jugements étrangers[1], constater s'il y a réellement autorité de la chose jugée, apprécier le litige au fond[2], au point de vue de l'équité, du droit, de l'ordre public international, sans pouvoir toutefois non seulement contredire les constatations de fait relatées dans le jugement étranger[3], mais rien ajouter car ce serait, non pas réviser, contrôler, mais bien substituer une nouvelle sentence qui, seule, recevrait exécution, contrairement aux dispositions des art. 2123 C. Civ. et 546 C. P. C.[4]

[1]. Ce peut être aussi bien le tribunal civil que le tribunal de commerce, selon les cas. — Lyon, 19 mars 1890, *Journ. du Dr. int. priv.*, 91, 266. — Comp. Nancy, 3 juillet 1877, *ibid.*, 77, 236. V. sur la compétence, Gary : *op. cit.*, p. 629. Il convient toutefois de faire observer que la question de savoir si l'exequatur des jugements rendus à l'étranger statuant en matière commerciale ne doit pas être accordé uniquement par les tribunaux civils est fort discutée. — Comp. Gren., 30 juillet 1889 S. 91, 1, 389 ; Rennes, 26 décembre 1879, S. 81, 2, 81 D. P. 80, 2, 52 ; Rouen, 22 décembre 1885 S. 88, 1, 313 ; Aix, 9 février 1888, *Journ. du Dr. int. priv.*, 90, 275, Trib. civ. Seine, 26 février 1896 *ibid.*, 96,612 — V. Aubry et Rau : *op. cit.*, T. VIII, p. 419 avec les renvois (note 16); Weiss : *Traité de dr. int. priv.*, p. 829 et 830.

Bien entendu l'on ne saurait indiquer ici la procédure à suivre en pareil cas. V. Vincent et Pénaud : *op. cit.*, v° *Jugement étranger*, n° 96 et suiv. ; Dapuin : *De l'autor. et de l'exécut. des jugem. étrang. en mat. civile et comm.*, Paris, 1881, p. 179 à 208; Gary : *op. cit.*, p. 624 et suiv.; Moreau : *Effets internat. des jugem. en mat. civile*, Paris, 1884, p. 149 et suiv.

[1]. Dans un ouvrage de ce genre il n'est pas possible de présenter de plus longs détails et notamment d'indiquer les clauses des traités ou conventions diplomatiques. Il suffira de renvoyer soit à l'ouvrage de M. Weiss (p. 834 et suiv.), soit à celui de M. Despagnet (p. 334, etc.), soit au *Dictionnaire de droit international privé* de MM. Vincent et Pénaud (v° *Jugement étranger*, n°s 262 et suiv.), au livre de MM. Lachau et Dapuin (p. 137 et suiv.), enfin à celui de M. Moreau (*op. cit.*, p. 181 et suiv.).

[2]. Comp. sur les systèmes divergents qui ont été formulés à cet égard, Weiss : *op. cit.*, p. 824 et suiv., avec les renvois de doctrine et de jurisprudence ; Despagnet : *op. cit.*, p. 331 et 332. Vincent et Pénaud : *op. cit.*, v° *Jugement étranger*, n° 182 et suiv., Lachau et C. Dapuin : *De l'exécution des jugements étrangers d'après la jurisprud. franç.*, Paris, 1889, p. 1 et suiv.; Moreau : *op. cit.*

[3]. Pau, 30 juin 1840, S. 13, 1, 671 ; Trib. comm. Seine, 15 juin 1887, *Le Droit*, 26 sept. 1887 ; Paris, 7 décemb. 1885, *Journ. du Dr. int. priv.*, 86, 713. — Cont. Bordeaux, 10 févr. 1824, S. 24, 2, 109; Cass., 21 févr. 1826, S. 26, 1, 322 ; 6 janvier 1873, S. 73, 1, 304 ; Boulils : *Compét. des trib. fr. à l'égard des étrang.*, Paris, 1865, p. 223, etc., Durmangeat : *Condit. des étrang.*, n° 82 ; Fiore : *Effets internat. des jugem.*, n° 21. Valette : *De l'hypothèque et de l'exécution forcée qui peuvent résulter en France des jugements étrangers* (Rev. de dr. fr. et étr., T. VI, p. 665 et suiv. et *Mélanges de droit, de jurisprudence et de législation*, Paris, 1880, T. Ier, p. 333, et suiv.)

Naturellement il est essentiel que les points de fait soient acquis par un mode de preuve admis par la loi française.

[4]. Paris, 19 août 1884, *Journ. du Dr. int. priv.*, 85, 87; Trib. civ. Seine, 16 nov. 1883, *ibid.*, 83, 621. 10 avril 1885 et Paris, 29 juill. 1886, *ibid.*, 86, 87 et 712. — Cont. Trib. civ. Seine, 1er avril 1879, *Journ. du Dr. int. priv.*, 81, 136. 30 mars 1886, *ibid.*, 87, 614. La prohibition toutefois ne va pas jusqu'à empêcher le juge français d'examiner les moyens nouveaux, les moyens qui auraient été soit omis devant les premiers juges, soit repoussés par eux, comme aussi de n'accorder l'exequatur que partiellement, c'est-à-dire pour une partie des condamnations prononcées par le jugement étranger, Paris,

La décision étrangère non revêtue [1] de l'*exequatur* en France n'a aucune valeur dans ce pays : elle ne peut justifier un fait exigeant un titre exécutoire tel qu'une saisie mobilière ou immobilière [2].

À l'étranger, dans tous les pays où la législation locale autorise ce mode d'exécution, abstraction faite de la nationalité des parties, la Compagnie française peut avoir recours à la saisie-arrêt. C'est la *lex rei sitæ* qui doit être prise en considération [3]. Il faudra donc appliquer les règles de compétence et de procédure édictées par la loi du lieu où la mesure dont s'agit doit être prise [4].

Il en est de même en ce qui touche soit la saisie immobilière ou la saisie exécution. Il est manifeste, en effet, que le Français ne saurait, dans un pays étranger, opérer la main mise et convertir en argent des biens de son débiteur qu'avec le concours de l'autorité judiciaire et de la force publique du lieu de la situation, et en se conformant aux diverses formalités tracées par les lois de procédure en vigueur dans l'étendue de la souveraineté territoriale [5].

---

28 janvier 1835, S. 37, 2, 173; Rouen, 22 décembre 1885, *Rev. de dr. marit. intern.*, 86-87, 264; Trib. civ. Meaux, 9 mars 1887, *Le Droit*, 2e août 1887. — *Contra*, Nancy, 6 juillet 1877, S. 78, 2, 129.

1. Ce doit être expressément. Une simple mention de la décision étrangère dans le jugement français ne saurait être considérée comme attribuant l'autorité de la chose jugée. — Trib. comm. Marseille, 17 avril 1887, *Journ. du Dr. int. priv.*, 87, 514; Gary : *op. cit.*, p. 624.

2. Seulement comme elle constitue un titre authentique, peut-elle être invoquée pour une saisie-arrêt (art. 557 C. P. C.)? La question est controversée. V. pour la négative, Paris, 31 janvier 1873 S. 74, 2, 33; Trib. Charolles, 11 avril 1884, *Journ. du Dr. int. priv.*, 84, 639; et pour l'affirmative, Trib. Lille, 4 juin 1885, *Journ. du Dr. int. priv.*, 85, 460; Paris, 19 janvier 1854, S. 50, 2, 162; Trib. Seine, 10 avril 1880, *ibid.*, 80, 301 et Bazot : *Ordonn. sur requête et ordonn. de référé*, Paris, 1876, p. 123; Dupuin : *op. cit.*, p. 130 à 135.

3. V. Foelix et Demangeat : *op. cit.*, T. II, no 62; Brocher : *Cours de dr. intern. priv.*, Paris, 1862, T. I, no 117; Féraud Giraud : *De la compét. des trib. fr. pour connaître des contestat. entre étrang.*, *Journ. du Dr. intern. priv.*, 1880, p. 230.

L'art. 560 C. P. C. porte que la saisie-arrêt ou opposition entre les mains de personnes non demeurant en France ne pourra point être faite au domicile des procureurs de la République mais qu'elle devra être signifiée à personne ou à domicile; il oblige, en conséquence, le Français à se pourvoir, à l'égard des fonds qu'il veut saisir-arrêter en pays étranger, devant l'autorité territoriale. — Gary : *op. cit.*, p. 636.

4. Mais seulement lorsqu'il ne s'agit que d'une procédure d'exécution. Au cas où il s'élèverait une contestation sur l'existence même de la créance, sur sa validité, la Compagnie française intéressée par la saisie pourrait exciper des droits que lui confèrent les art. 14 et 15 C. Civ., quant à la juridiction. — Cass., 24 mars 1868, S. 68, 1, 328; Bordeaux, 30 novemb. 1869, D. P. 74, 2, 121; Paris, 8 avril 1874, *Journ. du Dr. int. priv.*, 75, 492; Lyon, 23 juillet 1874, *ibid.*, 74, 254; Trib. civ. Seine, 6 mars et 10 avril 1880, *ibid.*, 80, 301 et 81, 60; Paris, 28 décemb. 1887, *Le Droit*, 2 juin 1888. Féraud Giraud : *loc. cit.*, p. 235; Houille : *op. cit.*, no 205.

5. Brocher : *op. cit.*, T. I, no 117; Féraud Giraud : *loc. cit.*, p. 231; Esperson : *Le dr. intern. priv. dans la législat. ital.*, (*Journ. du Dr. int. priv.*, 84, 269); Lyon-Caen et Renault : *Précis de dr. commerc.*, T. II, no 521; Gary : *op. cit.*, p. 639. — Limoges, 19 juin 1885, S. 85, 2, 81; Trib. civ. Seine, 2 août 1887, *Le Droit*,

La Compagnie française qui a un établissement à l'étranger peut non seulement être assignée en déclaration de faillite en France tant par un créancier français [1] que par un étranger et à raison d'obligations contractées par elle à l'étranger, conformément à l'art. 15 C. Civ.[2], mais elle peut aussi être déclarée en faillite par la juridiction locale. Seulement, quoi qu'il ait pu être dit et décidé [3], le jugement déclaratif de la faillite ne peut être exécuté en France tant qu'il n'a point été revêtu de l'*exequatur* par l'autorité judiciaire française ; il n'a pas l'autorité de la chose jugée ; il est soumis à la révision des tribunaux français [4].

La déclaration de faillite prononcée à l'étranger n'empêche pas le tribunal français compétent de la prononcer, les décisions étrangères n'ayant de plein droit autorité de la chose jugée en France [5]. Le tribunal français affirmera très légitimement sa compétence, et, usant de son droit de révision au fond il passera outre à l'objection qui serait tirée de l'existence d'un jugement étranger. Le tribunal français aura le droit de décider que le tribunal étranger, dont on lui oppose la sentence, n'avait pas compétence à cet effet [6]. Mais les tribunaux étrangers pourront, suivant la législation spéciale de leur pays en matière d'autorité des jugements étrangers, sanctionner ou méconnaître la décision française [7].

26 sept. 1887. — C. supr. de Vienne, 12 décembre 1876, *Journ. du Dr. int. priv.*, 81, 176 ; Bruxelles, 14 décembre 1874, *ibid.*, 74, 93 ; 9 août 1876, *Pas.*, 77, 2, 12 ; Liége, 17 mars 1883, *Pas.*, 83, 2, 179 et Cass., 29 juillet 1886, *Journ. du Dr. int. priv.*, 88, 680.

1. Paris, 2 août 1883, *Journ. du Dr. int. priv.*, 84, 63.

2. Bordeaux, 25 mars 1885, *Journ. du Dr. int. priv.*, 90, 710.

3. Glasson : *De la compét. des Trib. fr. entre étrang.*, (*Journ. du Dr. intern. priv.*, 1881, p. 126) ; Rouen, 14 juin 1883, *Journ. des faill.*, 84, 11 ; Paris, 1er février 1888 et autorités citées, *Journ. des Soc. civ. et commerc.*, 89, 260. — V. aussi Trib. Seine, 23 novembre 1893, *Gaz. des Trib.*, 23 décembre 1893.

4. Renouard : *Traité des faillites*, 3e édit., Paris, 1857, T. II, p. 65 ; Massé : *Dr. commerc.*, T. II, no 811 ; Carle : *La faillite dans le dr. intern. priv.*, p. 108 (et *ibid.*, note de E. Dubois) ; Pic : *Traité de la faillite des sociét. comm.*, p. 226 ; Duvivier : *Traité de la faillite des sociét. comm.*, Paris, 1887, p. 260.

Aix, 15 mai 1870, D. P. 70, 2, 201 ; Cass., 12 novembre 1872, S. 73, 1, 17 ; D. P. 74, 1, 168 ; Nancy, 6 juillet 1877, S. 78, 2, 129 ; D. P. 78, 2, 224 ; Cass., 2 mai 1881, *Journ. du Dr. int. priv.*, 82, 170 ; Bordeaux, 25 mars 1885 et Paris, 10 novembre 1886, *ibid.*, 87, 10 et 11 ; Trib. Seine, 25 avril 1893, *Rev. des Sociét.*, 93, 393.

5. Bordeaux, 25 mars 1885 et Paris, 10 novembre 1886, précités. Il en est de même dans la jurisprudence hollandaise, Cass. (Pays-Bas), 5 avril 1889, *Journ. du Dr. int. priv.*, 89, 564.

6. Si un tribunal français et un tribunal étranger ont prononcé la faillite, les opérations doivent avoir lieu au centre des affaires du failli, par analogie de ce qui se produit en France par la voie de règlement de juges, lorsqu'il a été rendu deux jugements déclaratifs par deux tribunaux appartenant à deux ressorts de Cours d'appel. — Cass., 1er février 1881, D. P. 81, 1, 134 ; Cass., 17 juillet 1882, D. P. 83, 1, 69, S. 83, 1, 120 ; Gary : *op. cit.*, p. 583.

7. Duvivier : *op. cit.*, p. 261. — Comp. sur les législations étrangères en ce qui concerne la faillite des personnes exerçant le commerce dans la contrée, le résumé de M. Gary : *op. cit.*, p. 585.

NEUVIÈME PARTIE

RÉGIME FISCAL

Une étude du régime fiscal des assurances sur la vie comporte un triple examen. En effet, les Compagnies d'assurances doivent acquitter d'abord les impôts généraux qui incombent à toutes les Sociétés industrielles dont le capital est divisé en actions. En second lieu, elles ont à supporter certains impôts spéciaux à l'industrie qu'elles exercent. Enfin, à l'occasion du contrat d'assurance, des droits particuliers sont mis à la charge des intéressés dans des cas déterminés.

Les impôts généraux comprennent l'impôt foncier et la taxe annuelle des biens de main morte dus pour les immeubles que possède la Compagnie, l'impôt mobilier et la patente ainsi que le droit de timbre des titres d'action, les droits de transfert et de conversion des mêmes titres et l'impôt sur le revenu[1].

Il n'entre pas dans le cadre de cet ouvrage[2] de s'arrêter au com-

---

1. La cession en bloc par une Compagnie d'assurances à une Société similaire de tout son porte-feuille présente les éléments constitutifs d'une cession de fonds de commerce et rentre, dès lors, en droit, dans les hypothèses prévues par les art. 7 et 8 de la loi du 28 février 1872. Mais si le traité ainsi intervenu entre les deux Compagnies ne stipule aucun prix pour la cession qu'il contient, celle-ci n'étant point, dès lors, consentie à titre onéreux, l'acte qui la relate échappe à l'application de l'art. 8 de la loi du 28 février 1872 et n'est point passible du droit d'enregistrement de 2 %. — Trib. civ. Seine, 22 juillet 1893. *Rev. périod. des assur.*, 94, 65; *Journ. des assur.*, 95, 88.

Il est à noter qu'au cas où une Société étrangère n'aurait en France ni agence, ni succursale la Régie ne saurait l'assujétir, pour ses valeurs, au régime fiscal applicable aux valeurs françaises, ni réclamer, même si elle possédait des actions et obligations françaises, les trois taxes de timbre, de transmission et sur le revenu. — Sol., 19 février 1896 et 11 février 1895, *Journ. des assur.*, 97, 53.

2. Quelques renseignements pourtant doivent être donnés au point de vue de la patente.

Les Compagnies d'assurances à primes fixes paient cet impôt non seulement pour leur installation au siège social, mais aussi pour leurs agences. Les Compagnies ne doivent toutefois cette contribution que pour les départements où elles exercent effectivement. — Couteau : *op. cit.*, T. II, p. 54 et 34.

D'autre part, il est de jurisprudence que l'agent d'une Compagnie rémunéré au moyen de remises proportionnelles, employant des sous-agents directement rétribués par lui et occupant, pour l'exercice de sa profession, un local loué en son nom personnel est imposable comme agent d'affaires. — Cons. d'Et., 9 novemb. 1889, Lebon : *Rec. des arr. du C. d'Et.*, 89, 1021; 31

mentaire des dispositions en vigueur à cet égard. Il ne s'agira ic[i]

janv. 1891, Lebon : *Rec. des arr. du C. d'Ét.*, 91, 73 ; 27 février 1892, Lebon : *Rec. des arr. du C. d'Ét.*, 92, 239 ; 9 décembre 1893, Lebon : *Rec. des arr. du C. d'Ét.*, 93, 830 ; Bousseaux et Guittier : *Dict. des patentes*, Paris, 1890, v° *Assurances non mutuelles*.

L'agent doit payer un droit fixe, établi ou le chiffre proportionnel de la population et un droit proportionnel d'après la valeur locative tant du bureau que de la maison d'habitation (Cons. d'Ét., 4 décembre 1874, Lebon : *Rec. des arr. du C. d'Ét.*, 54, 954 ; 31 mars 1876, Lebon : *Rec. des arr. du C. d'Ét.*, 76, 325. Dans beaucoup de localités les agents opèrent pour plusieurs Compagnies on admet alors (Cons. d'Ét., 26 avril 1883, 1er juin, 27 juillet, 2 et 16 novembre 1888, 9 décembre 1894, Lebon : *Rec. des arr. du C. d'Ét.*, 83, 378 ; 88, 405, 651, 784, 839 ; 94, 830], que chaque Compagnie étant représentée dans le même local le droit proportionnel doit être payé par l'agent autant de fois qu'il représente de Compagnies.

Cette jurisprudence est manifestement excessive ; on l'a relevé bien des fois (V. la note, *Journ. des assur.*, 1893, p. 202 ; *L'agent d'assurances, étude sur sa condition juridique*, *Journ. des assur.*, 1895 p. 181), elle est même fort contestable puisqu'elle prend son origine dans cette idée absolument inexacte que les bureaux des agents ne sont que des succursales des bureaux de la Compagnie (Cons. d'Ét., 16 novembre 1850, Lebon : *Rec. des arr. du C. d'Ét.*, 50, 823). Malheureusement, eu égard aux tendances de la juridiction administrative elle ne saurait être contestée.

Lorsqu'une Compagnie étrangère fait des assurances sur le territoire français et s'y trouve représentée par un directeur, elle doit payer patente, même et son directeur est patenté à raison de sa profession personnelle (C. d'Ét., 22 février 1879, Lebon : *Rec. des arr. du C. d'Ét.*, 79, 129.

Mais la Société étrangère qui, tout en opérant en France, n'y possède ni agence, ni succursale ne semble pas passible de la patente.

Pendant longtemps, jusqu'en 1873 les Sociétés belges d'assurances sur la vie ont payé la patente, mais la patente sur les bénéfices, suivant la loi du 21 mai 1819 alors que les Sociétés étrangères étaient dispensées de cet impôt. La loi du 24 mars 1873 a soumis tous les assureurs opérant en Belgique à un droit de patente calculé à raison de 2 % des bénéfices nets réalisés pendant l'année antérieure, cette même loi a disposé que les bénéfices faits par les agents belges d'assureurs étrangers sont seuls passibles du droit à l'exclusion des autres bénéfices de ces assureurs. Sous l'empire de cette législation les Sociétés belges qui étendent leurs opérations à l'étranger payent patente à l'État belge sur l'ensemble de leurs bénéfices, y compris le bénéfice de source étrangère, de sorte qu'elles payent, en somme, double impôt (Bruxelles, 3 avril 1883, *Belgique jud.*, 81, 449. Quant aux Sociétés d'assurances étrangères, le droit d'interprétation que l'art. 23 de la loi du 30 juillet 1881 a laissé à la discrétion des directeurs provinciaux des contributions comme juges en première instance en leur propre cause, quant à l'appréciation des éléments constitutifs des bénéfices, base du droit de patente, constitue un système véritablement arbitraire. — Adan : *Assurances contre les accidents et sur la vie* ; *Assurances sur la vie*, Bruxelles, 1889, p. 37.

Un arrêt de la Cour de Bruxelles du 23 mai 1888, (*Belg. jud.*, .., 1249) a fait apercevoir quels dangers offre ce système. Dans une substantielle étude sur *les droits de patente des Compagnies d'assurances sur la vie* (*Belgique. jud.*, 30 novemb. 1890), M. Adan a montré non seulement que le législateur a eu tort d'imposer à l'agent belge de la Compagnie étrangère un bilan spécial pour les affaires réalisées dans telle ou telle circonscription puisque c'est l'ensemble des opérations dont il faut tenir compte, mais encore et surtout que la Cour de Bruxelles a eu probablement tort d'affirmer qu'il est rationnel d'analyser un contrat d'assurance sur la vie en l'isolant, que ce contrat peut vivre seul, se suffire à lui-même et arriver par la capitalisation de ses primes à constituer le capital au moment voulu, enfin et surtout que le fisc est hors d'état de forcer l'assureur à soumettre au droit de patente une réserve spéciale par lui constituée pour sinistres et qui n'était ni distribuée aux actionnaires, ni portée à la réserve sur bénéfices.

que des droits spéciaux qu'atteignent les opérations d'assurances envisagées en elles-mêmes[1].

L'impôt sur l'épargne est la plus mauvaise forme que l'impôt puisse revêtir; nécessairement il amène la diminution de la richesse et contrarie le développement de la prospérité auquel doit tendre une nation. Néanmoins l'impôt portant sur l'assurance sur la vie est en faveur auprès des gouvernants; on le considère comme un impôt en quelque sorte idéal: les documents sur lesquels il est basé sont faciles à contrôler et la taxe risque d'être pratiquement perçue sans frais[2].

En France on a toujours reconnu que le contrat d'assurance méritait de n'être atteint que très légèrement, parce qu'il est la manifestation d'une prudence digne du plus grand intérêt[3]. Pourtant les assurances sur la vie n'ont pu échapper à de rigoureuses prescriptions fiscales[4]; elles sont soumises aux impôts du timbre et de l'enregis-

---

Dans la séance du Sénat du 3 août 1883, M. Pirmez avait mis en lumière ce fait que si la loi commerciale expose le conseil d'administration d'une Société commerciale à des pénalités sévères si les bilans ne sont pas sincères, si les bénéfices sont exagérés, si les amortissements nécessaires ne sont pas faits, la loi fiscale les oblige à pousser les bénéfices au maximum à peine de poursuites. Le 23 mars 1897, une promesse de révision de la loi sur la patente des sociétés anonymes avait été faite au Sénat. M. Adan insistait avec raison sur une modification seule capable de mettre bon ordre à l'arbitraire des procédés fiscaux.

D'après un arrêté du Conseil provincial du Brabant du 9 novembre 1894, approuvé par arrêté royal du 22 décembre (*Rec. périod. des assur.*, 1895, Ballot., p. 19), les assureurs belges et étrangers opérant dans le Brabant doivent acquitter une taxe de 1 % sur les bénéfices nets réalisés par eux et aussi la taxe de un quart du principal du droit de patente perçu par l'État.

1. Les Sociétés étrangères doivent manifestement, au point de vue fiscal, être assimilées aux Sociétés françaises. — V. Weiss: *Traité théor. et prat. de dr. intern. privé*, Paris, 1894, T. II, p. 453 et suiv.

2. C'est ce que M. Harding a très bien mis en lumière dans une intéressante communication au *Congrès des actuaires* de Bruxelles en 1895. (*Premier Congrès international tenu à Bruxelles en 1895*, Bruxelles, 1896.)

3. De Parieu: *Traité des impôts*, 2e édit., Paris, 1867, T. III, p. 230. — V. aussi Herbault: *op. cit.*, p. 311. Naquet: *Traité théor. et prat. des droits d'enregistrem.*, Paris, 1882, T. II, p. 136

4. Le régime fiscal des assurances sur la vie dans les différents pays a été exposé d'une façon complète dans un rapport présenté par M. Harding sur *la législation gouvernementale à l'égard du fonctionnement des Compagnies d'assurances sur la vie* (*Premier Congrès international d'actuaires tenu à Bruxelles en 1895*).

S'il n'est prélevé aucun impôt spécial sur les Compagnies indigènes ou étrangères en Angleterre, en Autriche il est perçu une *taxe de production* et tous les documents, même les comptes d'agents échangés avec le siège social doivent être timbrés.

En Suisse il est perçu un droit de patente

En Italie les actes doivent être enregistrés et timbrés dans les deux mois; de plus, les Compagnies nationales acquittent une taxe supplémentaire de 3/10 %, et les Compagnies étrangères une de 1.20 % sur le total du capital employé pour leurs affaires en Italie.

Dans le Portugal, en outre d'une patente très élevée les Compagnies étrangères acquittent, pour le droit de timbre, le double; en Espagne, en plus d'une taxe de 1/2 % pour les primes reçues annuellement les Compagnies payent à la première réquisition la taxe de 2 % établie sur la commission touchée

trement et aux droits de mutation. Les chapitres qui suivent sont destinés à exposer les dispositions qui atteignent les contrats dont il s'agit et que, moins avisé que le législateur anglais [1], le législateur français s'obstine à maintenir, sinon à aggraver, ne comprenant pas que l'impôt qui frappe durement un article en augmente nécessairement le prix et que sous le poids des charges les Compagnies doivent naturellement faire des conditions plus onéreuses.

---

par les agents et elles font face à certaines charges municipales et à des frais de perception qui portent le taux des taxes à environ 62 centimes p. %.

En Allemagne il n'existe pas de taxe annuelle spéciale mais dans les États qui prélèvent une taxe sur les revenus ou un droit de patente, les Sociétés doivent l'acquitter, et beaucoup de législations spéciales frappent les polices d'un droit de timbre.

Les Sociétés d'assurances tant luxembourgeoises qu'étrangères, par application de la loi générale du 9 février 1891, payent 3 % des revenus des capitaux indispensables à l'entreprise dans le Grand Duché et, le cas échéant, 2 % des bénéfices et gains nets résultant de leurs opérations.

Aux États-Unis quelques États frappent d'un impôt les Compagnies indigènes et étrangères ; ailleurs on ne prélève aucune taxe, excepté par application de la loi de réciprocité, dans tous les cas la taxe, en général varie entre 2 1/2 % et 3 % ; dans l'État de Massachussetts il existe une taxe particulière et unique de 1/4 % sur la réserve de toutes les polices en vigueur dans l'État.

Au Canada les Compagnies acquittent des taxes annuelles, elles contribuent aux dépenses nécessitées par la superintendance proportionnellement aux primes brutes afférentes aux polices conclues au Canada.

1. En Angleterre, comme le note M. Harding (loc. cit.), l'avantage de l'assurance sur la vie pour la nation est si bien reconnu et paraît si bien digne d'encouragement qu'on exempte, même des taxes ordinaires établies sur le revenu, les primes payées par une personne pour ses propres assurances sur la vie.

Pareillement en Hollande le Gouvernement a non seulement évité les impôts spéciaux, mais il a décidé (Loi du 27 septembre 1893) que la police n'est considérée comme faisant partie du capital imposable que lorsqu'elle est parvenue à maturité, et, d'autre part (Loi du 2 octobre 1893), que les profits répartis par les Sociétés entre les assurés ne sont pas imposables et ainsi que les personnes qui ont à payer des primes d'assurance-vie ont le droit de déduire de tout revenu imposable le montant de cette prime jusqu'à concurrence de 100 florins. — V. *Wolterbeek : Exposé de la législat. gouvernement. du royaume des Pays-Bas. (Premier Congrès international d'actuaires tenu à Bruxelles.)*

L'on peut mettre en regard le régime en vigueur en Espagne (V. notamm. *Rev. périod. des assur.*, 1893, p. 557) : dans son arrêté le législateur a frappé sans distinction d'un impôt de 2 % les primes de tous les contrats même réalisés antérieurement à la nouvelle législation, méconnaissant ainsi le principe de la non-rétroactivité, ainsi que les droits acquis, et permettant de croire à la possibilité d'augmentation constante de la taxe. Aussi n'est-il pas surprenant que vingt Compagnies étrangères qui opéraient en Espagne aient résolu de se retirer. — Comp. G. Sainctelette : *Observat. sur la nouv. loi sur les assurances en Espagne (Rev. périod. des assur.*, 1893, p. 562, etc.). *Monit. des assur.*, 1893, p. 471.

CHAPITRE PREMIER.

DROITS DE TIMBRE

L'art. 55 de la loi du 9 vendémiaire an VI déclarait assujetties au timbre fixe ou de dimension les polices d'assurances au même titre que les lettres de voitures, les connaissements et chartes parties. Cette perception se retrouvait dans la loi du 6 prairial an VII, dont l'art. 5 imposait l'obligation d'écrire à l'avenir les lettres de voiture, connaissements, chartes parties et polices d'assurances sur du papier du timbre de 1 fr., ainsi que dans le décret du 3 janvier 1809 disposant, dans l'art. 1ᵉʳ, que les lettres de voiture, connaissements, chartes parties et polices d'assurances continueront d'être assujetties au timbre de dimension.

On a longuement discuté la question de savoir si ces textes étaient applicables non seulement aux assurances maritimes, mais aussi aux assurances terrestres et spécialement aux assurances sur la vie. Et le débat empruntait un caractère de gravité à cette circonstance que l'Administration de l'enregistrement interprétait restrictivement les textes, n'exigeait le droit de timbre que si les polices étaient produites en justice [1].

1. Sur la tolérance de l'administration qui se trouvait seulement en présence d'assurances maritimes, V. Merger, op. cit., p. 257 et 258.

L'obligation de l'emploi du timbre de dimension pour les polices d'assurances a été très souvent critiquée.

On lui a reproché notamment (Leroy-Beaulieu : *Traité de la science des finances*, Paris, 1877, T. I, p. 599), de percevoir un tribut sur une convention qui, au point de vue social, serait digne d'immunité et l'on a cité l'exemple de l'Angleterre qui n'a pas hésité, en 1869, à abolir cet impôt pour les assurances sur la vie. Néanmoins le timbre a toujours été maintenu, peut-être par le motif que cet impôt est considéré comme une ressource facile et productive, capable d'accroître le budget. (Vignes : *Traité des impôts en France*, 4ᵉ édit. par M. Vergniaud, Paris, 1880, T. I, p. 450.)

Dans leur importante proposition de loi ayant pour objet la réforme de la législation et des taxes de l'enregistrement et du timbre par la suppression des droits fixes et leur remplacement par des droits proportionnels, déposée à la Chambre des députés le 20 décembre 1893, (*Journ. Offic.* du 2ⁱ

D'une part, on a fait valoir que si l'Administration de l'enregistrement n'appliquait pas ces dispositions aux assurances terrestres, il ne saurait y avoir incertitude sur le texte de la loi, que ce dernier était très positif et que les polices d'assurances terrestres étaient formellement astreintes à la formalité du timbre de dimension par la loi du 9 vendémiaire an VI et le décret du 3 janvier 1800. On a ajouté que si les polices d'assurances spécialement assujetties au timbre de dimension par l'art. 16 de la loi du 9 vendémiaire an VI ne sont pas nommées dans la loi organique du 13 brumaire an VII sur le timbre, elles tombaient, sans conteste, sous l'application de la disposition générale contenue dans l'art. 12 de cette loi, d'après laquelle sont assujettis au timbre de dimension « tous actes et écritures, extraits, copies et expéditions, soit publics, soit privés, devant ou pouvant faire titre ou être produits pour obligation, décharge, justification, demande ou défense ». « D'un autre côté on enseignait, et non sans raison, que si, sous l'empire de cette législation, l'Administration de l'enregistrement avait cru devoir s'abstenir et ne pas appliquer ces textes aux assurances terrestres, c'est vraisemblablement parce qu'elle ne les trouvait pas positifs et, que dans tous les cas, fût-il admis qu'ils s'appliquaient non pas seulement aux assurances maritimes, mais aussi aux assurances terrestres, il y aurait lieu de faire des réserves pour les assurances sur la vie qui, à cette époque, n'étaient pas encore pratiquées et même se trouvaient condamnées, implicitement au moins, par le législateur.

janv. 1894 ; *Docum. parlem.*, Chambre, session de 1893, Annexe n° 216, p. 2°.) MM. Dupuy-Dutemps et H. Brisson ont réclamé le maintien du timbre de dimension pour les polices d'assurances. — Cf. Wahl : *Les projets de réforme des droits d'enregistrement et de timbre* (*Revue Politique et Parlementaire*, octobre 1895, p. 64).

En Belgique, durant de longues années le contrat d'assurance sur la vie a vécu au point de vue du timbre sous l'empire de la loi de brumaire an VII ; la loi du 26 août 1883 a introduit l'acquittement des droits de timbre, par voie d'abonnement annuel, à raison de 2 francs pour mille francs de versements faits à l'assureur. Cette loi de 1883 ayant été abrogée par la loi du 11 juin 1887, les polices d'assurances sur la vie ont été, en matière de timbre, régies par la loi de l'an VII. — (Adan : *Assurances sur les accidents et sur la vie, I. Assurances sur la vie*, Bruxelles, 1889, p. 384. Mais en 1891 a été votée la loi du 21 mars 1891 destinée à codifier toutes les dispositions concernant le timbre éparses dans de nombreux documents. — (V. Thomas et Servais, *Le Code du Timbre*, Bruxelles, 1892.) Aux termes de l'art. 9 sont assujettis au droit de timbre de dimension ... les polices d'assurances, les avenants et les copies ou extraits qui en sont délivrés par l'assureur ou par les courtiers.

1. Leroux : Observat. à l'Assemblée Nationale, dans la discussion de la loi du 5 juin 1850, D. P. 51, 1.12 ; Garnier : *Rép. gén. de l'enreg.*, v° Assurances, n° 2113. — V. en ce sens Béchade : *op. cit.*, p. 248.

2. Dumaine : art. Assurances, (p. 312) dans le *Dictionnaire des finances* de M. Léon Say ; Dumaine : *Un contrat d'assur. sur la vie en droit civil et en droit fiscal*, 2° édit., Paris, 1892, p. 311 ; Béchade : *op. cit.*, p. 218.

3. Tissier : *op. cit.*, p. 243 ; Herbault, *op. cit.*, p. 325 ; Moutluc : *op. cit.*, p. 289, note. — Comp. Herm : *op. cit.*, p. 251.

Mais cette discussion n'a aucun intérêt aujourd'hui. La question n'existe plus depuis la loi du 5 juin 1850 qui, dans son art. 33, ordonne, à peine de 50 fr. d'amende contre l'assureur, sans aucun recours contre l'assuré, de rédiger sur papier d'un timbre de dimension tout contrat d'assurance (autre que les assurances maritimes) ainsi que toute convention postérieure contenant prolongation de l'assurance, augmentation dans les primes ou le capital assuré. Ce qu'il faut simplement retenir, c'est que les prescriptions qui semblaient de nature à régir l'assurance antérieurement à 1850 avaient été peu à peu perdues de vue, que les assureurs n'étant alors assujettis à aucune vérification des employés de l'enregistrement, un grand nombre d'entre eux avaient pris l'habitude de rédiger leurs polices et autres actes sur papier non timbré, et que l'impôt du timbre n'a réellement été organisé que par la loi du 5 juin 1850.

Ce qu'on doit noter aussi, c'est qu'au point de vue du droit civil un contrat d'assurance constaté par une police non timbrée ou même passé sans aucune espèce de police n'en serait pas moins parfaitement valable. La seule conséquence de cette négligence serait la condamnation à l'amende dont parle l'art. 33 de la loi du 5 juin 1850[1]. L'usage du timbre n'ajoute rien à la force de la police.

Cette loi de 1850 ne se borne pas à imposer (art. 33) à toutes les Compagnies d'assurances[2], sous peine de cinquante francs d'amende

---

[1] Dumesnil, art. *Assurances*, (p. 243), dans le *Dictionnaire* précité.

Les Compagnies d'assurances, dit M. Wahl (Note, S. 92, 1.75), trouvaient le moyen d'échapper au droit de timbre et rédigeaient, en général, leurs polices sur papier libre, les contraventions ne pouvant être reconnues qu'au moment de l'enregistrement et l'enregistrement n'étant obligatoire qu'en cas de production en justice (L. 22 frim. an VII, art. 23); enfin l'amende de timbre étant peu élevée, (L. 16 juin 1824, art. 40), le Régie ne se croyait pas [illegible] armée.

[2] Moulhe, *op. cit.*, p. 280. Mermet, *op. cit.*, p. 35[illegible]

[3] La loi de 1850 s'applique même aux assurances souscrites en pays étranger par des Compagnies dont le siège est en France, d'après l'interprétation fournie le 29 août 1851, (B. P. 52, 3. 6), par le Ministère des finances. Cette solution, ajoute-t-on dit, (Rome, *op. cit.*, p. 283), est juste. En disposant dans l'art. 6 que les Compagnies pourront s'affranchir en contractant avec l'État un abonnement annuel de 2 fr. par mille *du total des versements faits* chaque année aux Compagnies ou assureurs, le législateur a montré qu'il entendait ne pas distinguer. Les étrangers assurés paient, eux aussi, chaque année les primes, de sorte que leurs versements entrent nécessairement dans le total du calcul sur lequel repose le tarif de l'abonnement.

De plus, la question aurait été tranchée au cours de la discussion du décret. M. Santeul, ayant demandé que la loi ne fut applicable qu'aux assurances souscrites en France, un membre de la Commission fit observer que l'on avait dû comprendre dans la loi tous les contrats d'assurances, par analogie avec les effets de commerce qui sont assujettis au timbre, soit qu'ils aient été souscrits à l'étranger, soit qu'ils l'aient été en France pour être payés à l'étranger, et que l'exécution du contrat d'assurance passé à l'étranger ne pouvait être poursuivie contre les Compagnies qu'au lieu où elles ont le siège de leur établissement, c'est-à-dire en France, ces assurances devaient être assujetties au timbre comme celles souscrites en France (B. P. 50, 1. 75, note 2).

contre l'assureur [1] l'emploi d'un timbre de dimension pour tout contrat d'assurance ainsi que pour toute convention postérieure contenant prolongation de l'assurance, augmentation dans la prime ou le capital assuré; elle décide (art. 34) que toute Société d'assurance, aussi bien la Société mutuelle que la Compagnie à primes fixes et même le simple assureur [2] est tenue, sous peine d'une amende de 1,000 fr., de faire, avant le 1er octobre 1850, au bureau d'enregistrement du lieu du siège du principal établissement, une déclaration constatant la nature des opérations et le nom du directeur de la Société ou du chef de l'établissement. En outre, il était enjoint (art. 35) aux Sociétés, Compagnies et assureurs d'avoir, au siège de l'établissement, un répertoire sommaire, en un ou plusieurs volumes, non sujet au timbre, mais coté, paraphé et visé soit par un des juges du tribunal de commerce, soit par le juge de paix, sur lequel devront être portées par ordre de numéros et dans les six mois de leur date toutes les assurances faites soit directement, soit par leurs agents ainsi que les conventions prolongeant l'assurance, augmentant la prime ou le capital: à l'égard des Sociétés, Compagnies et assureurs établis lors de la promulgation de la loi le répertoire ne devait être obligatoire que pour les opérations faites à compter du 1er octobre 1850; pour ce répertoire il était imposé le visa des préposés de l'enregistrement selon le mode indiqué par la loi du 22 frimaire an VII; les préposés de l'enregistrement recevaient la faculté d'exiger au siège de l'établissement la représentation 1° des polices en cours d'exécution ou renouvelées par tacite reconduction depuis au moins six mois, 2° celles expirées depuis moins de deux mois.

Après avoir édicté comme sanction des dispositions précédentes une amende de dix francs (art. 36), la loi permettait (art. 37) aux Compagnies et à tous assureurs sur la vie de s'affranchir de l'obliga-

---

Les réassurances tombent sous le coup de la loi de 1850. C'est la Compagnie réassurante qui doit seule payer le droit; si les deux Compagnies acquittaient le droit, l'impôt serait doublé, ce qui est inadmissible. — Rome: *op. cit.*, p. 259, Comp. Dalloz: *Rép.*, v° *Timbre*, n° 97.

Il a été jugé dans le sens de la solution du 29 août 1851 (Cass., 28 janv. 1854, D. P. 54, 1.65), que le montant des assurances faites en pays étranger doit être compris dans le chiffre total des versements ou sommes assurées, sur lequel se calcule le prix de l'abonnement. — Sur les difficultés d'application de la loi, Comp. Dalloz *Rép.*, v° *Timbre*, n° 95.

1. Sans recours contre l'assuré; l'assuré qui en aurait fait l'avance aurait un recours contre l'assureur, quoiqu'il ait pu être soutenu (Patinot : *De l'assur. sur la vie. Rev. prat. de dr.*, T. XXIX, 1870, p. 100)[?]. Mais il en serait autrement en cas de convention expresse, Monthue : *op. cit.*, p. 290; Herbault : *op. cit.*, p. 325.

2. De ce que, d'après les termes formels de la loi, l'abonnement s'applique même aux assureurs particuliers, il suit que durant la période de la formation d'une Société le gérant provisoire peut contracter un abonnement en qualité de simple assureur, mais la Société en voie de formation n'ayant pas encore d'existence légale, son gérant provisoire ne pourrait se présenter au nom de la Société. — *Dict. de l'Enreg.*, v° *Assurances*, n° 98.

tion imposée par l'art. 33 en contractant avec l'État un abonnement, c'est-à-dire en substituant une taxe annuelle au paiement du droit de timbre au comptant ; cet abonnement était fixé à 2 fr. par mille du total des versements faits chaque année aux Compagnies ou aux assureurs ; il était ajouté que l'abonnement de l'année courante se calculerait sur le chiffre total des opérations de l'année précédente et aussi que le paiement du droit serait fait par moitié et par semestre au bureau de l'enregistrement du lieu du siège de l'établissement. La loi reconnaissait, d'autre part (art. 38), le droit de renoncer à l'abonnement, mais avec obligation d'acquitter un droit de 35 centimes par chaque police en cours d'exécution, quels que soient la dimension du papier et le nombre des doubles. Enfin elle imposait (art. 36) au pouvoir exécutif le soin de déterminer la forme du timbre qui, en cas d'abonnement, devait être apposé sans frais sur le papier destiné aux polices d'assurance et aux feuilles de collecte [1].

Ainsi, pour les Compagnies [2] d'assurances sur la vie [3] l'abonne-

[1]. V. le décret du 27 juillet 1850, art. 3 et suivants.

Il y a lieu de noter que la loi du 30 décembre 1876, (applicable aux assurances de toute nature, selon l'interprétation donnée par la Régie dans une Solution du 2 janvier 1877, *Instr.*, 2567), a dispensé du droit de timbre établi par les art. 33 et 37 de la loi du 5 juin 1850, les contrats d'assurance passés en pays étranger (mais rien que les actes passés en pays étranger), et ayant exclusivement pour objet des immeubles, des meubles ou des valeurs situés à l'étranger, mais que sous une amende de 50 francs le timbre est exigible, (apposé moyennant le paiement du droit au comptant) toutes les fois qu'il s'agit d'en faire usage en France soit dans un acte public, soit dans une déclaration quelconque, soit devant une autorité judiciaire ou administrative ; cette loi a déclaré ces dispositions applicables tant aux contrats de réassurance passés en France par actes sous signatures privées qu'aux polices souscrites à l'étranger et ayant également pour objet exclusif tant des immeubles ou meubles que des valeurs situés à l'étranger.

[2]. Une décision ministérielle du 1er avril 1853 disposait que les Compagnies ne pourraient pas faire supporter aux assurés le droit proportionnel d'abonnement et qu'il n'y avait lieu de leur réclamer que le droit fixe déterminé par la dimension du papier.

Cette décision a été expliquée (Merger : *op. cit.*, p. 261). On a invoqué contre elle les paroles du rapporteur de la loi, M. Leroux, sur l'art. 37 : l'abonnement doit avoir le double avantage de faciliter le paiement du droit et de donner le moyen d'en faire *une répartition plus équitable entre les assurés, de telle sorte que la petite propriété ne supporte pas une charge aussi forte que la grande;* or, si l'on a admis, en principe, que l'abonnement doit avoir pour conséquence d'établir *une répartition plus équitable* entre les assurés et de faire payer en raison du chiffre de la police, c'est-à-dire des primes versées, il est évident que l'on a entendu que l'abonnement se réaliserait non pas seulement de la Compagnie assureur au gouvernement, mais encore de la Compagnie à l'assuré.

On a objecté (Roome : *op. cit.*, p. 261 et suiv. ; Herbault : *op. cit.* p. 340 ; Tissier : *op. cit.*, p. 225), que les principes du droit commun, l'esprit et le texte de la loi ont été respectés par la décision ministérielle, que la faculté d'abonnement ne regarde que les assureurs ; le but, a-t-on dit, c'est de faciliter le recouvrement des droits de timbre ; le contrat d'abonnement n'intervient qu'entre l'assureur et la Régie ; à l'égard de l'assuré ce contrat est res *inter alios acta*; il ne peut donc être invoqué ni par l'assuré, ni surtout contre l'assuré ; ce dernier ne doit, dès lors, que le timbre de dimension.

[3]. Que décider au cas où l'abonnement aurait été demandé par une Société

ment était facultatif. Envisageant surtout les conséquences favorables pour le Trésor en ce sens que la mesure nouvelle simplifiait le travail de contrôle de l'administration au profit de la perception, la Régie et le législateur avaient certainement pensé que les établissements d'assurance s'empresseraient de profiter de la loi de 1850 qui, si elle ne dispensait pas de l'obligation de faire revêtir du timbre les polices, permettait de le faire apposer sans frais, grâce au versement des droits effectué une fois pour toutes chaque année.

Ces prévisions ne se réalisèrent point.

Les Compagnies aimaient mieux recourir purement et simplement au timbre de dimension, non parce que l'emploi de ce timbre rendait les fraudes plus faciles, comme on semble le croire [1], mais parce que l'écriture très fine des polices permettait de réduire d'autant le nombre de feuilles nécessaires et d'éviter la perception d'un droit élevé [2]. L'Administration de l'enregistrement qui cherchait à procurer des recettes au budget [3] voulut réagir. En 1879, elle fit déposer par le Gouvernement à la Chambre des députés un projet tendant à rendre l'abonnement obligatoire et qui calculait la taxe d'abonnement de manière à représenter le chiffre moyen du droit de timbre de tous les actes d'assurance de l'année [4].

Cette innovation rencontra dans la presse spéciale une vive résistance basée notamment sur ce que l'impôt constituerait pour l'assuré

ne lui ont pas à proprement parler des opérations d'assurance sur la vie. Bien que le tribunal de la Seine ait jugé qu'elle devrait acquitter au comptant les droits de toutes les polices souscrites (Trib. civ. Seine, 14 janv. 1859, cité *Dict. de l'Enreg.*, v° *Assurances*, n° 109), la Régie paraît n'avoir pas refusé de maintenir l'abonnement exceptionnel (*Dict. de l'Enreg.*, v° *Assurances*, n° 109).

1. V. les observations présentées au Sénat à la séance du 24 décembre 1884 (*Journ. off.*, 25 décembre 1884, *Déb. parlem.*, p. 1969).

2. Pour expliquer la rareté de l'abonnement on a prétendu que les Compagnies préféraient recourir au timbre de dimension parce que la fraude devenait plus facile et qu'elles échappaient fréquemment au droit de timbre.

M. Dubois, *Journ. d'assur.*, 1879, p. 340, a montré que la fraude n'était pas possible parce que les agents de l'administration avaient un droit d'investigation et que les Compagnies facilitaient de toutes façons la tâche des agents.

M. Wahl (*Note S. 92.1.43*) a objecté qu'en réalité les Compagnies échappaient, les unes et les autres du reste, à la perception d'un droit élevé de timbre par l'écriture microscopique de leurs polices, surtout parce que l'on met ou encourageait le droit de timbre de dimension fixe, pour une demi-feuille, 1 fr. 20 pour une feuille entière, taxe bien au-dessous de la taxe d'abonnement et que, pour 1000 des sommes assurées, ce que la modification proposée représentait un accroissement d'impôt.

3. D'après le rapport présenté par M. Dauphin au Sénat (D. P. 85. 4. 40), on a reconnu le droit de timbre de dimension.

4. *Journ. off.*, Chambre, 1879, p. 10533.

une lourde charge [1] ; d'autre part, la Commission chargée de l'examen du projet opposa une telle hostilité que le Gouvernement crut prudent de retirer le projet. L'idée, toutefois, ne fut pas abandonnée.

Elle fut reprise dans le projet de budget pour l'année 1885. L'Administration comprit que pour réussir il fallait éviter l'examen attentif d'une Commission spéciale et que la mesure ne pouvait être votée que si elle était présentée d'une façon indirecte. Une disposition rendant l'abonnement obligatoire contre les Compagnies et Sociétés faisant des opérations d'assurances aussi bien sur la vie que contre l'incendie fut insérée dans le projet de loi du budget de 1885. Bien que vivement combattu à la Chambre des députés [2], le principe que le Gouvernement voulait faire proclamer, à la demande de la Régie, fut consacré : la loi des finances du 20 décembre 1884 (art. 8) rendit l'abonnement obligatoire [3].

Aux termes de cette loi [4] le droit de timbre établi par les lois en vigueur sur les contrats d'assurance, ainsi que sur tous les actes ayant exclusivement pour objet la formation, la modification ou la résiliation amiable de ces contrats doit être acquitté par les Sociétés, Compagnies d'assurances et tous autres assureurs sur la vie selon le mode réglé par les paragraphes 1, 2 et 3 de l'art. 37 de la loi du 5 juin 1850 (art. 8); la perception du droit de timbre d'abonnement, établie par l'art. 37 de cette loi de 1850 et par l'art. 8 de la loi de 1884, a lieu dans les délais et suivant les formes déterminés par les art. 5, 6, 7, 8 et 10 du règlement d'administration publique du 25 novem-

1. Dans l'étude très complète publiée sous ce titre : *Timbre des polices d'assurances sur la vie, observations sur le projet de loi* (Journ. des assur., 1880, p. 113, etc.), M. Dubois a montré combien pour les assurés d'une seule Compagnie l'aggravation était véritable : avec l'usage du timbre au comptant, disait-il, les assurés paient 21 000 fr. ; avec la nouvelle combinaison ils devraient payer, chaque année, 75 000 fr.

2. M. Wilson a fait valoir que l'impôt dont il s'agissait était un impôt de timbre de dimension, que si on rendait l'abonnement obligatoire il perdait ce caractère pour devenir un impôt de quatre centimes pour 1000 fr. des sommes assurées, impôt plus lourd que celui du timbre de dimension. M. Labuze, Sous-Secrétaire d'État au Ministère des Finances, a répondu qu'il n'était pas question d'établir un nouvel impôt proportionnel sur les capitaux assurés perçus par les Compagnies, mais que le Gouvernement réclamait un impôt de consommation de papier, qu'il voulait établir une taxe substitutive du timbre de dimension, un moyen nouveau de payer ce timbre de dimension, enfin que le tant pour cent avait été calculé de façon à établir, avec une exactitude mathématique, ce que les Compagnies devraient payer si elles acquittaient au comptant les droits des tarifs. — Ch. des Députés, séance du 20 décemb. 1884, Journ. Off., 21 décembre 1884, Déb. parlem., 2983 et 2985 ; S. 85, Lois annotées, 1885, p. 749 — Cf. Journ. des assur., 1885, p. 46.

3. Il est singulier de voir M. Béchade qui publiait en 1889 son intéressant ouvrage sur *le contrat d'assurance dans ses rapports avec le droit civil et l'enregistrement* ne point formuler même une allusion à la mesure votée en 1884. La même remarque peut être faite pour l'ouvrage de M. Typaldo Bassia ; cet auteur (*Les assur. sur la vie au point de vue théorique et pratique*, p. 229), parle seulement de la loi de 1850.

4. Un décret du 16 avril 1885 a déclaré cette loi exécutoire en Algérie.

bre 1871 [1]; à défaut de paiement dans le délai, l'amende édictée par l'art. 10 de la loi du 23 juin 1887 est exigible. L'avis de l'acquittement du droit inséré au *Journal officiel*, équivaut à l'application du timbre pour les actes dont parle le législateur.

1. Il semble utile de reproduire ici les prescriptions du décret du 25 novembre 1871 auxquelles la loi de 1887 se réfère :

La taxe fixée par l'art. 6 de la loi du 23 août 1871 pour les assurances contre l'incendie est établie sur l'intégralité des primes, cotisations ou contributions constatées dans les écritures des Compagnies, Sociétés et assureurs ; toutefois, sont déduites pour le calcul de la taxe : 1° les primes, cotisations ou contributions relatives à des immeubles ou objets mobiliers situés à l'étranger ; 2° celles perçues pour réassurance, à moins que l'assurance primitive souscrite à l'étranger n'ait pas été soumise à la taxe ; 3° les primes, cotisations ou contributions que les Sociétés, Compagnies et assureurs justifieraient n'avoir pas été recouvrées par suite de la résiliation ou de l'annulation des contrats.

Il sera ouvert dans les écritures des Sociétés, Compagnies et assureurs un compte spécial à chacune des différentes natures de primes, cotisations ou contributions énumérées aux trois paragraphes précédents (art. 3).

Le payement de la taxe est effectué, pour chaque trimestre, avant le dixième jour du troisième mois du trimestre suivant, au bureau de l'enregistrement du siège des Sociétés ou Compagnies, ou du domicile de l'assureur. Toutefois, pour les Sociétés d'assurances mutuelles dans lesquelles le montant des cotisations annuelles est, d'après les Statuts, exigible par avance le 1er janvier de chaque année, le payement de la taxe afférente aux contrats existant à cette époque est effectué par quart et dans les dix jours qui suivent l'expiration de chaque trimestre (art. 6).

Chaque année, après la clôture des écritures relatives à l'exercice précédent, et au plus tard le 31 mars, il est procédé, pour toutes les Compagnies, Sociétés ou assureurs à une liquidation générale de la taxe due pour l'exercice entier. Si de cette liquidation il résulte un complément de taxe au profit du Trésor il est immédiatement acquitté. Dans le cas contraire, l'excédent versé est imputé sur l'exercice courant (art. 5).

Aux époques des versements prescrits par l'art. 7, les Sociétés, Compagnies et assureurs remettent au receveur de l'enregistrement un état certifié conforme à leurs écritures commerciales et indiquant : 1° le montant des primes, cotisations ou contributions échues pendant le trimestre et provenant des exercices antérieurs ; 2° le montant des mêmes primes, cotisations ou contributions provenant des souscriptions nouvelles ; 3° les déductions à opérer en exécution de l'art. 3 ; il est ouvert une colonne spéciale à chaque nature de déduction ; 4° le montant net des primes, cotisations ou contributions assujetties à la taxe ; pour opérer la liquidation générale prévue par l'art. 5, les Sociétés, Compagnies et assureurs remettent au receveur de l'enregistrement, avec la balance des comptes ouverts à leur grand livre, un état récapitulatif de la totalité des opérations de l'année précédente. Cet état, dûment certifié, est vérifié au siège social par les agents de l'Administration, auxquels sont représentés, à toute réquisition, tous livres, registres, polices, avenants et autres documents, quelle que soit, d'ailleurs, leur date (art. 8).

Les Compagnies, Sociétés et assureurs étrangers qui feraient en France des opérations d'assurances, soit maritimes, soit contre l'incendie sont soumis aux dispositions du présent règlement. De plus, ils doivent, avant toute opération ou déclaration, faire agréer par l'Administration de l'enregistrement un représentant français personnellement responsable des droits et amendes. Les Compagnies, Sociétés et assureurs étrangers établis en France au moment de la promulgation du présent règlement devront faire agréer ce représentant avant le 1er janvier 1872 (art. 10).

Il ne saurait être question de donner ici un commentaire de ces dispositions. Néanmoins il importe de présenter à ce sujet quelques observations.

L'art. 5 prescrit de calculer l'abonnement de l'année courante sur le chiffre total des opérations de l'année précédente. Que faut-il entendre par ces mots « Opérations de l'année précédente » ?

Il a été décidé que ces expressions désignent les capitaux compris dans les polices qui ont eu cours pendant l'année précédente, soit que ces polices

Sous l'empire de la législation fiscale actuelle, la taxe est pour les Compagnies d'assurances sur la vie de 2 fr. par 1000 fr. du total des versements effectués chaque année aux Compagnies ou aux assureurs, plus un double décime par application de l'art. 2 de la loi du 28 août 1871 et de l'art. 3 de celle du 30 mars 1872. C'est un chiffre total de 2 fr. 40 p. 1000 [1].

aient été souscrites pendant cette même année, soit qu'elles remontent aux années antérieures et que, par conséquent, le prix d'abonnement doit être calculé non sur les polices expirées au moment où l'abonnement est demandé (Cass., 2 août 1853, S. 54, 1, 250).

Cette solution a été critiquée, nous nous rallions et l'on a, notamment, fait valoir (Bourésse : *Traité du régime fiscal des Sociétés*, Paris, 1884, p. 373), que rien dans le texte, rien dans les travaux préparatoires ne permet d'affirmer la volonté du législateur d'atteindre tous les actes qui ont procuré aux assureurs une perception quelconque. Néanmoins la jurisprudence a maintenu son système.

Mais d'après l'art. 5 du décret du 25 novembre 1871, il y a lieu de déduire, pour le calcul de la taxe, les primes, cotisations ou contributions que les sociétés, Compagnies et assureurs justifieraient n'avoir pas recouvrées par suite de la non réalisation ou de l'annulation des contrats (Inste, 2, 709). S'il y a substitution d'une police à une autre la nouvelle police subsiste seule et l'ancienne échappe à la taxe (Déc. Min. fin., 21 août 1855).

Sous l'empire de la loi de 1850, conformément à une observation faite au cours de la discussion, à la séance du 21 mars 1850 (*Monit. off.*, 22 mars, p. 960), on admettait pour les assurances contre l'incendie que les Compagnies qui contractaient l'abonnement devaient comprendre les assurances souscrites en pays étranger dans le total des sommes servant de base à la liquidation du droit proportionnel (Cass., 23 janvier 1854, S. 54, 1, 247; D. P. 54, 1, 65). Herbault *op. cit.*, p. 330 enseigne que cette décision s'applique en matière d'assurance sur la vie. Il s'efforce bien de justifier le principe en excipant des travaux préparatoires de la loi de 1854, mais il n'indique pas les raisons qui lui font accepter cette extension pour les assurances sur la vie.

D'après une décision du Ministre des finances du 29 août 1851 (*Bull. de l'enreg.*, 701), le calcul de l'abonnement ne devait pas comprendre les arrérages des rentes sur l'État perçus par les Compagnies en raison des placements faits avec les fonds versés réellement par les assurés. Cette solution, selon Guillome (*op. cit.*, p. 262) Tissier (*op. cit.*, p. 224), découlait de ce que les statuts des Compagnies, approuvés par le Gouvernement imposent le placement en rentes sur l'État, ces fonds étant entrés dans la caisse de l'assureur *et provenant des opérations faites par lui* ont déjà subi, par cela même, l'impôt du timbre; ils ne sauraient donc y être assujettis une seconde fois.

La Cour de Cassation, d'autre part, a jugé (Cass., 21 mai 1851, S. 54, 1, 57; D. P. 53, 1, 112. — N'en est-ce pas Herbault; *op. cit.*, p. 345 et 356, Rome : *op. cit.*, p. 260), que les frais de gestion versés aux Compagnies d'assurances sur la vie sont passibles de la taxe d'abonnement pour la Cour suprême, du moment que, d'après l'art. 37, le prix de l'abonnement doit être calculé sur le total des versements faits chaque année aux Compagnies ou aux assureurs, il est certain que la loi atteint toutes les sommes payées par les assurés, sans distinguer entre la portion de ces sommes accordée par les Compagnies à leurs agents pour frais de gestion et les autres portions tombant dans la caisse des Compagnies ou des assurés, ces diverses sommes étant versées comme prix de l'assurance doivent être également atteintes par l'impôt.

Notons qu'à une Circulaire du 20 mars 1849 a été annexé un état dressé à dater du 1er janvier 1849 de toutes les Sociétés, Compagnies d'assurances et assureurs pour lesquels l'acquittement du droit, inséré au *Journal officiel*, équivaut à l'apposition du timbre (*Journ. off.*, 31 octobre 1885, 11 février 1886, 15 février 1887, 15 mars 1890).

1. Le paragraphe 3 de l'art. 8 de la loi du 9 décembre 1851 détermine limitativement les cas dans lesquels les polices, contrats en cours, antérieurs au 1er jan-

Les Compagnies étrangères qui font en France des opérations d'assurances sur la vie sont, au point de vue du timbre, assimilées aux assureurs français[1]. Elles doivent acquitter le même droit annuel et dans les conditions identiques[2]. D'autre part, à la différence de ce qui se passait sous l'empire de la loi 1850, ces Compagnies étrangères sont tenues de faire agréer un représentant français personnellement responsable des droits à acquitter et des amendes à verser[3].

La loi de 1850 (art. 33) dispensait du timbre seulement les contrats d'assurances ainsi que les conventions postérieures contenant prolongation de l'assurance, augmentation de la prime ou du capital assuré. La loi de 1881 (art. 8) a étendu la dispense à tous les actes, quels

vier 1885, date de la mise à exécution de cette loi sont assujettis à la taxe obligatoire. Il en résulte que les Compagnies d'assurances sur la vie qui étaient abonnées avant la nouvelle loi continuent à payer la taxe de 2 p. 1000, ce tarif étant resté le même. Quant aux Compagnies non abonnées, leurs polices qui avaient supporté le droit de timbre de dimension au comptant sont réputées avoir acquitté entièrement la taxe de timbre dont elles sont passibles : elles échappent ainsi à toute perception nouvelle. Les contrats postérieurs sont seuls soumis à l'abonnement obligatoire (*Instr.*, 2708, § 3). — On remarquera, d'ailleurs, que la loi nouvelle établit la taxe de chaque année sur les opérations de cette même année ; elle ne prend plus pour base les opérations de l'année précédente, comme le faisait la loi de 1850. — Dumaine : *op. cit.*, p. 354 ; — Comp. sur la question des dispositions transitoires, Naquet : *Traité des droits de timbre*, Paris, 1894, p. 176 et 177.

1. Avant la loi de 1881 la question était résolue dans ce cas et l'on admettait que les Compagnies étrangères jouissaient de la faculté de contracter un abonnement. Sol., 29 juin 1883 ; Dujardin : *Des droits d'enreg., de timbre et de greffe au point de vue de la proportionnalité de l'impôt*, Paris, 1881, p. 202 ; Herbault : *op. cit.*, p. 334.

2. Vincent et Pénaud : *Dict. de droit intern. privé*, v° *Assurances*, n°° 117 et 118.

3. V. Instr. a lu. de l'enreg., 8 mars 1885, n° 2708.

La désignation de ce représentant responsable, pour laquelle il n'existe aucune formule spéciale, peut être faite sous forme de simple lettre, sur papier timbré à 0 fr. 60 c. a adressée au Directeur de l'enregistrement.

L'engagement des représentants responsables des assureurs étrangers, spécial aux droits et amendes de timbre et d'enregistrement, doit être rédigé sur papier timbré et contenir l'obligation pure et simple d'acquitter ces droits et l'amende (Sol., 26 mars 1872). Dans le cas où une Compagnie étrangère a en France une agence principale dont relèvent d'autres agences particulières, il y a lieu de faire agréer un seul représentant responsable auprès de l'agence générale. Si les agences sont indépendantes les unes des autres, un seul représentant peut suffire, s'il a entendu s'engager, et s'il s'est engagé effectivement, pour toutes les opérations de la Société en France ; dans le cas contraire, chaque agence doit particulièrement satisfaire aux obligations du décret de 1871 (Sol., 2 août 1873). — Jobit : *Régime fiscal des valeurs mobilières étrangères en France*, Paris, 894, p. 402.

On a soutenu (Barclay : *de l'obligation pour les Sociétés britanniques en France de faire agréer un Français responsable de l'impôt sur le revenu* [Journ. du Dr. int. privé, 1898, p. 224, etc.]) que cette obligation de faire agréer un représentant responsable n'incombe pas aux Sociétés anglaises que la convention du 30 avril 1862 a admises à jouir de *tous leurs droits* en France, un acte unilatéral du gouvernement français ne pouvant briser à leur détriment l'égalité que cette convention a entendu établir entre les sociétés des deux pays. Mais cette opinion n'a point prévalu. V. Jobit : *op. cit.*, p. 172 et suiv.

qu'ils soient, qui ont exclusivement pour objet la formation, la modification ou la résiliation amiable des contrats d'assurance. Au dire de l'Administration de l'enregistrement elle-même [1], la disposition de la loi de 1884 a une portée générale : elle embrasse non seulement les documents préparant les polices, tels que les propositions d'assurance [2], mais encore tous les avenants modificatifs des polices [3]. Le bénéfice de la loi de 1884 n'appartient point aux actes qui n'ont pas pour objet exclusif la formation, la modification ou la résiliation amiable du contrat d'assurance, notamment les quittances de primes [4] et d'indemnités, les déclarations relatives aux sinistres, etc. Ces actes doivent continuer à être rédigés sur papier timbré, par application de l'art. 12 de la loi du 13 brumaire an VII. La même solution est affirmée [5], peut-être un peu gratuitement [6], pour les *duplicata* de

1. *Instr.*, 2709, § 1.

2. Antérieurement à la loi de 1884, confirmant la doctrine d'un jugement du Tribunal Civil de la Seine du 23 juin 1882 (S. 84, 1, 394), la Cour de Cassation avait jugé (Cass., 2 juillet 1883, S. 84, 1, 394 ; D. P. 84, 1, 243) que les propositions d'assurance sur la vie rentraient dans la catégorie des actes soumis à l'impôt du timbre par l'art. 12 de la loi du 13 brumaire an VII, cette loi étant générale et visant tous les papiers destinés, notamment, aux écritures qui peuvent être produits en justice et y faire foi.

A ce moment nous avons émis des doutes relativement à la solution qui était consacrée (*Rev. périod. des assur.*, 83, 192 et suiv.) : l'art. 12 de la loi du 13 brumaire an VII, disions-nous, assujettit au droit de timbre de dimension « généralement tous actes et écritures, extraits, copies et expéditions soit publics, soit privés devant faire titre ou être produits en justice pour obligation, décharge, justification, demande ou défense » ; or, la proposition d'assurance n'est pas un *titre* dans le sens de cette disposition ; c'est un simple acte préparatoire (Agnel : *Manuel d'assurances*, p. 30), dépourvu par lui-même de toute valeur et qui peut fort bien n'être pas ratifiée.

L'arrêt écartait l'appel qui avait été fait à la loi du 5 juin 1850. Elle était pourtant bien applicable puisque c'est une loi d'impôt relative aux assurances et qui ne disait rien des propositions, ce qui n'est point surprenant, le législateur ayant paru ne pas vouloir étendre la portée de ses prescriptions (V. le rapport de M. E. Leroux, D. P. 56, 4, 120, n° 37).

Notre argumentation a été reprise par M. Demasure (*Traité du régime fiscal des Sociétés*, p. 369 et 370). Mais elle a été combattue par des arrêtistes (S. 84, 1, 393) faisant valoir notamment que l'arrêt du 2 juillet 1883 se rattachait à la jurisprudence (Cass., 2 janvier 1878, S. 78, 1, 83, D. P. 78, 1, 103 ; 29 décembre 1879, S. 80, 1, 226, D. P. 80, 1, 73), qui soumet au timbre les procès-verbaux dressés contradictoirement entre l'assureur et l'assuré pour constater la consistance et l'estimation des valeurs à assurer, comme si une assimilation était possible.

Sous l'empire de la loi de 1884 une discussion ne semble plus possible, puisque tous les actes qui ont pour objet la formation du contrat sont soumis à l'abonnement obligatoire. La Régie, du reste, a déclaré (*Instr.*, 2708) que les propositions d'assurances doivent être comprises au nombre des actes préparatoires soumis à la nouvelle loi.

3. Comp. les observations échangées à la séance du Sénat du 27 décembre 1884, entre M. Bozérian et M. le Commissaire du Gouvernement. — *Journ. off.*, 28 décembre 1884, *Déb. parlem.*, p. 2007 ; et S., *Lois annotées*, 85, 750.

4. Sont assujettis au timbre de dimension les bordereaux dressés par une Compagnie d'assurances mutuelles pour le recouvrement de la cotisation due par les associés. — Cass., 23 août 1880, *Rép. périod. de l'enregist.*, 5,583.

5. Cass., 8 novembre 1876, D. P. 77, 1, 367 ; S. 77, 1, 35.

6. L'arrêt précité s'appuie sur ce que la taxe d'abonnement ne s'applique

polices destinés, par exemple, à être annexés à des actes notariés.

Un écrit ne peut profiter du bénéfice de l'exemption du timbre dans les termes de l'art. 8, § 4 de la loi du 29 déc. 1884 qu'autant qu'il se rattache à une police assujettie à l'abonnement obligatoire. Lorsqu'un acte, avenant ou autre, se rapporte à une convention d'assurance qui, pour une cause quelconque, ne donne pas lieu à la taxe annuelle, c'est d'après les règles admises sous l'empire de la législation antérieure à laquelle cet acte reste soumis, que la question d'exigibilité du droit de timbre devra être résolue.

Les actes de réassurance ne sont pas assujettis à la loi nouvelle quand la taxe a été payée par l'assureur primitif (art. 8, § 5). Dans ce cas, les actes dont il s'agit restent soumis à la loi ordinaire[1].

De ce que le certificat *post mortem* délivré par le médecin pour faire connaître à l'assureur la maladie dont est mort l'assuré est de nature à être produit en justice pour la justification, demande ou défense, il suit qu'il est soumis au timbre de dimension[2]. Mais le timbre de ce document n'est pas compris dans l'abonnement obligatoire dont parle la loi de 1884.

Le certificat constatant le résultat de la visite que le médecin de la Compagnie fait subir au futur assuré n'est pas couvert par la taxe d'abonnement. Seulement il n'est pas besoin de le rédiger sur timbre[3]. Ce n'est, en réalité, qu'une pièce d'ordre intérieur qui ne sort pas des bureaux de l'assureur, qui est uniquement destinée à renseigner ce dernier et qui a le même caractère que les rapports adressés par les agents à la direction de la Compagnie[4].

qu'au contrat même d'assurance et aux originaux de ce contrat. Cependant les art. 38 et 40 de la loi de 1850 disposent que, dans les cas qu'ils prévoient, il ne sera dû qu'un droit par chaque police, quel que soit le *nombre des doubles.*

D'après la Cour de Cassation, cette dernière expression a été employée dans le sens de l'art. 1325 C. Civ., pour indiquer les originaux mêmes des contrats formant titre pour les parties et non les copies ou *duplicata* délivrés plus tard par les agents des Compagnies.

Cette interprétation paraît des plus douteuses. La Régie ne l'avait pas admise à l'origine; car dans une Solution du 22 mai 1874 elle disait au point de vue de l'enregistrement gratuit des *duplicata* : « A la différence des copies collationnées par un officier public, la certification de l'une des parties contractantes, que ce soit la Compagnie ou l'assuré, ne donne aucune authenticité à l'acte qui ne diffère de l'original que par l'absence d'une des deux signatures. » — Demasure : *op. cit.*, p. 375. Comp. Tauzis : *Du régime fiscal des assurances (L'Opinion,* 15 mars 1891, p. 42).

Sous l'empire de la loi de 1850 on admettait que le duplicata n'était pas passible d'un droit de timbre double, qu'il suffisait qu'il fût rédigé sur papier de dimension, qu'il contînt l'énonciation qu'il s'agissait d'un duplicata et qu'il y eût rappel de la date de la police. — Sol., 11 oct. 1872; Herbault : *op. cit.*, p. 327; Rome : *op. cit.*, p. 262.

1. Damaine : *op. cit.*, p. 352.

2. Trib. civ. Cosne, 13 juillet 1875; Trib. civ. Angoulème, 12 juillet 1875, S. 76. 2, 183 ; D. P, 75, 5, 436-438.

3. Sol., 25 septembre 1889, *Rev. prat. de l'enreg.*, 3005.

4. Doivent être considérés comme pièces d'administration intérieure et par

D'après l'art. 23 de la loi du 13 brumaire an VII, un acte ne peut être écrit à la suite d'un autre sur la même feuille de papier timbré. Cette disposition s'applique en matière d'assurance. Il s'ensuit qu'il est interdit de rédiger un avenant à la suite de la police [1], d'écrire la cession du bénéfice d'une assurance sur la vie à la suite de la police [2], même si ce mode de procéder est conforme aux Statuts de la Compagnie [3].

Les dispositions qui imposent l'emploi du timbre pour les contrats d'assurance sur la vie sont-elles applicables aux constitutions de rentes viagères que font les Compagnies avec jouissance immédiate, moyennant l'aliénation d'un capital? Pendant longtemps, l'Administration de l'Enregistrement l'a prétendu [4]. Elle se fondait sur ce que la loi du 5 juin 1850, dans son art. 33, et la loi du 20 novembre 1884, dans son art. 8, n'ont pas pris le mot *assurances* dans un sens restreint et limité, que bien au contraire, l'exception désigne tous les contrats ayant pour but de garantir un risque par le paiement d'une indemnité, et que l'intention du législateur résulte du passage du rapport présenté sur le projet qui est devenu la loi de 1850 et qui affirme que les souscriptions recueillies par les caisses départementales sont soumises au timbre, bien qu'il ne s'agisse pas d'assurances à proprement parler.

Ce système a été consacré par des décisions judiciaires [5] qui, tout en reconnaissant que les constitutions de rentes viagères ne constituent pas des contrats d'assurance dans le sens juridique du mot, ont décidé qu'elles sont soumises aux prescriptions de la loi de 1850, qui sont générales et qui, en donnant pour base à la taxe d'abonnement au timbre le total des versements faits chaque année aux Compagnies d'assurances sur la vie, concernent toutes les perceptions faites par les assureurs à quelque titre que ce soit, aussi bien aux assurances proprement dites qu'aux contrats qui ne sont pas des assurances.

Mais il a été condamné en dernier lieu [6]; son échec est irrévocable. Il

conséquent exemptés du timbre : l'accusé de réception de pièces ou deniers par la Compagnie à ses agents extérieurs et réciproquement (Sol., 11 février 1873) ; les imprimés ou *avertissements* par lesquels une Compagnie invite ses assurés à se libérer du montant de la prime (Sol., 29 juin 1852). — Herbault : *op. cit.*, p. 329.

1. Sol., 10 mars 1854.

2. Sol., 6 janvier 1873, *Dict. de l'enreg.*, v° *Assurances*, n° 82.

3. Cependant quant aux assurances mutuelles l'Administration de l'enregistrement a admis que les actes d'adhésion ne formaient qu'un seul tout avec le contrat d'assurances. Sol., 12 novembre 1879 ; Herbault : *op. cit.*, p. 327.

4. V. le Mémoire de la Régie, *Rép. périod. de l'enreg.*, 7, 619 et *Journ. de l'enreg.*, 23.082. — V. dans ce sens Garnier : *Rec. périod. de l'enreg.*, 7619, (p. 397).

5. Trib. civ. Seine, 3 août 1888, S. 92, 1, 31 ; D. P. 92, 1, 21.

6. Cass., 25 mai 1891 (trois arrêts) S. 92, 1, 36 ; D. P. 92, 1, 22.

V. contre le système consacré par le Tribunal de la Seine les observations insérées dans *Le Contrôleur de l'enregistrement*, art. 17.609, p. 218 ; Touzis : *Du régime fiscal des assurances* (*L'Opinion*, août 1890, p. 125).

semble acquis définitivement aujourd'hui [1] que les contrats de rente viagère restent en dehors de l'application de la taxe et ne peuvent y être assujettis. Cette solution est la seule logique et la seule juridique.

La loi de 1850 [2] et celle de 1884 ne concernent que les assurances :

Ce qui prouve que la Régie a reconnu elle-même que sa défaite était certaine, c'est qu'elle n'a même pas voulu laisser engager le débat devant le Tribunal de Versailles, tribunal de renvoi désigné par les arrêts du 25 mai 1891 prononçant la cassation des jugements du Tribunal de la Seine du 3 août 1888.

1. Il y a lieu de lire à cet égard les très intéressantes et très substantielles conclusions de M. l'avocat général Desjardins à la Cour de Cassation (S. 92, 1, 34 ; *Le Droit*, 1-2 juin 1891 ; *La Loi*, 28-29 juin 1891), ainsi que la note de M. Wahl (S. 92, 1, 33), et la note qui accompagne le texte des arrêts précités, D. P. 92, 1, 21.

V. aussi Dumaine : *op. cit.*, p. 353 ; Lefort : *Les assurances sur la vie et la Cour de Cassation en 1889*, p. 10 ; Naquet : *op. cit.*, p. 171. Ce dernier auteur fait observer qu'en législation il n'y a aucun motif de traiter les contrats de rente viagère autrement que les contrats d'assurances et qu'il serait rationnel de les assimiler à ces contrats par une disposition expresse de la loi.

2. Dans le très remarquable rapport, malheureusement inédit, qu'il a présenté le 20 mai 1891 à la Chambre des Requêtes de la Cour de Cassation à l'occasion des pourvois dirigés contre les jugements du 3 août 1888, M. le conseiller F. Voisin, après avoir déclaré accepter la discussion des demandeurs, formulait des considérations qui doivent trouver place ici.

Le seul argument mis en avant par le Tribunal de la Seine consiste à soutenir que la loi de 1850 (art. 33) ayant visé tout contrat d'assurance et la rente viagère étant une assurance, les contrats de rentes viagères doivent être compris dans ses termes et doivent être soumis à l'abonnement obligatoire du timbre prévu par la loi de 1884. Or, ce raisonnement pèche par la base. Il suffit, pour s'en convaincre, de lire le rapport de M. Leroux à la Chambre des Députés.

L'Administration de l'enregistrement avait manqué de vigilance à l'égard des Compagnies d'assurances pour l'application des lois sur le timbre, et cependant, disait le rapporteur, il n'y avait pas d'incertitude sur le texte des lois ; ce texte est très positif : *les polices d'assurances* sont formellement astreintes à la formalité du timbre de dimension par la loi du 9 vendémiaire an VI et par le décret du 3 janvier 1809... C'est la loi du 9 vendémiaire an VI sur le timbre qui n'était pas appliquée et *c'est cette loi dont le législateur de 1850 veut assurer l'application*. Or, en l'an VI il ne s'agissait certes pas des rentes viagères puisque la loi était ainsi conçue : « Art. 56. Les lettres de voitures... *les polices d'assurances*, les cartes à jouer seront assujetties au timbre fixe ou de dimension. » Il ne s'agissait pas, non plus, des rentes viagères dans l'art. 5 de la loi du 6 prairial an VII ainsi conçu : « Les lettres de voiture... *les polices d'assurances* seront inscrites à l'avenir sur du papier du timbre de 1 franc. » Le décret du 16 messidor an XIII est, s'il est possible, plus explicite encore : « Les préposés des douanes et les préposés à la perception des droits d'octroi sont tenus de se faire représenter les lettres de voiture... *polices d'assurances des marchandises* et autres objets dont le transport se fait par terre ou par eau, et de vérifier si ces actes sont écrits sur papier de un franc, ainsi qu'il est prescrit par l'art. 5 de la loi du 6 prairial an VII. » Enfin le décret du 3 janvier 1809 parle, lui aussi, « des lettres de voiture... polices d'assurances » pour dire qu'elles continueront d'être assujetties au timbre de dimension.

Telles sont les dispositions légales dont l'Administration avait à assurer l'exécution contre les Compagnies d'assurances et dont l'application tombait peu à peu en désuétude ; elles ne visaient évidemment que les actes d'assurances, que les assurances pour se mettre à l'abri des conséquences d'un risque, d'une perte, d'une mort, etc... et les mots *polices d'assurances, polices*

elles ne parlent en aucune façon de la rente viagère, pas plus, du reste, que des autres opérations faites par les Compagnies d'assurances [1]. Ce que la loi vise, c'est le contrat d'assurance sur la vie, et rien que ce contrat [2]. Or, il est de principe constant qu'en matière fis-

d'assurances des marchandises exclusivement employés par le législateur ne permettent pas un seul instant de s'arrêter à la pensée qu'avant 1850 il se soit jamais agi des rentes viagères.

Le but du législateur de 1850 a-t-il été d'innover? Assurément non, car le rapporteur, après avoir exposé « que les droits de timbre et d'enregistrement des *actes d'assurances* produisent à peine 3 à 4000 fr., tandis que le timbre seul, si la loi était exécutée, devrait produire une somme annuelle de 150 000 fr., à 2,000 000 fr., ajoute : « aussi le Gouvernement n'hésite pas à vous proposer des mesures qui doivent selon lui assurer la perception régulière de cet impôt. » Ainsi, c'est de l'impôt déjà existant dont il s'agit. Ainsi aucune innovation n'a été faite en 1850; aussi le titre III de la loi porte-t-il : des *polices d'assurances* autres que les assurances maritimes, ce qui continue à exclure des prévisions de la loi les rentes viagères.

1. Nous demandons la permission de reproduire ici ce que nous disions en soutenant à la barre de la Cour de Cassation (V. le texte de nos observations dans *Le Contrôleur de l'enregistrem.*, art. 17.246) les pourvois dirigés contre les jugements du 3 août 1888.

L'art. 37 de la loi de 1850, d'après la Régie, aurait une portée générale et embrasserait toutes les perceptions sans distinction de titre ou de forme, toutes les opérations faites par les Compagnies d'assurances sur la vie. Mais il ne faut pas isoler l'art. 37 relatif au mode de perception de l'art. 33 qui institue l'impôt : l'art. 33 concernant les contrats d'assurance, les opérations dont parle l'art. 37 ne sont et ne peuvent être que les opérations qui font l'objet des contrats cités par l'art. 33, c'est-à-dire les opérations d'assurances. Si le législateur se sert, dans l'art. 37, du mot « versements », il est manifeste qu'il n'entend parler que des versements faits en exécution de ces mêmes contrats d'assurance.

Si une Compagnie d'assurances joint à son industrie principale une branche accessoire, si elle fait des contrats qui ne sont pas des contrats d'assurance, ces contrats ne peuvent pas tomber sous le coup de l'art. 33. On ne saurait sérieusement affirmer que les opérations auxquelles ces contrats se réfèrent puissent être assujetties à l'art. 37, et dire que les versements faits à la Compagnie en exécution de ces mêmes contrats sont soumis au droit édicté par la loi de 1850. C'est précisément le cas des Compagnies d'assurances sur la vie.

L'assurance sur la vie constitue la partie essentielle de leur industrie, mais ce n'est pas la seule; elles se livrent accessoirement aux opérations qui, tout en ayant, comme l'assurance, les observations faites sur la longévité humaine pour base scientifique, ne constituent ni en droit, ni en fait des assurances : rentes viagères, achats de nues propriétés ou d'usufruit, prêts viagers. D'autre part, les Compagnies font toutes les opérations que comporte la gestion des capitaux qui leur sont confiés, comme les achats et les ventes de valeurs tant mobilières qu'immobilières, les prêts hypothécaires. Or, bien que la loi vise toutes les opérations des Compagnies et frappe tous les versements qui leur sont faits, suivant elle, la Régie n'a jamais songé à réclamer la taxe édictée par la loi de 1850 pour le produit des rentes, des obligations, des immeubles mêmes; et pourtant, ces produits constituent chaque année des versements importants faits aux Compagnies, et ils sont incontestablement la conséquence d'opérations faites par elles. C'est que la loi de 1850 a été votée uniquement pour les contrats d'assurance et que ses dispositions ne mentionnent que les polices d'assurance.

2. En 1852 la Commission législative l'a fait dire à la tribune : la loi concerne « tous les contrats d'assurance ». D. P. 50, 4, 127, n° 28.

Dans la Note fort complète du reste, qu'il a rédigée à l'occasion des arrêts de la Cour de Cassation du 23 mai 1891 (S. 92, 1, 33), M. Wahl a soutenu que

cale tout est de droit étroit, que les dispositions doivent être appliquées à la lettre et entendues *stricto sensu*, que toute extension est formellement interdite[1]. La doctrine qui répute applicables aux rentes viagères servies par les Compagnies les dispositions édictées pour les assurances sur la vie ne serait acceptable que si l'on établissait que la rente viagère constitue une opération d'assu[rance]. Une pareille démonstration est impossible aussi bien dans la n[ature] des choses[2] et

si en 1884 les rentes viagères n'ont pas été visées c'est [que] par suite d'une erreur du Gouvernement qui croyait comprendre les rentes viagères sous la dénomination d'assurances sur la vie.

Les travaux préparatoires ne permettent pas de se rallier à cette manière de voir.

La loi de 1850 ne se rapporte manifestement qu'aux assurances. La loi de 1884 ne paraît pas avoir été inspirée par d'autres idées. A la séance de la Chambre des députés du 20 décembre 1884, M. le Sous-Secrétaire d'État Labuze a déclaré que le projet était destiné exclusivement à compléter la loi de 1850 quant à la perception (*Journ. off.*, 21 décembre 1884, Déb. parlem., 2983 et 2985, S. *Lois annotées*, 85, p. 749). Dans tout le cours de la discussion de la loi du 29 décembre 1884 il n'a été question que d'assurance et d'assurés; et les adversaires de la disposition ont fait valoir l'intérêt du développement de l'assurance en France, l'utilité de ne pas imposer à l'assuré, à l'égard du Trésor, un sacrifice égal à la majeure partie de sa prime et le Ministre des finances s'est défendu de toute hostilité contre le système des assurances.

Il y a mieux. La loi de 1884 a été précédée d'un projet déposé à la Chambre des Députés par le Gouvernement, le 27 novembre 1879 (*Journ. off.*, 4 décembre 1879, p. 10633, etc.). Ce projet intitulé : « Projet de loi relatif au timbre des *polices* d'assurances, » concernait uniquement les assurances proprement dites et notamment les assurances sur la vie que l'on voulait assimiler aux assurances contre l'incendie. Par l'indication des actes que les rédacteurs disaient vouloir atteindre, il est facile de constater qu'ils avaient en vue les seuls contrats d'assurance : « Dans l'état actuel de la législation le tarif d'abonnement est fixé, pour les *assurances à primes*, à trois centimes six dixièmes, décimes compris. Mais cette taxe ne représente que le droit de timbre de la police et des avenants de prolongation et d'augmentation. Tous les autres avenants, tous les actes préparatoires au contrat doivent être rédigés sur papier timbré au comptant. Nous proposons d'étendre l'exception à ces différents actes au moyen d'un relèvement qui porterait le tarif (décimes compris) à quatre centimes par 1000 francs pour les assurances à primes et à trois centimes pour les assurances mutuelles. » Aucune de ces expressions ne peut s'appliquer à la rente viagère; pour cette dernière il n'y a ni police, ni avenant; le contrat ne se fait pas au moyen d'une prime fixe ou avec l'emploi de la mutualité.

Sans doute le projet de 1879 a été retiré, mais ses dispositions ont été insérées dans la loi du budget de 1885. Aussi pour interpréter cette dernière est-on en droit d'invoquer les explications destinées à justifier le texte primitif.

1. V. notamm. Cass., 3 février 1875, S. 75. 1. 112. D. P. 75. 1. 398; 9 août 1875, S. 75. 1. 481; D. P. 75. 1. 456.

2. Cf. ce que nous avons dit à ce sujet soit dans notre étude sur *les assurances sur la vie et la Cour de cassation en 1882*, p. 10, soit dans ce *Traité*, T. I, p. 109 et 110.

Nous ajouterons que les Statuts et les comptes rendus annuels des Compagnies distinguent les deux opérations. D'ordinaire les Statuts disent, dans un article spécial, que les opérations faites par la Compagnie comprennent les assurances et les constitutions viagères et ailleurs fixent un maximum différent pour l'assurance sur la vie payable au décès et pour la rente via-

en pratique qu'en droit [1] : les contrats de rente viagère se distinguent nettement des assurances sur la vie par des caractères juridi-

ques. D'autre part, les comptes rendus présentés chaque année aux actionnaires séparent avec soin *les assurances en cas de décès et en cas de vie des constitutions de rentes viagères.*

1. Les différences au point de vue du droit civil ont été très judicieusement mises en lumière par M. l'avocat général Desjardins (S. 92, 1, 35; *Le Droit*, 1er et 2 juin 1891; *La Loi*, 28 et 29 juin 1891) et par M. Wahl (Note, S. 92, 1, 33) :

La rente viagère peut être constituée à titre gratuit ou à titre onéreux, l'assurance sur la vie est nécessairement à titre onéreux.

La rente viagère, lorsqu'elle est à titre onéreux, peut être définie un contrat par lequel une personne (débi-rentier) s'oblige à acquitter une prestation périodique entre les mains d'une autre personne (crédi-rentier) jusqu'à la mort de cette dernière ou d'un tiers, et moyennant une somme fixe payée par elle; l'assurance sur la vie consiste dans l'engagement pris par l'assureur ou une personne désignée par lui, contre une prestation (généralement périodique, mais ceci n'a rien d'essentiel) une somme déterminée au cas où se réaliserait une éventualité prévue (le décès de l'assuré, sa survie jusqu'à un âge déterminé, etc.).

La rente viagère est donc aléatoire pour ce qui regarde *le nombre des prestations périodiques* imposées au débi-rentier; le crédi-rentier, en retour de ces prestations, fournit une somme fixe. Dans l'assurance sur la vie, ce qui est essentiellement aléatoire et conditionnel, au contraire, c'est *l'existence de la prestation* à fournir par l'assureur à l'assuré; la prestation à fournir par l'assuré offre, en fait, un caractère aléatoire, mais cela n'a rien d'essentiel puisque la prestation, par l'assuré, d'une somme fixe et unique ne change pas la nature du contrat. La rente viagère peut, il est vrai, aussi bien que l'assurance sur la vie être stipulée soit au profit du contractant lui-même, soit au profit d'un tiers, qui en devient bénéficiaire à titre de libéralité ou de dation en payement. Mais la rente viagère, une fois constituée au profit d'un tiers, devient sa propriété définitive; elle ne fait point partie du patrimoine du disposant. La jurisprudence admet, au contraire, que dans des hypothèses nombreuses l'assurance sur la vie constituée au profit d'un tiers fait partie du patrimoine de l'assuré et peut, notamment, être saisie par ses créanciers.

Ajoutons qu'au point de vue fiscal la différence entre la rente viagère et les assurances sur la vie est encore plus tranchée qu'en droit civil.

A l'égard du droit de timbre la première, qui n'est expressément citée par aucune loi, est seulement soumise au timbre de dimension (L. 13 brum. an VII, art. 12). Au contraire, les polices d'assurance sont visées expressément par plusieurs dispositions : la loi de brumaire an VI les assujettit au timbre de dimension, l'art. 5 de la loi du 7 prairial an VII (disposition abrogée par un décret du 3 janvier 1809) leur impose l'emploi du papier de timbre à 1 fr., enfin la loi de 1850, édicte des prescriptions particulières.

La distinction s'accentue encore plus au point de vue de l'enregistrement : l'art. 69 de la loi du 22 frimaire an VII établit pour les contrats de rente viagère un droit d'enregistrement de 2 % sur le capital constitutif; les contrats d'assurance ne supportent qu'un droit de 0,50 %. Le législateur, tenant compte de la similitude, a frappé les contrats d'assurance comme les contrats de cautionnements, de garantie, comme les dommages-intérêts, l'indemnité. Au contraire, s'inspirant de l'idée émise par les rédacteurs du Code civil qui considéraient le contrat de rente viagère comme une sorte de vente, le législateur a frappé le contrat de rente viagère du même droit que les rentes mobilières. Enfin à l'égard de la loi fiscale le contrat d'assurance n'engendre que des obligations conditionnelles, précaires; c'est, par sa nature un contrat accessoire, par suite, il n'est l'objet que d'un faible droit; le contrat de rente viagère constitue, au contraire, un contrat parfait par lui-même, un contrat principal, c'est une vente; dès lors, il doit supporter le droit plus élevé qui atteint les ventes. Aussi a-t-on pu dire exactement (Dumaine : *op. cit.*, p. 338) que le contrat

ques tranchés, ou, suivant une heureuse formule [1], par leur qualification comme par leur nature.

Pour finir l'exposé de ce qui a trait à l'application des lois sur le timbre [2] il reste à dire que la loi du 23 août 1871 soumettant au droit de timbre de dix centimes (à moins qu'il ne s'agisse d'une somme de dix francs et au-dessous), les quittances ou acquits donnés au pied des factures ou mémoires, les quittances pures et simples, les reçus ou décharges de sommes, titres, valeurs ou objets et généralement tous titres, signés ou non, emportant libération, reçu ou décharge s'applique en matière d'assurances sur la vie [3].

L'abonnement au timbre ne confère aucune dispense. La quittance

de rente viagère immédiate est une constitution de rente pure et simple et ne présente aucun des caractères de l'assurance proprement dite, qu'il tombe sans conteste sous l'application du droit de 2 %, tandis que pour le contrat d'assurance en cas de décès et pour celui de l'assurance en cas de vie le droit de 1 % est seul exigible. (Sic. Garnier : Rép. gén. de l'enreg., 2391).

V. aussi à ce propos les remarques de M. Wahl, Note, S. 92, 1, 33.

1. Cass., 25 mai 1891, S. 92, 1, 36; D. P. 92, 1, 22.

2. Il avait été décidé (Trib. civ. Seine, 28 mars 1855, Bull. de l'enreg., 319), que les imprimés faisant connaître au public l'existence d'une Compagnie d'assurances mutuelles ou à primes fixes, ses conditions, ses avantages, les garanties qu'elle présente étaient soumis au timbre et que le fait de la distribution de tels imprimés résultait suffisamment de la mise à la poste d'un exemplaire adressé sous bande à une personne, sinon même du seul fait de l'impression. (Trib. Seine, 11 novemb. 1852, Bull. de l'enreg. 201).

Cette solution était basée sur l'art. 1er de la loi du 6 prairial an VII disposant que les avis imprimés, quel qu'en soit l'objet, qui se crient et distribuent dans les rues et lieux publics, ou que l'on fait circuler de toute autre manière sont assujettis au droit de timbre à l'exception des adresses contenant la simple indication du domicile ou le simple avis de changement. Mais l'art. 1er de la loi du 6 prairial an VII a été abrogé par l'art. 12 de la loi des 23-27 juin 1857 portant fixation du budget pour l'exercice 1858. — Rome : op. cit., p. 270 ; Merper : op. cit., p. 264.

3. Sous le régime antérieur à la loi du 23 août 1871, il était admis (Merper : op. cit., p. 263) que les quittances des primes d'assurances sur la vie étant une conséquence ou plutôt un accessoire du contrat lui-même, en donnant aux assureurs le droit d'abonnement moyennant deux par mille du montant des versements faits chaque année, la loi avait dû comprendre dans cet abonnement le timbre des quittances servant à régulariser ces versements, qu'autrement il y aurait réellement double droit, l'un de 2 fr. par mille sur le montant des versements, l'autre de 50 centimes par % par quittance au-dessus de 10 fr., ce qui élèverait le chiffre de l'impôt à payer par la Compagnie à une somme considérable ; l'on ajoutait que si la loi était appliquée dans ces termes, elle porterait un grave préjudice aux Compagnies d'assurance et arrêterait l'essor que tendent à prendre ces institutions éminemment utiles et morales.

En tout cas, faisait-on valoir (Merger : loc. cit.), et quelle que soit la solution donnée à cette question, il est évident que la loi du 5 juin 1850 garde un silence complet en ce qui touche les quittances de primes ; dès lors, était-il dit, déclarerait-on qu'elles ne peuvent être timbrées gratis, qu'elles constatent un payement indépendant de la police d'assurances et qu'elles restent assujetties au timbre d'après les dispositions générales de la loi du 13 brumaire an VII, (art. 12 et 16) ; ce ne serait qu'autant qu'elles seraient produites en justice qu'elles devraient être soumises au timbre ; et dans ce cas, ce serait à l'assuré à acquitter le droit de timbre et l'amende en cas de besoin.

des primes [1] aussi bien que celle de l'indemnité [2] doit être revêtue du timbre dont parle l'art. 18 de la loi du 23 août 1871, de même que tout acte emportant libération [3]. Nul n'ignore que le droit de timbre est à la charge du débiteur, mais que le créancier qui a donné quittance, reçu ou décharge est tenu personnellement et sans recours, nonobstant toute stipulation contraire, du montant des droits, frais et recouvrements. Pendant longtemps l'on a discuté pour savoir si le droit de timbre est dû par le seul fait de l'existence de la quittance, lors même qu'elle est demeurée entre les mains du créancier. La jurisprudence a semblé un moment fixée en ce sens que les dispositions spéciales de la loi du 23 août 1872 relativement au timbre de quittances de sommes excédant dix francs, n'impliquent en aucune façon dérogation aux anciens principes d'exigibilité de l'impôt : qu'en conséquence, toute quittance préparée pour une somme excédant dix francs, dès qu'elle est datée, signée et qu'elle réunit toutes les formes extérieures d'un titre emportant libération, reçu ou décharge doit, à peine de contravention, être timbrée ou revêtue d'un timbre mobile, régulièrement oblitérée [4], sans qu'il y ait à opposer que la quittance signée, mais non délivrée, ne serait qu'un simple projet et ne servirait qu'à constater la libération du débiteur, l'impôt étant acquis au Trésor par la seule existence de l'acte qui y est assujetti, abstraction faite de sa validité, de son utilité juridique ou de l'usage qu'en peuvent faire les parties. Mais cette doctrine n'a point prévalu.

Revenant sur ce qu'elle avait elle-même décidé, la Cour de cassation a jugé [5] que la loi du 23 août 1871 qui a autorisé l'acquittement

---

1. Instr. adm. enreg., 2 décembre 1871, n° 2425, § 4 ; D. P. 73, 5, 458.

Pour calculer le chiffre de dix francs au-dessus duquel les quittances de primes et cotisations sont soumises au timbre de dix centimes, il faut considérer le montant de la perception revenant à la Compagnie, augmenté de l'abonnement au timbre, le montant des commissions aux agents de la Compagnie, etc. La loi, en effet, atteint le fait de la libération, sans distinguer entre les éléments dont la créance se compose. — Sol., 6 décembre 1871 ; Herbault : *op. cit.*, p. 330.

2. Si les quittances d'indemnité contiennent des stipulations étrangères à la libération, elles sont assujetties au timbre de dimension. — Sol., 11 février 1873 ; Herbault : *op. cit.*, p. 331.

3. Le bon de ristourne, c'est-à-dire l'acte par lequel l'assuré reconnaît l'imputation d'une première prime payée en vertu d'une police remplacée par une police postérieure, portant une prime plus élevée, constate une libération et donne lieu au timbre de dix centimes. — Sol., 11 février 1873 ; Herbault, p. 331.

4. Cass., 29 décemb. 1876, D. P. 77, 1, 174 ; S. 77, p. 84 (Le rapport présenté à ce sujet à la Cour de cassation par M. le conseiller Pont a été reproduit dans le *Rép. périod. de l'enreg.*, 4558) ; Instr. adm. enreg., 10 avril 1877, n° 2570, § 4. Sic. Trib. civ. Montauban, 3 mars 1873, D. P. 75, 5, 447. — *Contra.* Trib. civ. Vouziers, 30 janvier 1873, D. P. 73, 5, 45° ; Trib. civ. Uzès, 26 novembre 1873, D. P. 74, 5, 497 ; Trib. civ. Rocroy, 2 juillet 1874, *ibid.*, Trib. civ. Beauvais, 19 août 1874, *ibid* ; Trib. civ. Seine, 20 août 1874, *ibid.* ; Observat. D. P. 73, 3, 36, note 5-6.

5. Cass., 4 juin 1880, S. 81, 1, 321 ; D. P. 80, 1, 289. — V. en ce sens Nu-

de l'impôt du timbre sur les quittances au moyen de l'apposition d'un timbre mobile a dérogé aux anciens principes sur l'exigibilité de l'impôt en différant cette exigibilité jusqu'au moment où la quittance est remise au débiteur; que, par suite, le créancier n'est pas tenu d'apposer d'avance le timbre mobile sur la quittance qu'il rédige et signe en vue du paiement qui pourra lui être fait et qu'aucune contravention ne lui est imputable de ce chef tant que la quittance reste en sa possession[1].

D'après la loi de 1871, la Compagnie doit, à peine d'amende, communiquer aux agents du fisc, tant au siège social que dans les succursales ou agences, les livres, registres, titres, pièces de recette, de dépense et de comptabilité. L'Administration est armée d'un droit de contrôle très étendu, trop étendu même[2]. On avait pu penser un moment que l'obligation de communiquer les pièces ne concernait que l'observation de la loi sur le timbre, que par conséquent les agents de la Régie ne devaient pas rechercher s'il avait été commis des contraventions à d'autres dispositions fiscales, notamment au point de vue de l'acquittement des droits de mutation; il semblait même admis que la communication ne s'étendait point aux pièces annexées aux quittances comme justificatives des dépenses[3]. Mais la Régie voulut faire accroître ses droits, elle voulut, en particulier, arriver à se faire attribuer la latitude de savoir, au moyen des investigations basées sur l'application de la loi concernant le timbre de quittance, s'il avait été satisfait aux autres prescriptions fiscales, notamment quant à l'acquit-

---

1. Cass., 29 décembre 1876, D. P. 77, 1, 174; S. 77, 1, 88. — Instr. adm. enreg., 19 avril 1877, n° 2450, § 4. — See Trib. civ. Montauban, 3 mars 1873, D. P. 73, 3, 113; Contra, Trib. civ. Vouziers, 30 janvier 1874, D. P. 74, 3, 48; Trib. civ. Uzès, 26 novembre 1874, D. P. 75, 3, 495; Trib. civ. Rocroy, 2 juillet 1874, ibid.; Trib. civ. Beauvais, 10 août 1874, ibid.; Trib. civ. Seine, 20 août 1874, ibid. Observat. D. P. 75, 3, 48, note 4.

2. Il n'entre pas dans notre plan d'insister à ce sujet. Cf. Naquet, op. cit., p. 25 et s. Il convient seulement de retenir qu'il a été reconnu dans les travaux préparatoires (Rapport, D. P. 51, 4, 61, 1re col.) que la loi ne demande pas compte aux agents des moyens par lesquels ils se sont procuré les pièces constatant les contraventions, qu'elle exige seulement la représentation de ces pièces ou l'aveu de la contravention par ceux qui l'ont commise. C'est en vertu de ce principe qu'il a été jugé (Trib. civ. Arras, 5 février 1874, D. P. 74, 3, 109) que les infractions à la loi du 23 août 1871 sur le timbre de quittance devaient être frappées des pénalités édictées, quel que puisse être l'action du moyen employé pour les porter à la connaissance des fonctionnaires chargés de les constater et quelle que puisse être l'action civile à fin de dommages-intérêts que ce moyen serait de nature à légitimer.

Il faut ajouter qu'il a été décidé d'autre part (Trib. civ. Beauvais, 10 août 1874, D. P. 74, 3, 490) qu'il n'est pas absolument vrai de dire que l'Administration du timbre n'a pas à rendre compte des moyens par lesquels sont tombées entre ses mains les pièces produites comme renfermant des contraventions à la loi sur le timbre.

3. Trib. civ. Seine, 13 décembre 1873, Le Contrôleur de l'enreg., 15,293.

tement des droits de mutation [1]. Ces armes nouvelles lui furent con-
férées par la loi du 21 juin 1875.

Dans une disposition (art. 7) votée sans discussion [2] le législateur
impose la communication des pièces et autres documents afin que les
agents s'assurent non plus seulement de l'exécution des lois sur le
timbre comme le portait la loi de 1871 [3], mais bien des lois sur l'enregistrement et le timbre. La jurisprudence a appliqué cette mesure
avec rigueur, ne pouvant méconnaître la portée générale et absolue
de l'art. 7 de la loi du 21 juin 1875 [4]. Assurément, la Régie a recommandé à ses agents d'éviter tout froissement; elle a insisté pour
qu'ils apportent dans leurs recherches la réserve et la modération
compatibles avec les intérêts du Trésor [5]. Mais il ne s'agit là que de
conseils: il n'en est pas moins certain que, bien que pratiqué par le
désir de rechercher si la formalité de l'apposition du timbre de quittance a été observée, le droit de communication a pour but l'exécution de toutes les lois sur l'enregistrement et le timbre, anciennes
et nouvelles, qu'il peut être exercé à l'égard de tous les livres des
Sociétés, timbrés ou non, relatifs à l'exercice courant et non pas
seulement à l'égard des registres à souche et des registres de transfert [6], qu'il s'étend même aux écritures accessoires, considérées d'ordinaire comme d'ordre et d'administration intérieure [7].

Des critiques sévères ont été formulées à l'égard de ces pouvoirs
exorbitants [8], des mesures ont été prises pour y remédier, des résis-

[1] Cf. l'Exposé des motifs de la loi du 21 juin 1875, D. P. 75, 4, 10e, n° 7.
[2] V. Séance du 21 juin 1875, Journ. off., 12 juin 1875, p. 1404; D. P. 75, 4, 112, note 2.
[3] Instr., n° 2517.
[4] V. en ce sens le rapport de M. le conseiller Beverchon à la Chambre des Requêtes, D. P. 75, 1, 295; S. 77, 1, 219.
Du reste, l'art. 22 de la loi du 23 août 1871 n'a pas une portée moins absolue. — Cass., 7 janvier 1878; S. 78, 1, 135; D. P. 78, 1, 204.
[5] Instr., n° 2504. — V. aussi, Note, S. 78, 1, 432.
[6] Cass., 6 novembre 1876, D. P. 77, 1, 167; Cass., 24 avril 1877, D. P. 5, 1, 294; Instr. adm. enreg., 16 juin 1877, n° 2455, § 3 et 4.
[7] Cass., 7 janvier 1878, Le Contrôl. de l'enreg., art. 1389.
Il a été reconnu (Trib. civ. Dreux, 1er août 1876 et sur pourvoi, Cass., 24 avril 1877, D. P. 77, 1, 296. — V. ibid. le rapport de M. le conseiller Beverchon, que l'Administration de l'enregistrement pouvait réclamer la communication à l'agent chargé de recevoir les propositions, même s'il était dépourvu du pouvoir de conclure des assurances.
[8] Dans un rapport présenté à la Chambre des Requêtes (D. P. 75, 1, 294; S. 77, 1, 219), après avoir relevé le caractère absolu de la disposition de l'art. 7 de la loi du 21 juin 1875 qui, en prescrivant la communication des livres des Sociétés pour assurer l'exécution des lois sur l'enregistrement, a une portée bien plus étendue que l'art. 22 de la loi du 23 août 1871, lequel ne prescrivait cette communication que pour assurer l'exécution des lois sur le timbre, M. le conseiller Beverchon a fait remarquer que les inconvénients que peut entraîner cet exercice illimité auquel les Sociétés sont ainsi soumises et qui ont déjà frappé la Cour de Cassation étaient ou pouvaient être aggravés encore par l'absence de toutes restrictions et de toutes conditions.
Rien ne s'oppose, par exemple, dans le texte de cette loi, disait-il, à ce que l'Administration, armée du droit de requérir la communication des ti-

tances ont cherché à se manifester, tout a été inutile [1]. Et on a pu le dire [2], les Sociétés sont, à tous égards, à la *discrétion* des employés de la Régie.

Il semble pourtant que le contribuable a le droit d'exiger que le préposé de la Régie, en formulant sa réquisition, indique non seulement les dispositions légales qu'il invoque, mais les pièces et les documents qu'il réclame [3], qu'il n'a pas à mettre lui-même à la disposition du préposé les pièces indiquées et que l'avis d'avoir à les rechercher dans les archives ne constitue pas un refus entraînant une amende [4], que le principe de l'inviolabilité du secret des lettres auquel il n'a pu être apporté d'exception en faveur de la Régie par les lois de 1871 et de 1875 s'oppose à ce qu'elle réclame la communication des correspondances, à moins qu'il ne s'agisse de lettres devenues de véritables documents de comptabilité et qui doivent être revêtues du timbre de dix centimes, parce qu'elles contiennent reçu, quittance ou décharge [5].

tres, élève la prétention qu'elle a, en effet, élevée, de réclamer la communication des contrats passés par les Sociétés avec des tiers, dont les secrets seront ainsi exposés à d'inévitables divulgations. On ne trouve dans la loi, sous ce rapport, aucune restriction analogue à celles que renferment d'autres lois, notamment l'art. 8 de la loi du 29 mars 1871 sur les patentes. Rien, dans le même sens, ne semble permettre de fixer un délai pour la communication, si ce n'est peut-être la prescription de trente ans. Aucune règle n'est tracée quant aux formes à observer, quant à la qualité et au rang des agents appelés à prendre connaissance des pièces communiquées, etc.

Le savant magistrat ajoutait qu'il serait, pour son compte, tout disposé à accepter des solutions qui atténueraient quelque peu la rigueur de la loi, mais que la précision et la généralité de la formule législative interdisent au juge de se substituer au législateur.

V. dans le même sens, Note, D. P. 77, 1. 295; Demasure : *op. cit.*, p. 352. Dans un article reproduit par *Le Contrôleur de l'enregistrement* (1878, 13880), l'on disait avec raison que l'on ne pouvait plus que signaler le mal en attendant que les législateurs s'occupent d'y porter remède.

1. *Le Contrôleur de l'enreg.*, *loc. cit.*

2. En 1880, MM. Godin et L. Henrault ont déposé un projet de loi tendant à modifier l'art. 7 de la loi du 21 juin 1875 pour lui rendre le caractère que l'Assemblée Nationale avait entendu lui donner, à savoir celui d'une mesure destinée à assurer la perception des impôts qu'elle venait de créer (V. l'Exposé des motifs, Garnier : *Rep. périod. de l'enreg.*, 5679).

Le nouvel article aurait été ainsi conçu : *Les Sociétés, Compagnies d'assurances, assureurs contre l'incendie ou sur la vie, et tous assujettis aux vérifications de l'Administration, sont tenus de communiquer sans déplacement aux agents de l'enregistrement, tant au siège social que dans les succursales et agences, les polices et pièces de comptabilité, afin que ces agents s'assurent de l'exécution des art. 5 et 6 de la présente loi. Tout refus de communication sera constaté par procès-verbal et puni de l'amende spécifiée par l'art. 22 du 23 août 1871.*

Il ne paraît pas qu'aucune suite ait été donnée à ce projet. — Demasure : *op. cit.*, p. 353.

3. Demasure : *op. cit.*, p. 356. Contra, Trib. civ. Seine, 8 décembre 1876. *Le Contrôleur de l'enreg.*, 4.5.711.

4. Demasure : *op. cit.*, p. 358. — Contrà, Trib. civ. Rouen, 8 juillet 1880, *Journ. de l'enreg.*, 21450; Trib. civ. Seine, 22 février 1886, *Gaz. des Trib.*, 11 mars 1886.

5. Mathieu Bodet : Observations, à l'Assemblée Nationale à l'occasion de la loi du 30 mars 1872, *Journ. off.*, 13 mars 1872; Demasure : *Traité du régime fiscal des Sociétés*, p. 360.

L'on peut croire qu'une Société française, ayant son siège en France, et des agences à l'étranger, n'a pas le droit de refuser la communication de tous les documents situés au siège social mais provenant des agences de l'étranger. Ce qui semble déterminant c'est que la Société est, en principe, assujettie au droit de communication et qu'il est possible que, parmi les documents importants plusieurs soient soumis en France à l'enregistrement et au timbre [1]. Mais, bien que le contraire ait été affirmé par la Régie [2], il ne paraît pas que le fisc ait le pouvoir de réclamer communication au directeur d'une succursale établie en France d'une Société constituée à l'étranger. Les Sociétés étrangères ne sont pas, en règle générale, astreintes au droit de communication : il faut une disposition formelle, laquelle n'existe pas, pour leur imposer cette charge ; le seul fait de l'existence en France d'une succursale ne suffit pas pour rendre la communication obligatoire [3].

Est-il nécessaire de faire remarquer que les procès-verbaux dressés pour méconnaissance des prescriptions des lois de 1871 et de 1875 se suffisent à eux seuls, sans l'assistance d'un officier municipal et qu'ils font foi jusqu'à inscription de faux, mais qu'ils doivent nécessairement mentionner la réponse de l'assujetti, être signés par lui ou mentionner son refus de signer, qu'en cas de refus de communication il n'appartient pas aux tribunaux de contraindre l'assujetti à produire les pièces demandées, que contrainte doit être décernée par la Régie et que c'est sur l'opposition formée par l'assujetti que le tribunal prononce [4] ?

---

1. Trib. civ. Havre, 25 mars 1881, *Journ. de l'enreg.*, 21675.
2. Sol., 7 février 1873.
3. Demastre : *op. cit.*, p. 361.
4. Demastre : *op. cit.*, p. 361 et 365.

CHAPITRE DEUXIÈME

DROITS D'ENREGISTREMENT

La validité du contrat d'assurance sur la vie n'est point subordonnée à l'enregistrement de la police. Pour produire effet cette dernière n'a nullement besoin d'être présentée à l'enregistrement [1]. C'est qu'en effet les assurances sur la vie ne rentrent point dans l'énumération que donne l'art. 22 de la loi du 22 frimaire an VII ; les polices ne sont pas des écrits portant transmission d'immeubles ou de fonds de commerce [2].

1. Il est à remarquer toutefois que les droits perçus sur une police d'assurance sur la vie présentée volontairement à la formalité, ne peuvent être restitués sur le seul fondement que l'enregistrement aurait été requis par erreur. — Sol., 16 octobre 1895, *Journ. de l'enreg.*, 25,752.

2. La loi organique de l'enregistrement n'avait soumis les contrats d'assurance de toute nature à l'impôt qu'autant qu'il en était fait usage public ou que les parties les présentaient volontairement à la formalité ; les modifications introduites par les lois des 28 avril 1816 (art. 51, n° 2) et du 16 juin 1824 (art. 5) n'enlevèrent pas au droit d'enregistrement en cette matière le caractère de droit d'acte.

En 1863, un projet de loi fut soumis au Conseil d'État pour frapper d'un droit de 6⁰⁰/₀₀, un peu plus de 1/2 %, tous les encaissements de primes d'assurances sur la vie.

Une énergique résistance se manifesta. On fit valoir, en particulier, que la mesure nouvelle était de nature à porter un coup terrible à une institution si utile qui commençait à peine à se présenter dans les mœurs françaises, au préjudice de l'État intéressé à voir les Compagnies devenir, par les achats incessants de rentes jamais revendues, les fermes soutiens du Grand-Livre et du crédit public, mais sans gain pour le Trésor, le produit de l'impôt devant être très exigu. On établit aussi que toute taxe fiscale frappant les assurances sur la vie contractées en France était une prime offerte à la concurrence des Compagnies étrangères, un encouragement donné à l'émigration des assurances sur la vie des citoyens français et des étrangers résidant en France, pour le plus grand profit du crédit public des nations étrangères.

Bref, le projet fut abandonné.

En 1871, lorsque sous le coup de la nécessité, pour reconstituer les finances de la France, le législateur dut rechercher tous les moyens de grossir les ressources du Trésor, les considérations qui avaient prévalu en 1863 parurent n'avoir rien perdu de leur force. Les événements avaient, d'ail-

Rien n'empêche toutefois les parties de convenir que l'écrit qui constate leur accord ainsi que les conditions de cet accord sera enregistré [1].

Mais de toute façon et conformément aux règles du droit commun le droit d'enregistrement est dû s'il est fait usage de la police soit par acte public, soit en justice ou devant toute autre autorité constituée (art. 23 de la loi du 22 frimaire an VII), ou encore si un notaire, huissier, greffier, secrétaire ou officier public rédige un acte ou délivre un extrait, copie ou expédition en vertu d'une police non enregistrée (art. 42 de la même loi) [2].

Cette disposition de l'art. 42 est absolue. Toutes les fois qu'un acte est rédigé par un notaire en vertu d'une police, cette dernière doit être enregistrée. C'est un devoir qui incombe au notaire [3]. Par consé-

---

leurs, complétement arrêté les progrès de l'institution et causé aux Compagnies d'immenses préjudices. Aussi, quand le Gouvernement fit voter la loi du 23 août 1871 dans le but de transformer le droit d'acte, qui n'était exigible que dans certains cas déterminés, en une taxe obligatoire, il fut reconnu que la nouvelle législation ne concernerait que les assurances maritimes ou contre l'incendie et qu'il ne serait rien innové pour les assurances sur la vie, par le motif qu'elles n'étaient pas entrées suffisamment dans les habitudes et que leurs développements devaient être ménagés. V. l'exposé des motifs de cette loi, notamment pour l'art. 6. D. P. 71, 4.62; Comp. Mathieu Bodet: *Les Finances françaises de 1870 à 1878*; Paris, 1881, T. I, p. 30.

Cette faveur était absolument justifiée (de Courcy: *L'impôt et les assurances sur la vie*, Paris, 1875, p. 16, etc.) Néanmoins elle a été vivement attaquée au nom de l'égalité. Sous l'empire de la loi du 24 août 1871, a-t-on dit (V. Dujardin: *Des droits d'enreg. de timbre et de greffe au point de vue de la proportionnalité de l'impôt*, Paris, 1884, p. 213 et 214 et *Rev. prat. de dr. fr.*, T. XLIV, 1877, p. 513 et 514), l'impôt frappe toutes les assurances maritimes et contre l'incendie, l'équité et le Trésor y trouvent également leur compte; il serait juste de faire passer les assurances sur la vie des hommes dont l'importance et le nombre augmentent chaque jour sous un régime égalitaire.

La matière des droits d'enregistrement a été remarquablement traitée par M. Ch. Dumain dans un excellent ouvrage: *Du contrat d'assurance sur la vie en droit civil et en droit fiscal*, 2e édit., Paris, 1892; V. aussi Béchade: *Du contrat d'assurance sur la vie dans ses rapports avec le droit civil et l'enregistrement*, Paris, 1889.

1. On le sait, les contrats d'assurance peuvent être passés devant notaires. Cette hypothèse est plus que rare. Néanmoins, elle mérite d'être envisagée. Il faut retenir que les contrats rédigés en la forme authentique doivent être présentés à l'enregistrement dans les délais indiqués par l'art. 20 de la loi du 22 frimaire an VII et que les droits doivent être payés comptant, d'une façon générale que toutes les prescriptions relatives aux actes notariés sont applicables.

2. Cet art. 42 édictait, en cas de contravention, contre le notaire ou tout autre officier ministériel, outre la responsabilité personnelle pour le droit, une amende de 50 fr. Cette somme a été réduite à 10 fr. par l'art. 10 de la loi du 16 juin 1824.

Jugé que le contrat d'assurance non enregistré ne peut pas être mentionné dans un acte notarié. Trib. du Mans, 1er décembre 1882; *Journ. de l'enreg.*, 22.162.

3. De ce que la mention dans les contrats de mariage des titres des créances comprises dans les apports a un caractère énonciatif, semblable à celui des descriptions d'actes dans les inventaires et que de telles mentions ne

quent le droit d'enregistrement est exigible lorsque la police est mentionnée dans la procuration que le bénéficiaire ou l'héritier peut, après le décès du souscripteur, donner à l'effet de toucher le montant du capital assuré[1].

Il en doit être de même au cas où le notaire aurait, au vu de la police, rédigé un acte d'emprunt ou de quittance[2].

Pareillement, au cas où il y a eu cession de la police, l'huissier qui fait la signification prescrite par l'art. 1690 C. Civ. doit veiller à l'enregistrement préalable de la police[3].

L'enregistrement n'est pas moins obligatoire pour la mise en demeure que la Compagnie fait notifier à l'assuré d'avoir à payer la prime échue ; en effet, cette signification est effectuée en vertu de la police. Il en est ainsi quand bien même la police n'est point mentionnée[4].

Les assurances sur la vie n'étant pas assujetties à l'enregistrement dans le délai de vingt jours, lorsqu'il s'élève un débat devant les tribunaux, il suffit que la police soit enregistrée avant le jugement ou avec le jugement lui-même. La Régie ne saurait réclamer un double droit.

Aucune difficulté, du reste, ne s'est jamais produite à ce propos.

constituent pas des contraventions à l'art. 12 (Sol., 3 octobre 1873, *Rép. pér. de l'enreg.*, 2.238). Il a pu être conclu qu'un notaire n'encourt aucune amende pour avoir cité, dans un contrat de mariage, parmi les apports du futur, une police d'assurance sur la vie non enregistrée, encore bien que cette police ait été également rappelée dans la donation éventuelle faite à la future par le même acte (Sol., 6 août 1866, *Rép. pér. de l'enreg.*, 2.293).

1. Dumaine : *op. cit.*, p. 326.

Cet auteur constate, à la vérité, que l'Administration de l'enregistrement a reconnu elle-même que des procurations notariées données pour toucher, ou même pour céder le montant d'obligations sous seing privé non enregistrées ou d'obligations souscrites à l'étranger et non enregistrées en France ne nécessitent pas l'enregistrement de ces obligations (Garnier : *Rép. gén. de l'enreg.*, n° 1036, *Dictionnaire des droits d'enregistrem.*, v° *Étranger*, n° 221 et n° 73 ; Sol., 18 janvier 1874, *Rép. pér. de l'enreg.*, 5263). Mais il ajoute aussi que ces solutions semblent prendre en considération l'extraterritorialité de la créance et qu'il n'existe aucune décision positive.

2. Montluc : *op. cit.*, p. 306 ; Herbault : *op. cit.*, p. 293 ; Cass., 7 janvier 1851, D. P., 51, 1, 38 ; Cass., 14 février 1851 ; *Journ. des assur.*, 51, 55. — V. cependant les décisions citées par Dalloz : *Rép.*, v° *Enregistrem.*, n° 5.203.

3. Garnier : *Rép. génér. de l'enreg.*, n° 1013 ; Montluc : *op. cit.*, p. 307 ; Cass., 5 juillet 1859, D. P., 59, 1, 298.

En cas de cession de police par acte enregistré, écrit M. Dumaine (*op. cit.*, p. 327), la signification à la Compagnie, conformément à l'art. 1690 C. Civ., est faite uniquement en vertu de la cession ; il ne paraît donc pas que cet exploit nécessite l'enregistrement de la police, si la cession ayant eu lieu par acte sous seing privé, la police n'avait pas été enregistrée.

4. Bordeaux, 6 décembre 1886, *Journ. de l'enreg.*, 22.883.

Pour éviter ces frais d'enregistrement, ajoute M. Dumaine (*op. cit.*, p. 327), les Compagnies ont inséré dans leurs nouvelles formules de police une clause d'après laquelle l'envoi d'une lettre recommandée est considéré comme une mise en demeure suffisante, les tribunaux ont admis la régularité de cette convention. — Cf. ce que nous avons dit à ce propos, dans ce *Traité*, T. II, p. 90 et 91.

La controverse ne s'élève que lorsqu'il s'agit de déterminer ce qui, au cas d'enregistrement, est dû au fisc.

Mais avant d'entrer dans ce débat, il convient de préciser ce qui est sujet à l'impôt.

L'assurance sur la vie contractée au profit d'un tiers déterminé [1] constitue une stipulation pour autrui [2] : il y a donc au point de vue fiscal, le seul à retenir ici, une double opération : l'une intervenant à titre onéreux entre le souscripteur de la police et le représentant de la Compagnie et par laquelle le premier s'engage à payer la prime ; l'autre qui constitue une stipulation pour autrui, stipulation qui est nécessaire, d'après les termes de l'art. 1121 C. Civ. Il existe deux dispositions et deux dispositions indépendantes. C'est alors le cas d'appliquer la disposition de l'art. 11 de la loi du **22 frimaire an VII**, d'après laquelle, lorsque dans un acte il y a plusieurs dispositions indépendantes ou ne dérivant pas nécessairement les unes des autres, il est dû pour chacune d'elles et selon son espèce un droit particulier [3], sans qu'il y ait à rechercher si la personne gratifiée a ou n'a pas accepté le profit de la stipulation [4].

Cette question élucidée, il importe d'envisager le caractère du droit dû au fisc : c'est-à-dire qu'il convient de déterminer si la Régie peut réclamer un droit fixe ou, au contraire, un droit proportionnel.

Pour résoudre la question il faut nécessairement rechercher ce qu'a voulu décider le législateur lorsque, dans l'art. 69, § 2 de la loi du **22 frimaire an VII**, il a déclaré soumis au droit de 50 cent. p. %[5] : « les actes et contrats d'assurance », et s'il a entendu comprendre les assurances sur la vie.

Assurément l'expression est générale ; l'art. 69 semble s'appliquer à toutes les opérations d'assurance, les assurances maritimes aussi bien que les différentes formes des assurances terrestres : il paraît frapper,

---

1. Il est à peine nécessaire de faire observer que lorsque la police est passée dans l'intérêt de personnes indéterminées, eu égard à la nullité de cette clause attributive, il n'y a qu'une seule opération, celle conclue par l'assuré avec l'assureur.

2. Cf. notre *Traité*, T. Ier, p. 218.

3. Inst., 2562, § 2 ; Naquet : *Traité des droits d'enregistrement*, Paris, 1882, n° 923 ; Dumaine : *op. cit.*, p. 328.

Comp. Mornard : *op. cit.*, p. 340.

Par conséquent, la stipulation est soumise, par application de l'art. 68,§ 3, n° 5 de la loi du 22 frimaire an VII, et de l'art. 45, n° 8 de la loi du 28 avril 1816, à un droit fixe porté successivement de 5 fr. à 7 fr. 50 par la loi du 28 février 1872, art. 4, laquelle vise les testaments et *tous autres actes de libéralité* ne contenant que ces dispositions soumises à l'évènement du décès.

4. L'art. 68, § 3, n° 5 de la loi du 22 frimaire an VII a, en effet, une portée générale et ne distingue pas le cas où il y a eu acceptation et le cas où cette dernière n'a pas eu lieu.

5. Ce droit a été porté dans les mêmes termes à 1 %[0] par l'art. 51, n° 2 de la loi du 28 avril 1816.

par conséquent, d'un droit proportionnel les polices d'assurances sur la vie[1].

Mais il ne faut pas oublier que cette disposition a été votée au moment où les assurances sur la vie étaient, non point inconnues[2], mais même condamnées[3]. D'autre part, si l'on a soutenu qu'il n'existe aucune raison pour soumettre à des droits différents l'assurance maritime et l'assurance sur la vie et que le bon sens répugne à ce que les assurances sur la vie restent soumises au droit fixe alors que les assurances maritimes sont frappées du droit proportionnel[4], il est permis de répondre que l'art. 69 est un texte fiscal, que par conséquent il doit être entendu à la lettre.

Un argument de texte semble, au surplus, déterminant.

Après avoir déclaré sujets au droit de 50 cent. par cent francs les actes et contrats d'assurances, l'art. 69 ajoute « en temps de guerre il ne sera dû que demi droit. » Ces mots prouvent manifestement que le législateur a simplement entendu parler de l'assurance maritime. On se demande vraiment pourquoi, s'il s'agit d'assurances sur la vie, le rédacteur ferait intervenir l'idée de guerre ; en temps de lutte le risque couvert par l'assurance maritime augmente dans une proportion égale pour tous les navires indistinctement tenant la mer avec l'élévation correspondante de la prime ; il y a lieu d'abaisser dans une certaine mesure le taux du droit d'enregistrement qui se calcule sur le montant intégral de la prime en temps ordinaire ; mais la guerre n'a pas pour effet d'accroître les chances de mortalité pour toutes les personnes assurées ; cette augmentation de risque a lieu, sans doute, mais elle ne se répartit pas également entre toutes les classes de la société, elle pèse uniquement sur l'effectif des armées ; pour une très grande partie de la population, pour les vieillards, pour les femmes, pour les enfants, pour quiconque n'est pas soldat, les conditions restent les mêmes[5].

1. Naquet : *Traité théor. et prat. des droits d'enregistrem.*, T. II, p. 446 ; Dumaine : *op. cit.*, p. 329 ; Demante : *Principes de l'enregistrement*, 4ᵉ édit., Paris, 1890, T. II, p. 140.

2. Herbault : *op. cit.*, p. 293. V. Patinot : *De l'assur. sur la vie (Revue pratique de dr. fr.*, T. XXIX, 1870, p. 101 à 103).

3. Dans l'ancien droit, les contrats d'assurances n'étaient pas soumis au contrôle, malgré les termes de l'art. 5 du Tarif du 29 septemb. 1722. Lenisart, Vᵒ *Contrôle*, nᵒ 39.

4. Boune : *op. cit.*, p. 272 ; Boudousquié : *op. cit.*, nᵒ 245, Persil : *op. cit.*, nᵒ 82 ; Dalloz : *Rép.*, Vᵒ *Assurances*, nᵒ 154.

5. Moulbe : *op. cit.*, p. 302.

Il faut ajouter que la loi du 16 juin 1824, dans son art. 5, qui vise l'art. 51 de la loi de 1816, désigne et désigne uniquement les polices d'assurances maritimes.

C'est en vain que l'on dirait que cette loi a eu précisément pour objet d'établir une distinction entre les assurances maritimes et les assurances terrestres qui auraient, toutes deux, été comprises et réglementées dans une même disposition par la législation précédente. Le législateur de 1824, qui voyait fonctionner l'assurance sur la vie n'a eu précisément d'au-

Ce système qui aboutit à cette conclusion que le droit fixe est seulement dû, bien qu'enseigné par la grande majorité des auteurs [1], n'a point prévalu dans la pratique.

Sans se laisser arrêter par les arguments mis en avant et pourtant très décisifs, la Régie soutient, et son attitude a rencontré des partisans dans la doctrine [2], que les contrats d'assurance sur la vie sont soumis au droit proportionnel. D'après elle, la portée de l'art. 69 est générale et s'applique à tous les contrats [3] par lesquels les assurés, en retour d'une prime payable soit comptant, soit à terme font garantir leurs maisons, bâtiments, effets mobilier *ou autres biens*, des risques de l'incendie, de la grêle *ou tous autres dangers* [4].

tre intention que de montrer à tout le monde, par cette qualification devenue nécessaire depuis l'introduction en France de la pratique des assurances sur la vie, qu'il n'entendait pas réglementer les assurances non maritimes. Le législateur de 1824 distingue entre les assurances maritimes et les assurances terrestres : mais il ne distingue pas pour exclure celles-ci de la participation à un bénéfice qu'il accorde aux autres ; il distingue plus radicalement ; il distingue pour établir que sa loi, pas plus que celles de l'an VII et de 1816, ne doit s'appliquer aux assurances non maritimes. — Montluc : *op. cit.*, p. 302 et 303.

1. Chau et Joliat : *op. cit.*, n° 202 ; Tissier : *op. cit.*, p. 226 ; Montluc : *op. cit.*, p. 304 et suiv. ; Herbault : *op. cit.*, p. 294 ; Taudière : *op. cit.*, p. 207 ; Mornard : *op. cit.*, p. 337.

M. Patinot : (*De l'assur. sur la vie : Rev. prat. de dr. fr.*, T. XXIX, 1870, p. 102 et 103,) nie l'applicabilité de la loi aux assurances par le motif que l'assurance en cas de mort n'est pas un véritable contrat d'assurance.

2. Roane : *op. cit.*, p. 272 ; Blin : *op. cit.*, p. 75 ; Garnier : *Rép. de l'enreg.*, v° *Assurances*, n° 2381 ; de Loynes : *Des assur. sur la vie considérées au point de vue fiscal* (*Rev. crit. de législat. et de jurisprud.* 1871-72) ; Méline : *Rev. notar.*, 1873, p. 806 ; Dumaine : *op. cit.*, 328 et 329.

Sic Boudousquié : *op. cit.*, n° 215 ; Persil : *Assur.*, n° 82 ; Dalloz : *Rép.*, v° *Assurances*, n° 154 ; v° *Enregistrem.*, n° 1512 ; Championnière et Rigaud : *Traité des droits d'enreg.*, n° 1387 ; G. Demante : *Principes de l'enregistrem.*, n° 529 ; Naquet : *Traité des droits d'enregistrem.*, n° 688 ; Béchade : *op. cit.*, n° 210.

3. Il est impossible de ne pas relever ici l'observation très judicieuse que présentait Merger, (*op. cit.*, p. 267) : en donnant aux lois fiscales une interprétation aussi large, on arrive à des conséquences assez singulières, puisque l'on comprend maintenant parmi les contrats d'assurance frappés du droit proportionnel ceux qui concernent les assurances sur la vie, lesquels sont bien plus étrangers aux assurances maritimes que les assurances contre l'incendie, et dont ne parlent ni les lois de frimaire et de 1816, ni les décisions ministérielles de 1821 et de 1824.

Dans tous les cas ce texte ne semble pas applicable aux assurances mutuelles. Décis. Min. des finances, 24 décembre 1821, *Journ. de l'enreg.*, 7165 ; Trib. civ. Provins, 4 mars 1867, *Journ. de l'enreg.*, 14,214.

Il peut arriver, dit M. Garnier (*loc. cit.*), que des Compagnies déguisent des assurances ordinaires sous l'apparence de la mutualité. Toutes les fois qu'il y a, de la part de l'assuré, engagement de verser une prime fixe et de la part de la Compagnie obligation de payer, dans le cas prévu, un capital ou une rente déterminé, c'est une assurance ordinaire, passible du droit proportionnel, malgré la dénomination que porterait la Compagnie et qu'elle attribuerait au contrat.

4. V. en ce sens, outre la Solution du 14 novembre 1873, (*Journ. de l'enreg.*, 19,371), et la décision du Ministre des finances du 9 mai 1871, la décision du Ministre des finances du 14 juin 1824, (et l'*Instruction générale de l'admi-*

Cette manière de voir est absolument opposée à tous les principes admis en matière fiscale. Elle est non moins contraire à l'intérêt social[1]

...nistration de l'enregistrement, n° 983 § 2), ainsi que celle du 23 juin 1825. (Instr., 1136)

Après avoir déclaré que les assurances contre l'incendie sont soumises au droit proportionnel, l'Administration de l'enregistrement a ajouté dans son *Instruction générale* : « que la décision s'appliquait à tous les contrats par lesquels les assurés, moyennant une prime payable comptant ou à terme faisaient garantir leur maison, bâtiment, effets mobiliers *ou autres biens*, des risques d'incendie, de la perte *ou tous autres dangers* ».

On a justement fait observer (Mornard : *op. cit.*, p. 337 et 338), que même aux termes de cette Instruction le droit proportionnel ne s'appliquerait pas à l'assurance sur la vie; s'il y a bien ici assurance de biens quelconques contre un risque quelconque, il n'y a pas de primes payables comptant ou à terme, il n'y a pas obligation de payer les primes futures, c'est ce qui différencie l'assurance sur la vie des autres contrats d'assurance.

Un système intermédiaire a été proposé par Merger. Il est basé sur une distinction qui, d'après son auteur, résulterait de l'art. 67 n° 8, § 2 de la loi du 22 frimaire an VII.

L'assurance sur la vie, comme contrat contenant une promesse d'indemnité, ne doit bien donner lieu qu'à la perception d'un droit fixe, Merger le reconnaît ; mais ce n'est qu'autant qu'il n'y a là rien de plus qu'un contrat contenant une promesse d'indemnité ; si, au contraire, cette simple promesse d'indemnité s'est transformée en indemnité actuelle, c'est-à-dire s'il s'agit de faire usage judiciaire ou extraordinaire de cette opération, non plus avant la réalisation du décès qui forme la *condition* de la promesse et l'assureur, mais après cette réalisation, on n'est plus, suivant Merger, dans les termes de l'art. 68 qui soumet les indemnités mobilières à un droit proportionnel de 50 centimes pour cent francs.

On ne conçoit pas une distinction entre le cas où il est fait usage de l'assurance *avant* et celui où il en est fait usage *après* le décès de celui qui fait l'objet du contrat. S'il arrivait que la même assurance vînt à donner lieu soit à la confection d'un acte public, soit à la production en justice pendant la vie et après le décès, faudrait-il donc percevoir un double droit, droit fixe d'abord, droit proportionnel ensuite? Enfin l'art. 69, n° 8, § 2 ne correspond en aucune façon à l'idée qu'on doit se faire d'une assurance ; on voit que l'assurance est une promesse d'indemnité, mais quand on veut la faire reconnaître sous la désignation d'indemnité, l'intelligence s'y oppose. — Monluc : *op. cit.*, p. 307 et 308.

Comp. contre le système de Merger les critiques formulées antérieurement : Rome : *op. cit.*, p. 275 et suiv., Tissier : *op. cit.*, p. 228 et 229

§ L'assurance sur la vie mérite d'être favorisée par la loi ; c'est qu'en effet la société tout entière est intéressée à ce que le patrimoine héréditaire se crée dans toutes les familles, à ce que tout le monde participe à la propriété. La personne qui, au prix de sacrifices parfois pénibles, toujours méritoires, cherche à créer en faveur des êtres qui lui sont chers un patrimoine d'une nature particulière, des ressources qui font défaut, cette personne a fait une œuvre digne d'encouragement, il n'est pas juste, il n'est pas raisonnable que la société frappe à son tour le produit de ses épargnes d'une taxe véritablement onéreuse.

Aussi a-t-on pu fort judicieusement proposer l'exemple des Anglais qui ont affranchi de l'impôt sur le revenu les sommes payées à titre de primes d'assurances sur la vie.

On ne saurait objecter que l'assurance sur la vie est bien soumise, en Angleterre, à un droit proportionnel comme elle l'est en France dans le système de la Régie. Il faut remarquer que cela est largement compensé par l'impôt du timbre qui grève nos polices d'assurances et qui donne lieu à la perception d'un simple droit fixe mais d'un droit fixe qui doit être payé, abstraction faite de tout usage soit en justice, soit dans un acte public, — Monluc : *op. cit.*, p. 309.

Cependant en présence de la pratique constante la résistance semble impossible[1].

Dans tous les cas le paiement du droit dû sur le contrat lui-même, qu'il s'agisse d'un droit fixe ou, au contraire, d'un droit proportionnel, incombe au débiteur, à la partie qui doit profiter de l'acte, sauf disposition contraire.

Lorsque la Régie soutient que le contrat est frappé d'un droit proportionnel et non pas d'un droit fixe, elle n'a pas, pour cela, mis un terme à la controverse. Assurément les lois du 22 frimaire an VII et du 28 avril 1816 disposent bien que le droit proportionnel est assis sur la valeur de la prime[2]; mais ces textes sont totalement muets sur la quantité des primes[3]. Le nombre des annuités de la prime n'est pas toujours déterminé; quand il l'est, parfois, ce n'est pas d'une manière absolue.

Tout d'abord il convient d'écarter l'opinion qui tendrait à appliquer pour la police relative à une assurance en cas de décès présentée à l'enregistrement avant le décès de l'assuré, l'art. 14, §9 de la loi de l'an VII qui, en présence d'une rente viagère, fait porter le droit sur un capital égal à dix fois les arrérages annuels. De ce que toutes les dispositions en matière fiscale doivent être entendues *stricto sensu*, il suit qu'aucune taxation fiscale ne peut s'établir par analogie[4]. La Régie a bien compris que ce texte était sans application. Considérant le caractère indéterminé de la somme des primes sur lesquelles le droit proportionnel est à calculer, à l'art. 14, § 9 de la loi du 22 frimaire an VII elle substitue l'art. 16 édicté pour le cas où les sommes et valeurs ne sont pas déterminées dans un acte ou jugement donnant lieu au droit proportionnel et qui impose aux parties l'obligation de faire,

1. Couteau : *op. cit.*, T. II, p. 58 ; Foy : *op. cit.*, p. 256
En Angleterre il n'y a qu'un seul droit, le *Stamp and insurance duty* ; c'est un droit proportionnel exigible seulement lorsque la police est produite en justice ; le taux fixé sur le montant de la somme à payer par l'assureur est modique : 6 pence par 50 livres. Toute police sur laquelle ce timbre n'a pas été apposé soit antérieurement, soit postérieurement à la confection de l'acte ne peut être reçue en justice ; seulement, au fond, le contrat est parfaitement valable, car il est toujours temps d'apposer le timbre, moyennant le paiement d'une amende en addition du droit lui-même. — Mobilie : *op. cit.*, p. 297.

2. Le législateur a vu dans l'assurance en général un contrat de garantie ou d'indemnité ; mais le paiement d'une indemnité étant un fait incertain, éventuel, tandis que le versement de la prime par l'assuré est un fait actuel, il a assis la perception sur la valeur même de la prime qui est le prix de l'assurance. — Béchade : *op. cit.*, p. 211.

3. Nous n'avons point à faire remarquer que s'il n'y a qu'une prime unique, un seul paiement, aucune difficulté ne saurait se présenter ; le chiffre total de la prime ou des primes étant parfaitement connu, la perception du droit proportionnel sera fort simple ; il suffira de s'en tenir au texte même de la loi. — Cf. Herbault : *op. cit.*, p. 296 ; Garnier : *loc. cit.*

4. Garnier : *Répert. gén. de l'enreg.*, V° Assurance, n° 2386 ; Roune : *op. cit.*, p. 273 ; Herbault, *op. cit.*, p. 296 ; Mornard : *op. cit.*, p 337

avant l'enregistrement, une déclaration estimative, certifiée et signée au pied de l'acte.

Bien qu'affirmé par une Solution de la Régie en date du 11 novembre 1878[1] et bien qu'il ait rencontré l'adhésion de plusieurs auteurs, ce système a été très vivement combattu. Il n'échappe point, en effet, aux plus sérieuses critiques.

En premier lieu, on peut se demander comment une estimation est possible puisque la date du versement de l'indemnité est inconnue, puisque la valeur de l'*intcrusurium* ne saurait être fixée; l'existence même de l'indemnité est incertaine; le paiement des primes annuelles étant facultatif, l'assuré n'est pas tenu pour l'avenir et l'assureur n'est obligé que conditionnellement[2].

Une autre remarque a été judicieusement faite : comment concilier cette prétention de la Régie avec cette idée essentielle que tout contrat d'assurance sur la vie est annuel et que la prime n'est, au total, que le prix de l'assurance? Le droit proportionnel d'enregistrement ne saisit la mutation que lorsqu'elle se produit et ne peut se percevoir par anticipation sur les mutations à venir. Dès lors qu'il n'y a pas ici obligation de somme, la perception s'attache exclusivement à l'opération tarifée : la vente du risque; elle ne saurait porter que sur le prix convenu : la prime. Or, cette prime est bien le prix réel puisque l'assurance n'est jamais conclue que pour un an. En fait, si la police est en cours depuis plusieurs années, et qu'il soit constaté par un acte, comme, par exemple, l'acte de cession où elle est relatée, que l'assurance s'est continuée, le droit sera exigible à 1 % sur toutes les primes versées. Mais y aura-t-il jamais besoin de recourir à une évaluation? Le droit ne trouvera-t-il pas toujours une base certaine

---

1. *Journ. de l'enreg.*, n° 19,370.

« Le droit n'aurait dû être liquidé que sur le montant cumulé de la prime qui doit être payée par le sieur B... en vertu du contrat, pendant toute la durée de sa vie. Cette durée étant incertaine et la valeur de la prime en capital n'étant pas déterminée par la loi fiscale, comme pour les baux à vie et pour les rentes ou pensions viagères, (dont la valeur imposable est fixée à dix fois le loyer, la rente ou la pension), la seule base légale pour l'assiette du droit est *la déclaration estimative* que les parties doivent faire, en exécution de l'art. 16 de la loi du 22 frimaire an VII.

Il y a lieu de faire rectifier la perception en conséquence, mais de prendre des mesures pour que le droit dû sur le montant intégral des primes annuelles qui seront payées successivement par le sieur B... soit réclamé, s'il vient à être prouvé que ces primes s'élèvent à une somme supérieure à celle qui aura été déclarée. Il convient d'appliquer pour ce cas les règles et modes de perception suivis à l'égard des marchés dont l'importance n'est déterminée que par une déclaration estimative des parties, lorsqu'il est ensuite établi que cette évaluation est inférieure au prix réel du marché exécuté ».

Comp. avec la doctrine de cette solution, Trib. civ. Strasbourg, 30 avril 1856, *Bull. enreg.*, n° 385, et Lefort : *Les Assurances terrestres*, n°ˢ 1135 et suiv.

2. Rome : *op. cit.*, p. 274; Herbault : *op. cit.*, p. 296; Dumaine : *op. cit.*, p. 334.

3. Taudière : *op. cit.*, p. 207; Mornard : *op. cit.*, p. 337. Couteau : *op. cit.*, T. II, p. 59.

pour sa liquidation ? Assurément il n'est pas étonnant qu'en pareille circonstance on n'ait trouvé de mode d'évaluation dans aucun texte : c'est qu'il n'y en avait point, qu'il ne pouvait y en avoir. Mais il ne fallait pas y suppléer; l'art. 16 de la loi du 22 frimaire an VII qui vise la déclaration estimative n'est applicable qu'à défaut de détermination des sommes ou valeurs relatées dans l'acte sujet au droit proportionnel; mais dans la police, qui ne constate que l'assurance d'une année, rien n'est indéterminé : le montant de la prime est le véritable prix de l'assurance et lui seul doit servir à la liquidation du droit. La promesse d'assurer aux mêmes conditions pour les années subséquentes ne doit être soumise qu'au droit fixe de 3 francs [1].

De pareilles remarques, fort justifiées pourtant, n'ont pas réussi à amener un revirement. Actuellement, quoi qu'on ait pu dire, il faut reconnaître que d'après la pratique constamment suivie, en présence d'une assurance en cas de décès, non seulement le droit proportionnel est dû sur le contrat, mais que le droit de un pour cent sur la valeur des primes se calcule d'après une déclaration estimative [2], la Régie ayant, du reste, la faculté lorsque le droit a été perçu sur la déclaration des parties, de réclamer un supplément de droit [3] chaque fois qu'il est

1. Béchade : *op. cit.*, p. 212 et 213 ; Typaldo Bassia : *op. cit.*, p. 227. — Comp. les observations de Merger : *op. cit.*, p. 268, et de M. Couteau : *op. cit.*, T. II, p. 59.

2. En fait on fixe l'évaluation à dix fois la prime annuelle, comme pour toutes les redevances viagères. — Couteau : *op. cit.*, T. II, p. 59; Fey : *op. cit.*, p. 256.

3. Il importe de signaler ici l'espèce qui a été réglée par une Solution du 13 mai 1892 (*Rev. du notar. et de l'enreg.*, 8,879).

Un mari avait souscrit une assurance au profit de sa femme, puis il avait cédé le bénéfice de cette police en garantie d'un fonds de commerce qu'il avait acheté; le même jour la police avait été enregistrée au droit de 1 % sur le montant des primes provisoirement évaluées à 2,716 fr., 80 c., le total des primes payées s'élevant à 5,101 fr., 20 c.; un supplément de droit avait été réclamé sur la différence entre les deux sommes de 5,101 f., 20 c., et 2,716 fr., 80 c., soit, 2,354 fr., 50 c.

L'assuré se fondant sur ce que la dette dont la police formait le gage avait été remboursée avant que le montant des primes payées eût atteint l'estimation provisoire, sollicitait l'abandon de la réclamation et demandait à être affranchi pour l'avenir de tout supplément de droit de ce chef.

Sa demande fut repoussée par l'Administration. En principe, le droit de 1 % est dû sur le montant des primes que la Compagnie reçoit en retour du capital promis. Or, au moment de l'enregistrement de la police, le total des primes à verser était encore inconnu aux parties. C'est pour ce motif que l'assuré avait été admis à fournir une évaluation qui a servi de base provisoire à la liquidation de l'impôt. Cette estimation ayant été repoussée, l'Administration est fondée à réclamer le droit de 1 % sur les excédents au fur et à mesure qu'ils se produisent et jusqu'à ce que l'assuré ait cessé de verser la prime annuelle. Celui-ci ne saurait, d'ailleurs, opposer la prescription à la demande des droits en soutenant que la police avait été enregistrée depuis plus de deux ans et que la perception à laquelle elle a donné lieu ne peut plus être modifiée. Il est, en effet, reconnu que lorsque, comme dans l'espèce, la somme devait servir de base à la perception est subordonnée à des événements ultérieurs, sans qu'on puisse en déterminer l'importance lors de l'enregistrement, la prescription biennale n'est pas applicable.

établi ultérieurement que les primes payées s'élèvent à une somme inférieure au montant de la créance indiquée [1].

En admettant le système de la Régie, l'on est amené à reconnaître que si la participation des assurés dans les bénéfices de la Compagnie est une restitution tendant à ramener à son chiffre réel le montant de la prime calculé d'abord d'après des tarifs élevés, il y a lieu de déduire, pour la perception du droit de 1 %, du montant nominal des primes les bénéfices annuels touchés en espèces ou imputés annuellement sur le montant de la prime due par l'assuré.

Une double raison a motivé cette solution [2] : d'abord le droit de 1 % est dû sur les primes réellement encaissées par la Compagnie; d'autre part, la participation aux bénéfices constitue une opération destinée à ramener la prime à un taux aussi modéré que possible, au moyen d'une remise de ce qui a pu être demandé à chaque assuré au delà de la cotisation actuellement nécessaire [3] : par suite, soit que l'assuré touche sa quote part de bénéfices, soit qu'il l'abandonne en diminution de la prime, la répartition n'en a pas moins pour résultat, dans l'un comme dans l'autre cas, de réduire la somme effectivement versée, à titre de prime, à la Compagnie par l'assuré; il convient, dès lors, de tenir compte de cette juste part pour la liquidation du droit de 1 % [4]. Mais à l'inverse, on a reconnu qu'aucune déduction ne peut être admise quand la quote part des bénéfices est laissée par l'assuré dans les caisses de la Compagnie pour augmenter le bénéfice de l'assurance; la prime payée ne se trouve pas, en effet, réduite, elle ne reçoit aucune modification et reste identiquement la même.

En plus du droit proportionnel de 1 % sur la valeur de la prime à raison du contrat principal passé avec la Compagnie d'assurance, lorsque la police a réellement le caractère d'une libéralité et quand, par conséquent, la personne gratifiée peut être considérée comme un donataire en vertu d'un acte de libéralité soumis à l'événement du décès, un droit est exigible à raison de la désignation du bénéficiaire dans la police. Distinct du droit de mutation perçu lors du décès conformément aux art. 24, 27, 29, 32 et 39 de la loi du 22 frimaire an VII, ce droit est réclamé en vertu des textes qui atteignent, avec les testaments, tous

---

1. Herbault : *op. cit.*, p. 297. — Comp. Garnier : *op. cit.*, n° 2386.

Il est certain que si tous les contrats d'assurance sont passibles du droit proportionnel de 1 % sur le montant de la prime, conformément à l'art. 61 n° 2 de la loi du 28 avril 1816, en temps de guerre il n'y a lieu qu'au demi-droit.

Envisageant le cas des Compagnies qui stipulent une surprime pour le cas de guerre, M. Garnier (*Rép. gén. de l'enreg., loc. cit.*) déclare que cette surprime doit seule bénéficier du tarif réduit en cas d'enregistrement de la police, lorsqu'il est constaté que par suite de l'état de guerre la surprime a été réellement versée à la Compagnie.

2. Sol., décembre 1884 : Dumaine : *op. cit.*, p. 332.

3. Couteau : *op. cit.*, T. 1, p. 240; Vermot : *op. cit.*; de Courcy : *Précis de l'assur. sur la vie*, p. 161.

4. Conf. Sol., 23 février 1864 : *Dict. de l'enreg.*, v° *Assurances*, n° 214.

autres actes de libéralité ne contenant que des dispositions soumises à l'événement du décès (art. 68, § 3, n° 5. L. 22 frim. an VII; art. 45, n° 4. L. 30 avril 1846).

Bien entendu il ne s'agit que d'un droit fixe: fixé primitivement à 5 fr., il a été porté à 7 fr. 50, par la loi du 28 février 1872 [1]. Il est reconnu exigible même si le bénéficiaire n'a point accepté avant l'enregistrement: l'art. 68, § 3, n° 5 de la loi du 22 frimaire an VII a une portée générale, il ne fait point dépendre la perception de l'acceptation; dès qu'il y a une libéralité soumise à l'arrivée d'un décès, le droit est à réclamer [2].

Il va de soi que le droit dont il s'agit ici ne concerne que l'assurance qui a réellement le caractère d'une libéralité, le texte est formel à ce sujet. Dès lors, la Régie ne saurait poursuivre au cas où la police aurait été souscrite en faveur d'un créancier à titre de dation en payement.

D'autre part, quand l'assurance est souscrite sur la tête d'un tiers, au profit d'une personne autre que le contractant, comme la disposition au profit du bénéficiaire n'est plus subordonnée au décès du donateur, il est dû seulement 3 fr. pour droit de donation sous condition suspensive, car cette libéralité ne se réalisera que si l'assuré meurt dans les conditions prévues par la police et même la plupart du temps en cas de survie du bénéficiaire [3].

Telles sont les règles à suivre pour l'assurance ordinaire en quelque sorte, pour l'assurance en cas de décès. Mais les Compagnies font aussi des assurances en cas de vie. La solution en pareille circonstance est quelque peu différente.

Il faut établir une distinction selon que la police est présentée à l'enregistrement avant ou après le décès de l'assuré.

Dans le premier cas on a soutenu que la durée du contrat étant inconnue en ce sens qu'elle dépend d'un événement qui peut se produire avant l'expiration de la période prévue le nombre des primes à verser est par suite incertain, indéterminé et que, dès lors, l'évaluation estimative prescrite par l'art. 6 de la loi du 22 frimaire an VII s'impose.

Mais cette opinion n'a point prévalu. On s'accorde à dire que l'assuré doit payer le droit proportionnel sur le nombre de primes à verser que suppose la période dans laquelle le contrat est renfermé. L'assuré a contracté l'obligation de payer un nombre *déterminé* de primes. L'assuré s'est engagé à payer, chaque année que doit durer le contrat, une prime déterminée, sauf le cas de décès. Mais qu'est-ce que cette éventualité du décès? C'est une condition résolutoire qui n'em-

---

1. *Instruct.*, n° 2562, § 2; Naquet : *Traité des droits d'enregistrem.*, n° 923; Dumaine : *op. cit.*, p. 334.

2. Cass., 23 décembre 1862, *Instr.*, 2310-5. — Contrà: *Dict. de l'enreg.*, v° *Assurances*, n° 232.

3. Dumaine : *op. cit.*, p. 335.

pêche pas que l'assuré n'ait contracté l'obligation de payer un nombre *certain de primes*[1].

L'autre hypothèse, c'est-à-dire celle d'une police enregistrée après le décès de l'assuré, lequel est survenu avant l'époque fixée, offre plus de difficulté, non pas pour les primes échues avant le décès puisqu'elles donnent lieu à la perception du droit proportionnel, mais bien pour les primes qui restaient à échoir, avant la résolution du contrat.

Après avoir admis que le droit proportionnel est immédiatement exigible, par le motif que, malgré l'insertion d'une condition résolutoire dans un acte de vente, de donation, d'obligation de somme, il n'y en a pas moins actuellement transmission ou obligation, le contrat étant pur et simple et la résolution de ce contrat étant seulement conditionnelle, on estime aujourd'hui que si, à l'événement de la condition résolutoire, le droit proportionnel n'est pas encore perçu, il n'y a plus lieu à la perception du droit.

Il faut l'avouer, les considérations mises en avant pour justifier cette solution sont décisives.

L'art. 60 de la loi du **22 frimaire an VII** décide expressément que tout droit régulièrement perçu ne pourra être restitué, quels que soient les événements ultérieurs ; il supprime tout effet rétroactif à la condition résolutoire, seulement, quant à la restitution du droit régulièrement perçu; sauf ce cas, l'effet rétroactif est opposable à l'Administration de l'enregistrement comme à tout autre tiers; après la résolution de l'acte qui donnait ouverture au droit proportionnel, il n'existe plus ni cause, ni base de perception[2].

C'est en vain que l'on invoquerait cette considération que le contribuable arrive, en somme, à tirer un profit de ce qu'il a commis une infraction à la loi ; il ne faut pas oublier que les infractions à la loi fiscale ne sont que des contraventions, que la peine est encourue en vertu de l'application stricte de la loi positive, abstraction faite de toute idée de culpabilité ou de toute idée de bonne foi du délinquant.

On a même généralisé ce système et on l'a appliqué d'une manière générale même si le délai légal de l'enregistrement était expiré, le double droit encouru et la contrainte décernée, sauf, en cas de poursuite commencée, le droit pour l'Administration de recouvrer les frais de la procédure[3].

Dans cette opinion, toutes les fois que la police d'assurance aura été présentée à l'enregistrement après la mort de l'assuré mais avant la date convenue par les parties contractantes, la condition résolutoire

---

1. Garnier : *op. cit.*, n° 2387; Rome : *op. cit.*, p. 274; Herbault : *op. cit.* p. 297 et 298.

2. V. la décision du 7 décembre 1832 dans le *Répertoire général de l'enregistrem.*, de Garnier, *loc. cit.*, 11312.

3. G. Demante : *op. cit.*, T. I, n°s 11-15.

qui affectait la durée de l'obligation se trouvant alors accomplie, cette obligation est censée n'avoir jamais eu pour objet que les primes échues antérieurement au décès et c'est dans la même mesure seulement qu'elle pourrait servir de base à la perception du droit proportionnel [1].

1. Garnier : *Répert. gén. de l'enregistr.*, v° *Assurances*, n°s 2387 et 2388; Herbault : *op. cit.*, p. 299 et 300.

A la vérité, il a été soutenu que si la prime est payable par annuités, il y a lieu, non pas au droit proportionnel, mais à un simple droit fixe qui doit rester en suspens jusqu'à l'échéance d'une annuité au moins.

Pour justifier cette solution, l'on a fait valoir que le droit proportionnel risque d'être dépourvu de base puisqu'il se peut que la qualité de la prime se réduise à néant, que l'obligation de verser la prime est affectée d'une condition suspensive, que jusqu'au moment où cette dernière se réalise il ne saurait être question d'un droit proportionnel, l'acte en suspens n'opérant ni transmission, ni obligation. — V. Championnière et Rigaud : *Traité des droits d'enregistrement*, n° 3648.

On a remarqué (Garnier : *op. cit.*, n° 2389; Herbault : *op. cit.*, p. 301) que l'obligation de verser la prime n'est pas suspensive, que le nombre des annuités est complètement inconnu quand la prime est payable durant la vie entière, que si l'engagement est sans doute incertain, cette incertitude n'atteint pas le principe de l'obligation, qu'assurément l'exécution de l'obligation est indéterminée, mais que, néanmoins, son existence est certaine. Une comparaison est formulée à ce propos : l'exécution de l'obligation incombant à la caution est indéterminée ; le droit n'en est pas moins dû parce que cette circonstance n'empêche pas la formation du contrat. Ce principe s'applique constamment en matière de baux à vie, de constitutions de rente viagère à titre gratuit, de cautionnements; rien n'autorise à y déroger lorsqu'il s'agit d'assurances sur la vie.

Merger, de son côté, (*op. cit.*, p. 298 et 299), a contesté la validité de la perception d'un droit proportionnel : ce droit ne s'applique qu'aux obligations qui imposent la nécessité de donner ou de faire une chose ou qui créent une dette certaine et exigible à une époque plus ou moins éloignée; or, en matière d'assurance sur la vie, il appartient à l'une des parties de résilier ou d'annuler le contrat : une clause de toutes les polices prévoit, en effet, le rachat et dispose qu'après le paiement d'un certain nombre de primes, en cas de non versement de la prime, le contrat est résilié de plein droit, mais avec le droit pour l'assuré de toucher la valeur de la police : il n'y a donc pas une obligation effective, exécutoire; il y a simplement le principe, le commencement d'une obligation; de ce que sa réalisation est soumise à plusieurs conditions dont dépend son existence (décès ou survie de l'assuré, acquittement de la prime chaque année, non aggravation des risques), il est impossible de dire que le contrat constitue un titre complet pour l'assuré ou ses ayants droit.

Cette théorie est assurément fort ingénieuse. Elle n'a pourtant point rallié les suffrages.

Plusieurs objections lui ont été faites (Rome : *op. cit.*, p. 276; Herbault : *op. cit.*, p. 302).

Malgré l'insertion de la clause relative au rachat, le contrat d'assurance est si bien définitif qu'il engendre des obligations pour les parties lorsque ces dernières sont d'accord et quand les conditions présentes sont réalisées; c'est tellement vrai que si l'assuré ne verse pas la première prime, l'assureur peut exercer des poursuites (V. T. II, p. 45), et d'autre part que l'assureur doit, dans des circonstances déterminées, remettre la valeur de rachat.

En outre, la condition dont il s'agit est une condition résolutoire et nullement une condition suspensive; or, la condition suspensive met seule obstacle à la perception actuelle du droit proportionnel.

Il semble qu'au fond la clause relative au rachat est une clause pénale

Pour les assurances mixtes et pour les assurances temporaires, c'est-à-dire faites pour une durée déterminée, le droit doit être perçu sur la prime annuelle, mais sur la prime annuelle multipliée par le nombre d'années pour lequel le contrat est passé [1] : la déclaration estimative, qui a sa raison d'être quand l'acte ne détermine pas la valeur sujette à l'impôt, a paru sans application possible lorsque c'est l'acte lui-même qui détermine la valeur imposable. L'argument tiré de ce que l'assuré étant chaque année en mesure de résilier le contrat, chaque année le paiement des primes peut cesser, a été écarté par cette raison qu'il ne s'agit là que d'une condition résolutoire qui n'empêche pas la formation du contrat pour toute la durée de l'assurance.

Lorsque l'assurance sur la vie a pour objet le payement d'une rente viagère, on ne saurait songer à la soumettre aux art. 69, § 5, n° 2, et 14, n° 6 de la loi du 22 frimaire an VII, d'après lesquels les constitutions de rentes soit perpétuelles, soit viagères et de pensions à titre onéreux sont tarifées au droit de 2 % calculé sur le capital constitué et aliéné. Si ces dispositions sont conçues en termes généraux et concernent toutes opérations dans lesquelles il y a un *aléa* [2], il faut observer qu'il ne suffit pas qu'il y ait *aléa* pour qu'il y ait assurance ; toute opération aléatoire n'est pas nécessairement une assurance : une rente viagère n'est pas une assurance. Sans doute, l'assurance sur la vie et la rente viagère rentrent dans la classe des contrats aléatoires, mais elles n'en forment pas moins deux opérations absolument distinctes, assujetties chacune à un droit particulier. Au surplus, il n'y a pas de constitution de rente viagère dans la police, puisqu'il n'y a pas, d'un côté, de capital aliéné, le paiement des primes étant facultatif et que, d'autre part, l'obligation de servir la rente n'existe que sous condition suspensive. Or, la rente est destinée, aussi bien que s'il s'agissait d'un capital, à constituer l'indemnité due par le préjudice causé par le décès du contractant : il n'y a donc, dans les deux cas, de différence que dans le mode d'exécution, et le mode choisi importe peu : le contrat est, avant tout, une assurance et doit être traité comme tel pour la perception. C'est pourquoi le seul droit exigible

destinée à prévoir le cas où l'opération ne sera point continuée et à fixer par avance les dommages-intérêts.

Si, a-t-on dit, un bail était conçu en ces termes : le présent bail est fait pour une durée de neuf années ; toutefois le preneur aura droit, en prévenant le bailleur aux époques d'usage, de rompre le présent engagement, à la condition de payer en plus une année de loyer : s'il prend cette détermination dans les quatre premières années et six mois seulement, s'il renonce dans les cinq dernières, cette faculté de résiliation ne mettrait certainement pas obstacle à la perception du droit proportionnel aux termes de l'art. 69 § 2, de la loi du 22 frimaire an VII.

1. Sol., 18 décembre 1888, *Rev. prat. de l'enreg., des domaines et du timbre*, n° 3054 ; Dumaine : *op. cit.*, p. 335.

2. *Dict. de l'enregistrem.*, v° *Assurances*, n° 221.

est celui de 1%, applicable à toutes les assurances en général, sur les primes versées [1].

L'avenant relatif à une augmentation de la prime est soumis au même droit proportionnel que le contrat. Au contraire, si l'avenant tend à procurer une diminution de la prime, il n'est dû qu'un droit fixe de 3 fr. en tant qu'acte innommé [2].

Si, comme il a été dit précédemment, le droit fixe édicté par les art. 68, § 3, n° 5 de la loi du 22 frimaire an VII, et 45, n° 4 de la loi d'avril 1816 et augmenté par l'art. 4 de la loi du 28 février 1872 est exigible sur la désignation du bénéficiaire, par le motif qu'il s'agit, en réalité, d'une libéralité à cause de mort, lorsqu'il y a substitution d'un bénéficiaire à un autre, il est dû un droit fixe tarifé par les dispositions précédentes. Il va de soi que le droit ne peut être perçu que pour la désignation de la personne appelée en dernier lieu à profiter de l'assurance; la première désignation ne saurait, à aucun titre, être atteinte puisqu'elle est détruite [3].

En cas de transmission de l'assurance par cession ou donation entre vifs, il est incontestablement dû un droit proportionnel, sans distinguer si l'opération a été effectuée alors que l'assurance était expirée par suite du décès de l'assuré ou si, au contraire, elle a eu lieu antérieurement à l'époque de l'exigibilité [4]. Ce droit est de 1 %, sur le capital qui en fait l'objet (art. 14, n° 2 de la loi du 22 frimaire an VII), en plus, bien entendu, du droit de 1 %, dû sur le montant des primes acquittées depuis la formation du contrat, si la police n'a pas encore été enregistrée et est soumise à cette formalité, par application de l'art. 42 de la loi du 22 frimaire an VII.

Ceci n'est pas douteux.

La controverse n'existe et ne peut exister que relativement à la question de savoir sur quelle somme ce droit de transmission doit être perçu.

On a soutenu que lorsqu'il intervient une cession ce qui est cédé c'est la réserve qui forme une créance ferme et actuelle dont le contractant peut demander, à toute époque, le remboursement à la Compagnie. On a fait valoir que le cessionnaire augmente seulement la

---

1. Béchade : *op. cit.*, p. 213 et 214; Garnier : *Rép. gén. de l'enreg.*, n° 2391.

M. Dumaine (*op. cit.*, p. 337 et 338) reconnaît également que le droit de 1 %, est seulement exigible. Mais ce dernier auteur fait remarquer que dans tous les cas aucune difficulté ne saurait s'élever pour la rente viagère immédiate. En effet ce contrat est totalement distinct par sa nature du contrat d'assurance, comme nous l'avons fait proclamer par la Cour de Cassation (Cass., 25 mai 1891, S. 92, 1, 33; D. P. 92, 1, 21. V. les conclusions de M. l'avocat général Desjardins dans le premier de ces recueils et dans *La Loi*, 28-29 juin 1891). Cf. ce qui a été dit *Suprà*, T. III, p. 169 et suiv.

2. Lefort : *Les assurances terrestres*, n° 1169 et 1170.

3. Sol., 11 mars 1861, Garnier : *Rép. génér. de l'enreg.*, n° 17083; Dumaine : *op. cit.*, p. 340.

4. V. Rome : *op. cit.*, p. 277; Tissier : *op. cit.*, p. 229.

réserve comme créance actuelle et exigible et on a conclu qu'étant seule le véritable objet de la transmission, elle est seule passible du droit de 1 % établi par l'art. 14, n° 2 de la loi du 22 frimaire an VII [1]. Mais il est facile de remarquer que lors d'une transmission il n'y a pas seulement cession de la réserve, le cessionnaire acquiert aussi le droit, droit aléatoire, à la vérité, de toucher l'indemnité si certaines conditions prévues au contrat se réalisent [2].

Au contraire, partant de ce principe que la cession comprend le droit de toucher, outre la valeur de rachat, la valeur de réduction telle qu'elle se trouve fixée au jour de la cession par le tableau mentionné sur la police, d'autres personnes ont prétendu qu'au cas où les trois premières primes annuelles ont été acquittées [3], le droit est exigible sur le prix stipulé [4].

Sans doute, disent les partisans de ce système, l'objet de la cession consiste dans les chances de la réalisation de la créance, et c'est une valeur aléatoire, mais pour avoir ce caractère elle n'en est pas moins actuelle et appréciable en argent puisqu'elle a été cédée [5].

1. Béchade : op. cit., p. 214 à 217.

2. Cf. Couteau : op. cit., T. II, p. 320 et notre Traité, T. II, p. 161.

3. Garnier : Rép. génér. de l'enreg., n° 2393-1; Dumaine : op. cit., p. 338 à 340. — Arrêt. Décis. Minist. des Finances, 2 novembre 1821; Trib. civ. Seine, 21 avril 1846. Garnier : op. cit., v° Cession de créances, n° 3857.

4. D'autre part, a-t-on dit, lorsque les trois premières primes n'ont pas été payées, la cession ne comprend plus que la valeur du quittalcaloire qui se trouve déterminée aussi exactement que possible, par le prix convenu; cette valeur serait donc également assujettie au droit de 1 % calculé sur le montant du prix. — V. Anal. Solut. de l'enreg., 15 septembre 1896, sur les cessions de promesses de vente et Observat., Journ. de l'enreg., 23, 565; Dumaine : op. cit., p. 343.

Cette distinction, il faut en convenir, a été contestée (V. Répert. alphab. de dr. fr., de Fuzier Herman, v° Assurance sur la vie, n° 904), non pas en tant qu'inexacte en fait, mais parce que les calculs établis par les Compagnies pour leurs réserves et la valeur de réduction ne sauraient servir de base légale à la perception du droit de cession.

Les partisans de cette critique affirment qu'il est plus exact de décider que dans les deux hypothèses, c'est-à-dire après le versement de trois primes au moins ou d'un nombre inférieur, la valeur cédée est une créance indéterminée et puisque, d'après l'art. 14, n° 2, de la loi du 22 frimaire an VII, le droit est établi sur le capital exprimé dans l'acte et non sur le prix de la cession, il y aurait lieu, dans tous les cas, d'exiger des parties une déclaration estimative (art. 16 de la loi du 22 frimaire an VII) fixant, pour la perception, la valeur de la créance cédée.

Bien entendu, a-t-il été ajouté, cette évaluation pourrait être égale au prix stipulé et, en outre, elle serait susceptible d'être rectifiée au cas où l'Administration établirait que la créance cédée avait, à l'époque de la cession, une valeur supérieure à l'évaluation des parties.

5. Peut-on bien admettre que l'assurance cédée consiste dans une créance à terme égale à l'indemnité à recevoir?

Le paiement de cette indemnité est soumis à une condition résolutoire; il n'aura lieu que si l'assuré continue à payer les primes; or, la cession implique, au contraire, dans presque tous les cas, que l'assuré cessera le paiement de la prime, laquelle est mise à la charge du cessionnaire; la condition résolutoire se trouve donc accomplie et le cédant n'a pu céder le

Cette solution semble prévaloir dans la pratique.

Il paraît plus rationnel de décider[1] que le droit proportionnel ne doit pas être perçu sur le montant du capital assuré puisque ce capital ne passe pas du patrimoine du souscripteur dans celui du bénéficiaire ; le droit proportionnel ne peut être perçu que sur chaque prime payée par le souscripteur pour le compte du bénéficiaire. Tous les ans il y a nouvelle donation d'une prime, tous les ans il y aura lieu à droit proportionnel perçu sur le montant de cette prime[2].

Aucune difficulté ne saurait s'élever en présence d'une cession à titre de garantie ou de nantissement n'emportant pas transmission ou bien ne constituant qu'une pollicitation ou une offre non acceptée : c'est un simple droit fixe de 3 fr. qui est exigible.

D'autre part, il y a lieu de percevoir un droit proportionnel de 1 % pour la cession qui a le caractère de délégation, même si le créancier délégataire n'avait pas accepté, l'art. 69, § 3, n° 3, de la loi du 22 frimaire an VII ne distinguant point, au sujet de la perception du

montant total d'une indemnité à recevoir à laquelle il n'avait pas droit, mais simplement ses droits acquis au jour de la cession, c'est-à-dire la valeur de réduction de son assurance, plus les chances de réalisation du bénéfice assuré. — *Répert. alphab. de dr. fr.* de Fuzier Herman, v° *Assurance sur la vie*, n° 905.

1. Mornard : *op. cit.*, p. 339.

2. *Quid* au cas où l'assurance était à l'ordre du souscripteur et a été ensuite transmise à un tiers ?

On a soutenu (Couteau : *op. cit.*, T. II, p. 369 ; Mornard : *op. cit.*, p. 339) que ce cessionnaire étant un véritable bénéficiaire et recevant du souscripteur une somme égale à la dernière prime payée plus la valeur du rachat, c'est sur cette somme que devra être perçu le droit proportionnel. Avec la jurisprudence admettant qu'il y a acquisition par le souscripteur et pour lui-même d'une créance ferme, puis donation au bénéficiaire (V. *Supra*, dans ce *Traité*, T. Ier, p. 220) il faut dire que la donation porte sur la créance et que le droit proportionnel doit être perçu sur le montant intégral de la créance.

Contrairement à l'opinion de M. Garnier (*Rép. gén. de l'enreg.*, v° *Assurances sur la vie*, n° 2398), faisant porter le droit proportionnel sur les primes, Herbault (*op. cit.*, p. 312) a soutenu que le contrat de donation contenu dans le contrat d'assurance en cas de décès est tout à fait distinct et indépendant de ce dernier et que, par conséquent, le droit proportionnel de donation peut être exigé du bénéficiaire donataire.

Sans doute, d'après l'art. 11 de la loi du 22 frimaire an VII, lorsque dans un acte quelconque il y a plusieurs dispositions indépendantes ou ne dérivant pas les unes des autres, il est dû pour chacune d'elles, et selon son espèce, un droit particulier ; mais dans l'assurance au profit d'un tiers il n'y a point plusieurs dispositions indépendantes ; la jurisprudence qui, dans son dernier état, reconnaît que l'acte attribuant le bénéfice à un tiers est un acte unique, condamne cette manière de voir. (V. *Supra*, T. Ier, p. 220 et suiv). C'est, du reste, la négation formelle des effets qui découlent de la stipulation pour autrui dans les termes de l'art. 1121 C. Civ.

Lorsqu'une personne se fait promettre par quelqu'un qu'une somme sera remise, dans des conditions déterminées, à un tiers, elle n'entend certainement pas faire un acte de disposition ; on ne dispose que de ce que l'on possède, or, on ne possède pas ce qui appartient à un autre ; l'assuré qui stipule qu'à son décès la somme convenue sera versée à un tiers, ne dispose pas de cette somme puisqu'elle existe dans les biens de l'assureur et qu'elle n'en sortira que lorsque le contractant n'existera plus.

droit proportionnel, entre la délégation acceptée et celle qui ne l'est pas [1].

Si la police est endossable conformément aux art. 136 et 137 C. Comm. dont les prescriptions sont absolues et rigoureusement obligatoires, il n'est dû aucun droit particulier; elle est assimilée à un effet de commerce [2].

L'endossement peut être valablement écrit à la suite de la police ; l'Administration de l'enregistrement ne saurait relever ce fait et le considérer comme une contravention aux lois sur le timbre.

Il est à noter que l'art. 70, § 3, n° 15 de la loi du 22 frimaire an VII qui exonère de l'enregistrement l'endossement des lettres de change, des billets à ordre et autres effets négociables ne peut recevoir application qu'autant que la cession figure à la suite de la police à ordre [3].

1. Dict. des droits d'enreg., v° Délégation, n°s 84 et 87; Dumaine : op. cit., p. 340.

2. Sol., 1er avril 1878. Maguéro : Traité alphabétique des droits d'enregistrement, de timbre et d'hypothèques, Paris, 1897, v° Assurances, n° 141.

3. Comp. Sol., 5 avril 1881 ; Garnier : Rec. périod. de l'enreg., 5866; Dumaine : op. cit., p. 341.

CHAPITRE TROISIÈME.

DROITS DE MUTATION PAR DÉCÈS

§ 1. — Notions générales.

Pendant longtemps les contrats d'assurance sur la vie ont échappé aux droits de mutation par décès[1]. Jusqu'en 1872 les bénéficiaires n'eurent point à acquitter cet impôt[2]. En l'absence de toute décision émanée de l'Administration de l'enregistrement et à défaut de toute décision judiciaire, on enseignait[3] qu'au cas d'assurance contractée au profit des héritiers, ces derniers recueillant le capital assuré au même titre que les autres biens de la succession devaient payer le droit de mutation sur la somme ou rente due par l'assureur[4], mais qu'au

1. La matière est fort bien traitée dans un très instructif travail publié sous ce titre : *Des assurances sur la vie, droits de mutation par décès* par le *Journal de l'enregistrement* (1886, art. 22653, p. 329 à 341 ; 22664, p. 394 à 405 ; 22681, p. 449 à 455), ainsi que par M. Dumaine dans un ouvrage que l'on ne saurait trop recommander : *Du contrat d'assurance sur la vie en droit civil et en droit fiscal*, 2ᵉ édit., Paris, 1892. Nous n'accomplissons qu'un devoir de justice en disant tout ce que nous devons à ce savant ouvrage qui fait si bien la lumière dans une matière fort difficile.

Il convient aussi de signaler, particulièrement à raison des réflexions très judicieuses qu'il contient, le livre de M. Béchade : *Du contrat d'assurance sur la vie dans ses rapports avec le droit civil et l'enregistrement*. Paris, 1889.

2. L'Administration de l'enregistrement n'en avait pas moins voulu réclamer : on trouvait une police dans les papiers d'un défunt ; c'est à ce moment, disait-on, qu'est dû le capital : donc il y a une créance de la succession. — V. Couteau : *op. cit.*, T. II, p. 433 ; Pellerin : *Rev. du Notar.*, 1883, p. 170 ; Taudière : *op. cit.*, p. 210.

3. Garnier : *Répert. période. de l'enreg.*, nᵒ 1921.

4. L'auteur de la théorie reproduite ici, M. Garnier, ne méconnaissait pas l'objection qui pouvait être tirée de ce que les héritiers d'un assuré trouvent leurs droits dans la police, de ce qu'ils sont les créanciers personnels de l'assureur et de ce que la somme due par celui-ci, loin de faire partie de la succession, leur est dévolue directement ; il répondait que si l'on peut, aux termes de l'art. 1121 C. Civ., stipuler pour autrui, c'est à la condition que le tiers pour lequel on stipule soit existant et connu à l'époque de la stipulation, qu'au cas d'assurance dont il s'agit, lors de la signature de la police la

contraire, si l'assurance avait été souscrite en faveur d'un tiers déterminé, aucun droit de mutation n'était exigible sur le capital promis, l'assurance ne dépendant pas de la succession de l'assuré à raison de l'acceptation du bénéficiaire et l'indemnité n'étant pas sortie du patrimoine du défunt : dans ce dernier cas la libéralité portant, non pas sur le capital assuré du moment qu'il était fourni par un tiers, la Compagnie, mais simplement sur les primes, le seul droit exigible était un droit de donation entre vifs sur les primes, à la condition, bien entendu, qu'il y eût eu acceptation par le tiers gratifié [1].

Cette théorie toutefois n'était admise d'une façon générale par la doctrine qu'en ce qui concerne la stipulation par laquelle l'assuré déclarait traiter pour lui-même, pour sa succession, à son ordre mais sans aucune désignation, ou encore pour ses héritiers, ses ayants droit, en un mot en faveur de ce que l'on répute personnes indéterminées [2].

Pour la stipulation passée au profit d'un tiers déterminé, les opinions étaient très contradictoires.

Les uns soutenaient que le droit de mutation pour les actes à titre gratuit était dû puisque le bénéficiaire fait une acquisition par l'effet de la libéralité du stipulant [3].

Les autres, prenant pour point de départ cette idée que l'assuré acquiert d'abord pour lui le droit au capital, puis le transmet à un tiers, enseignaient que le droit devait être calculé sur le capital assuré du moment que c'était ce qui avait été donné, et ils faisaient va-

succession de l'assuré n'est pas ouverte, qu'il n'y a pas d'héritiers et qu'en conséquence il ne pouvait être stipulé pour eux *directement*, ou du moins la stipulation faite à leur profit dans le contrat d'assurances n'est qu'une expression inutile de la stipulation tacite et de plein droit qui existe dans tous les contrats, aux termes de l'art. 1121 ; cela revient à dire que la somme ou la rente assurée est payable au décès du stipulant.

1. A défaut d'acceptation, continuait-on, il ne pouvait être réclamé, indépendamment du droit d'enregistrement de 1 % sur les primes auquel donne lieu la convention principale, qu'un droit fixe pour donation non acceptée, le droit proportionnel étant toutefois à percevoir ultérieurement lors de la preuve de l'acceptation.

En 1870 M. Patinot (*De l'assur. sur la vie*, [*Rev. prat. de dr. fr.*, T. XXIX, p. 103)], écrivait pourtant que si la somme assurée a été stipulée en faveur d'un tiers non créancier du stipulant, le bénéficiaire acquiert par l'effet de la libéralité du stipulant, qu'il y avait donc lieu de percevoir à l'avènement de la condition le droit proportionnel des mutations gratuites ; que si le bénéficiaire était le créancier du stipulant, comme on ne peut dire qu'il y ait une délégation faite par le stipulant en faveur du bénéficiaire, le stipulant n'ayant jamais été le créancier de l'assureur, il y avait seulement une obligation conditionnelle de l'assureur à l'égard du bénéficiaire, sur laquelle, *veniente conditione*, on devrait percevoir le droit proportionnel d'obligation.

2. Rome : *op. cit.*, p. 279 ; Blin : *op. cit.*, p. 79 ; Herbault : *op. cit.*, p. 303 et 304 ; Patinot : *op. cit.*, (*Rev. prat. de dr. fr.*, T. XXIX, 1870, p. 103).

3. Trib. civ. Rouen, 30 août 1867, *Rép. périod. de l'enreg.*, 3329 ; Lille, 24 décembre 1808, *ibid.*, S. 69, 2, 217. — V. *Contrà* Observations, *Journ. des not.*, 19685 ; Avignon, 20 août 1872, D. P. 74, 5, 205. — Cf. Trib. civ. Marseille, 1er juillet 1874, *Journ. de l'enreg.*, 21017.

3. V. Patinot : *loc. cit.*

loir que la créance contre la Compagnie était si bien entrée dans le patrimoine du stipulant que ce dernier en avait disposé, et, d'autre part, que si la donation venait par hasard à être révoquée c'est à son patrimoine que la créance donnée ferait retour

D'autres professaient, au contraire, que le droit proportionnel de donation devait porter exclusivement sur les primes, la libéralité ayant pour objet, non pas l'indemnité payée par l'assureur, indemnité qui n'est pas sortie du patrimoine du défunt, mais bien les primes prises sur les ressources qui constituent ce patrimoine [1].

D'autres, enfin, allaient plus loin et affirmaient que le Fisc ne pouvait même pas réclamer le droit proportionnel de donation calculé sur les primes [2]; leur opinion se résumait ainsi : les donations contenues dans les contrats à titre onéreux aux termes de l'art. 1121 C. Civ., ne sont pas assujetties à un droit proportionnel particulier. Le point de départ de cette doctrine était dans cette règle que lorsqu'un acte contient plusieurs dispositions *dépendantes ou dérivant les unes des autres* il n'est perçu qu'un droit unique ; cette règle peut s'induire de l'art. 11 de la loi du 22 frimaire an VII ; ainsi notamment, lorsqu'une rente viagère est constituée au profit d'un tiers, quoique le prix en soit fourni par une autre personne, cette libéralité ne donne pas ouver-

1. Garnier : *loc. cit.*

2. Romo : *op. cit.*, 280. — Comp. de Loynes : *Des assurances sur la vie considérées au point de vue fiscal.* (*Revue crit. de législat. et de jurisprud.*, 1871-1872, p. 229, etc.).

Après avoir établi que le bénéficiaire d'une assurance en cas de décès qui reçoit la somme assurée *jure proprio*, en qualité de donataire, ne devait pas un droit de mutation (p. 305 et suiv.), Herbault (p. 311, etc.) envisageait cette hypothèse : l'assuré stipulant immédiatement lors de la formation du contrat, au profit des bénéficiaires donataires ;

Écartant l'opinion qui voit dans la vie de l'assuré la chose assurée et qui, d'après lui, justifie le refus de perception soutenu par M. Romo et par M. de Loynes qui estimaient que la donation est tout à la fois le motif et le but du contrat, mais s'appuyant sur ce que la chose assurée est un capital déterminé dont le stipulant peut disposer comme il l'entend au profit de personnes intéressées ou non à son existence, le jeune jurisconsulte trop tôt ravi à la science affirmait que le contrat de donation contenu dans le contrat d'assurance en cas de décès est tout à fait distinct et *indépendant* de ce dernier et que, par conséquent, le droit proportionnel de donation pouvait être exigé du bénéficiaire donataire ; pour lui, le droit proportionnel devait être perçu non pas même sur les primes, ainsi que l'enseignait M. Garnier (*Rép. gén. de l'enreg.*, v° *assurances sur la vie*, n° 2398), mais bien sur le capital assuré : les primes représentant le prix du contrat, contrat à titre onéreux intervenu entre le stipulant et la Compagnie d'assurances sur la vie ; ce qui a été donné, c'est le capital assuré ; c'est donc sur ce capital que doit porter le droit proportionnel de donation.

C'est en vain, continuait Herbault, que l'on objecterait que cette créance n'est jamais entrée dans le patrimoine de l'assuré donateur ; la meilleure preuve qu'elle a appartenu au stipulant c'est qu'il en a disposé. Si la donation venait par hasard à être révoquée, c'est à son patrimoine que la créance donnée ferait retour ; il ne l'a eue qu'un instant de raison, c'est possible, mais il l'a eue et c'est ce qu'il suffit de constater : le donateur c'est l'assuré, et non pas l'assureur.

ture à la perception d'un droit particulier, on ne paie l'impôt que sur la constitution même de la rente. Les partisans de ce système faisaient valoir que ces principes devaient évidemment recevoir application en la matière : lorsqu'un mari stipule une assurance dont le montant devra lors de sa mort être payé à sa femme, n'existe-t-il pas une dépendance certaine entre la constitution de l'assurance et la libéralité? La donation n'est-elle pas tout à la fois le motif et le but de l'assurance? Cette union intime ne se rencontre-t-elle pas à un aussi haut degré que lorsqu'il s'agit d'une rente viagère constituée au profit d'autrui [1]?

La Régie cherchait à faire prévaloir un autre système.

L'Administration de l'enregistrement ne méconnaissait pas que l'application de l'art. 1121 C. Civ. et des principes mêmes de l'assurance avait conduit les tribunaux à décider, en matière civile, que la somme due lors du décès par la Compagnie ne fait point partie du patrimoine du défunt et échappe à l'action des créanciers. Mais elle estimait qu'il fallait se placer sur le terrain tout spécial de l'impôt et que les dispositions particulières des lois fiscales amenaient fatalement à dire que le droit de mutation par décès était dû. La Régie se fondait, d'une part, sur la jurisprudence civile, d'après laquelle la libéralité faite au bénéficiaire consistait dans le capital assuré et, d'autre part, sur la jurisprudence fiscale [1] relative soit aux rentes viagères

---

1. Cette jurisprudence a été résumée de la façon la plus nette par M. Dumaine (*op. cit.*, p. 178 et 179) :

La loi du 22 frimaire an VII assujettit seulement au droit fixe « les testaments *et tous autres actes de libéralité qui ne contiennent que des dispositions soumises à l'événement du décès* (art. 68, § 3, n° 5). Le droit proportionnel est perçu lors de la transmission de propriété ou d'usufruit qui s'effectue au décès, et le droit est alors payé « par les héritiers, légataires et *donataires... pour les testaments et autres actes de libéralité à cause de mort* » (art. 14, nos 8, 24, 27, 29, 82, 39 et 69).

De même, la loi du 21 avril 1832 (art. 33) dispose que « les droits d'enregistrement des donations entre vifs et des mutations par décès, soit par succession, soit par testament *ou autres actes de libéralité à cause de mort...* seront perçus selon les qualités ci-après... »

Ces lois, a dit la Cour de Cassation, classent en deux catégories essentiellement distinctes les actes de libéralité entre vifs et les testaments et tous autres actes de libéralité qui contiennent des dispositions soumises à l'événement du décès. Pour asseoir les bases de la perception de l'impôt, le législateur ne s'est arrêté qu'à ces deux grandes circonstances : la *transmission actuelle et définitive* des objets donnés, ou la *transmission éventuelle et subordonnée* à l'événement du décès des parties; et, quant à ces dernières mutations, le droit proportionnel ne doit être perçu qu'à l'époque du décès, à l'événement duquel la transmission définitive est subordonnée (Cass., 23 mars et 7 juillet 1840, 21 décembre 1870; *Instr.*, nos 618-4; 1636-6; 2621-2).

Il résulte de ces mêmes lois, porte un autre arrêt du 21 mars 1860 (*Instr.*, n° 2174-9; S. 60, 1, 471; D. P. 60, 1, 141), « qu'on doit ranger dans la classe des mutations par décès *toutes les transmissions qui sont subordonnées à l'événement du décès*, sans distinction entre celles qui s'effectuent soit d'après l'ordre légal des successions, soit en vertu de dispositions contenues dans un testament *ou dans un acte entre vifs.* »

Telle est la raison pour laquelle l'impôt n'a pas été qualifié par le législateur de droit de succession, mais de *droit de mutation par décès.*

Or, en matière d'assurances sur la vie et dans le système d'après lequel

reversibles, au décès du stipulant, sur la tête d'un tiers (art. 1973 C. Civ.), soit aux sommes qui doivent être payées par le donataire, lors du décès du donateur, aux personnes désignées par ce dernier pour le cas où elles lui survivraient (art. 1121 C. Civ.) [1].

Bien qu'acceptée par certains tribunaux [2], la théorie de la Régie rencontra une vive résistance soit dans la jurisprudence [3], soit dans la doctrine [4].

l'assurance au profit d'un tiers constitue une donation du capital assuré, il est certain que la transmission effective de ce capital au profit du bénéficiaire, *est subordonnée à l'événement du décès du stipulant* : elle n'aura lieu que si le stipulant meurt le premier.

1. A raison de son importance considérable et de l'influence qu'elle a pu avoir sur la jurisprudence ultérieure, il convient de reproduire ici cette Solution du 21 janvier 1868 (D. P. 69, 3, 71 ; S. 70, 2, 129 ; *Rec. périod. de l'enreg.,* 2880) :

« Il résulte d'un arrêt de la Cour de Paris du 5 avril 1867 que, lorsque l'assuré vient à décéder, la somme assurée, qui représente le bénéfice de l'assurance, n'est pas dans la succession, puisque le bénéfice, ne lui ayant pas appartenu à lui-même, n'a jamais été, ni pu être, dans son patrimoine. Mais on ne peut conclure de cette décision que les héritiers, qui recueillent tout ou partie du bénéfice de la succession, n'aient aucun impôt à payer de ce chef. Dans l'affaire qui a donné lieu à l'arrêt de la Cour de Lyon du 2 juin 1863, M. l'avocat général Onofrio, en présentant ses conclusions, disait : « De même que je puis, en payant immédiatement un capital, assurer à un tiers le paiement d'une rente viagère à mon décès, de même je puis, en payant une prime pendant ma vie, assurer, après mon décès, le paiement d'un capital à un tiers. Dans ce cas comme dans l'autre, il y a, en vertu de l'art. 1973 du Code Civil, un contrat onéreux entre la Compagnie et moi ; il y a, de plus, une libéralité de ma part envers le bénéficiaire. »

Or, il est de jurisprudence constante que, dans le cas de l'art. 1973 C. Civil, la libéralité que le tiers recueille, lors du décès, en vertu de la clause contenue à son profit dans le contrat principal, est passible du droit de mutation par décès. C'est ce que les Chambres réunies de la Cour de Cassation ont reconnu par un arrêt du 23 décembre 1862 (S. 1863, 1, 46 ; D. P. 63, 1, 64), qui décide que l'acte portant vente d'un immeuble, moyennant une rente réversible sur la tête d'un tiers au décès du vendeur, donne ouverture au droit de mutation lors de l'événement. Dans ce cas, cependant, comme lorsqu'il s'agit d'un contrat d'assurance, la somme ne sort pas du patrimoine du défunt, le tiers appelé à jouir du bénéfice de la rente la recueille en vertu d'un droit né dès le moment du contrat de vente. Mais il suffit que le bénéfice trouve sa cause efficiente dans le décès pour que le droit de mutation soit exigible. On peut encore invoquer, par analogie, la doctrine de l'arrêt de la Cour de Cassation du 21 mars 1860 (S. 60, 1, 471 ; D. P. 60, 1, 141), portant qu'un droit de mutation par décès doit être perçu sur les sommes d'argent qu'un donataire entre vifs d'immeubles a été chargé de payer aux héritiers naturels du donateur. Dans ce cas, comme dans celui qui nous occupe, la somme payée par le donataire aux héritiers du donateur n'a jamais fait partie du patrimoine de ce dernier, et cependant, la Cour décide qu'elle est passible des droits de mutation, parce que les héritiers la recueillent en vertu d'une disposition gratuite subordonnée au décès du donateur. Les mêmes motifs sont applicables au cas de l'assurance, et les droits de mutation par décès sont dus sur la somme payée aux héritiers par la Compagnie. »

2. Trib. civ. Lille, 24 décembre 1868, S. 69, 2, 217 ; D. P. 69, 3, 71. — V. *Contrà* les observations de M. Garnier, *Rec. périod. de l'enreg.,* 2880 ; Trib. civ. Seine, 3 mai 1873. D. P. 74, 5, 206.

3. Trib. civ. Saverne, 21 mai 1869, D. P. 70, 3, 10 ; S. 70, 2, 460 ; Trib. civ. Abbeville, 24 mars 1874. D. P. 74, 5, 205. — V. aussi Trib. civ. Arras, 3 févr. 1874, D. P. 74, 5, 205 ; Trib. civ. Charleroi, 9 mai 1874. D. P. 874, 5, 206.

4. De Loynes : *op. cit.* ; Ollivier : *Journ. des assur.,* 1872, p. 303 et suiv. ;

On fit valoir que l'assurance sur la vie n'est, en dernière analyse, qu'un contrat d'indemnité destiné à réparer dans la mesure du possible le dommage matériel causé par la disparition de l'assuré et que l'impôt de mutation par décès ne peut être exigible à aucun titre sur une indemnité attribuée aux héritiers.

On remarqua qu'il ne saurait être allégué que le capital de l'assurance constitue, entre les mains de l'assuré, un droit éventuel dont il se serait dessaisi par un acte de libéralité soumis à l'événement de son décès : en effet, le droit éventuel à la somme assurée n'a jamais reposé sur la tête du souscripteur de l'assurance, puisqu'il ne devait, en aucun cas, toucher cette somme : ce droit a été, dès le jour du contrat, la chose du bénéficiaire, et n'a jamais appartenu qu'à lui ; il ne peut lui avoir été transmis par le décès de l'assuré, puisqu'il le possédait déjà[1].

Une raison semblait déterminante : c'est aller contre la réalité des choses que de soutenir qu'il y a, en cas d'assurance passée au profit d'un tiers, donation par le souscripteur au bénéficiaire : l'indemnité est, en effet, tirée, non pas du patrimoine du souscripteur de la police, mais bien de la caisse de l'assureur ; l'objet de la donation est exclusivement le montant des primes payées par le stipulant. La mort du souscripteur est ici non point *l'occasion* du paiement de l'indemnité, mais *la raison* de ce paiement. C'est parce que le décès cause un préjudice qu'il est dû une indemnité. La mort est considérée comme un sinistre, comme un élément destructeur : ce n'est pas un événement *auquel aurait été subordonnée une transmission éventuelle.*

Une comparaison peut être, d'ailleurs, présentée. Le propriétaire d'une maison l'assure contre l'incendie ; dans une intention libérale un tiers paye pour son compte les primes à la Compagnie : le sinistre survenant, le propriétaire touche l'indemnité ; le tiers qui a fait le service des primes pourra-t-il être considéré comme donateur des primes ou comme donateur de l'indemnité payée par l'assureur ? Jamais on ne soutiendra, en pareil cas, qu'il a pris dans son patrimoine le montant de l'indemnité pour le donner au propriétaire de la maison. Pourquoi donc soutenir une semblable thèse dans une hypothèse analogue, celle où l'objet assuré est non plus un immeuble, mais la vie d'un homme[2] ?

Journ. du notar., n°ˢ 1839 ; 1902 ; 2258 et 2382 ; *Journ. des not.*, n° 19,686 ; *Jurisprud. du notar.*, 14 270 ; *Contrôleur de l'enreg.*, 14127.

1. On faisait aussi observer que les arrêts de la Cour de Cassation des 23 décembre 1862, (S. 63, 1, 45 ; D. P. 63, 1, 54) et 21 mars 1860 ; (S. 60, 1, 471 ; P. P. 60, 1, 141) étaient sans application puisque la personne au profit de laquelle la réversion de la rente s'opère à la mort du vendeur ou de l'héritier du donateur duquel le donataire verse, à la mort du donateur, une partie de la valeur de la chose donnée acquiert ainsi à titre gratuit une portion du patrimoine du vendeur ou du donateur. — Cf. Paulmier : *Étude sur les assurances sur la vie tant au point de vue fiscal qu'au point de vue civil* (*Revue prat. de dr. franç.*, t. 14, 1882, p. 429).

2. Mornard : *op. cit.*, p. 548.

Les critiques dont l'opinion de la Régie étaient l'objet ne ramenèrent point l'Administration à une autre manière de voir. Néanmoins, comme la jurisprudence paraissait à ce moment fixée dans ce sens que tout contrat d'assurance, même passé au profit de personnes indéterminées, conférait un droit propre issu seulement de la police [1], le Fisc, sans abandonner ses prétentions, semblait ne pas oser vouloir saisir les tribunaux de la question de l'exigibilité des droits de mutation. En 1869 il crut trouver une occasion favorable [2].

Une personne avait conclu une assurance sur la vie au profit de ses *ayants droit*; puis, par testament elle avait légué le capital de cette assurance à sa sœur : cette dernière ayant renoncé au legs et à la succession, les frères de l'assuré se trouvèrent, par suite de cette renonciation, investis de l'hérédité en même temps que de la valeur de l'assurance.

L'espèce était favorable à la prétention de la Régie [3] : il n'y avait pas eu de bénéficiaire désigné par le contrat, le défunt avait disposé de l'assurance par testament; donc à ce moment l'assurance était dans son patrimoine; d'autre part, cette disposition était devenue caduque par la renonciation de la légataire faite naturellement à une époque postérieure au décès; l'assurance était, dès lors, rentrée aussi dans la succession et c'était en vertu de la dévolution successorale et non en vertu d'un droit préexistant que les héritiers avaient droit au capital assuré. Le payement des droits ordinaires de succession était difficilement contestable : il suffisait de remarquer que le capital était tombé dans la succession du souscripteur de la police et qu'il avait été recueilli en vertu d'une vocation héréditaire [4].

Après un échec [5], la Régie parvint à faire consacrer sa prétention par

1. V. *Suprà*, Tome II, p. 229.

2. C'est la fameuse affaire Krieg. — Comp. ce qu'ont dit à ce sujet MM. Paulmier : *loc. cit.*, p. 132, etc.; Taudière : *op. cit.*, p. 210; Couteau : *op. cit.*, T. II, p. 334; Béchade : *op. cit.*, p. 173; Note, D. P. 72, 1, 210.

3. Tout le monde l'a reconnu. — V. notamment Couteau : *op. cit.*, T. II, p. 432 et 437; Taudière : *op. cit.*, p. 210; Dujarrier : *De l'assur. en cas de décès justifié par les principes du Code civil*, Paris, 1885, p. 50; *Le Contrôleur de l'enreg.*, 1872, art. 14.862.

4. M. Béchade, (*op. cit.*, p. 174,) fait toutefois une observation qu'il convient de retenir : la jurisprudence dont la théorie n'était pas encore bien fixée, en s'appuyant sur l'art. 1121 entendait bien qu'en stipulant au profit de ses héritiers ou ayants droit, le souscripteur d'une police d'assurance avait ainsi l'intention d'acquérir *pour eux* un droit propre au capital assuré; mais dans l'espèce cette intention pouvait paraître douteuse, car l'assuré avait *légué* à sa sœur le capital assuré; or, un legs annonçait peut-être, de la part du souscripteur de la police, la volonté de faire tomber ce capital dans son patrimoine, et d'envisager, quand il avait stipulé pour ses ayants droit, ses héritiers en tant que continuateurs de sa personne juridique; pourtant, en léguant le montant de l'assurance, quoiqu'il n'y eût vu que la somme d'argent, il ne pouvait lui ôter son caractère d'indemnité.

5. Trib. civ. Saverne, 21 mai 1869, S. 70, 1, 160; D. P. 70, 3, 10.

Cette décision s'appuyait sur ce que le bénéfice de l'assurance appartient aux ayants droit de l'assuré et ne fait point partie de la succession. Peut-

la Cour de Cassation [1] : il fut jugé que le droit au capital assuré ayant fait partie du patrimoine de l'assuré qui pouvait en disposer et qui, en fait en avait disposé, que la personne à laquelle l'assuré avait légué la créance contre l'assureur n'ayant pas accepté ce legs, le bénéfice de l'assurance avait été, à son décès, dévolu à ses héritiers qui l'avaient trouvé dans sa succession, et que, dès lors, la somme assurée devait être comprise dans la déclaration de succession à faire et était assujettie au droit de mutation par décès.

Ce n'était évidemment qu'un arrêt d'espèce. C'était une solution dictée par les circonstances de la cause, puisque la Cour suprême se basait sur ce que l'assuré avait disposé de l'assurance par testament et, par conséquent, devait être considéré comme ayant eu la créance dans son patrimoine, et aussi sur ce que, en présence de la renonciation, les droits provenant du contrat étaient entrés dans la succession. Mais, bien que la question fût toujours réputée douteuse [2], la Régie s'empara de cette décision; considérant qu'elle vidait la question à son profit, elle n'hésita plus à réclamer le droit de mutation par décès.

L'Administration ne s'en tint pas à ce premier succès. La doctrine de l'arrêt qui eut une influence fâcheuse sur la jurisprudence en matière d'attribution de bénéfice [3], concernait la stipulation faite dans l'intérêt des ayants droit, c'est-à-dire passée pour des bénéficiaires indéterminés [4]. Sans se laisser arrêter par les critiques qui avaient ac-

---

être était-elle le résultat de la répugnance que la jurisprudence éprouvait à admettre les prétentions de la Régie et à rien préjuger contre le caractère du contrat même. — Couteau : *op. cit.*, T. II, p. 435.

1. Cass., 7 février 1872, S. 72, 1, 86 ; D. P. 72, 1, 200.
Les mémoires de l'Administration demanderesse et des défendeurs sont reproduits dans le *Répertoire périodique de l'enregistrement* de M. Garnier, art. 3407.

2. M. Mollneau (*Manuel des déclarations de succession et des droits de mutation par décès*, 3ᵉ édit., Paris, 1874, p. 176 et 202), sans méconnaître l'importance de l'arrêt de la Cour de Cassation, n'hésitait pas à déclarer que cette décision avait été rendue dans des circonstances très spéciales et que la question ne pouvait être considérée comme définitivement résolue.

3. Pour astreindre le capital assuré au payement des droits de mutation par décès, il fallait forcément le considérer comme faisant partie de la succession. La jurisprudence s'habitua à exiger les droits de mutation et partant à faire tomber le capital assuré dans le patrimoine du souscripteur. — V. ce qui a été dit dans ce *Traité*, T. II, p. 230 et 248.

4. Le cas d'une attribution à un tiers déterminé était formellement réservé. C'est ainsi que M. Garnier, dans les observations dont il accompagnait l'arrêt du 7 février 1872 (*Rép. périod. de l'enreg.*, nº 3407, p. 248), tout en soutenant que le capital fait partie du patrimoine de l'assuré quand ce dernier pouvait en disposer, reconnaissait que le droit de mutation ne deviendrait pas exigible si le capital ne faisait pas, comme cela a lieu dans l'hypothèse de la stipulation pour autrui, partie du patrimoine de l'assuré qui n'en avait pas la disposition et si le bénéfice de l'assurance n'était pas, au décès, dévolu aux héritiers *jure hæreditario* ; M. Garnier ajoutait qu'en tout cas l'arrêt du 7 février 1872 ne décidait pas le contraire et que le moins qu'on pût faire était de reconnaître qu'il laissait entière cette seconde difficulté. — V. dans le même sens de Laynes : *op. cit.*

cueilli la décision de la Cour de Cassation[1], la Régie voulut bientôt étendre la portée de cette doctrine au cas où l'assurance regarde un tiers déterminé, sans retenir que la personne gratifiée, lorsqu'elle a donné son acceptation, voit rétroagir l'acceptation qui consolide son droit au jour même où la police a été signée.

La prétention de la Régie s'appuyait sur la jurisprudence de la Cour de Cassation relative soit aux rentes viagères réversibles au décès du stipulant sur la tête d'un tiers, soit aux sommes qui doivent être payées par le donataire, au décès du donateur, aux personnes désignées par ce dernier, pour le cas où elles lui survivraient[2].

C'est qu'en effet la loi du 22 frimaire an VII (art. 68, § 3, n° 5) assujettit seulement au droit fixe les testaments et « *tous autres actes de libéralité qui ne contiennent que des dispositions soumises à l'événement du décès.* » Et cette même loi dispose (art. 14, n°s 8, 24, 27, 29, 32, 39 et 69) que le droit proportionnel est perçu lors de la transmission de propriété ou d'usufruit qui s'effectue au décès, et que le droit est alors payé « par les héritiers, légataires et *donataires...* pour les testaments *et autres actes de libéralité à cause de mort.* » De même, d'après l'art. 33 de la loi du 21 avril 1832 « les droits d'enregistrement des donations entre vifs et des mutations par décès soit par succession, soit par testament *ou autres actes de libéralité à cause de mort...* seront perçus d'après les quotités ci-après... »

Ces lois, d'après la Cour de Cassation, classeraient en deux catégories essentiellement distinctes les donations entre vifs et les testaments ou tous autres actes de libéralité contenant des dispositions soumises à l'événement du décès. Pour asseoir les bases de la perception de l'impôt, le législateur ne se serait arrêté qu'à ces deux grandes circonstances : la transmission actuelle et définitive des objets donnés ou la transmission éventuelle et soumise à l'événement du décès; et quant à ces dernières mutations, le droit proportionnel ne devrait être perçu qu'à l'époque du décès, à l'événement duquel la transmission définitive est subordonnée[3]. En outre il avait été décidé[4] que d'après les mêmes lois l'on doit ranger dans la classe des mutations par décès *toutes les transmissions qui sont subordonnées à l'événement du décès,* sans distinction entre celles qui s'effectuent soit d'après l'ordre légal des successions, soit en vertu de dispositions contenues dans un testament ou dans *un acte entre vifs.*

1. Comp. Ollivier : Note, *Journ. des assur.,* 1872, p. 203 et suiv.; Garnier : *loc. cit.* : *Revue du Notariat,* 16 et 20 mars, 20 juillet 1872; *Le Contrôleur de l'enreg.,* 11,802.

2. Le système de la Régie est très clairement résumé soit par M. Béchade, (*op. cit.,* p. 175 à 177), soit par M. Dumaine (*op. cit.,* p. 178 et suiv). Nous ne pouvons que suivre ces auteurs. — V. aussi Mollneau : *Jurisprudence des assurances sur la vie,* Paris, 1877, p. 239.

3. Cass., 23 mars et 7 juillet 1840; Dalloz, *Rép.,* v° *Enregistrem.,* 3969 et 3868; 21 décembre 1870. D. P. 71, 1, 87.

4. Cass., 21 mars 1860. S. 60, 1, 472. D. P. 60, 1, 111.

Telle serait même, a-t-on dit [1], la raison pour laquelle l'impôt n'a pas été qualifié par le législateur de droit de succession mais de droit *de mutation par décès*. La transmission effective du capital assuré au profit du bénéficiaire étant nécessairement subordonnée à l'événement du décès du stipulant, la Régie en inférait que le droit de mutation par décès était exigible dans le cas d'assurance sur la vie au profit d'un bénéficiaire déterminé.

Pour faire triompher cette prétention elle choisit une espèce favorable, celle d'une assurance au profit de la femme et des enfants (qui différait précisément, depuis le revirement de la jurisprudence, de l'assurance au profit d'un bénéficiaire désigné), mais en insérant dans son mémoire des motifs tendant à l'exigibilité du droit de mutation par décès, même dans ce dernier cas.

Bien qu'il y eût fort à dire tout au moins, ce système prévalut en première instance [2].

Il fut jugé qu'une assurance contractée par un souscripteur dans l'intérêt de sa femme et de ses enfants constitue une libéralité qui, bien que résultant d'un acte entre vifs, ne confère au bénéficiaire ni un droit actuel sur la chose donnée puisqu'elle ne doit avoir d'effet qu'à la mort du donateur, ni un droit transmissible par le donataire à un héritier ou ayant cause parce que s'il meurt avant le donateur, son droit disparaît avec lui, ni le plus souvent un droit indépendant de la volonté du donateur par le motif que, dans la plupart des cas, n'étant pas acceptée du vivant du donateur, elle est, jusqu'à sa mort révocable au gré de celui-ci; que le prédécès du stipulant n'est pas seulement le terme assigné au paiement de la chose donnée, mais la condition même de la transmission au profit du donataire pour qui, jusqu'à ce moment, il demeure incertain s'il recueillera le bénéfice de l'assurance; qu'ainsi, faite en vue de la mort du donateur, révoquée de plein droit par sa survie, *le plus souvent* révocable à son gré jusqu'à sa mort, ne faisant qu'à ce moment passer réellement et définitivement dans le patrimoine du donataire la créance contre l'assureur, la libéralité résultant de la police rentrait dans la catégorie des dispositions que les lois fiscales ont frappées des mêmes droits que les successions, sous le nom de *dispositions soumises à l'événement du décès*.

Malgré cette décision [3] qui devait être consacrée par la suite [4], le

---

[1] Naquet : *Traité des droits d'enregistrement*, n° 857 et suiv.

2. Trib. civ. Seine, 3 août 1874, D. P. 74, 3, 206.

3. Cass., 10 mai 1876, D. P. 76, 1, 493, S. 77, 1, 33.

Cet arrêt décide que la disposition d'un contrat d'assurance sur la vie portant que le capital assuré payé, après le décès du souscripteur, à sa veuve, pour l'usufruit et à ses enfants, pour la nue propriété, est nécessairement subordonnée à la condition que les bénéficiaires survivront à l'assuré, qu'elle constitue, en conséquence, une libéralité soumise à l'événement du décès, et passible, à ce titre, du droit de mutation proportionnel par décès.

4. Il est à noter que cet arrêt a été rendu après la promulgation de la loi

droit de la Régie ne semblait nullement établi; il avait rencontré une vive résistance et des Tribunaux n'avaient pas hésité à affirmer que le Trésor ne pouvait percevoir un droit de mutation par décès sur une somme qui devait être considérée comme n'ayant jamais appartenu au décédé [1].

du 21 juin 1875, et que non seulement la question ne présentait plus aucun intérêt, mais aussi que le vote de ... tel a dû, malgré tout, exercer une certaine influence sur la solution donnée par la Cour suprême;

Un résumé de l'argumentation présentée tant par le demandeur en cassation que par la Régie est donné par le *Journal de l'enregistrement*, art. 20055, et par M. Paulmier : *Étude sur les assurances sur la vie tant au point de vue fiscal qu'au point de vue civil.* (*Revue prat. de dr. fr.*, 1882, T. II, p. 437 à 444. p. 537.)

Comp. au sujet de cet arrêt ce que dit M. Courteau : *op. cit.*, T. II, p. 453 à 457.

Le savant auteur s'élevait avec raison contre le passage de l'arrêt dans lequel la Cour de Cassation déclarait que par le contrat l'assuré avait acquis une créance payable à son décès et que, par le même acte, il en avait disposé en faveur de sa femme et de ses enfants; il montrait non seulement que le contrat d'assurance sur la vie ne fait pas naître une créance ferme, mais uniquement un droit éventuel à une indemnité de pareille somme au cas où le décès a lieu dans l'année pour laquelle la prime a été payée, et surtout (ce qui, par la suite, a été admis par la Cour de Cassation elle-même) que la créance, si elle existe, est la propriété du bénéficiaire et non du preneur d'assurance.

Ce qu'il importe de relever avec M. Dumaine (op. cit., p. 183), c'est la gravité de cet arrêt.

Il avait une portée générale et semblait s'appliquer à toutes les hypothèses; bien que le bénéficiaire soit expressément désigné, il est nécessaire, comme l'a fait remarquer la Cour, qu'il survive au contractant pour que la stipulation accessoire de l'art. 1121 puisse recevoir son exécution : on se trouvait donc bien dans le cas d'une libéralité subordonnée à l'événement du décès du donateur et passible du droit de mutation par décès, remarque M. Dumaine.

Aucun doute n'était possible à ce sujet lorsque le bénéficiaire n'avait accepté la libéralité qu'après le décès; mais la survie du bénéficiaire était-elle encore nécessaire pour l'exécution de la stipulation, lorsque l'acceptation avait précédé le décès du stipulant ? Pouvait-on dire que le bénéficiaire, en acceptant, avait acquis pour lui-même *et pour ses héritiers* le droit au capital promis, de telle sorte que ceux-ci fussent fondés à prendre à l'échéance la place de leur auteur ? Si l'on eût admis l'affirmative, la condition de survie du bénéficiaire ayant disparu, le droit de mutation par décès n'eût plus été justifié.

Cette solution eût été facilement écartée. La libéralité, en effet, n'a lieu que sous la condition exprimée ou sous-entendue de la survie du bénéficiaire. Celui-ci ne saurait de lui-même abroger cette condition : il ne peut s'attribuer définitivement une valeur qui ne lui a été promise que sous une condition suspensive; son acceptation a pour unique résultat d'enlever au stipulant le droit de révocation, mais elle laisse subsister la condition. Dès lors, si le bénéficiaire décède le premier, après avoir accepté, il perd, en mourant, le droit éventuel que l'acceptation lui avait conféré. La condition n'étant pas réalisée, le bénéfice de l'assurance tombe dans le patrimoine du stipulant et se trouve soumis au droit de mutation comme les autres valeurs de sa succession, s'il n'en a pas autrement disposé.

L'acceptation du bénéficiaire antérieure au décès ne détruit donc pas la condition de survie et lorsque cette condition se réalise, l'arrêt du 10 mai 1876 eût été encore applicable.

1. V. notamment, Trib. civ. Abbeville, 24 mars 1874, D. P. 74. 5. 295.

C'est qu'en effet les doutes les plus sérieux pouvaient se concevoir. En se plaçant sur le terrain tout spécial de l'impôt, pouvait-on réellement dire que l'assurance sur la vie renferme implicitement une disposition soumise à l'événement du décès dans les termes des lois du 22 frimaire an VII et du 24 avril 1832 ? Que deviendraient alors les droits réciproques de l'assuré et du bénéficiaire, lorsque ce dernier a accepté, du vivant de l'assuré, la stipulation faite en son nom ? Jusque-là il n'y avait, de la part de l'assuré, qu'une pollicitation, mais le contrat est devenu parfait par l'acceptation du bénéficiaire : dès lors, la convention se trouvant complète, devient irrévocable comme toute donation acceptée, et le tiers acquiert un droit personnel qu'il pourra lui-même transmettre à d'autres. Si donc le bénéficiaire décède le premier, la stipulation n'est pas anéantie : le profit de l'assurance étant acquis au tiers, passe à ses héritiers [1].

L'existence du droit du bénéficiaire, a-t-il été observé d'autre part [2], une fois le contrat formé, est certaine et irrévocable : le bénéficiaire peut, si l'assuré ne paye pas régulièrement les primes, les acquitter lui-même afin de sauvegarder sa créance, sauf à recourir contre l'assuré pour tout ce qui aurait été acquitté à sa décharge : l'assuré ne saurait, en principe, compromettre le droit du bénéficiaire ni par un acte de disposition au profit d'un tiers, ni par une résiliation du contrat avec la Compagnie, l'acte de disposition dans le premier cas étant nul, et dans le second cas l'assuré s'exposant à une demande en dommages-intérêts. Le décès de l'assuré n'a d'autre effet que de transmettre le capital assuré à ses propres héritiers au lieu de le faire revenir à l'assuré. Les Compagnies d'assurances ne s'y trompent pas et lorsque le bénéficiaire intervient dans le contrat d'assurance pour accepter, ou encore lorsque son acceptation intervenue postérieurement leur est signifiée, elles se gardent bien de payer à d'autres que ce bénéficiaire, ou à ses représentants s'il est lui-même décédé avant l'héritier. Et l'on arriverait à conclure que le bénéfice de l'assurance ne serait pas nécessairement subordonné à la condition de prédécès de l'assuré et que les lois fiscales ne trouveraient pas leur application [3].

1. Béchade : *op. cit.*, p. 181.
2. *Revue du Notar.*, n° 5218.
3. Dans ce sens, Garnier : *Rép. périod.*, n° 4557.
Cet auteur maintient qu'une solution doit être différente même si l'on admet que le bénéfice de l'assurance est soumis au prédécès de l'assuré ; la condition de survie, dit-il, change bien la nature de l'impôt applicable à la mutation, mais elle ne saurait changer l'objet même de cette mutation : la seule différence c'est que le droit, au lieu d'être dû d'après le tarif des libéralités entre vifs, est dû d'après le tarif des mutations par décès. Il est évidemment dû sur la même valeur.
Ce qui est donné par l'assuré au tiers, ce n'est pas le capital, puisque ce capital ne lui a jamais appartenu et que le tiers y a eu, dès le jour de la stipulation, un droit personnel ; ce sont simplement les primes déboursées par le donateur : aussi faut-il soutenir que le droit de succession est dû sur le montant de ces primes, comme l'eût été le droit de donation entre vifs

L'Administration de l'enregistrement n'était nullement certaine de voir les tribunaux adhérer à ses prétentions qui étaient vigoureusement combattues. Elle fit appel au législateur, convaincue que ce dernier accueillerait avec empressement toute proposition tendant à accroître les ressources du budget.

Lorsqu'au mois de janvier 1875, le Gouvernement présenta un projet de loi relatif à divers droits d'enregistrement, il eut soin de réclamer une disposition concernant la question que la Régie elle-même ne paraissait pas trouver complètement résolue[1]. Un article (l'art. 11 du projet) proposait de considérer pour la perception du droit de mutation par décès comme faisant partie de la succession d'un assuré les sommes, rentes ou émoluments quelconques dus par l'assureur à raison du décès de l'assuré.

Il se produisit une vive résistance.

Elle était justifiée. On fit valoir qu'il importe à une institution où tout l'ordre social est intéressé, d'être soumise à une législation libérale comme en Angleterre[2]. On ajouta que des mesures fiscales ne pouvaient que contrarier l'essor des Compagnies au préjudice même de l'État[3]. On fit valoir que l'assuré n'a jamais été saisi de

---

dont il tient lieu, si la condition de survie n'avait pas été apposée à la stipulation.

Cette doctrine a été combattue par M. Béchade (op. cit., p. 184).

De deux choses l'une pour l'application du droit de mutation par décès, dit-il : ou le bénéfice de l'assurance est subordonné à la condition de prédécès de l'assuré et provient ainsi, en suivant l'interprétation donnée au contrat par la jurisprudence et l'Administration de l'enregistrement, d'une donation éventuelle tombant sous le coup de l'art. 14 de la loi du 22 frimaire an VII et de l'art. 33 de celle du 21 avril 1832 ; ou il ne résulte pas d'une libéralité à cause de mort et échappe alors à l'impôt de succession. En cela, le système de M. Garnier serait admissible. Mais quant à la donation réalisée par le paiement des primes en l'acquit du bénéficiaire, elle procède évidemment d'un don manuel assujetti à l'impôt de transmission entre vifs à titre gratuit dans les cas prévus par la loi du 18 mai 1850 et non à l'impôt de mutation par décès, puisqu'elles ne sont plus dans le patrimoine de l'assuré lorsqu'il vient à décéder.

1. L'exposé des motifs de la loi des 21-23 juin 1875 semble bien reconnaître qu'il existait encore des difficultés, malgré les décisions obtenues par la Régie (D. P., 75, 4, 108, n° 7 ; S. Lois annotées 75, 711. — Molineau : op. cit., p. 203 et suiv.

2. C'est ce que M. de Montluc écrivait en 1870 (op. cit., p. 324) : « Il semble indispensable qu'un texte de loi, clair et précis, intervienne pour faire cesser toute incertitude en matière d'enregistrement des polices d'assurances sur la vie et des cessions de ces mêmes polices. Et cette loi, aussi nécessaire que l'était la loi de 1850 sur le timbre, doit être rendue ; nous souhaitons qu'à la différence de cette dernière, elle ne se borne pas à donner à la pratique de la Régie une consécration légale, mais qu'elle entre dans la voie de l'innovation et qu'à l'exemple de l'Angleterre *elle se montre libérale à l'égard d'une institution où tout l'ordre social est intéressé.* »

3. Dans son étude sur *L'impôt et les assurances sur la vie*, M. de Courcy relevait que, par leurs achats incessants de rentes, qu'elles ne revendent jamais, les Compagnies sont un des plus fermes soutiens du grand Livre et du crédit public.

l'émolument tenu pour émolument héréditaire et que, par conséquent, il n'a pu le transmettre.

Ces objections étaient graves[1]. Néanmoins la Commission du budget n'hésita pas à les repousser. Elle fit valoir qu'il était absolument nécessaire de subvenir à de lourdes charges[2]; tout en laissant

[1]. Il n'est pas sans intérêt de noter ici la réponse faite par les partisans de la loi du 21 juin 1875 à cette objection (Lausel : *Encyclopédie du Notariat*, v° *Assurances sur la vie*, n°s 144 et 145).

Sans doute le capital à payer après le décès de l'assuré, et qui fait l'objet du litige, n'a jamais fait partie du patrimoine de l'assuré; et il échappe à l'action des créanciers dont le gage est uniquement dans les valeurs de ce patrimoine, mais il n'en est pas moins certain que ce capital constituait, entre les mains de l'assuré, un *droit éventuel*, et que l'assuré s'est dessaisi de ce droit par un acte de libre volonté qui, d'après les termes mêmes dans lesquels il est conçu, doit être assimilé aux libéralités soumises à l'événement du décès.

D'une part, en effet, c'est un principe incontestable que l'on peut disposer du bien que l'on ne possède pas pourvu que l'on ait sur la chose donnée un droit actuel certain et transmissible. Or, le contrat d'assurance a eu pour effet immédiat de donner ce droit à l'assuré, et celui-ci, en en gratifiant un tiers, a fait acte de maître et de propriétaire.

D'un autre côté, la transmission du droit a été évidemment subordonnée à la condition de survie des donataires, ainsi que cela résulte à la fois de la nature et des stipulations spéciales du contrat d'assurance.

Les théories du droit civil sont, d'ailleurs, dans cette matière, sans application aux lois sur l'enregistrement.

Ces lois, comme la Cour de Cassation l'a décidé *in terminis*, classent en deux catégories essentiellement distinctes : les *actes de libéralité entre vifs et les testaments et tous autres actes de libéralité qui contiennent des dispositions soumises à l'événement du décès*. Pour asseoir les bases du tarif de la perception de l'impôt, le législateur ne s'est arrêté qu'à ces deux grandes circonstances : la transmission actuelle et définitive des objets donnés, ou la transmission éventuelle et subordonnée à l'événement du décès des parties, et le droit de mutation ne doit être perçu sur ces derniers actes qu'à l'époque du décès, à l'avénement duquel la transmission définitive était subordonnée (Cass., 23 mars 1840, 7 juillet 1840, 21 décembre 1870; *Journ. de l'enreg.*, 12510, 12576; 18927; 18971). Or, dans l'espèce, le prédécès du donateur est la condition même de la transmission.

Au surplus, le fait d'une transmission étant admis, il ne semble pas qu'aucun doute puisse s'élever sur l'objet même de cette transmission. Nul ne peut céder plus de droits que ceux qui lui appartiennent. S'agissant d'un contrat commutatif et aléatoire dont l'équivalent consiste dans une chance de gain ou de perte réciproque (C. Civ., art. 1104), il est clair que celle des parties qui cède son droit, ou qui en dispose au profit d'un tiers abandonne l'*alea* qu'elle espère. Or, dans un contrat d'assurance sur la vie, l'*alea* est, pour l'assuré, le capital promis, et pour l'assureur, le montant des primes à toucher pendant un temps incertain.

[2]. Le Ministre des finances avait d'abord songé à imposer les assurances sur la vie à 1 pour 100 du montant des primes, en même temps qu'il réclamait le droit de mutation. Mais, à la suite des observations présentées par M. de Gouey, la Commission pensa que l'impôt aurait le plus fâcheux résultat sur l'avenir et les progrès de l'institution; elle repoussa le projet de taxe obligatoire et le Gouvernement se rangea à cet avis. Le projet ne fut conservé qu'en ce qui touche les droits de mutation. — Comp. Ducaine, art. *Assurances* dans le *Dictionnaire des finances* de M. Léon Say (p. 246 et 247), Mathieu Bodet, *Les finances françaises de 1870 à 1878*, Paris, 1881, T. I°, p. 307 et 310.

Pour justifier l'impôt, l'exposé des motifs (D. P. 73,4, 108, n° 7; S. *Lois annotées* 75, 74) faisait valoir que les principales Compagnies françaises, ayant

re par l'organe de son rapporteur le plus grand éloge de l'assurance sur la vie[1], elle affirmait que c'était par une véritable subtilité e l'on prétend que, n'étant pas saisi de l'émolument, l'assuré ne ut le transmettre : l'assuré, disait le rapport, est saisi non pas de molument, mais du titre à cet émolument ; il a été investi d'un droit nt le bénéfice ne serait exigible qu'à son décès, et en faveur du tiers 'il appelait ou appellerait plus tard à le recueillir.

La transmission à titre successif ou à titre de libéralité particu-ère ne saurait être contestée, lisait-on encore dans ce rapport ; le donne prise à l'impôt contre le bénéficiaire[2], et cet impôt doit être

mbourré en 1872 plus de 12 millions aux assurés et aux bénéficiaires, en lentant le droit de mutation à 4 p. 100 en moyenne, c'était une recette nuelle de près de 500,000 fr. dont le Trésor avait été privé.

Dans son rapport au nom de la Commission du budget, (V. Garnier : *p. périod. de l'enreg.*, 1875, p. 371 ; S. *Lois annotées*, 75, 713.) M. Bertauld se mandait s'il ne serait pas dangereux de détourner de nos Compagnies tionales, au profit des Compagnies étrangères, des contrats qui échappe-ient à l'impôt s'ils se signaient à Londres, à Genève, à Bruxelles, au lieu e se signer à Paris ou dans une autre ville de France, si la concurrence jà très redoutable des assureurs étrangers ne ferait pas son profit de utes charges qui seraient établies sur les assurés, parce qu'elle en garan-rait l'exemption aux clients répondant à son appel.

1. « Les assurances sur la vie, disait M. Bertauld, rapporteur, favorisent esprit d'ordre et d'économie, elles font le plus souvent prévaloir, sur les spirations de l'égoïsme, les affections de famille, sur la préoccupation des soins personnels, la prévoyance des besoins d'une femme et d'un enfant, prévoyance du sort des survivants dont l'avenir est une cause d'inquié-de. Au point de vue économique, l'épargne résultant des assurances sur vie, amoncelle un capital considérable qui est déversé sur le marché de s rentes françaises. »

Il eût été beaucoup plus sage, si l'on avait voulu protéger l'assurance sur vie, de faire ce que réclamait M. de Courcy (*L'impôt et les assurances sur vie*, p. 59), dire que pendant dix ans les sommes à payer par les Compa-nies seraient exemptes de tous droits de succession ou de mutation, quand ême elles tomberaient dans l'actif d'une succession et quels que soient les yants-droit. C'eût été une protection temporaire n'ayant rien d'anormal : on accorde bien des exemptions temporaires d'impôts pour les construc-ons et les défrichements. Dix ans après, le législateur aurait jugé s'il y vait lieu de prolonger la protection ou de demander à l'institution, suffisam-ent développée, une ressource directe par le fisc ; c'eût été une mesure large t habilement prévoyante.

2. On a beaucoup discuté sur le point de savoir à quel titre l'État, au moment ù s'opère par le décès une transmission de biens, exerce un prélèvement u perçoit une contribution. Dans le système actuel le fait générateur de impôt c'est purement et simplement la *mutation* qui s'opère à la suite du écès et qui fait passer la propriété des biens du *de cujus* à ses héritiers ou yants droit (Salefranque : *Le régime fiscal des successions en France et dans les rincipaux pays de l'Europe*, Paris, 1895, p. 9).

Avec ce système l'on ne saurait admettre l'application du droit de mutation n matière d'assurance sur la vie, puisque rien ne passe (sauf peut-être la aleur des primes) des biens de l'assuré à la personne gratifiée ou aux hé-itiers du moment que l'émolument est fourni par un tiers, l'assureur.

Pour concevoir l'application du droit de mutation, il faudrait admettre vec M. Salefranque que le droit de mutation par décès n'est, en réalité, u'un impôt sur la richesse perçu au moment de l'enrichissement gratuit ésultant pour les bénéficiaires du décès du *de cujus* ; mais ceci n'est nulle-ment démontré.

calculé à raison de la relation plus ou moins éloignée de ce bénéficiaire avec le défunt, conformément au régime des droits de mutation par suite de décès, régime auquel il n'est apporté aucune modification [1].

La Commission excipant de ce que le projet tendait à ne résoudre qu'une question fiscale, se défendait de vouloir faire trancher la question de savoir si l'émolument, fruit de l'assurance sur la vie, entre dans le calcul de la quotité disponible, s'il fait partie du gage des créanciers [2]. Néanmoins elle ajoutait que la Cour de Cassation, dans les derniers temps, avait, par plusieurs arrêts étrangers à l'intérêt du fisc, décidé que la somme stipulée par l'assuré était réputée avoir fait partie du patrimoine, bien qu'elle n'eût pas été exigible pendant sa vie [3].

Les raisons données par la Commission pour justifier l'établissement des droits de mutation n'arrêtèrent pas l'opposition. Il faut ajouter qu'elles n'avaient rien de décisif et même qu'elles étaient contraires à la réalité des choses, notamment en ce qu'elles prenaient pour point de départ la théorie de la capitalisation des primes, en ce qu'elles considéraient l'assurance comme un mode d'épargne, les Compagnies comme des institutions jouant presque le rôle de caisses d'épargne [4].

1. Rapport de M. Bertauld, D. P. 75, 4, 108, n° 1; S. *Lois annotées*, 75, 713 *Rép. périod. de l'enreg.*, 1875, p. 361, etc.; Molineau *op. cit.*, p. 257.

2. Avec l'autorité qui lui appartenait, M. de Courcy faisait justement observer à ce propos (*L'impôt et les assurances sur la vie*, Paris, 1875, p. 57), qu'il y avait là un grave désordre d'idées, que si le législateur ignore et veut ignorer si la somme assurée fait partie d'une succession, il ne doit pas préjuger la question *à l'égard du fisc* en déclarant qu'elle sera présumée en faire partie dans tous les cas, quoique décident les tribunaux, pour payer *un droit de mutation par décès*, que le mot de *mutation*, en cette matière, choque même le bon sens et la grammaire, car il est bien évident que la propriété de la somme assurée ne passe pas de l'assuré, qui ne l'a jamais possédée, au bénéficiaire par une mutation, comme passe celle d'une chose léguée ou dont on hérite.

3. Cass., 7 février 1872, D. P. 72, 1, 209; S. 72, 1, 86; Cass., 15 décembre 1873, D. P. 74, 1, 113, S. 74, 1, 199. — V. aussi Aix 16 mai 1871, D. P. 72, 2, 116; S. 72, 2, 65. Montpellier, 15 décembre 1873, D. P. 74, 2, 101, S. 74, 2, 61. Quoique l'on ait pu dire (Dujardin : *Des droits d'enregistrement, de timbre et de greffe au point de vue de la proportionnalité de l'impôt*, Paris, 1881, p. 329, et *Revue prat. de dr. fr.*, T. XLIV, 1878, p. 629), ces arrêts n'avaient rien de concluant : l'un, celui du 7 février 1872, avait été rendu dans une espèce où il n'y avait pas de bénéficiaire désigné par le contrat, où le défunt avait disposé de l'assurance par testament, ce qui permettait de dire qu'à ce moment elle avait été dans son patrimoine, d'où elle était sortie pour être recueillie par des tiers, mais *jure hæreditario*; l'autre, celui du 15 décembre 1873, était intervenu dans des circonstances presque semblables : le souscripteur avait disposé de la police par un testament.

Nous sommes porté à croire que, à cette époque, la Régie considérait qu'en cas d'assurance conclue au profit d'un tiers, il y avait d'abord acquisition par le stipulant d'une créance contre la Compagnie, puis rétrocession à un tiers. Cette théorie, si justement abandonnée aujourd'hui, n'est-elle pas celle qui figure dans l'arrêt de la Cour de Cassation du 10 mai 1876 dont il a été déjà parlé (D. P. 76, 1, 488; S. 77, 1, 337?

4. *Journ. Off.*, 22 juin 1875, p. 455, D. P. 75, 4, 112, n° 1, 3° colonne.

La disposition proposée était ainsi conçue : « *Sont considérés, pour la perception du droit de mutation par décès, comme faisant partie de la succession d'un assuré, les sommes, rentes ou émoluments quelconques, dus par l'assureur à raison du décès de l'assuré.* » Un amendement demanda l'insertion après ces mots : *comme faisant partie de la succession d'un assuré*, de la mention suivante : *sous la réserve des droits de communauté, s'il en existe une*; le même amendement tendait à ajouter un alinéa disant que *les bénéficiaires à titre gratuit de ces sommes, rentes ou émoluments sont soumis aux droits de mutation, suivant la nature de leurs titres et leurs relations avec le défunt, conformément au droit commun.* Ces observations étaient parfaitement justes [1]; tout en constatant que la rédaction proposée ne pouvait soulever la moindre difficulté, la Commission dut le reconnaître [2].

[1] « Il n'y a pas de difficulté, disait M. Villain à la séance du 21 juin 1875, pour ce qui concerne le montant du droit dû sur l'épargne faite sou à sou et déposée dans les caisses d'épargne. Le fisc percevra ce qui lui est dû. Mais doit-il en être de même du capital dû à la succession par une Compagnie d'assurances? Ce capital n'est-il pas, comme l'autre, le produit de l'épargne et ne doit-il pas tomber sous le coup des mêmes droits fiscaux ? Toute la question se réduit à ces simples termes : atteindre l'un et l'autre des deux capitaux qui tombent dans la succession. Ce qui peut faire confusion, c'est que le droit qui naît du contrat d'assurance ne prend ouverture au profit de l'héritier que du jour du décès de l'assuré, tandis que la Société est tenue du jour du contrat. En résumé, ce que la Commission demande, c'est d'établir l'égalité devant l'impôt entre les héritiers qui recueillent des sommes de provenance diverse, mais qui ressortent toutes de l'épargne de leur auteur. »

1. Dès le dépôt du projet, l'attention avait été attirée à cet égard par *Le Contrôleur de l'enregistrement* (1875, p. 114). Le rédacteur, après avoir déclaré qu'il considérait la disposition comme juste lorsque la somme assurée serait recueillie par un tiers à titre gratuit, ajoutait qu'il n'en est pas toujours ainsi, que l'assuré peut céder la somme assurée ou la donner en garantie, que dans ce cas on ne pouvait évidemment réclamer au cessionnaire ou au créancier le droit de mutation par décès et que, les héritiers devant subir la déduction de ce qui est dû aux créanciers gagistes, l'on ne saurait dire qu'ils recueilleraient toute la somme assurée (V. Aix, 16 mai 1874; D. P. 72. 2. 116; S. 72, 2. 65. — Comp. Cass., 15 décembre 1873; D. P. 74, 1, 113; S. 74, 1. 199; Trib. civ. Arras, 3 février 1874, *Le Contrôl. de l'enreg.*, 15251). Aussi était-il proposé d'ajouter à l'article un passage pour viser les sommes dues par l'assureur à raison du décès de l'assuré *et recueillies par un tiers à titre gratuit*.

2. Voici comment s'exprimait le rapporteur : « Nous avons écrit *sous la réserve des droits de communauté*. En effet M. Sébert nous a dit : Mais quand l'assuré est marié sous le régime de la communauté, est-ce que la femme doit payer le droit de mutation sur sa part comme femme commune en biens ? L'observation est parfaitement juste; mais je ne crois pas que notre article l'eut écartée ».

Au sujet de l'alinéa additionnel M. Bertauld a fait cette déclaration : « L'honorable M. Sébert avait eu une préoccupation. Il nous avait demandé : Est-ce que vous ferez payer le droit de mutation au cessionnaire à titre onéreux de l'émolument éventuel de l'assurance? Évidemment, quand l'assuré, pendant sa vie, s'est dépouillé, dessaisi de l'émolument de l'assurance au profit d'un tiers, cet émolument n'a jamais fait partie de son hérédité, et vous voyez que notre rédaction donne encore pleine et entière satisfaction à l'honorable M. Sébert. »

Journ. Offic., 22 juin 1875, p. 4503 : D. P. 75, 4. 112, n° 1, 1re colonne.

Mais en revanche elle n'hésita pas à demander le rejet d'un autre amendement tendant à faire décider que « *les sommes, rentes ou émoluments quelconques dus par les Compagnies d'assurances sur la vie, à raison du décès de l'assuré ne sont point considérés comme faisant partie de la succession de l'assuré, et sont par conséquent exempts de tout droit de mutation.* »

A l'appui de cet amendement, il avait été soutenu que l'impôt proposé était, en réalité, identique à l'impôt sur la somme assurée qui avait été repoussé, que la disposition projetée aurait pour conséquence de surélever les primes d'assurances, la personne désireuse de s'assurer sous l'empire de la nouvelle législation devant nécessairement augmenter le *quantum* de son assurance pour arriver au même résultat qu'avant; on ajoutait aussi que chacun étant libre de se faire assurer là où bon lui semble, la mesure sollicitée aurait pour conséquence de favoriser les Compagnies étrangères au préjudice des Compagnies françaises, qu'il faudrait s'astreindre à voir, à la fois, les étrangers abandonner les Compagnies françaises et les Français délaisser les Compagnies françaises au profit des Compagnies étrangères dont plusieurs ont des succursales en France. L'exemple de l'étranger ne fut pas omis : il fut établi qu'en Belgique, en Suisse, en Angleterre et aux Etats-Unis, aucun impôt n'avait été établi et que les Compagnies d'assurances qui n'en sont qu'à leur début en France avaient pu se multiplier dans ces pays à l'abri d'une législation tutélaire pour un contrat dont le développement doit être favorisé dans l'intérêt général.

Le rapporteur protesta hautement contre cet amendement qui remettait en question la légitimité de l'impôt sur l'indemnité stipulée au profit du tiers dont l'avenir a préoccupé l'assuré. Il fit valoir que cette indemnité est le résultat d'un contrat fait par l'assuré dans un intérêt qui lui est plus cher que son intérêt propre, que c'est de son chef, à lui stipulant, que cette indemnité provient; qu'elle est le produit d'un droit qu'il a créé, d'un titre qui est son œuvre et fait partie de son avoir. Non content d'affirmer que cela est exact quand le contrat d'assurance n'indique pas les bénéficiaires, lorsque le contrat est fait pour les héritiers, pour les femmes, pour les enfants, le rapporteur avançait qu'il en était ainsi même si le contrat désigne un tiers : dans ce dernier

Si la loi a ratifié la partie de l'amendement ayant pour but de ne faire considérer comme imposable, dans le cas où le bénéficiaire serait l'époux survivant, que l'émolument qu'il reçoit au delà de ce que son titre de commun en biens lui procurerait, si l'assurance était restée acquise à la communauté, il convient d'ajouter que la doctrine émise par la Cour de Cassation les 22 février et 7 août 1888 (D. P. 88. 1, 198 ; S. 88, 1, 130 ; D. P. 80, 1, 118 ; S. 80, 1, 97), qui distrait de la communauté, pour l'attribuer comme propre à la femme le bénéfice de l'assurance souscrite par le mari pendant le mariage ne tend à rien moins qu'à assimiler, à cet égard, la femme à un tiers et à rendre inutile la partie de l'amendement en obligeant la femme à acquitter l'impôt de mutation sur *le bénéfice entier* de l'assurance. — Typaldo Bassia : *op. cit.,* p. 216.

cas, disait-il, ce tiers ne peut recevoir ou qu'en vertu d'un legs à titre singulier, et alors il prend une partie d'une valeur héréditaire, d'une valeur économisée, capitalisée par le défunt : ou bien il n'y a pas de legs, et dans ce cas il y a une donation; aux termes de l'art. 1121 C. Civ., c'est le résultat d'une stipulation qui a été faite par l'assuré comme condition d'un contrat qu'il a fait pour lui-même; la stipulation est révocable sans doute par le stipulant pendant sa vie, mais elle devient un droit acquis pour le tiers du jour de son acceptation; cette valeur, cet émolument constitue comme dépendance de l'hérédité de l'assuré une matière imposable[1].

Ces explications parurent suffisantes. Presque sans débat[2], en tout cas sans un examen approfondi qui aurait pu montrer l'existence de véritables contradictions[3], sans connaissance sérieuse des graves questions que soulevait la matière[4], vraisemblablement avec un

[1]. Observations de M. Naquet et réponse de M. Bertauld, rapporteur; *Journ. Off.*, 22 juin 1875, p. 4504; D. P. 75, 4, 142, n° 1, 2° col.; Molineau; *op. cit.*, p. 259.

[2]. La discussion de la loi est rapportée en détail dans le *Répertoire périodique de l'enregistrement* de M. Garnier, 1875, p. 548 et suiv. (art. 4126).

[3]. Le mot n'a rien d'exagéré, nous avons le regret de l'affirmer.

En réponse à l'amendement de M. Sebert tendant à faire proclamer la dispense du droit au cas de cession à titre onéreux, le rapporteur avait fait valoir que *quand l'assuré pendant sa vie s'est dépouillé, dessaisi de l'émolument de l'assurance au profit d'un tiers, cet émolument n'a jamais fait partie de son hérédité*. Mais n'en est-il pas ainsi au cas d'attribution à titre de libéralité? en pareille circonstance *l'assuré ne s'est-il pas dépouillé, durant sa vie, dessaisi de l'émolument et dans ces conditions cet émolument est-il entré dans son patrimoine?* On pouvait assurément percevoir un droit de transmission de valeurs mobilières, mais l'on aurait dû écarter cette idée du droit de mutation.

L'on a cru, à la vérité, échapper à l'objection tirée de ce que le capital à payer n'a jamais fait partie du patrimoine de l'assuré, en soutenant que ce capital constituait entre les mains de l'assuré un *droit éventuel* et que l'assuré s'est *dessaisi* de ce droit par un acte de libre volonté qui, d'après les termes mêmes dans lesquels il est conçu, doit être assimilé aux libéralités soumises à l'événement du décès (Lausel : *Encyclopédie du notarial et de l'enregistrem.*, v° *Assurances sur la vie*, n° 144). Mais c'est toujours la suite de cette idée absolument condamnée aujourd'hui, que l'assuré reçoit une créance puis la transmet au tiers.

[4]. Couteau : *op. cit.*, T. II, p. 454. Antérieurement, on avait déjà qualifié cette loi de « loi d'expédient. » Blin : *op. cit.*, p. 96.

On a dit (et tel a bien été aussi le sentiment de la Régie, Instr., 23 juin 1875), que cette loi ferait disparaître les difficultés souvent inextricables de la perception en établissant une règle générale ne comportant plus les distinctions antérieures (*Rép. périod. de l'enreg.*, 1875, art. 4557, p. 77).

Rien n'est moins exact. Cette loi n'a pas mis fin à toutes les difficultés. Nous n'en voulons comme preuve que l'affaire terminée par la Cour de Cassation le 10 mai 1876 (D. P. 76, 1, 488; 3, 77, 1, 33); il semblait bien acquis que les dispositions de la loi ne seraient applicables qu'aux actes passés et aux mutations opérées sous son empire; cet arrêt rendu à l'occasion d'une succession ouverte en 1873, a jugé que même les assurances antérieures étaient soumises au droit de mutation par décès. Depuis, le Fisc a élevé la prétention de percevoir le droit sur toutes les polices payées par suite des décès survenus dans les dix années antérieures, qu'il y eût ou non un bénéficiaire désigné.

M. Jobit (*Régime fiscal des valeurs mobilières étrangères en France*, p. 449), a

point de départ inexact [1] fut voté, la disposition devenue l'art. 6 de
la loi du 23 juin 1875 [2]. Sous l'empire de cette législation il y a lieu,
pour la perception des droits de mutation par décès, de considérer
comme faisant partie de la succession d'un assuré, sous la réserve
des droits de communauté s'il en existe une, les sommes, rentes ou
émoluments quelconques dus par l'assureur à raison du décès de
l'assuré; les bénéficiaires à titre gratuit de ces sommes, rentes ou
émoluments sont soumis aux droits de mutation, suivant la nature
de leurs titres et de leurs relations avec le défunt, conformément au
droit commun [3].

été plus exact lorsqu'il a reconnu que l'art. 6 de la loi du 21 juin 1875 avait
eu pour objet *surtout* de rendre exigibles les droits de mutation par décès
dans *tous* les cas. Il s'agit là d'une mesure éminemment fiscale et destinée
à accroître les ressources du budget

En Belgique, il n'est point question d'un droit de mutation sur les contrats d'assurance sur la vie.

En Autriche, si tous les biens dépendant d'une succession sont soumis au
droit de mutation par décès, on semble admettre que le droit de mutation
en ce qui concerne le bénéfice d'une assurance sur la vie ne peut être
réclamé aux héritiers que s'ils recueillent l'indemnité de l'assurance *jure
hereditario*, et qu'au contraire ils en sont exonérés lorsque l'on doit les
considérer comme bénéficiaires directs.

Il a été décidé (C. supr. Vienne, 4 juill. 1893, *Jurist. Blaetter*, 15 octobre 1893,
n° 42, p. 507 ; *Journ. du Dr. int. priv.*, 95, 868), que le juge a le pouvoir d'apprécier, d'après la volonté du stipulant, si la police contractée par un assuré
au profit de *ses héritiers*, sans plus ample désignation, doit être réputée
comme faite dans l'intérêt des héritiers comme tels ou, au contraire, en
faveur de personnes considérées abstraction faite de leur qualité d'héritiers.

1. La loi du 21 juin 1875 paraît avoir été inspirée par l'idée d'étendre
l'application du principe de l'impôt sur les assurances contre l'incendie et
les assurances maritimes, établi par la loi du 23 août 1871 aux assurances
sur la vie.

Ce point de départ n'était pas exact. Comme on l'a bien fait observer
(Sénès : *Le projet d'impôt sur les assurances sur la vie* [*Journ. des assur.*, 1875,
p. 108, etc.]), l'assureur sur la vie n'agit pas comme l'assureur contre l'incendie ou l'assureur maritime, et le capital assuré qu'il s'oblige à payer
n'a pas le même caractère que le capital assuré en matière d'incendie ou
de fortune de mer. Ici c'est une simple indemnité, qui est acquittée éventuellement, c'est-à-dire si le sinistre se réalise dans un temps convenu ; là
c'est une somme due, dans tous les cas, au bénéficiaire du contrat, que
l'assureur sur la vie paye plus tôt ou plus tard, mais qu'il paye *toujours*,
si les primes sont acquittées exactement par l'assuré.

Une seule opération viagère, — l'assurance temporaire — pourrait être
assimilée, jusqu'à un certain point, à l'assurance contre l'incendie ou à l'assurance maritime, mais c'est une très faible partie des opérations générales
des Compagnies.

2. Voici le texte même :
*Sont considérés pour la perception des droits de mutation par décès comme fai-
sant partie de la succession d'un assuré sous la réserve des droits de communauté,
s'il en existe une, les sommes, rentes ou émoluments quelconques dus par l'assureur
à raison du décès de l'assuré.*

*Les bénéficiaires à titre gratuit de ces sommes, rentes ou émoluments sont soumis
aux droits de mutation, suivant la nature de leurs titres et de leurs relations avec
le défunt, conformément au droit commun.*

3. De ce texte il y a lieu de rapprocher le passage de l'Instruction de la
Régie du 27 juin 1875 (n° 2517 et D. P. 75, 4, 112, n° 1, 3e colonne ; *Rép. périod.
de l'enreg.*, 1875, 377.) qui explique l'art. 6 de la loi du 21 juin 1875 :

présence de cette loi, qui, pour un intérêt de moins de 500,000fr.
le Trésor, d'après les chiffres indiqués dans l'exposé des mo-
sacrifie absolument le développement d'une institution telle que
urance sur la vie[1], il n'y a plus à distinguer, quoi qu'il ait été
, si la police a été souscrite au profit d'un tiers nommément dési-
ou si, au contraire, le contrat a été passé en faveur de personnes
terminées telles que les héritiers, les ayants cause. Dans les deux
la loi du 21 juin 1875 doit recevoir son application[3].
cun doute n'est possible. En ce qui concerne les assurances con-
s au profit des héritiers ou des successeurs, la question était tran-
dans ce sens avant la loi de 1875. Pour les assurances signées
l'intérêt d'un tiers déterminé, cette loi est formelle[2].

Des difficultés se sont fréquemment élevées sur le point de savoir si l'impôt de [muta]tion par décès doit être exigé dans tous les cas où les sommes, rentes ou émolu[me]nts que les Compagnies d'assurances sur la vie payent à raison du décès de [l'assu]ré. L'art. 6 est destiné à mettre un terme à ces difficultés. Il décide d'une [mani]ère générale que ces valeurs doivent être considérées, pour la perception du [droi]t, comme faisant partie de la succession de l'assuré. Il contient une réserve au [profi]t des droits de communauté, s'il en existe une. D'après les observations du [rap]porteur, cette réserve signifie que, si l'assuré est marié sous le régime de la [com]munauté, la femme survivante ne doit pas le droit de mutation sur la part [qu']elle prélève comme commune en biens. Il a été expliqué, au cours de la discus[sion], que lorsqu'un assuré s'est dessaisi pendant sa vie, au moyen d'une cession à [titr]e onéreux, de l'émolument éventuel de l'assurance, cet émolument n'est pas pas[sibl]e, lors de son décès, du droit de mutation. Quant aux bénéficiaires à titre [gratu]it des sommes ou autres valeurs stipulées par les polices, ils sont, dans tous [les]cas, et d'après les termes formels de l'art. 6, soumis au droit de mutation, con[form]ément au droit commun. Les dispositions de l'art. 6 ne sont applicables qu'aux [contrats] passés et aux mutations opérées sous son empire. »
Cette loi est fâcheuse à bien des points de vue. Certains tribunaux, en [effe]t, ont cru devoir l'invoquer à titre d'autorité morale pour décider que la [po]lice de l'assurance doit tomber dans le patrimoine ou la communauté [du]souscripteur de la police. Trib. Saint-Quentin, 28 juin 1878; Trib. Mar[l]e, 19 juillet 1878; Molineau : *Jurisp. des assur. sur la vie*, p. 132 et 133, [Cou]llière : *op. cit.*, p. 213.
C'était dans l'ordre même des choses. M. de Courcy a eu bien soin de le [prou]ver (*L'impôt et les assurances sur la vie*, p. 57) :
Quand le législateur ignore et veut ignorer si la somme assurée fait par[tie] d'une succession il ne doit pas préjuger la question *à l'égard du fisc* en [déc]larant qu'elle sera présumée en faire partie dans tous les cas, quoi que [déc]ident les tribunaux pour payer *un droit de mutation par décès*.
En déclarant qu'il y a *mutation* le législateur fiscal déclare qu'il y a transm[i]ssion d'un patrimoine à un autre, des biens de l'assuré à celui du bénéfi[cia]ire. N'est-ce pas assimiler la somme assurée à l'objet légué qui passe de [qu]elqu'un à un autre? »
1. Garnier : *Des droits de mutation par décès sur les assurances sur la vie* (Rép. [pér]iod. de l'enreg., 1877, 4357, p. 70).
2. La solution est courante; elle est enseignée par tous les ouvrages même [lor]squ'ils ont un caractère élémentaire. V. par exemple Castillon : *Manuel [form]ulaire de l'enregistrement, des domaines et du timbre*, 3e édit., Paris, 1892, [p.]447.
3. La loi de 1875, lit-on dans un substantiel commentaire de la loi du [ ]juin 1875 (*Des droits de mutation par décès sur les assurances sur la vie* (Rép. [pér]iod. de l'enreg., 1877, 4367, p. 77), établit une règle générale qui ne com[po]rte plus les distinctions antérieures. Ses dispositions sont générales. Il [n']y a plus à examiner, par conséquent, pour les appliquer, si le bénéficiaire

La jurisprudence l'a reconnu par un grand nombre de décisions [1] dont la doctrine ne saurait être contestée avec des chances de succès en présence des travaux préparatoires de la loi de 1875.

Seulement il faut de toute nécessité que l'assurance puisse être considérée comme une libéralité ; le législateur a pris le soin de le dire dans l'art. 6 [2], lequel ne parle des droits de mutation que pour « *les bénéficiaires à titre gratuit.* »

Les dispositions concernant les mutations par décès ne seraient donc pas applicables à l'attribution du bénéfice qui serait faite à titre onéreux [3], par exemple pour obtenir la complète libération [4] d'une

a été nominativement désigné en vertu d'une stipulation pour autrui dans le cas de l'art. 1121, ou bien s'il recueille l'émolument en vertu de sa vocation héréditaire ou pour le résultat d'une donation à cause de mort. Il suffit qu'il en soit donataire à titre gratuit et que le capital de la rente lui soit payé à raison du décès de l'assuré.

1. V. notamm. Trib. civ. Seine, 30 novembre 1877 ; *Journ. des assur.*, 78, 143 ; Trib. civ. Nice, 11 février 1879 ; *Journ. de l'enreg.*, 21,031 ; Trib. civ. Marseille, 19 février 1878, *ibid.*, 21,018 ; Trib. civ. Marseille, 17 juin 1879 ; *Journ. de l'enreg.*, 79,406.

2. Dans la discussion de la loi de 1875, M. Sébert avait demandé si la Régie ferait payer le droit de mutation au cessionnaire à titre onéreux de l'émolument éventuel de l'assurance. M. Bertauld, rapporteur, répondit : « Évidemment quand l'assuré pendant sa vie s'est dépouillé, dessaisi de l'assurance au profit d'un tiers, cet émolument n'a jamais fait partie de son hérédité ; la rédaction de l'article donne pleine satisfaction à M. Sébert. » D. P. 76, 4, 112.

3. L'assurance a incontestablement le caractère onéreux lorsque le bénéficiaire est en même temps celui qui s'engage à payer les primes.

Il n'en serait autrement que si en acquittant les primes il n'avait entendu les payer qu'à la décharge de l'assuré et sans réserve de son droit de répétition contre lui. — Cf. *Journ. de l'enregistrem.*, 1886, 22,651, p. 340 : Sol., 19 août 1878 ; D. P. 80, 5,168. — V. ce qui est dit plus loin dans ce *Traité*, T. III, p. 211 et suiv.

4. Le tiers, dit M. Garnier (*Des droits de mutation par décès sur les assurances sur la vie* ; [*Rép. période. de l'enreg.*, 1877, 4557, p. 759), qui est devenu acquéreur pour son compte du bénéfice futur de l'assurance soit en payement d'une dette, soit contre une somme d'argent ou une autre valeur, est au moyen du droit de cession de créance applicable au transport de la police, entièrement libéré envers le Trésor.

M. Béchade (*op. cit.*, p. 192 et 193), a présenté des remarques qui ont leur place ici.

Pour ce jurisconsulte, il importe peu que le bénéficiaire ait été désigné dans la police ou plus tard, qu'il ait accepté ou non, du vivant de l'assuré, l'offre qui lui était faite. Le contrat n'avait pas besoin de cette condition pour être parfait, l'assuré ne pouvant aliéner un droit exclusivement personnel ; celui de renouveler l'assurance chaque année, et de retirer, à chaque instant, son consentement puisque c'est sur sa tête que repose l'assurance. Il n'est besoin d'établir aucune distinction à cet égard. Il suffira que le créancier vienne, dans les conditions prévues, au bénéfice de l'assurance lorsque le souscripteur sera décédé.

En vain l'on invoquerait l'arrêt de la Cour de Cassation du 19 juillet 1870 (D. P. 70, 1, 86 ; S. 71, 1, 35), décidant qu'un prix de vente d'immeubles, délégué par le vendeur aux créanciers inscrits, doit être assujetti au droit de mutation par décès comme faisant partie de la succession du vendeur, s'il n'est pas justifié que la délégation ait été acceptée avant le décès par les créanciers délégataires, le créancier étant mort, à défaut d'acceptation, dans la plénitude de ses droits.

dette contractée antérieurement par le signataire de la police, cette

Il y a entre les deux espèces une différence qui ne permet pas de les assimiler.

Dans l'affaire soumise à la Cour de Cassation, le prix des immeubles restait dans le patrimoine du vendeur tant que la délégation n'était pas devenue parfaite, et, l'acceptation des créanciers faisant défaut, sa dette envers eux n'avait pu s'éteindre d'autant ; or, comme les dettes ne se déduisent pas de l'actif pour le paiement des droits de succession, ces derniers étaient exigibles tant sur le prix de vente que sur les autres valeurs héréditaires. Mais dans une assurance sur la vie au profit d'un créancier, souscrite pour se libérer, si le bénéfice qui lui est concédé n'a pas été accepté par lui, c'est que la nature même du contrat s'y oppose, c'est qu'aucune créance n'en résulte qui soit susceptible de compenser, du vivant de l'assuré, une dette préexistante ; en un mot, l'acceptation ne saurait être exigée, parce qu'elle est inefficace.

Aussi il suffira que le créancier justifie par tous les moyens en son pouvoir que l'assurance n'avait été souscrite à son profit par le *de cujus* que pour sa libération. Toute idée de transmission à titre gratuit se trouvera alors écartée quant au bénéficiaire ; et les héritiers ne seront tenus au paiement du droit de mutation par décès que pour la portion du capital assuré qui excédera la dette de leur auteur.

Que décider au cas d'une cession pure et simple de la police ?

Le souscripteur, a-t-on dit (Béchade : *op. cit.*, p. 193 ; Typaldo Bassia : *op. cit.*, p. 217), ne peut céder que sa réserve. Le cessionnaire acquiert cette réserve à titre onéreux. Il sera exonéré de l'impôt relativement à la portion du capital assuré correspondant à la valeur de la réserve cédée. Quant au surplus, il sera admis à prouver qu'il a acquitté les primes, et s'il est reconnu avoir ainsi payé le prix de l'assurance, il ne devra pas plus le droit de succession que celui qui a contracté une assurance sur la vie d'un tiers ne le doit au décès de ce dernier.

La Régie a reconnu pareillement que la loi de 1875 est sans effet pour le cas de cession à titre onéreux. — *Instr. adm. enreg.*, 23 juin 1875, n° 2517 ; D. P. 75, 4, 112, note 1. « Il a été expliqué au cours de la discussion, lit-on dans cette Instruction, que lorsqu'un assuré s'est dessaisi pendant sa vie, au moyen d'une cession *à titre onéreux*, de l'émolument éventuel de l'assurance, cet émolument n'est pas passible, lors de son décès, du droit de mutation. »

On a pareillement enseigné (Béchade : *op. cit.*, p. 194 ; Typaldo Bassia : *op. cit.*, p. 218), que la loi de 1875 ne concerne pas le cas des assurances réciproques : deux associés stipulent d'une Compagnie qu'elle paiera au survivant une certaine somme ; au premier décès le droit de mutation n'est pas dû ; ici chacun des assurés n'a acquitté sa portion de primes qu'à la condition que l'autre acquittât la sienne, chacun d'eux a agi dans son propre intérêt.

De même l'on ne peut réputer l'art. 6 applicable lorsqu'une assurance est contractée sur la tête d'un tiers, mais non à son profit : l'assuré n'intervient, en effet, au contrat que pour y donner son consentement ; il n'y joue qu'un rôle purement passif, il n'y stipule ni pour autrui, ni pour lui-même ; le contrat se passant en dehors de lui, son décès ne peut donner lieu à la perception de l'impôt sur ce qui en fait l'objet. — Cf. Dalloz : *Rép., Supplém.*, v° *Enregistrem.*, n° 2318.

Au contraire, d'après l'Administration de l'enregistrement (Sol. Adm. enreg., 19 août 1878, D. P, 80. 5, 168), le droit de mutation par décès est applicable quand il s'agit d'une assurance sur la vie contractée au profit d'un tiers, alors que ce tiers a payé les primes, soit pour éviter la déchéance de l'assuré, soit pour tout autre motif. La raison qui détermine la Régie est que si le paiement des primes par le tiers bénéficiaire de l'assurance avait rendu ce tiers créancier de la succession de l'assuré pour le remboursement de ses avances, c'était là une dette de l'hérédité non susceptible d'être réduite, pour la perception du droit de mutation, des valeurs qui en dépendaient.

Il a été décidé dans le même sens (Trib. civ. Prades, 28 juillet 1885, D. P.

expression [1] de *bénéficiaire à titre onéreux* insérée par le législateur dans les dispositions édictées en 1875 étant prise dans son sens le plus étendu, dans son acception la plus large [2].

L'objet de la libéralité, c'est la prime ; c'est le prélèvement effectué sur les ressources de l'assuré qui seul peut constituer l'objet de la libéralité. A la vérité, la Cour de Cassation a toujours proclamé qu'en cas d'assurance sur la vie passée au profit d'un tiers, c'était la créance elle-même dont il fallait tenir compte. Mais il est reconnu d'une façon générale, au contraire, que le montant de la libéralité consiste uniquement dans les primes, puisque c'est des primes seulement que le patrimoine de l'assuré s'est appauvri [3].

Quand l'art. 6 de la loi du 21 juin 1875 dispose que le montant de l'assurance due à raison du décès de l'assuré doit être considéré, pour la perception du droit de mutation par décès, comme faisant partie de la succession de l'assuré, il suppose que la créance contre la Compagnie a été recueillie à titre gratuit : il présume l'existence d'une libéralité. Il faut toutefois bien s'entendre à cet égard. Il s'agit non pas d'une présomption absolue mais seulement d'une simple présomption, d'une présomption ordinaire susceptible d'être combattue par toute preuve contraire. Dès lors, la personne qui doit recueillir le profit d'une as-

---

86, 5, 201) que lorsqu'une assurance sur la vie a été contractée, moyennant une prime exigible seulement jusqu'au décès de l'assuré, avec stipulation que le capital serait payable à une époque, soit, à son défaut, à sa femme, soit, enfin, à défaut de celle-ci, aux enfants nés et à naître du contractant et que le bénéfice de l'assurance est échu, par suite du décès du stipulant, à sa veuve, celle-ci doit le droit de mutation par décès sur l'intégralité de la somme stipulée, alors même qu'elle a rétrocédé sa créance à la Compagnie, moyennant paiement immédiat d'une somme inférieure. — Cf. Dalloz : *loc. cit.*, n° 2320.

1. La Régie a reconnu (Sol., 11 mai 1895, *Journ. des assur.*, 96, 548) que le droit de mutation par décès n'est pas exigible sur l'usufruit d'une assurance sur la vie contractée par le souscripteur : pour l'usufruit, au profit de sa belle-mère et, pour la nue-propriété, au profit des enfants du disposant, lorsque les circonstances démontrent que la constitution d'usufruit n'a eu pour but que de libérer les héritiers de la dette alimentaire dont le défunt était tenu vis-à-vis de la belle-mère et qu'il leur a transmise.

2. Quand un mari stipule à son profit une assurance sur la tête de sa femme, on ne saurait prétendre qu'il en recueille le bénéfice à titre de donataire : il ne doit pas le droit de mutation par le décès, le bénéfice qu'il recueille n'ayant pas son principe dans une libéralité venant de sa conjointe.

Aucun doute n'est possible à cet égard.

Mais à la dissolution de la communauté, nonobstant l'attribution personnelle que la police contient au profit du mari, le capital devra-t-il être versé à la communauté ou restera-t-il au mari à charge de faire récompense des primes ?

La première solution, a-t-il été prétendu (*Journ. de l'enregistrem.*, 22.684 [p. 396]), semble s'imposer comme une conséquence de l'arrêt de la Cour de Cassation du 15 décembre 1873 (S. 74. 1. 199 ; D. P. 74. 1. 113), qui considère l'assurance comme un acquet de communauté. Elle est conforme également à la règle qui interdit aux époux de se créer des propres avec les biens de la communauté en dehors des cas formellement prévus par le Code Civil.

3. V. Maguéro : *Traité alphab. des droits d'enregistrem.*, *loc. cit.*, n° 175.

surance souscrite en sa faveur a la latitude de combattre la présomption de gratuité, d'établir que le contrat a été conclu, en ce qui la regarde, à titre onéreux.

Si le juge du fait[1] reconnaît à l'opération le caractère onéreux il ne saurait, sans exposer sa décision à la censure, appliquer l'art. 6 de la loi de 1875. Spécialement, et bien que le contraire ait été soutenu[2], ce texte doit être écarté au cas où le mari, au nom et comme administrateur de la fortune de sa femme, aurait signé une police aux termes de laquelle, son décès survenant, en retour de primes acquittées au moyen de deniers dotaux, un capital serait payé à la femme[3]. Une pareille stipulation doit être considérée

---

1. La question du caractère de l'acte peut, d'ordinaire, être résolue par l'examen des clauses de la police ou des autres circonstances de la cause. Les tribunaux usent à cet égard de leur pouvoir d'appréciation; mais, sous le contrôle de la Cour de Cassation, comme toutes les fois qu'il s'agit d'une difficulté de l'ordre fiscal. — V. *Dict. de l'enreg.*, v° *Instance*, n° 250; *Des assur. sur la vie, droits de mutation par décès* (Journ. de l'enreg., 22,653, [p. 340]). Cass., 21 juin 1876, D. P. 78, 1, 429; 9 mai 1881, D. P. 82, 1, 97; S. 81, 1, 337. Cass., 17 juin 1889, D. P. 89, 1, 454.

Il ne faudrait pas, lit-on dans le *Journal de l'enregistrement* (1886, 22,653, p. 335), se méprendre sur la portée des arrêts de la Cour de Cassation précités et croire, par exemple, que lorsque l'assurance a été contractée dans les conditions ordinaires, c'est-à-dire au profit d'un bénéficiaire qui ne prend, soit envers l'assuré, soit envers la Compagnie, aucun engagement personnel pouvant être considéré comme le prix de l'avantage qu'il recueille, il soit permis à un tribunal de méconnaître le caractère de libéralité qui appartient à la disposition. Les réserves faites par la Cour de Cassation visent deux hypothèses qui se présentent assez fréquemment dans la pratique.

2. V. le mémoire de la Régie produit devant la Cour de Cassation contre le jugement du Tribunal Civil de Carpentras du 11 août 1885 (Journ. de l'enreg., 23,211, et Rép. périod. de l'enreg., 1889, p. 2673).

Voici notamment ce qui était allégué contre la sentence du tribunal de Carpentras (*Des assurances sur la vie; droits de mutation par décès* (Journ. de l'enregistrem., 1886, 22,664, p. 395):

Le doute sur la qualité en laquelle le mari parle au contrat d'assurance ne saurait exister. Toute personne qui stipule ou s'oblige dans une convention est réputée agir en son nom personnel. La qualité de mandataire ou de *negotiorum gestor* ne se présume pas, et cette règle est applicable aussi bien au mari qu'à un tuteur, qu'à toute autre personne chargée d'une administration légale. Pour que la stipulation profite et que l'obligation incombe à la femme dont le mari gère les biens, il doit le déclarer, sans quoi, pour l'autre contractant aussi bien que pour les tiers, c'est avec lui seul que le contrat se forme et produit ses effets. C'est ce que la Cour de Cassation a décidé par son arrêt du 2 mars 1881 (S. 81, 1, 15; D. P. 81, 1, 101). — V. *ibid.* le rapport de M. le conseiller Demangeat. [illegible] ce sens que se prononcent MM. Rolière et Pont (*Contrats de ... vie*, T. III, n° 1700). [illegible] qu'expliquent la question de savoir s'il faut, pour que le payement de deniers dotaux soit censé fait, qu'il y ait une déclaration expresse de la part du mari, ils enseignent que le mari est toujours réputé avoir agi pour son compte, tant qu'il n'a pas montré [illegible] contraire, et que la circonstance que le prix d'une vente a été payé avec des deniers d'autrui ne suffit pas pour attribuer la propriété aux mains [illegible] les deniers.

3. Trib. civ. Carpentras, 11 août 18.. et [illegible] pourvoi Cass. 17 juin 1887, D. P. 89, 1, 151. S. 98, 1, 276.

L'arrêt de la Chambre civile peut se résumer en ces termes: l'assurance contractée par le mari au nom et comme administrateur de la fortune de sa

comme réellement faite à titre onéreux, car elle est l'accessoire, la

somme et au moyen de deniers dotaux confère un droit propre à la femme ; l'opération conclue dans de semblables circonstances est, non pas une libéralité, mais bien un contrat à titre onéreux que ne vise point l'article 6 de la loi du 21 juin 1875, lequel ne soumet au droit de succession que les assurances dont le bénéfice est recueilli à titre gratuit.

Il faut ajouter que d'après le jugement maintenu par la Cour de cassation la personne gratifiée avait, dans le procès-verbal d'inventaire, répudié formellement tout caractère de libéralité à l'assurance litigieuse et déclaré l'accepter seulement à titre onéreux, sur ses reprises dotales.

Comp. sur cette affaire ce que nous avons dit : *Les assurances sur la vie et la Cour de Cassation en* 1889, p. 9 et aussi Dalloz : *Rép., Supplém.* v° *Enregistrem.*, n° 2319 ; Henry : *op. cit.*, n° 69, *Adde* le mémoire de la Régie devant la Cour de Cassation : *Journ. de l'enregistrem.*, 1889, 23.241 (p. 456 et suiv.)

Cet arrêt de la Cour de Cassation du 19 juin 1890 a été très vivement attaqué au point de vue de la Régie.

Dans un intérêt évidemment fiscal on s'est plu à insister sur le danger que présenterait la règle admise par la Cour de Cassation. Supposons, a-t-on dit (*Journ. de l'enregistrem.*, 23.241, p. 467), que le mari eût, par des libéralités antérieures au contrat d'assurance, complétement absorbé la quotité disponible et mis, par conséquent, sa femme dans l'impossibilité de revendiquer à titre de donataire le bénéfice de l'assurance. Admettons également qu'il fût décédé un an après la rédaction de la police et n'ayant encore payé qu'une seule prime, soit 581 fr. 60. L'opération, dans ce cas, devient manifestement avantageuse pour la femme, et nul doute qu'elle n'en réclame le bénéfice, en prétendant que son mari a agi comme *negotiorum gestor* ; que la prime a été payée en son nom et à titre d'emploi de ses deniers dotaux, et que, moyennant le payement de 581 fr. 60, elle a acquis personnellement le droit au capital assuré qui, dans l'espèce, était de 16.000 fr. On comprendrait ce résultat si le payement de la prime avait eu pour la femme, au moment où il a été fait, le caractère aléatoire qui s'attache en général à tout contrat d'assurance. Mais, grâce à la faculté que la Cour lui reconnaît de prendre l'assurance pour son compte ou de la laisser pour le compte de son mari, suivant l'événement, il semble que le caractère aléatoire disparaisse entièrement.

On a également fait valoir que si le mari qui contracte une assurance peut stipuler pour le compte et comme *negotiorum gestor* de sa femme et à titre d'emploi de ses deniers dotaux, que s'il n'est même pas nécessaire, pour la validité de cet emploi, que la femme fournisse son consentement (Rodière et Pont : *Contrat de mariage*, T. III, n° 1095 ; Merlin : *Rép.*, v° *Dot*, t. 10 ; Toullier : *Droit civil*, T. XII, n° 364), la stipulation d'emploi doit être expresse et faite au moment même du contrat, car, à son défaut, l'assurance se fixe sur la tête du mari, entre dans son patrimoine personnel, et ne peut passer à la femme que par l'effet d'une donation immédiate et ultérieure, ou d'une cession à titre onéreux, dans le cas où cette cession entre époux est permise.

Mais ces raisons ne sauraient l'emporter sur un motif autrement grave.

Dans l'espèce soumise à la Cour de Cassation, l'assurance avait été contractée par le mari *au nom et comme administrateur légal des biens de sa femme*, et de plus, les primes avaient été payées au moyen des deniers dotaux. Ces constatations de fait étaient certainement exclusives de toute stipulation à titre gratuit au profit de la femme puisque celle-ci, en recueillant le capital assuré, ne recevait, en définitive, que l'équivalent, la contre-valeur des sommes versées par elle. C'est donc par le résultat d'une convention à titre onéreux que le bénéfice de l'assurance se trouvait acquis à la femme lors du décès du mari, et, par conséquent, l'application de l'art. 6 de la loi du 21 juin 1875 ne pouvait qu'être écartée. Cf. Garnier : *Rép. périod. de l'enreg.*, 1889, 7.287, p. 524. Henry : *loc. cit.*

Il a été ajouté que le mari avait stipulé l'assurance, non pas au profit exclusif de sa femme, mais au profit de sa femme ou de tous autres ayants cause d'elle le cas échéant. Il e-ci ne lui aurait pas survécu, que cette éventualité

condition de l'aliénation des sommes versées à la Compagnie[1].

Une personne peut incontestablement contracter une assurance sur sa tête au profit de son associé, pour indemniser ce dernier en cas de

---

excluait toute idée de dation en payement et démontrait que le mari n'avait pas entendu agir comme administrateur des deniers dotaux de sa femme et en vue d'en faire l'emploi, que si telle eût été sa pensée il n'aurait pu se réserver, en cas de survie, le bénéfice d'une assurance dont la femme, par suite de la clause d'emploi, eût été seule titulaire et qu'il y avait là deux clauses qui s'excluaient (*Journ. de l'enreg.*, 23,241, p. 166).

Nous ne croyons pas qu'il y ait lieu de s'arrêter à cette objection tirée de ce qu'il y avait une stipulation faite au profit des héritiers de l'assuré et que cette stipulation démentait le caractère onéreux de la convention principale. La Cour de Cassation fait valoir, avec raison, que ce n'était là qu'une stipulation subsidiaire qui n'avait pu avoir pour effet d'altérer le caractère de la stipulation principale faite au profit de la femme puisque la réalisation de la stipulation principale anéantissait rétroactivement la stipulation subsidiaire. — *Sic*, Garnier: *loc. cit.*

1. La solution doit-elle être la même au cas où, en présence d'une assurance contractée à son profit par son mari, la veuve, constatant lors de la liquidation de la succession le peu de ressources laissées par le défunt, aurait déclaré qu'elle ne toucherait le capital que sauf remboursement des primes au patrimoine?

L'exemption édictée par l'art. 6 de la loi du 21 juin 1875 pour les bénéficiaires à titre onéreux avait été déniée par le tribunal civil d'Arras le 17 mai 1893, (*Journ. des assur.*, 93, 475; *Rev. périod. des assur.*, 93, 543), par le motif qu'il y avait bien en acquisition à titre gratuit, la veuve ne pouvant, après coup, opposer la restitution des primes faites par elle à la succession parce que la nature d'un contrat se détermine au moment où il est fait et que le bénéficiaire ne peut, par sa volonté, en modifier le caractère par des prestations ou remboursements postérieurs.

Cette solution, fort critiquable assurément, (V. en particulier ce que nous avons dit. *Les assurances sur la vie et la Cour de cassation en 1894.* p. 81, a été maintenue par la Cour de Cassation.

Par arrêt du 21 octobre 1896 (*Journ. des assur.*, 96, 11. *Rev. périod. des assur.*, 96, 548), cette dernière a jugé que le droit de mutation est dû au décès du mari souscripteur d'une police au profit de sa femme lorsqu'il n'a pas agi comme administrateur des biens de sa femme et s'il a payé les primes de ses deniers sans que le remboursement par la femme des primes puisse être opposé, ce fait ne pouvant modifier le caractère à titre gratuit du contrat tel qu'il avait été fixé au moment de sa formation.

Cette décision laisse à désirer à un double point de vue. (Comp. les remarques dans notre travail sur *Les Assurances sur la vie et la Cour de cassation en 1896*, p. 17.)

Tout d'abord, on peut se demander si le profit acquis par le bénéficiaire contre le remboursement des primes lui est bien procuré à titre gratuit. Est-il possible d'assimiler le bénéficiaire qui touche le capital assuré sans rien débourser, qui, par conséquent, tire tout le profit de la stipulation intervenue en sa faveur, et le bénéficiaire qui, au contraire, rembourse le montant des primes, qui diminue ainsi le capital assuré, qui achète, en quelque sorte, la créance contre la Compagnie? On peut en douter. La démonstration ne figure ni dans le mémoire de la Régie ni dans l'arrêt. La Cour s'en tient uniquement à l'idée de la provenance des fonds qui ont servi à alimenter l'assurance du vivant du stipulant. Ce n'est pas suffisant.

La Cour de cassation, d'autre part, consacre cette idée que le caractère du contrat tel qu'il apparaissait lorsque la police fut signée par l'assuré s'engageant à payer les primes ne saurait se modifier à raison des agissements ultérieurs de la bénéficiaire, à raison de ce fait que cette dernière a fait restitution du montant des primes au patrimoine de l'assuré. Mais n'est-ce pas une opposition de jurisprudence?

perte à la suite de la gestion[1]. Il faudrait considérer comme contractée
à titre onéreux et comme telle affranchie de l'impôt de mutation par décès l'assurance passée par un associé sur sa tête dans l'intérêt de son
coassocié lorsque le bénéficiaire a également, à la même date ou même
à une date différente rapprochée, contracté de son côté, sur sa tête,
des assurances égales au profit de son coassocié, et qu'il résulte de
cette simultanéité, jointe à d'autres circonstances de fait, que ces stipulations réciproques ont été déterminées l'une par l'autre sans esprit
de libéralité, le but des associés ayant été de se garantir mutuellement des conséquences préjudiciables qui pouvaient résulter pour eux
d'une dissolution prématurée de leur association. Et la solution est
d'autant plus certaine lorsque les primes à verser étaient payées par
la Société sans imputation au compte personnel de l'associé débiteur[2].

La loi de 1875 n'a aucun effet en matière civile, elle ne résout qu'une
question fiscale : le rapporteur l'a affirmé et il s'est défendu d'émettre
une opinion de nature à être appliquée à d'autres rapports[3] ; d'autre

N'est-ce pas contredire l'arrêt précité du 17 juin 1889 rendu d'un une espèce où, après la signature d'une assurance à son profit, la femme, eu
égard à la « pénurie de la succession obérée de son mari » avait, lors de
l'inventaire, déclaré ne pas accepter comme libéralité la stipulation intervenue en sa faveur et avait, au contraire, fait insérer qu'elle se considérait
comme attributaire à titre onéreux, sous la charge de toute imputation ou
ses reprises dotales ? Dans ces circonstances, la Cour avait jugé que les droits
de mutation par décès n'étaient pas dus, et elle en donnait ce motif que
le contrat avait le caractère d'un contrat à titre onéreux, *l'assurance acquise
par la femme n'étant que la contre-valeur des primes versées par elle*, ajoutant aussi « qu'il n'est pas nécessaire quand le mari agit comme administrateur des deniers dotaux de sa femme, qu'il a déclaré expressément dans
l'acte qu'il agit en cette qualité, qu'il suffit pour que la créance soit acquise
à la femme que celle-ci ait déclaré *à un moment quelconque*, son acceptation. — On a bien reconnu, et on ne s'y est trompé (Note, D. P., 89, 1.
435), que le bénéficiaire avait pu, par la suite, fixer le véritable caractère
du contrat.

Il y a lieu de noter en faveur de la doctrine résultant de l'arrêt du 21 octobre 1896, les observations insérées à la suite de cette décision dans le
Journal de l'enregistrement (art. 24,978). Mais l'opposition avec l'arrêt du
17 juin 1889 est reconnue dans ces remarques ; le rédacteur félicite même la
Cour de Cassation d'avoir corrigé, sinon d'une manière expresse, tout au
moins implicitement l'interprétation qu'elle avait admise le 17 juin 1889.

1. Aix, 4 novembre 1885, S. 88, 2, 71 ; D. P. 90, 1. 410 ; Cass., 9 juin 1890,
S. 90, 1, 305 ; D. P. 93, 1, 410.

2. Trib. civ. Verdun, 1er juin 1894, *Rép. périod. de l'enreg.*, 1894, 8453.

3. V. les observations de M. Berthold, D. P. 76, 1, 198 et 4 ; S. *Lois annotées*, 75, 713.

Tous les auteurs sont d'accord à ce sujet. V. notamment Domaine : *op. cit.*
p. 187 ; Marchal : *op. cit.*, p. 182 ; Conclusions de M. l'avocat général Saut-
nier de la Pinelais à la Cour de Rennes, D. P. 79, 2, 145 ; G. Demante :
Principes de l'enregistrem., 1re édit., 1888-89, T. II, p. 104.

« Cette loi, écrit M. Garnier (*Rép. gén. de l'enreg.*, v° *Succession*, n° 7111, est
une loi d'impôt qui ne résout qu'une question fiscale. Il n'y a donc pas lieu
de chercher à mettre d'accord les principes nouveaux qu'elle édicte en matière d'impôt avec les prescriptions et les effets de la loi civile ; on doit l'appliquer, comme toute loi d'exception, dans la rigueur de ses termes lors
même qu'elle serait en contradiction avec la loi civile. »

part, des tribunaux l'ont très nettement proclamé [1]. Il n'en est pas moins vrai qu'elle a exercé une influence réelle sur la solution à donner dans un grand nombre de litiges d'ordre purement privé : la loi de 1875 a été invoquée par la jurisprudence à titre d'autorité morale pour faire tomber le bénéfice de l'assurance dans le patrimoine ou la communauté du souscripteur [2]. Mais il est inutile d'insister ; il serait superflu, à l'heure actuelle, de montrer que c'est à tort que le législateur a pris pour point de départ ces idées que le souscripteur d'une assurance acquiert d'abord une créance payable à son décès et qu'il en dispose ensuite en faveur d'autrui [3], qu'il existe dans le patrimoine du défunt un droit de créance, que le capital assuré est constitué par la capitalisation des primes, que l'assurance sur la vie n'est qu'un mode de l'épargne, etc. Le texte est positif, en attendant une abrogation réclamée à juste titre [4]. Il faut dire aujourd'hui que bien que le bénéfice d'une assurance contractée au profit d'un tiers déterminé ne fasse pas réellement partie de la succession de l'assuré, il doit être considéré comme y étant compris au point de vue de la perception de l'impôt, que le bénéficiaire doit faire la déclaration et acquitter les droits de mutation comme s'il s'agissait d'un autre bien ou d'une autre valeur. La loi a posé une règle générale : il n'y a donc plus à rechercher si le tiers est déterminé ou si, au contraire, il est

1. Trib. civ. Charleville, 29 août 1879, *Journ. des assur.*, 80, 162 ; Trib. civ. Seine, 30 novembre 1877, *ibid.*, 78, 115 ; Trib. civ. Seine, 29 mars 1878, *ibid.*, 78, 247 ; Cass., 22 juin 1891, S. 92, 1, 477 ; D. P. 92, 1, 206.

« Attendu, lit-on dans ce dernier arrêt, qu'il n'y a lieu de faire état au procès de la loi fiscale du 21 juin 1875 qui a fixé, en dehors des prescriptions et des combinaisons du droit civil, le tarif des impôts à percevoir en matière de contrats d'assurance sur la vie. »

2. V. ce que nous avons dit précédemment dans ce *Traité*, T. II, p. 231.

3. C'est le motif que donne l'arrêt précité de la Cour de Cassation du 10 mai 1876 D. P. 76, 1, 488, S. 77, 1, 33.

4. Couteau : *op. cit.*, T. II, p. 459 ; Béchade : *op. cit.*, p. 207 ; Taudière : *op. cit.*, p. 214 ; Mornard : *op. cit.*, p. 352. — V. aussi de Courcy : *L'impôt et les assurances sur la vie*, p. 60.

La loi du 23 juin 1875 n'a pas été seulement attaquée par la doctrine. Elle a rencontré des adversaires même après son vote, parmi les membres du Parlement.

C'est ainsi que MM. Barbe, Gévelot, Proust et Viger ont déposé à la Chambre des députés une proposition aux termes de laquelle, moyennant acquittement d'une taxe obligatoire de 1 fr. par 100 fr. du montant des primes, non seulement la formalité de l'enregistrement serait donnée gratis toutes les fois qu'elle serait requise, mais les sommes, rentes ou émoluments quelconques dus par l'assureur à raison du décès de l'assuré seraient considérés, pour la perception du droit de mutation par décès, comme ne faisant pas partie de la succession de l'assuré.

À l'appui de leur proposition, qui n'a eu aucune suite, les signataires faisaient valoir que le droit de mutation par décès frappait, pour la presque totalité du produit, les enfants et les époux survivants, les 99 centièmes des contrats d'assurance sur la vie ayant, en effet, pour objet soit les enfants, soit les époux survivants, et aussi que les étrangers n'acquittent jamais ce droit de mutation sur le capital leur échéant en France tandis que les Français ne peuvent échapper à cette perception.

indéterminé : il importe peu que la stipulation soit celle de l'art. 1121 C. Civ. ou celle de l'art. 1122 C. Civ. Il suffit qu'il y ait un bénéficiaire recueillant un capital assuré par suite du décès de l'assuré pour qu'il y ait lieu à perception.

La loi du 21 juin 1875 art. 6) a eu soin de préciser quel était le tarif qui devrait être appliqué aux mutations par décès des bénéfices d'assurance. Les bénéficiaires sont soumis au droit de mutation, « suivant la nature de leur relation avec le défunt »; c'est-à-dire qu'on leur appliquera le tarif en vigueur d'après leur degré de parenté avec l'assuré.

Donc, si l'assuré a stipulé que le bénéfice serait payable à l'un de ses parents, et, à son défaut, aux héritiers ou ayants droit de ce parent, et si le premier appelé vient à décéder avant l'assuré, le tarif applicable est celui fixé pour le degré de parenté existant entre l'assuré et les derniers bénéficiaires; ceux-ci ne pourraient arguer qu'ils tiennent leur droit de ce premier bénéficiaire. Il résulte, en effet, du contrat que si le premier bénéficiaire a eu, jusqu'à son décès, sur le capital assuré, un droit personnel reposant sur sa tête, par suite de son décès, il a perdu toute espèce de droit et le bénéfice éventuel de l'assurance s'est trouvé reporté immédiatement sur la tête des seconds bénéficiaires désignés. Ces derniers ont donc été appelés, non pas comme héritiers du premier bénéficiaire, mais *proprio jure*, en vertu de l'effet rétroactif résultant du prédécès du premier appelé, de telle sorte que la stipulation faite au profit de celui-ci est censée n'avoir jamais été écrite [1].

Le principe de la non rétroactivité auquel le législateur n'a dérogé ni expressément ni tacitement semblait conduire à limiter l'application de la loi de 1875 aux assurances conclues à une époque antérieure et aux mutations opérées sous son empire; l'Administration de l'enregistrement l'avait reconnu elle-même presque au lendemain du vote de la loi [2]. Néanmoins la solution contraire a prévalu. Il a été décidé à l'occasion d'une succession ouverte deux ans avant la loi que les assurances antérieures étaient soumises au droit de mutation par décès [3].

---

1. Trib. civ. Quimper, 15 avril 1890, *Journ. de l'enreg.*, 23481. — Cf. Garnier, *Répert. génér. de l'enreg.*, v° *Succession*, n° 713.

2. Les dispositions de l'art. 6 de la loi du 21 juin 1875, lit-on dans l'Instruction de l'Administration de l'enregistrement du 23 juin 1875, n° 2517 (V. D. P. 75, 4, 112. 3e col.), ne sont applicables qu'aux actes passés et aux mutations opérées sous son empire. — V. Herbault : *op. cit.*, p. 315 ; Couteau : *op. cit.*, T. II, p. 437. *Rép. périod. de l'enreg.*, 1875, art. 4557, p. 77.

3. Cass., 10 mai 1876, D. P. 76, 1, 388, S. 77, 1, 33.
Comp. les observations insérées à l'occasion de cet arrêt dans le *Journal des notaires*, art. 21116 D'après le rédacteur, l'art. 6 de la loi de 1875 n'ayant fait que consacrer législativement une décision admise par la jurisprudence, cette loi doit être considérée comme une loi interprétative plutôt que comme une loi introductive d'un droit nouveau; en conséquence, les principes et les règles de perception qu'elle établit sont applicables aux faits antérieurs et spécialement aux assurances contractées par des personnes décédées avant

En outre, la Régie a émis la prétention de percevoir le droit sur toutes les polices réglées par suite de décès survenus dans les dix années antérieures, qu'il y eût ou non un bénéficiaire désigné ; pour parvenir à établir ses réclamations elle a exigé des Compagnies la production des contrats antérieurs à la loi de 1875. Ces prétentions étaient manifestement excessives. Pourtant elles ont été consacrées par les tribunaux [1].

Bien que la prime annuelle soit due dans son intégralité, les Compagnies consentent par tolérance à ce que son versement s'effectue en plusieurs fois, en deux ou quatre fois. Si l'assuré meurt avant de s'être libéré et si le capital est dû, l'assureur a incontestablement le droit de tenir compte de ce qui reste payable pour la prime ; pour la fraction de la prime restant encore à la charge du stipulant, il s'opère une compensation avec une fraction de l'indemnité. Le droit de mutation n'est exigible que sur la somme qui, déduction faite de la dette de l'assuré, reste en définitive payable au bénéficiaire [2].

La solution doit être la même, c'est-à-dire que le droit intégral n'est pas à réclamer quand il y a eu prêt ou avance sur la police, consenti par la Compagnie et imputable sur la somme payable au décès ; ce qui est atteint par l'impôt c'est la somme nette qui est due par l'assureur puisque c'est le seul profit que le décès de l'assuré fait obtenir aux personnes en vue desquelles le contrat a eu lieu [3].

La loi du 21 juin 1875 concerne aussi bien les émoluments quelconques dus à l'assuré que les sommes ou rentes. Le texte est formel. Il s'applique donc au cas où l'assuré n'ayant point touché sa part dans les bénéfices réalisés par la Compagnie, la somme lui revenant de ce chef a servi à augmenter le capital assuré : le droit de mutation par décès frappe en même temps que ce capital les bénéfices accumulés.

Ce droit est exigible en présence d'un suicide quand, par application de la police, la Compagnie qui a touché au moins trois primes annuelles tient compte aux ayants droit de la somme qu'elle aurait versée si elle avait racheté le contrat la veille du décès. La Régie pourrait valablement réclamer la perception même si, ne pouvant prouver le suicide dans les termes imposés par la jurisprudence, la Compagnie

la promulgation de cette loi, sans qu'on puisse opposer que ce serait lui donner un effet rétroactif, contrairement à l'art. 2 C. Civ.

M. Pautnier (loc. cit., p. 444 à 448), a contesté cette conclusion ; pour les assurances contractées par des personnes décédées depuis le 23 juin 1875, dit-il, il n'y a plus de doute, la loi est formelle, le droit est exigible ; mais pour les polices contractées par des personnes décédées avant cette promulgation la solution est différente : le droit de mutation n'est dû que quand le capital de l'assuré a été stipulé payable aux héritiers ou ayants droit de l'assuré.

1. Trib. civ. Seine, 4 mars 1876, *Journ. des assur.*, 76, 437 ; Couteau : *op. cit.*, T. II, p. 457.

2. Sol., 12 février, 1872 et 10 décembre 1877 ; Demante : *op. cit.*, p. 222.

3. Sol., 13 mars 1879 ; Demante : *op. cit.*, p. 223.

transigeait et versait à titre gracieux une somme au bénéficiaire. En effet, on ne saurait le méconnaître, la loi du 21 juin 1875 s'applique pour toute somme payée à l'occasion du décès de l'assuré. Il importe peu que la Compagnie ait remis les fonds à titre gracieux, à titre de pure bienveillance : le versement est la conséquence nécessaire du décès, c'est la suite du contrat, cela suffit.

D'après l'art. 40 de la loi du 28 avril 1816 les héritiers, légataires et tous autres appelés à exercer les droits subordonnés au décès d'un individu dont l'absence est déclaré· sont astreints à faire, dans les six mois du jour de l'envoi en possession provisoire, la déclaration à laquelle ils seraient tenus s'ils étaient appelés par l'effet de la mort, et d'acquitter les droits sur la valeur entière des biens ou droits qu'ils recueillent. Si l'on rapproche cette disposition de l'art. 6 de la loi du 21 juin 1875, elle semble bien applicable en matière d'assurance sur la vie. L'Administration de l'enregistement pourra réclamer le droit de mutation. Ce droit sera perçu sur le capital payable par la Compagnie après l'envoi en possession définitif.

La créance résultant du décès de l'étranger assuré à une Compagnie française est passible du droit de mutation par décès.

Un Avis du Conseil d'Etat du 11 février 1829 [1] a décidé formellement, par application de la loi du 22 frimaire an VII et d'un Avis du Conseil d'Etat du 15 novembre 1806 ayant force législative, que le droit de mutation par décès est dû en cas de décès à l'étranger assuré en France si le capital assuré doit être payé en monnaie française [2].

---

1. Instr., n° 1282, § 1. — V. aussi Dumaine : *op. cit.*, p. 309; Jobit : *Régime fiscal des valeurs mobilières étrangères en France*, Poitiers, 1893, p. 420.

La validité de cet Avis a toujours été reconnue par la jurisprudence, Cass., 29 août 1837, Dalloz : *Rép.*, v° *Enregistrement*, n° 4150; Cass., 24 février 1869, D. P. 69, 1. 125.

2. Mais la Solution ne s'applique pas au cas où la créance résultant d'un versement fait à l'étranger en monnaie étrangère serait payable à l'étranger et en monnaie ayant cours dans ce pays étranger.

L'Avis précité du Conseil d'Etat du 11 février 1829 édicte une dérogation à ce sujet : il se base sur ce que l'Avis précédemment rendu le 15 novembre 1806 (Instr., n° 1282, § 1), approuvé le 12 décembre suivant (lequel a force législative) dispense du payement des droits les actes passés en forme authentique dans les pays étrangers, contenant obligation ou mutation d'objets mobiliers, lorsque les prêts et placements auront été faits et les livraisons promises ou effectuées en objets de ces pays et stipulées payables dans les mêmes pays et dans les monnaies qui y ont cours. Bien que cet Avis de 1806 ne dispose qu'à l'égard des transmissions résultant d'actes authentiques, le Conseil d'Etat a estimé qu'il y avait lieu d'en étendre, par voie d'analogie, l'application au cas où la mutation s'opère par décès.

Cependant cette exception n'a pas paru applicable à une assurance souscrite à Genève tant par l'assuré que par le représentant de la Compagnie, quoique les primes eussent été payées à Genève et que la Compagnie française, pour obtenir l'autorisation d'opérer dans le canton de Genève, eût accepté la juridiction des tribunaux genevois et eût pris envers le gouvernement de ce pays l'engagement formel d'effectuer à Genève tous les paiements qu'elle aurait à faire, engagement qui, dans l'espèce, avait été exécuté, le paiement du capital après le décès ayant eu lieu à Genève (Sol. Adm. enreg., 4 novembre 1886).

L'art. 4 de la loi du 22 frimaire an VII établissant le droit de mutation pour toute transmission de propriété de biens meubles ou immeubles ne fait dépendre la perception de cet impôt ni de l'état, ni de la qualité des personnes entre lesquelles la transmission s'opère : il suffit, pour qu'il soit exigible, que le bien transmis soit assujetti à la législation française en raison de sa situation ; il a toujours été permis d'assigner aux créanciers une situation fictive ; la garantie des droits du créancier étranger sur le Français qui a traité avec lui repose principalement sur la protection que leur accorde de la loi française ; tant que l'obligation subsiste sa matière est censée se trouver en France au domicile du débiteur français puisque c'est au lieu et sous l'autorité des magistrats que le créancier vient, en cas d'inexécution du contrat, réclamer la somme promise, exercer ses poursuites et recevoir son payement, par conséquent c'est au domicile, plus que partout ailleurs, qu'il est raisonnable de fixer la situation de la créance dont il s'agit [1].

La question semble résolue aujourd'hui dans ce sens [2] : le droit est exigible pour toute assurance souscrite par un étranger et dont le

La Régie a fait remarquer, dans cette affaire, que l'indication du lieu de paiement était secondaire, puisque la créance était garantie par des biens ayant leur assiette en France et que les créanciers ne pouvaient s'adresser qu'aux tribunaux français pour obtenir efficacement l'exécution des engagements de la Compagnie. Elle a ajouté que le domicile élu par la Compagnie à Genève était purement fictif, destiné à faciliter les transactions et établi comme conséquence de l'attribution de juridiction. — Dumaine : op. cit., p. 304.

1. V. en ce sens Cass., 16 juin 1823, Dalloz : *Rép.*, v° *Enregistrement*, n° 4149 ; Cass., 18 novembre 1823, *ibid.*, n° 3267.

2. *Sic. Sol.*, 23 juillet 1883, *Journ. de l'enreg.*, 22,236, et *Journ. du Dr. int. priv.*, 1884, 276.

La Solution concerne les trois hypothèses suivantes :

1° Le contrat a été passé au siège social ; le capital a été stipulé payable à Paris ; dans ce cas il n'y a pas à s'arrêter à la circonstance que le paiement serait effectué à l'étranger en monnaie étrangère ;

2° La police a été souscrite à l'étranger dans une agence de la Compagnie française par un étranger, mais en même temps elle a été signée à Paris par le représentant de la Société. Le capital est stipulé payable à Paris ; et les parties se sont, par la police, soumises à la juridiction du tribunal de la Seine pour l'exécution du contrat ;

3° La police a été également souscrite dans une agence étrangère. Il a été stipulé que les primes pouvaient être touchées à l'étranger ; les parties ont attribué juridiction au tribunal du ressort de l'agence à l'étranger. Mais le capital assuré doit être, dans tous les cas, payable à Paris.

Dans ces trois hypothèses l'indemnité demeure exigible au domicile du débiteur, en France ; cela suffit pour constituer, au point de vue de l'impôt, la situation juridique de la créance.

Cf. Vincent et Pénaud : *Dict. de droit intern. priv.*, v° *Assurances*, n°° 122 et 123.

Postérieurement, consacrant la théorie de Solutions intervenues le 23 octobre 1886, le 2 juillet 1889 et le 3 juillet 1893, l'Administration de l'enregistrement a décidé, le 16 août 1895 (*Journ. des assur.*, 1896, 146), que l'assurance sur la vie contractée à une Compagnie française par un étranger qui décède ayant son domicile à l'étranger donne lieu à l'acquit des droits de mutation en France.

capital est payable à Paris au siège de la Compagnie, si la Compagnie française débitrice du capital assuré avait fait élection de juridiction devant le tribunal étranger.

Le droit de mutation par décès est exigible au cas où l'assurance est contractée par un Français ou par un étranger domicilié en France avec ou sans autorisation avec une Compagnie étrangère. Les termes des articles 3 et 4 de la loi du 13 août 1871 sont formels à cet égard. La jurisprudence n'a pu qu'en faire l'application pure et simple[1].

La somme exigible doit être payée au bureau d'enregistrement dans le ressort duquel le défunt était domicilié. Les agents relèvent au siège de chaque Compagnie d'assurance sur la vie les sommes payées aux personnes par les assurés décédés. Ces renseignements sont transmis au bureau du lieu où la succession de l'assuré s'est ouverte et, pour les assurés décédés à l'étranger, au bureau du siège social de la Compagnie.

1. Trib. civ. Seine, 7 février 1879, *Journ. des assur.*, 79. 250. — V. aussi *Rec. périod. de l'enreg.*, 5335; Garnier : *Rép. périod. de l'enreg*, v° *Succession*, n° 751.

Dans cette espèce l'assuré était un étranger simplement domicilié de fait en France. — V. Jobit : *Régime fiscal des valeurs mobilières étrangères en France*, Poitiers, 1893, p. 121.

En 1895 la Chambre des députés a voté un projet de loi portant modification du régime fiscal des successions, donations et ventes de meubles. (Tous les documents ont été réunis par le *Répertoire périodique de l'enregistrement*, 1894, art. 8408; 1895, 8422 et 8445; 1896, 8632, 8655, 8683.) Ce projet (art. 11) imposerait aux Compagnies d'assurances sur la vie l'obligation de ne verser les sommes dues qu'après justification du paiement des droits de mutation.

Au cours de la discussion à la Chambre des députés, à la séance du 15 novembre 1895, M. Montaut a fortement insisté pour l'application de la loi aux assurances sur la vie contractées en France par des personnes domiciliées à l'étranger et décédées à l'étranger.

Il a fait valoir que les héritiers ou les bénéficiaires, dès la nouvelle de la mort, se hâtent de faire le retrait des fonds avant la connaissance par la Régie qui se trouve désarmée, aucune poursuite ne pouvant s'exercer à l'étranger. Il a préconisé le système anglais, d'après lequel le gouvernement exige le paiement de l'impôt avant tout remboursement aux héritiers de l'étranger décédé.

M. le Commissaire du Gouvernement Liotard-Vogt, sans méconnaître la valeur de l'observation, a répondu en résumant la législation en vigueur : Quand il s'agit d'une valeur française, le droit de mutation est exigible, qu'elle dépende de la succession d'un Français ou de celle d'un étranger; s'il s'agit, au contraire, d'une valeur étrangère, elle n'est passible de l'impôt que si elle dépend ou de la succession d'un Français ou de celle d'un étranger ayant en France un domicile, soit de fait, soit de droit; mais si le défunt étranger n'a en France ni ce domicile de fait, ni ce domicile de droit, l'impôt n'atteint pas les valeurs étrangères dépendant de sa succession, alors même qu'elles seraient déposées dans un établissement français.

V. *Journ. Off.*, 20 novembre 1895; *Rép. périod. de l'enreg.*, 1895, art. 8665, p. 97 à 99.

Appelée à combattre cette disposition, la représentation des Compagnies d'assurances sur la vie a saisi l'occasion de son intervention pour insister en faveur du vote d'un amendement dispensant des droits de succession les sommes dues par les Compagnies en exécution de polices souscrites à l'étranger par des étrangers non domiciliés en France. — *Journ. des assur.*, 1895, p. 579; *Monit. des assur.*, décembre 1895, p. 675.

La disposition qui soumet le bénéficiaire à l'obligation de faire la déclaration à l'enregistrement à l'effet d'acquitter les droits de mutation a été sanctionnée par la loi de 1875 dans l'article 7 : les agents de la Régie peuvent exiger des Compagnies tant au siège social que dans les agences ou succursales la présentation des polices ; le refus de communication constitue une contravention constatée par un procès-verbal et punie d'une amende [1].

Il faut bien le reconnaître, ce droit d'investigation, nécessaire pour arriver à obtenir le paiement des droits, n'a rien d'anormal dans l'état actuel de la législation : l'article 35 de la loi du 5 juin 1850 confère aux préposés de l'enregistrement le droit d'exiger au siège de la Société la représentation des polices ; l'article 22 de la loi du 23 août 1871 étend le droit de recherche en ce qui concerne l'exécution des lois sur le timbre aux livres, registres, titres, pièces de recette, de dépense et de comptabilité.

Du texte de l'article 7, tel qu'il a été interprété par la jurisprudence, laquelle a proclamé le droit d'investigation pour tous les livres et autres documents mentionnés tant par cette loi de 1875 que par la loi du 23 août 1871 (art. 22) même lorsqu'ils ne sont pas soumis au timbre ? ainsi que pour toutes les pièces sans exception, sans distinguer particulièrement entre les pièces essentielles de la comptabilité et les écritures accessoires susceptibles d'être considérées comme étant d'ordre et d'administration intérieure [3] et pour les propositions d'assurance sur la vie [4], il suit, quoique l'on ait pu considérer l'exercice illimité comme offrant de graves inconvénients [5], que l'Administration de l'enregistrement a les pouvoirs les plus étendus [6]. La Compagnie

1. Pour les Compagnies étrangères le droit d'investigation s'exerce à la succursale ou à l'agence établie en France.

2. Cass., 23 avril 1877, D. P. 77, 1, 294 ; S. 78, 1, 132 ; Cass., 29 et 30 décembre 1879, D. P. 80, 1, 374.

3. Cass., 7 janvier 1878, D. P. 78, 1, 203 et 204.

Il faudrait toutefois excepter le registre des délibérations du conseil d'administration attendu que ce registre est exempt du timbre mais aussi parce qu'il n'a que des rapports très éloignés avec la comptabilité des Sociétés et surtout présente un caractère particulièrement confidentiel. — *Dict. des droits d'enregistrem.*, v° *Communication*, n° 78 ; Dalloz : *Rép., Supplém.*, v° *Enregistrement*, n° 3075.

4. Cass., 2 juillet 1883, D. P. 84, 1, 213 ; S. 84, 8, 393. — Comp. au sujet de l'affaire qui a motivé cet arrêt le jugement du Tribunal civil de la Seine en date du 28 juin 1882, le résumé du mémoire produit à l'appui du pourvoi et le rapport de M. le conseiller Voisin à la Chambre des Requêtes, *Journ. de l'enreg.*, 1883, 22, 161, p. 643 et suiv. ; et nos observations, *Rev. périod. des assur.*, 1883, p. 192 et suiv.

5. Cf. Rapport de M. le conseiller Beverchon à la Cour de Cassation, D. P. 77, 1, 206. S. 77, 1, 279. V. dans ce *Traité*, T. III, p. 475.

6. V. Cass., 4 mai 1885 ; S. 86, 1, 61 ; D. P. 85, 1, 324 ; Cass., 22 mars 1887, D. P. 88, 1, 32 ; Cass., 18 mars 1889 ; S. 90, 1, 232 ; Cass., 11 mai 1889 ; S. 90, 1, 1, 231, D. P. 90, 1, 315.

Il a été décidé (Trib. civ. Seine, 4 mars 1876, *Journ. des assur.*, 76, 237,) que les employés de la Régie ont la latitude d'examiner toutes les polices, même celles antérieures à la loi de 1875.

qui, circonstance peu vraisemblable, refuserait la communication que la loi impose, même en excipant du secret professionnel [1] ou de la perte non justifiée [2] serait passible de l'amende [3] de 100 fr. à 1000 fr. qu'édicte l'art. 22 de la loi du 23 août 1871 auquel renvoie l'art. 7 de la loi de 1875 [4].

Cette extension des droits et privilèges de l'Enregistrement n'a-t-elle pas sa source dans le principe formulé par la Cour de Cassation (Cass., 4 janvier 1865, D. P. 65, 1, 298) : lorsque le texte de la loi est absolu, son application doit avoir le même caractère ?

1. Cass., 22 mars 1887. D. P. 88, 1, 32 ; S. 88, 1, 277.

Antérieurement, lors de l'affaire qui a donné lieu à l'arrêt de la Cour de Cassation du 7 janvier 1878 (D. P. 78, 1, 203 ; S. 78, 1, 132), il avait été soutenu qu'en faisant la communication réclamée par la Régie, la Société violait un secret professionnel intéressant ses clients.

Dans le rapport qu'il a présenté à la Chambre des Requêtes à ce propos, M. le conseiller Dareste a réfuté en ces termes cette objection que, pour notre part, et en principe, nous persistons à considérer comme très grave : « Le reproche que la loi entendue, comme le veut la Régie, porte atteinte au secret qui doit envelopper les opérations de la Société, n'est pas fondé. La loi n'exige pas la divulgation des registres et papiers de la Société ; elle veut seulement que ces pièces soient communiquées aux préposés de la Régie pour les vérifications qu'ils ont à faire dans l'intérêt du Trésor. Il va sans dire que les préposés de la Régie doivent se renfermer dans les limites de leurs attributions ainsi définies, et qu'ils sont responsables de toute indiscrétion commise par eux, comme en général de tout abus des communications qui leur sont données. » — D. P. 78, 1, 204 ; S. 88, 1, 277 : *Journ. de l'enreg.*, 20,626.

2. V. Cass., 29 décembre 1879, D. P. 80, 1, 73 ; Cass., 30 décembre 1879, D. P. 80, 1, 73 ; Cass., 18 mars 1889. D. P. 90, 1, 39 ; S. 90, 1, 232 ; Trib. civ. Lille, 11 décembre 1885, D. P. 87, 3, 495.

3. Il est dressé un procès-verbal ; mais ce procès-verbal peut être rédigé sans l'assistance d'un officier municipal : l'affirmation devant le juge de paix n'est point nécessaire. — Trib. civ. Seine, 1er août 1884. D. P. 86, 5, 495.

4. Aux termes de l'art. 25 de la loi du 8 juillet 1852 relative au budget de l'année 1853, les mutations des rentes françaises ne peuvent être effectuées que sur la présentation d'un certificat de l'enregistrement constatant l'acquittement du droit de mutation par décès.

Lors de la réforme du régime fiscal des successions, donations et ventes de meubles élaborée dans ces dernières années et dont il a été déjà parlé (V. *Suprà*, p. 230), le législateur a voulu, pour la régularité de la perception des droits, étendre cet article aux titres nominatifs des Sociétés, départements, communes et établissements. A cet effet, dans sa séance du 19 novembre 1895 la Chambre des députés a voté un article (l'art. 11 du projet), modifiant l'art. 25 précité, en ce sens que le transfert ou conversion de ces titres ne pourrait être effectué que sur la présentation d'un certificat délivré sans frais par le receveur de l'enregistrement, dont la signature serait légalisée par le directeur, constatant l'acquittement du droit de mutation par décès.

Suivant la nouvelle législation, nul dépositaire ou détenteur de titres, sommes ou valeurs dépendant d'une succession ne pourrait s'en dessaisir autrement que sur la présentation d'un certificat, délivré sans frais par le receveur de l'enregistrement, dans la forme indiquée au premier alinéa du présent article, et constatant soit l'acquittement, soit la non-exigibilité de l'impôt de mutation par décès.

Cette disposition serait applicable :

1° aux assureurs sur la vie en ce qui concerne les sommes, rentes ou émoluments quelconques dus par eux à raison du décès de l'assuré ;

2° Aux Sociétés, Compagnies et banquiers en ce qui concerne toutes les sommes dues, même autrement qu'à titre de dépôt, à l'auteur de la succession.

Il est à peine besoin de dire que les agents doivent établir l'existence

Une sanction serait édictée : quiconque aurait contrevenu aux dispositions du présent article serait personnellement tenu des droits et pénalités exigibles, sans que la pénalité à la charge du contrevenant puisse être inférieure à 500 francs en principal.

Lors de son vote à la séance du 19 novembre 1895 (*Journ. Off.*, 20 novembre 1895; *Rép. périod. de l'enreg.*, 1895, art. 8665, p. 90 et 109,, cette disposition a été attaquée par un député : M. Charles Ferry a combattu l'abandon de ce principe qu'en matière de successions on avait six mois pour payer les droits et l'introduction de cette règle que le dépositaire ou détenteur du titre dépendant d'une succession ne pourra s'en dessaisir que sur la preuve que l'impôt de mutation par décès a été acquitté.

Il a fait valoir que la personne qui n'a pas une fortune antérieure ne pourra prendre possession de l'héritage et même acquitter les frais funéraires.

Il a également blâmé la disposition qui rend le dépositaire responsable du payement du droit en plus de l'amende, et demandé, au moins, le remplacement du certificat constatant l'acquittement des droits par un simple certificat de déclaration, faisant remarquer que l'on ne saurait imposer au dépositaire qu'une seule chose, c'est qu'il ne soit pas complice d'une dissimulation.

M. le Commissaire du Gouvernement a répondu, d'abord, qu'il n'est guère admissible que les héritiers ne trouvent pas le crédit pour se procurer la somme nécessaire, en second lieu qu'il y aura lieu de recourir à ce qui se passe pour les titres nominatifs de rentes sur l'État arrivés aux mains d'héritiers peu fortunés et incapables de procéder à la vente de ces titres sans un certificat du receveur de l'enregistrement constatant le paiement des droits, c'est-à-dire qu'il suffira d'acquitter le droit en partie, enfin que le dépositaire n'hésitera pas à avancer la somme nécessaire au payement des droits en présence du gage plus que suffisant qu'il détient.

Malgré cette argumentation, la valeur des observations de M. Charles Ferry persiste.

Pour notre part, nous nous associons aux critiques formulées dans l'intérêt des héritiers.

Comme on l'a fait remarquer avec raison, (V. *La loi sur les successions* *Journ. des assur.*, 1895, p. 576g), la loi nouvelle oblige les héritiers à payer les droits de mutation par décès et à faire constater ledit paiement par un certificat du receveur, et d'autre part, elle met des entraves à la perception des fonds qui doivent servir à payer lesdits droits de mutation. Non seulement les fonds déposés ne seraient plus disponibles, mais les titres au porteur déposés, les comptes-courants ainsi que les sommes à toucher des Compagnies d'assurances sur la vie seraient frappées d'indisponibilité. Les fonds qui proviennent des Compagnies d'assurances sur la vie feraient le plus grand défaut dans bien des cas, car un assez grand nombre de personnes dans les affaires, sachant que les Compagnies françaises paient dans le mois qui suit le décès, le montant de l'assurance sur la vie, contractent des assurances pour que leurs héritiers touchent directement et immédiatement des fonds qui sont immédiatement disponibles et qui sont des plus utiles pour payer les frais de la succession, en attendant les lenteurs des formalités de l'inventaire, la continuation des affaires.

Aussi le Comité et le Syndicat des Compagnies d'assurances sur la vie à primes fixes, dans la séance du 13 décembre 1895 (V. *Journ. des assur.*, 1895, p. 577; *Monit. des assur.*, décembre 1895, p. 675), ont protesté contre l'innovation et s'emparant de ce fait que la disposition proposée frapperait d'indisponibilité entre les mains de l'assureur la totalité des sommes assurées par lui, ont sollicité du Sénat le vote d'un amendement édictant, à l'égard de l'art. 11 précité, une dispense en faveur des sommes, rentes ou émoluments quelconques dus : 1° par les assureurs sur la vie à raison du décès de l'assuré, lesquels restent soumis aux prescriptions des art. 6 et 7 de la loi du 24 juin 1875, et 2° par tous autres assureurs pour l'exécution des polices souscrites par eux.

de l'acte dont ils réclament la communication et que cette preuve peut être faite par tous les modes admis par le droit commun, autres que la preuve testimoniale, mais que de simples présomptions suffisent[1]. C'est seulement après une durée de dix années de délai de cinq ans a été augmenté par l'article 11 de la loi du 18 mai 1850, que le bénéficiaire d'une police qui n'a fait aucune déclaration quant à l'existence de l'assurance passée à son profit est libéré[2].

Le même délai de dix ans est accordé à la Régie, au cas d'une assurance souscrite au profit du conjoint survivant et indiquée dans la déclaration comme dévolue aux enfants, pour réclamer le droit entre époux, sans déduction du droit de 1 % acquitté par les enfants.

Lorsque l'existence d'une assurance a été clairement mentionnée dans la déclaration de succession et si, au lieu de percevoir le droit sur le capital même, le receveur ne l'a touché que sur le montant des primes, la perception est seulement insuffisante, et l'on ne saurait arguer d'un défaut de déclaration de succession ; par suite, pour l'action en recouvrement, c'est la prescription de deux ans édictée par l'article 61 n° 1 de la loi du 22 frimaire an VII.

Le point de départ du délai est le jour de la déclaration. Ainsi par exemple, au cas où un mari aurait souscrit une police en faveur de sa femme, si le contrat ayant été bien analysé dans l'inventaire dressé après le décès de l'assuré, la déclaration comprend seulement en tant qu'élément de l'actif héréditaire le montant des primes considérées comme une avance faite par le défunt pour le compte de sa femme, l'Administration doit, à peine de déchéance, intenter dans les deux ans les poursuites à fin de paiement du supplément relatif au droit de mutation sur le montant de l'assurance même[3].

1. Cass., 29 et 30 décembre 1879, D. P. 80, 1, 7.
Les délais ordinaires de prescription sont applicables aux assurances qui doivent acquitter le droit de mutation.

2. Il a été jugé que si dans une déclaration de succession il a été fait mention des primes payées à une Compagnie pour constituer une assurance sur la tête du *de cujus* au profit de sa femme, cette énonciation est suffisante pour indiquer l'existence d'une assurance et pour permettre aux agents de faire compléter cette mention pour l'assiette de l'impôt, en exigeant de la déclarante l'indication du capital assuré. — Trib. civ. Lille, 20 décembre 1878 ; *Journ. de l'enreg.*, 24,090 ; *Rec. périod. de l'enreg.*, 3537 ; Trib. civ. Mantes, 19 juin 1880 ; *Journ. de l'enreg.*, 24859.

Comme l'observe M. Garnier (*loc. cit.*, v° *Succession*, n° 751), c'est là évidemment l'application d'une question de fait.

Si la déclaration mentionne simplement les primes versées pour le contrat d'assurance sans autre indication, cette énonciation n'est pas suffisante pour permettre au receveur de liquider le droit et, par conséquent, pour faire courir la prescription biennale. Mais il en est tout autrement lorsque la mention des primes versées est accompagnée d'indications faisant connaître la nature du contrat, le nom de l'assuré et celui du bénéficiaire. Le préposé possède alors des éléments suffisants, sinon pour liquider le droit, du moins pour exiger que la déclaration soit complète. Il faut alors admettre l'application de la prescription biennale.

3. Trib. civ. Mantes, 19 juin 1880 ; *Journ. de l'enreg.*, 24,859.
Il a été jugé aussi que lorsque le partage de la communauté intervenu

§ 2. — Bénéficiaires à titre onéreux.

L'assuré a à sa disposition trois modes principaux pour transférer à titre onéreux à un tiers le droit au capital assuré, sans parler, bien entendu, du cas où la police aurait été souscrite directement sur la tête d'un tiers.

En premier lieu, le stipulant peut traiter avec la Compagnie en vue d'un créancier indiqué comme bénéficiaire.

D'autre part, il lui est loisible de céder la police purement et simplement.

Enfin il lui appartient de faire une cession à titre de garantie.

La police peut contenir une clause attribuant purement et simplement à une personne en paiement d'une dette ou moyennant une somme d'argent ou une autre valeur le moyen de toucher, lors de l'arrivée du décès de l'assuré, le capital promis par l'assureur.

En pareil cas l'attribution n'a aucun caractère de gratuité ; l'impôt n'est pas exigible ; le tiers est, en effet, devenu acquéreur pour son compte du bénéfice de l'assurance et si le droit de cession de créance applicable au transport de la police a été acquitté, le Fisc n'a rien à réclamer.

Seulement, comme la loi du 21 juin 1875 vise les attributions faites à titre gratuit, la Régie n'est que trop portée à considérer l'assurance constituée à titre onéreux comme une exception et, au contraire, l'assurance souscrite à titre gratuit comme la règle générale. Aussi en principe, à défaut de toute mention concernant la qualité de créancier, le contrat doit être considéré comme passé à titre gratuit. Mais, et la remarque doit être présentée car elle a son importance, il est loisible à la personne gratifiée de combattre cette présomption et d'établir que c'est en vertu d'une créance qu'elle est appelée à percevoir le capital assuré. Une pareille preuve, pour laquelle tous les moyens légaux sont admissibles [1],

postérieurement à la déclaration de la succession de l'époux prédécédé attribue, dans les biens communs, aux héritiers de cet époux une part excédant la moitié sur laquelle ils ont acquitté l'impôt, le droit supplémentaire exigible dans ce cas est soumis à la prescription de dix ans concernant les droits des mutations par décès non déclarées. — Cass., 5 mars 1883. D. P. 89, 1.396 ; S. 84, 1. 133. — Comp. les observations, *ibid.*

1. Notamment, une décision de justice rendue entre le bénéficiaire et l'assuré et établissant bien les droits du premier. V. Typaldo Bassia : *op. cit.*, p. 217.

Il est généralement admis (Comp. *Journ. de l'enreg.*, 22.653, p. 340 ; Castillon : *Manuel formulaire de l'enregistrement et du timbre*, v° *Succession*, n° 440,) que le droit de mutation n'est pas dû au cas où le débiteur contracte une assurance au profit de son créancier pour le payer de ce qu'il lui doit. Aussi a-t-il été jugé (Trib. civ. Seine, 7 décembre 1888 ; *Journ. des assur.*, 89, 36), que l'on ne doit pas voir une libéralité, mais bien un contrat d'indemnité dans

a pour résultat de supprimer les effets attachés par la loi [1].

Cette solution est incontestable, en particulier quand l'assuré a accepté, sinon au moment où la stipulation a été conclue (par exemple en concourant au contrat), au moins avant le décès du stipulant : dans la réalité des choses, ce qui a eu lieu dans l'espèce, c'est une dation en payement. Aucun droit de mutation n'est exigible.

Mais en doit-il être ainsi quand le créancier n'est pas intervenu au contrat passé entre l'assuré et l'assureur, ou bien quand l'acceptation avant le décès du souscripteur de la police n'est point certaine?

Il faut distinguer, d'après l'opinion dominante [2].

l'assurance en cas de décès souscrite par le mari, sur sa propre tête et au profit de sa femme, alors que par sa mauvaise gestion il a irrémédiablement compromis la dot de cette dernière.

Cette décision semble être en concordance parfaite avec l'arrêt de la Cour de Cassation du 17 juin 1889 (D. P. 89, 1. 454 ; S. 90, 1. 276,) dont il a été question ici. V. *Suprà*, T. III, p. 221 et 222, note.

En pareille circonstance, quoi qu'il ait pu être dit, le mari n'agit que comme administrateur légal du patrimoine de sa femme, comme *negotiorum gestor*. La doctrine de l'arrêt du 17 juin 1889 a été très fortement attaquée parce que cette décision reconnaissait le caractère à titre onéreux à une stipulation passée par le mari à la fois dans l'intérêt de sa femme et en faveur de ses enfants ou de tous autres ayants cause dans le cas où celle-ci n'aurait pas survécu. Nous avons fait connaître précédemment (V. *Suprà* T. III, p. 322) les motifs qui devaient faire écarter cet argument. Nous n'insisterons pas. Mais nous constaterons que la difficulté sur laquelle on insiste tant dans l'intérêt de la Régie (*Journ. de l'enregistrem.*, 22.653) n'existerait pas s'il y avait eu stipulation au profit de la femme seule.

1. Il est rare, lit-on dans une intéressante étude publiée sur *Les assurances sur la vie et les droits de mutation par décès* (*Journ. de l'enregistrem.*, 22.653), que la difficulté de savoir si, en fait, le bénéficiaire de l'assurance s'est soumis soit vis-à-vis du stipulant, soit envers l'assureur à des obligations qui puissent être considérées comme le prix ou l'équivalent de l'avantage qu'il doit recueillir, ne puisse pas être résolue par l'examen des clauses de la police ou des autres circonstances de la cause. Les tribunaux usent à cet égard de leur pouvoir d'appréciation; mais tandis qu'en matière civile ils exercent ce pouvoir souverainement, ils ne peuvent, au contraire, en user en matière d'enregistrement et pour l'application de la loi fiscale que sous le contrôle de la Cour de Cassation. — Cf. *Dict. des droits d'enregistrem.*, v° *Instance*, n° 276.

La question de savoir, dit aussi le *Journal de l'enregistrement* (1897, 24.978; p. 23), si un mari qui stipule une assurance au profit de sa femme doit être considéré comme ayant agi pour son propre compte et avec l'intention de constituer à celle-ci une libéralité, ou pour le compte et comme *negotiorum gestor* de son épouse, est une pure question de fait à résoudre par l'interprétation des diverses clauses du contrat. Toutefois, dans cette interprétation il n'est pas permis au tribunal de méconnaître les caractères essentiels du contrat soumis à son examen, et c'est en cela que la Cour de Cassation peut utilement exercer son droit de contrôle et de révision sur les décisions rendues en cette matière par les juges du fond.

2. Il convient de mentionner ici un système dissident (Béchade : *op. cit.*, p. 191 et 192).

Lorsque le souscripteur de l'assurance l'a contractée au profit d'un assuré pour se libérer, il importe peu que le bénéficiaire ait été désigné dans la police ou plus tard, qu'il ait accepté ou non, du vivant de l'assuré, l'offre qui était faite. Le contrat n'avait pas besoin de cette condition pour être parfait, car l'assuré ne pouvait aliéner un droit exclusivement personnel : celui de renouveler l'assurance chaque année, et de retirer à chaque ins-

Quand le créancier se trouve mentionné dans la police, comme il y a là une stipulation pour autrui dans les termes de l'art. 1121 C. Civ.[1], lorsque l'acceptation se produit, elle rétroagit au jour même où le contrat a été formé, d'après l'opinion universellement admise[2], le droit au capital doit être considéré comme n'ayant jamais été dans le patrimoine de l'assuré[3], mais, au contraire, comme ayant toujours été la propriété du créancier : dès lors, aucun droit de mutation par décès n'est dû par l'assuré qui, en touchant la somme à la caisse de la Compagnie, perçoit sa propre chose, ni par les héritiers du *de cujus* puisque le patrimoine de ce dernier n'a jamais possédé le bénéfice de l'assurance.

De ce que l'avenant produit au point de vue de l'attribution du bénéfice les mêmes effets que la police[4], il suit que le créancier dont le

tant son consentement, puisque c'est sur sa tête que repose l'assurance. Aucune distinction ne saurait être faite, à cet égard, dans ce système : il suffit que le créancier vienne, dans les conditions prévues, au bénéfice de l'assurance lors du décès du souscripteur.

L'on ne saurait, dit-on encore, opposer que la Cour de Cassation a, le 19 juillet 1870, décidé qu'un prix de vente d'immeubles délégué par le vendeur aux créanciers inscrits doit être assujetti au droit de mutation par décès comme faisant partie de la succession du vendeur, s'il n'est pas justifié que la délégation ait été acceptée avant le décès par les créanciers délégataires, le créancier étant mort, à défaut d'acceptation, dans la plénitude de ses droits (Naquet : *op. cit.*, n° 995).

Il existerait entre les deux espèces une différence s'opposant à toute assimilation.

Dans l'affaire soumise à la Cour de Cassation, le prix des immeubles restait dans le patrimoine du vendeur tant que la délégation n'était pas devenue parfaite, et, l'acceptation des créanciers faisant défaut, sa dette envers eux n'avait pu s'éteindre d'autant ; or, comme les dettes ne se déduisent pas de l'actif pour le paiement des droits de succession, ils étaient exigibles tant sur le prix de la vente que sur les autres valeurs héréditaires. Mais dans une assurance sur la vie au profit d'un créancier, souscrite pour se libérer, si le bénéfice qui lui est concédé n'a pas été accepté par lui, c'est que la nature même du contrat s'y oppose, c'est qu'aucune créance n'en résulte qui soit susceptible de compenser, du vivant de l'assuré, une dette préexistante ; en un mot, l'acceptation ne saurait être exigée, parce qu'elle est inefficace.

Aussi, concluent les partisans de ce système, il suffira que le créancier justifie par tous les moyens en son pouvoir que l'assurance n'avait été souscrite à son profit par le *de cujus* que pour sa libération. Toute idée de transmission à titre gratuit se trouvera alors écartée quant au bénéficiaire ; et les héritiers ne seront tenus au paiement du droit de mutation par décès que pour la portion du capital assuré qui excédera la dette de leur auteur.

1. La stipulation pour autrui peut intervenir aussi bien à titre onéreux qu'à titre gratuit. V. notamm. Trib. civ. Seine, 3 mai 1873, D. P. 74. 5. 206 ; Cass., 27 mars 1888 ; S. 88. 1. 130 ; D. P. 88, 1, 193.

2. V. ce qui a été dit précédemment dans ce *Traité*, T. II, p. 112.

3. En ce sens, Cass., 2 juillet 1884 (S. 85. 1. 11 ; D. P. 85. 1. 130) et jurisprudence constante ultérieure.

4. Cf. ce *Traité*, T. I, p. 229.

Il est certain, en effet, qu'après avoir attribué le profit de l'assurance à un tiers par la police même, l'assuré qui signe un avenant pour rendre une autre personne créancière de l'assureur confère à cette dernière un droit aussi privatif que si dès le début le droit au capital assuré avait été réservé au titulaire de l'avenant.

nom est mentionné dans un avenant a une situation juridique analogue à celle qui résulte de la police elle-même ; l'acceptation, même intervenue postérieurement, rend, dès le jour de la signature du contrat, le créancier propriétaire du droit au bénéfice ; partant, il n'est point dû de droits de mutation.

Le caractère de stipulation pour autrui ne peut être reconnu qu'autant que le créancier a été indiqué soit dans la police, soit dans un avenant. On doit donc refuser d'admettre les effets qui découlent de l'application de l'art. 1121 C. Civ., pour un acte qui serait passé postérieurement au contrat, mais sans l'intervention de l'assureur [1] ; en pareille circonstance il n'y a pas contrat transférant le droit au capital assuré ; il n'existe qu'une simple pollicitation ; cette pollicitation ne revêt le caractère d'un contrat qu'après l'acceptation par ce dernier ; tant que ce dernier n'a pas manifesté son intention de profiter de l'offre, il n'a aucun droit ; son acceptation ne rétroagit point au jour où les parties ont été d'accord. A défaut d'acceptation survenue au cours de l'existence de l'assuré, la succession reste en possession de l'assurance ; c'est là une cession imparfaite avant le décès par la non acceptation du cessionnaire. Après la mort, une acceptation ne peut avoir lieu utilement du moment qu'une cession exige rigoureusement le concours de deux volontés se rencontrant. L'offre qui n'a pas été acceptée lors du décès est donc sans valeur ; le créancier ne pourra toucher le capital que si les héritiers ont fait une nouvelle offre, si elle a été acceptée et si l'assureur a été prévenu [2].

Ces mêmes principes sont applicables en matière de délégation non acceptée antérieurement au décès [3]. Ainsi, quand le créancier délégataire n'a pas accepté avant la mort du signataire de la police, la Régie peut réclamer les droits de mutation soit aux héritiers, soit au bénéficiaire à titre gratuit indiqué dans la police, s'il a fait lui-même acte d'acceptation, à moins, cependant, que l'attribution au créancier, quoique restée sans effet, ne puisse être considérée comme une révocation dans les termes de l'art. 1038 C. Civ., cas auquel le droit incomberait aux héritiers.

<hr>

Cette solution ne souffre pas de difficulté ; la jurisprudence le reconnaît sans aucune hésitation. — V. notamment Cass., 16 janvier 1888, S. 88, 1. 121 ; D. P. 88, 1, 75 ; Cass., 22 février 1888, S. 88, 1, 130 ; D. P. 88, 1, 198 ; Besançon, 2 mars 1887, S. 87, 2, 213 ; D. P. 88, 2, 1.

1. Cass., 10 novembre 1874, D. P. 75, 1, 248.

2. Dans la pratique, les Compagnies font signer la quittance à la fois par le créancier et par les héritiers, car la première offre étant sans effet, le consentement de ceux-ci est indispensable pour le paiement.

3. Il a été décidé (Cass., 19 juillet 1870 ; S. 71, 1, 35 ; D. P. 71, 1, 86), qu'un prix de vente d'immeubles, délégué par le vendeur aux créanciers inscrits, fait partie de la succession du vendeur et doit être assujetti au droit de mutation, s'il n'est pas justifié que la délégation ait été acceptée avant le décès par les créanciers délégataires, le délégant étant mort, à défaut d'acceptation, dans la plénitude de ses droits.

La Régie doit tenir compte de toute acceptation qui s'est produite avant le décès et de quelque manière qu'elle ait été donnée, mais il faut essentiellement que le doute ne soit pas possible[1]. Cette acceptation pourra être établie la plupart du temps : d'ordinaire, le créancier se fait remettre la police dont le bénéfice ne lui a été attribué qu'avec son consentement et l'on trouvera presque toujours un écrit ou un fait manifestant son acceptation.

Si, par exception, la disposition faite en faveur du créancier avait le caractère d'un legs particulier et si ce legs avait été accepté, la créance disparaîtrait devant le legs et le créancier, devenu légataire, serait soumis au droit de mutation par décès[2].

Les solutions qui précèdent sont une des applications de ce principe général que les droits de mutation par décès sont dus sur l'actif brut, sans déduction des dettes.

Rien n'interdit à un assuré de convenir que la Compagnie versera au créancier seulement la somme qui sera encore due lors du décès : il faut, en effet, prévoir le cas où le débiteur se libérerait en partie. L'opération intervenue dans ces conditions n'en est pas moins une stipulation pour autrui dont l'effet est limité à la somme qui reste due au créancier. Le créancier qui touchera cette somme la percevra donc comme en ayant toujours été propriétaire : il ne devra aucun droit de mutation.

Mais pour le surplus de ce que la Compagnie a versé, c'est-à-dire pour la partie de la somme qui excéderait le montant de ce qui est dû au créancier, le Fisc sera en mesure de réclamer le droit de mutation aux héritiers puisque le patrimoine du défunt a conservé tout ce qui dépassait le chiffre de la dette du *de cujus*[3].

La quittance délivrée à l'assureur doit être cet elle l'est toujours signée à la fois par le créancier et par les héritiers. Il est indispensable aussi qu'elle fasse mention de la répartition, c'est-à-dire indique combien, sur le capital payé par la Compagnie, revient au créancier et combien doit appartenir à la succession. En cas d'omission à ce sujet, les héritiers sont tenus de justifier du montant de la somme recueillie par le créancier.

Pareillement, si le créancier a été indiqué dans un écrit autre que la police même ou un avenant, ils sont obligés d'établir que ce créancier a réellement accepté avant la mort du débiteur.

Lorsque l'assurance a été contractée en garantie d'une dette, pour rembourser un créancier en totalité ou en partie, le créancier doit non seulement intervenir à la confection de la police ou de l'avenant sous-

1. Garnier : *Rép. gén. de l'enreg.*, *loc. cit.*, n° 16.363.

2. *Journ. de l'enreg.*, n° 8259. Sol., 14 août 1867 ; *Rép. périod. de l'enreg.*, 2586. Maquet : *op. cit.*, n° 1014 ; Demante : *op. cit.*, p. 195 et 197.

3. Sic, Maguéro : *Traité alphabet. des droits d'enregistrement*, etc., v° *Succession*, n° 178.

crit à son profit, mais aussi et surtout accepter, pour empêcher la substitution d'un autre bénéficiaire [1].

Si, après avoir accepté, le créancier meurt sans que la dette contractée vis-à-vis de lui ait été éteinte, ses héritiers ou ayants droit sont appelés à percevoir et jusqu'à concurrence de ce qui était dû à leur auteur, le capital assuré représentant le montant de la créance. Recueillant le profit de la stipulation, le droit au capital assuré stipulé avec le patrimoine du créancier dont il a fait partie intégrante, ces héritiers ou ayants droit doivent, à ce moment, acquitter le droit de mutation. Par l'effet du décès de leur auteur ils deviennent propriétaires véritables de la somme promise par la Compagnie au lieu et place du créancier qu'ils représentent. Mais aussi, et c'est là la conséquence nécessaire, quand l'assuré débiteur viendra à mourir, lorsqu'ils toucheront à la caisse de la Compagnie la somme que la police garantissait à leur auteur comme sûreté de la dette, ils n'auront aucun impôt à payer : à ce moment ils ne seront plus, en effet, que des bénéficiaires à titre onéreux [2].

Les polices d'assurance sur la vie peuvent être cédées purement et simplement soit dans les formes prescrites par le droit civil, conformément aux art. 1689 et 1690 C. Civ., [3] soit dans la forme admise en matière commerciale, en d'autres termes par endossement [4].

Dans le premier cas, la Régie ne saurait se prévaloir de l'inobservation des formalités édictées par les articles 1689 et 1690 C. Civ. pourtant rigoureusement exigées [4]. Les tiers peuvent seuls exciper d'une omission de ce chef : or, l'on a toujours et avec raison dénié le caractère de tiers à la Régie. Elle n'est pas, en somme, des personnes ayant intérêt légitime à écarter la cession pour faire maintenir des droits ou des avantages acquis depuis sa passation. Il semble acquis aujourd'hui que l'Administration de l'enregistrement ne peut pas plus méconnaître une délégation ou une cession non signifiée ou non acceptée par acte authentique qu'elle ne pourrait réputer nulle et non avenue une vente d'immeuble non transcrite [5]. A l'égard de la Ré-

---

1. Le droit de mutation par décès doit être réclamé aux héritiers quand l'assurance n'a été passée que comme garantie de la dette, conformément à l'art. 2071 C. Civ. C'est qu'en pareille circonstance le créancier n'est guère que dans la situation d'un créancier pupiste (art. 2073 et 2078 C. Civ.); par le seul fait du décès, la Compagnie n'est pas tenue fatalement, nécessairement de lui remettre la somme dont elle a assumé le paiement.

2. Dumaine : *op. cit.*, p. 197.

3. Ces termes sont indépendants, bien entendu, de la transmission par avenant ou même par la tradition.

4. Il n'est pas nécessaire de faire observer que pour être valable la cession doit être faite du consentement de l'assuré.

5. Herme : *op. cit.*, p. 181; Tissier : *op. cit.*, p. 195. Couteau : *op. cit.*, T. II, p. 389, etc. — V. notamm. Trib. civ. Seine, 31 août 1877; *Journ. des assur.*, 77, 431; Rennes, 23 juin 1879, D. P. 79, 2, 155; Trib. comm. Seine, 20 mars 1888, *Rev. périod. des assur.*, 88, 121.

6. *Dictionn. de l'enreg.*, v° *Délégation*, n° 388; Naquet : *op. cit.*, n° 99; Dumaine : *op. cit.*, p. 199.

gie il y a cession toutes les fois que les prescriptions de l'art. 1583 C. Civ. sont observées, c'est-à-dire qu'il y a eu accord sur la chose vendue et sur le prix.

Au cas de cession par voie d'endossement, la Régie tient compte exclusivement de l'endossement effectué conformément à l'article 137 C. Comm., parce qu'alors il y a, non pas procuration, mais réellement transport. C'est absolument logique[1]. Un endossement qui ne serait pas régulier, par exemple qui n'exprimerait pas la valeur fournie, conformément à l'article 138 C. Comm., ne lui serait pas opposable[2].

Enfin la police peut être cédée en garantie et nantissement.

Suivant une très judicieuse remarque[3], il n'est pas possible de donner une solution générale : tout dépend des faits et circonstances de la cause. Néanmoins il est permis de dire que s'il apparaît que le transport de la police constitue une cession soumise à une condition résolutoire (versement total ou partiel du capital assuré aux héritiers ou à toute autre personne désignée en cas de libération intégrale ou partielle du débiteur à son décès), condition non réalisée, et, d'autre part, que s'il y avait, au contraire, une condition suspensive (reconnaissance du droit du créancier au capital assuré seulement jusqu'à concurrence

---

Est-il nécessaire de faire observer que l'acte de cession a date certaine par le fait de la mort du cédant ?

1. Comp. Dijon, 3 avril 1874 ; S. 76, 2, 319. D. P. 78, 2, 18. — Paris, 16 décembre 1876; D. P. 78, 2, 18.

Assurément de longue date l'on a réclamé l'abrogation sinon de toutes les formalités édictées par le Code de Commerce, au moins de quelques-unes (Frémery : *Études de dr. commerc.*, Paris, 1833, p. 124 et 125. Boistel-Veyrières et Demangeat : *Traité de dr. commerc.*, T. II, p. 55. Lyon-Caen et Renault : *Traité de dr. commerc.*, T. IV, nos 82 et 124 ; Michoud... Note. *Annales de dr. commerc.*, 1889, p. 163). Mais ce n'est pas une ... ou parce que l'assurance sur la vie n'a pas été réglementée par le législateur pour admettre une dérogation à la disposition impérative de l'art. 137.

2. Sauf, bien évidemment, comme cela a été jugé (Paris, 13 décembre 1876, D. P. 78, 2, 18), le droit pour le porteur de la police d'établir que, malgré tout, il y a eu en réalité une valeur fournie. — V. ce que nous avons dit dans ce *Traité*, T. II, p. 177.

L'assuré, a-t-on noté (Béchade : *op. cit.*, p. 195), n'a jamais pu céder que sa réserve, relativement au montant de l'assurance, toute cession aurait été nulle comme soumise à une condition purement potestative de sa part, puisqu'il ne dépendait que de lui de faire tomber l'assurance. Mais si le cédant a persisté, jusqu'à son décès, dans sa volonté de conserver le bénéfice de l'assurance au cessionnaire, celui-ci sera admis à prouver par l'acte qui constate la cession ou, à défaut, par tout autre moyen, quelle était l'importance de la réserve au moment de la cession, et quelle valeur de réduction elle représentait. Il aura donc recueilli à titre onéreux la portion du capital assuré qui correspond à cette valeur de réduction. A cet égard, il est entièrement exonéré de l'impôt. Quant au surplus, s'il y a lieu, il sera aussi admis, comme tout autre bénéficiaire, à prouver qu'il a acquitté les primes, et s'il est reconnu avoir ainsi payé le prix de l'assurance il ne devra pas plus le droit de succession que celui qui a contracté une assurance sur la vie d'un tiers ne le doit au décès de ce dernier. — En ce sens, Typaldo Bassia : *op. cit.*, p. 217 et 248.

3. Domaine : *op. cit.*, p. 201.

de la somme due à cette époque), condition réalisée, l'on doit considérer qu'il y a eu cession pure et simple rendant impossible toute réclamation du droit de mutation pour le capital ou la fraction du capital appartenant au créancier garanti.

Au cas de nantissement soit civil, soit commercial, l'assuré reste propriétaire du gage. Donc, lorsqu'au moment du décès du souscripteur d'une police passée en sa faveur le créancier touche le capital assuré, il reçoit quelque chose provenant de la succession : les héritiers doivent alors, sur le produit de l'assurance, acquitter les droits de mutation. Il importe peu qu'ils ne recueillent rien puisque dans l'état actuel de la législation, le passif ne se déduit pas quand il s'agit du paiement des droits dus au fisc [1].

§ 3. — Assurance sur la tête d'un tiers ; sur deux têtes au profit du survivant. — Payement des primes par le bénéficiaire ou par un tiers.

A. — *Assurance sur la tête d'un tiers.*

Lorsqu'une personne contracte une assurance sur la vie d'autrui à son profit ou au profit d'un tiers, il n'est pas douteux qu'elle stipule pour elle-même : le capital assuré qui sera payable au décès de l'individu sur la tête de qui repose l'assurance ne peut qu'être sa propriété personnelle ; dans la réalité des choses il n'existe aucune transmission quand arrive le décès.

Une raison semble déterminante : l'assuré qui traite sur la tête d'un tiers verse chaque année à la Compagnie la prime annuelle ; le bénéfice lui est acquis à titre onéreux, il est acheté par ce service de la prime : or, la loi du 21 juin 1875 ne concerne que les assurances contractées à titre gratuit.

La loi de 1875, à en prendre le texte à la lettre, semble, à la vérité, exiger la perception du droit de mutation : elle impose ce droit toutes les fois que l'assureur est obligé de remettre une somme convenue à l'occasion du décès de l'assuré [2]. Mais le bon sens proteste contre une telle interprétation qui, s'inspirant des termes de la loi de 1875, abstraction faite des travaux préparatoires, déciderait que l'assureur devant verser une somme à raison de la mort de celui qui est l'objet de l'assurance, le signataire de la police devrait le droit de mutation. Il est indéniable que la loi de 1875 est inapplicable, qu'elle concerne exclusivement le cas où la qualité de contractant ou souscripteur de la police et celle d'assuré sont réunies sur la même tête [3]. L'assuré ne

1. Dumaine : *op. cit.*, p. 201 ; Béchade : *op. cit.*, p. 194.
2. Taudière : *op. cit.*, p. 213.
3. Malgré sa tendance à étendre la portée de l'article 6 de la loi du 21

joue qu'un rôle purement passif : il ne s'opère aucune transmission de l'assuré au contractant [1].

Toutefois il peut se faire que des droits de mutation soient exigibles en présence d'une assurance souscrite par une personne sur l'existence d'un tiers.

Lorsque la personne qui a signé le contrat meurt avant celle sur la tête de laquelle l'assurance avait été conclue, les héritiers ou ayants cause, au cas où la stipulation a été passée à la fois dans l'intérêt du stipulant et dans l'intérêt de ses représentants [2], ont la faculté de maintenir le contrat en continuant le service des primes [3]. Si ces héritiers ou ayants cause ne doivent rien à l'occasion du décès de leur auteur, leur créance contre la Compagnie n'étant pas absolument certaine puisque le contrat peut être rompu par le fait de l'individu qui constitue la matière de l'assurance, par exemple en cas d'aggravation de risques, au contraire quand le décès interviendra et se produira dans les conditions normales prévues par la police, le droit de mutation sera dû, sauf bien entendu, déduction des primes payées par ces représentants. Le droit ne peut être calculé que sur les primes acquittées par le défunt parce que c'est seulement de ce montant dont ils ont été gratifiés.

En second lieu, les héritiers ou ayants droit peuvent trouver que le service des primes est trop lourd et qu'il est préférable, le stipulant ayant déjà versé au moins trois primes annuelles, de laisser réduire le capital. Au moment où arrivera cette réduction, réduction qui se produira *ipso facto*, ils n'auront aucun droit à acquitter, par le motif que le capital réduit est payable seulement au décès et que l'on ignore encore si une circonstance imputable à l'assuré ne libérera point l'assureur. C'est uniquement lors du paiement que la Régie pourra exiger les droits de mutation.

Enfin ces héritiers ont la faculté de réclamer le rachat après l'acquittement de trois primes annuelles par leur auteur. C'est là un

juin 1875, la Régie l'a reconnu. — En ce sens, Sol., 8 août 1883, *Rép. périod. de l'enreg.*, 6229.

1. Béchade : *op. cit.*, p. 198 ; Typaldo Bassia : *op. cit.*, p. 219.

Par Solution en date du 11 mai 1891 (*Journ. des assur.*, 93, 97), la Régie a décidé que l'on ne saurait attribuer la qualité d'assuré à la personne sur la tête de laquelle l'assurance est contractée par un tiers qui s'engage à payer les primes et que, dès lors, le décès de cette personne ne saurait donner ouverture à un droit spécial sur le capital de l'assurance qui ne fait pas partie de son patrimoine.

2. Si l'assurance avait été souscrite en faveur du stipulant seulement, le prédécès de la personne sur la tête de laquelle elle a été faite mettrait nécessairement fin à l'opération, car il n'y aurait personne en état de recueillir le capital promis par la Compagnie.

3. C'est même ce qu'ils ont de mieux à faire quand l'assuré n'a pas versé au moins trois primes annuelles ; en pareille occurrence, en effet, d'après une clause impérative de la police, clause qui se justifie à tous les points de vue, comme il a été dit précédemment (T. III, p. 19 et 27) la Compagnie ne doit rien, ni capital réduit, ni valeur de rachat.

émolument que leur procure le décès de ce dernier et un émolument qu'ils acquièrent gratuitement; en effet, ils n'ont pas eu à payer de prime; la somme représentant la valeur de rachat doit, dès lors, être comprise dans la déclaration de succession et les droits de mutation sont exigibles.

On peut, d'autre part, en se chargeant du service des primes soit complétement, soit en partie, stipuler qu'au décès d'une personne déterminée, une somme sera versée par une Compagnie d'assurances à un tiers. Le droit au capital ne s'ouvrant pas au décès du souscripteur de la police, l'Administration de l'enregistrement n'a rien à percevoir quand il disparaît. C'est uniquement lorsque meurt la personne sur la tête de laquelle l'assurance a été conclue que l'Administration peut agir. Ce qui existe c'est une donation entre vifs, du moment que le bénéficiaire a acquis le capital sans avoir à supporter les primes. La perception du droit proportionnel sera subordonnée à la présentation à l'enregistrement d'un acte ou écrit emportant reconnaissance du don, par application de l'art. 7 de la loi du 5 juin 1850 [1].

Aucun droit de mutation n'est exigible au cas de décès d'une personne qui, d'accord avec une autre, aurait souscrit une assurance au profit du survivant. Il n'y a, en réalité, qu'une assurance sur la tête d'un tiers [2].

B.	*Paiement des primes par le bénéficiaire de l'assurance ou par un tiers.*

Le bénéficiaire peut se charger parfois de payer les primes. C'est une combinaison à recommander lorsque la solvabilité de l'assuré ou

---

1. *Quid* au cas où l'assurance souscrite par un tiers, tout en portant sur la tête d'une personne, stipulerait le capital payable *à l'ordre* de cette personne ou bien en faveur de ses héritiers?

La Régie estime qu'il y a là une libéralité et que, par suite, en cas d'acceptation, le droit de donation serait exigible. Sol., 8 août 1883, *Rép. pér. de l'enreg.*, 6229.

Seulement, elle semble admettre qu'une exception doit être édictée quand il s'agit d'une assurance souscrite par un père et une mère sur la tête de leur fils mineur, et stipulée payable à l'ordre de celui-ci ou de ses héritiers. La stipulation de la police ne saurait équivaloir à l'acceptation permise au père et à la mère du mineur, à l'égard des libéralités émanées de chacun d'eux. D'autre part, les polices ne sont pas présentées à la formalité de l'enregistrement; il n'y a pas lieu, par conséquent, de faire acquitter actuellement le droit de donation entre vifs, à moins que l'existence de la libéralité ne soit régulièrement établie. — Conf. Dumaine : *op. cit.*, p. 207 et 208.

2. Il y a lieu de mentionner une Solution du 11 mars 1891 (*Rev. du notar. et de l'enreg.*, 8,880) disposant qu'au cas où une personne, après avoir stipulé qu'un capital serait payé à son fils à une date déterminée, et si ce fils décédait auparavant, à un autre parent, le décès du premier bénéficiaire survenant avant le terme prévu au contrat, il n'y a pas ouverture au droit de mutation par décès sur la somme qui échoit ainsi au second bénéficiaire.

ses dispositions donnent des craintes pour le maintien du contrat[1]. Ce bénéficiaire qui a assumé cette charge paraît se trouver dans la même situation que celui qui traite sur la tête d'un tiers et qui, en réalité, est le véritable bénéficiaire puisque c'est à lui que l'assurance profitera, l'assuré jouant, en pareil cas, un rôle purement passif en quelque sorte, du moment qu'il ne stipule pas pour lui-même et ne transmet rien au bénéficiaire et cela par l'excellente raison qu'il n'acquiert rien. Dès lors, quand le bénéficiaire paie des primes, le capital qu'il touche ne représente pas une libéralité[2].

C'est l'application de la loi du 21 juin 1875, qui ne considère pour la perception de l'impôt que les sommes dues à raison du décès de l'assuré.

1. En droit ceci n'est pas douteux. V. notamm. en ce sens Angers, 28 décembre 1881, D. P. 83, 2, 105; Cass., 19 janvier 1880; D. P., 80, 1, 468. Il importe peu à la Compagnie, en effet, que le montant de la prime provienne de la caisse de l'assuré ou de la caisse d'un tiers. Ce qu'il faut seulement, c'est que ce paiement qui maintient le contrat soit effectué avec le consentement de l'assuré, le contrat d'assurance sur la vie étant absolument personnel.

2. Béchade : op. cit., p. 201, Typaldo Bassia : op. cit., p. 221; la même doctrine est présentée comme ne faisant aucune difficulté par le rédacteur de l'intéressant article publié en 1889 dans le *Journal de l'enregistrement* (art. 22.653) sous ce titre : *Des assurances sur la vie; droits de mutation par décès.*

Dans son remarquable ouvrage (op. cit., p. 209 et 210), M. Dumaine a fourni une excellente réfutation de l'opinion qui tendrait à soutenir que le bénéficiaire a payé *la dette* du contractant, qu'il a, dès lors, une action en répétition contre lui, mais qu'il n'en est pas moins donataire de la totalité de l'assurance, qu'il a fait une simple *avance* constituant une charge de la succession de l'assuré et ne pouvant être prise en considération pour la liquidation du droit de mutation par décès.

Le paiement de la prime est facultatif : c'est là un des signes distinctifs du contrat d'assurance sur la vie (V. ce *Traité*, T. Ier, p. 155) : celui qui en verse le montant n'acquitte point une dette. Le bénéficiaire qui soupçonne que l'assuré va laisser tomber le contrat en ne remplissant pas l'obligation qui lui incombe peut, pour maintenir la police, se substituer à l'assuré, faire ce que ce dernier pourrait faire, mais il n'acquitte point une dette pour lui puisque l'assuré n'est nullement tenu : dès lors, un recours ne saurait être reconnu. Si le bénéficiaire est un créancier au profit duquel l'assurance a été souscrite à titre de dation en payement, le contractant peut s'être obligé envers lui, par une convention spéciale, à payer exactement les primes mais ce genre de contrat ne tombe pas sous l'application de la loi du 21 juin 1875. Il n'est question ici que du bénéficiaire *à titre gratuit*; or, ce dernier, à partir du jour où il commence à payer les primes, devient, en fait, le véritable contractant, et, d'un autre côté, il cesse d'être bénéficiaire à titre gratuit à l'égard de cette fraction du capital assuré qui va correspondre désormais aux primes payées de ses deniers.

On lira avec non moins intérêt ce que M. Dumaine dit du système qui défend la perception en opposant l'idée de *la propriété apparente*.

Toute la jurisprudence fiscale, relative à la propriété apparente, repose sur l'art. 1341 C. Civ., aux termes duquel il n'est reçu aucune preuve par témoins contre et outre le contenu aux actes, ni sur ce qui serait allégué avoir été dit avant, lors et depuis les actes.

Ces principes sont sans application dans la matière.

La police ne confère que des droits de propriété éventuelle. Que dit cet écrit? Que X... a contracté une assurance sur la vie et qu'il a payé *la première prime*; quant aux autres primes, il n'a pris aucun engagement obligatoire; or, en matière d'assurance sur la vie, la première condition pour que le contractant acquière pour les siens le bénéfice total du contrat, c'est qu'il

Mais le droit de mutation est exigible en présence d'un accord intervenu entre l'assuré et le bénéficiaire pour mettre les primes à la charge du dernier sous réserves de remboursement. L'impôt est dû lors du décès. Le droit de mutation se calcule sur la totalité de la somme versée par l'assureur. Il n'y a pas lieu de déduire les primes acquittées chaque année par le bénéficiaire : elles ne constituent, d'ailleurs, qu'une dette de la succession de l'assuré[1].

De même que la Régie ne peut rien réclamer quand les primes, bien que stipulées payables par le souscripteur de l'assurance, sont acquittées par le bénéficiaire, de même si le signataire de la police décède elle est hors d'état d'exiger le droit de mutation du tiers autre que le bénéficiaire qui a acquitté les primes dans l'intérêt du bénéficiaire.

Mais une question fort délicate se pose à l'occasion de l'acceptation de la libéralité par le bénéficiaire.

On a soutenu[2] que les bénéficiaires désignés à titre de libéralité indirecte ne sauraient, en acceptant la disposition, acquérir le droit de contraindre l'assuré à payer les primes, du moment où la Compagnie, principale contractante, n'a pas elle-même cette faculté, que le droit de propriété demeure donc à la merci de l'assuré pendant toute sa vie. A l'appui de cette opinion on a fait valoir[3] que le bénéficiaire n'a pu accepter le contrat *que tel qu'il est*, et, à moins d'un engagement formel pris envers lui à l'égard des primes, qu'il doit subir toutes les conséquences des clauses de la police, et l'on en a déduit qu'il a été saisi simplement d'un droit éventuel et conditionnel.

Mais cette solution a été contredite[4]. D'après l'art. 1121 C. Civ., lorsque le bénéficiaire a manifesté son intention d'accepter, le stipu-

ait payé toutes les primes; d'après le titre, ce payement est facultatif, et, le jour où il cesse de les payer, l'assurance est réduite. On se conforme donc exactement à la police en soutenant que, par suite de la cessation du payement des primes, la valeur de réduction fait seule l'objet de la libéralité en faveur du bénéficiaire. Le surplus appartient personnellement à ce dernier comme provenant des primes qu'il a lui-même payées.

Aucun doute n'est possible si la police a été modifiée par un avenant portant que les primes seront désormais payées par un tiers, car l'avenant forme un nouveau traité passé avec l'assureur. Mais cet écrit est-il nécessaire? Ne suffit-il pas aux héritiers ou aux bénéficiaires de prouver, lors du décès, que l'assuré n'a pas payé lui-même toutes les primes et qu'ils ne tiennent pas de lui, par conséquent, la totalité de l'assurance? D'après la police elle-même, le droit conféré par l'assuré ne pouvait exister que dans la mesure des primes payées.

Il semble donc qu'on se conforme au titre et à la nature spéciale du contrat en décidant que la portion du capital provenant des primes qui n'ont pas été payées par l'assuré, ne peut être considérée comme faisant partie de sa succession.

1. Sol., 19 août 1878, *Journ. enreg.*, 21, 723; D. P. 80, 3, 168. — V. aussi l'étude insérée *Journ. de l'enregistrem.*, 1886, 22.633 (p. 341).

2. Instr. gén., n° 2562-2.

3. Dumaine : op. cit., p. 242.

4. Note, *Revue du Notar.*, 5218.

lant est lié, il est désarmé; l'acceptation[1] s'est produite, le contrat est parfait, la créance appartient au bénéficiaire; le contractant n'a plus la faculté d'abandonner le contrat en cessant de payer les primes. Reconnaître au souscripteur de la police la possibilité de faire rompre le contrat en cessant de payer les primes, ce serait vouloir affaiblir, supprimer complètement les effets de l'acceptation. C'est seulement dans les institutions contractuelles, dans les termes des art. 1082 et suiv. C. Civ., que le donateur conserve le droit de disposer, autrement qu'à titre gratuit, des objets compris dans la donation. Dans l'espèce, la désignation du bénéficiaire était un acte de disposition qui est devenu parfait par l'acceptation et qui a épuisé complètement le droit du stipulant puisqu'on ne peut pas disposer deux fois du même objet; or, ce serait en disposer que de l'anéantir[2]. Si donc le bénéficiaire qui a accepté acquitte, par la suite, et en vue du maintien du contrat avec les avantages qui en découlent, les primes pour le contractant, ce dernier, ou tout au moins sa succession, pourrait être l'objet d'un recours; ce recours serait basé non point sur ce qu'une dette, la dette envers la Compagnie, aurait été acquittée, mais bien sur ce que l'obligation prise envers lui, bénéficiaire, aurait été remplie. Le droit de mutation par décès serait alors dû sur la totalité du capital assuré, sans déduction des primes payées à la décharge du contractant.

En terminant sur ce sujet, il reste à rechercher s'il y a réellement intérêt, au point de vue fiscal, à connaître, lorsqu'une portion seule-

1. L'acceptation consolide en faveur du bénéficiaire le droit au capital que la police créait en sa faveur. Et cela est si vrai que lorsque le tiers gratifié a manifesté soit implicitement, soit tacitement son intention de profiter de la stipulation l'assuré est privé du droit de substituer un autre bénéficiaire. — V. notamm. Lyon, 11 avril 1892, *Pand. fr. pér.*, 93, 2, 07 et nos remarques; Cass., 8 février 1888, S. 88, 1, 121; D. P. 88, 1, 190.

2. Herbault : *op. cit.*, p. 186.

Pour M. Béchade (*op. cit.*, p. 263), l'explication se déduit tout naturellement de cette règle que le contrat étant annuel et successif n'entraîne, entre l'assuré et le bénéficiaire, aucune obligation, et ne comporte que la vente, par la Compagnie, du risque qu'elle assume, moyennant un prix toujours payé comptant, soit par l'assuré dans l'intérêt du bénéficiaire, soit par ce dernier dans son propre intérêt, mais alors avec l'assentiment de l'assuré. Il n'y a donc eu, à partir de l'époque où le bénéficiaire a payé les primes, qu'une assurance régulière sur la vie d'un tiers, ce dont il sera justifié, pour éviter le droit de succession, par la production des quittances de la Compagnie ou par tout autre moyen de preuve.

Le même auteur a fait valoir contre le système de la Régie une objection grave (*loc. cit.*) :

La police étant considérée par l'Administration de l'enregistrement comme l'*instrumentum* du contrat, l'acte qui fixe absolument les obligations et les droits des parties établit un fait qu'elle doit tenir pour vrai : le bénéficiaire y est désigné comme donataire de la créance acquise par l'assuré sur la Compagnie. Or, ainsi que le remarque M. Garnier (*Rép. gén.*, nos 16350 et 16360), l'Administration de l'enregistrement, lorsqu'il s'agit de questions relatives à la propriété apparente, s'en rapporte toujours à l'art. 1341 C. Civ., aux termes duquel il n'est reçu aucune preuve par témoins contre et outre le contenu aux actes, ni sur ce qui serait allégué avoir été dit avant, lors et depuis les actes. — Comp. Typaldo Bassia : *op. cit.*, p. 222.

ment des primes a été acquittée par le bénéficiaire, la date à laquelle le contractant a cessé de payer les primes.

Cette date, a-t-il été prétendu[1], n'est pas indifférente au point de vue de la perception.

Au cas où le contractant, qui est en même temps l'assuré, a acquitté au moins les trois premières primes, la police a une valeur certaine, réelle même si le contrat n'est pas maintenu : un capital réduit est, au moins, dû par la Compagnie soit aux héritiers, soit au bénéficiaire[2]. Dès lors, le droit de mutation par décès est exigible de toute façon sur la portion du produit total de l'assurance payé par l'assureur, qui représente la valeur réduite[3].

À la vérité, cette solution a été fortement combattue[4] comme absolument contraire avec le mécanisme de l'assurance tel qu'il a été présenté par les partisans de cette opinion[5]. Il ne saurait être question de réserve et de réduction que du vivant de l'assuré, avant toute dévolution du bénéfice de l'assurance; la prime annuelle est, dans l'assurance d'un an, entièrement absorbée par le paiement des sinistres et la réserve n'a pas d'autre but que de pourvoir à l'insuffisance de la prime d'un an, lorsque, d'après l'âge de l'assuré, la prime annuelle uniformisée se trouve être inférieure à la prime de l'assurance d'un an. À cet égard, les primes de l'assurance sur la vie peuvent être comparées aux primes de l'assurance contre l'incendie, dont le paiement ne procure aucun avantage matériel tant qu'il ne survient pas de sinistre : les primes de chaque année ne profitent qu'aux sinistres, c'est-à-dire qu'elles sont destinées à être consommées. Par suite, le contrat étant annuel et successif, ce n'est que l'achat du dernier billet d'assurance, c'est-à-dire le paiement de la dernière prime qui a procuré l'acquisition du capital assuré, et les primes versées antérieurement ne sont pas censées y avoir contribué, puisqu'elles ont toutes été consommées pour garantir un risque qui ne s'est pas pro-

---

1. Dumaine : *op. cit.*, p. 213.

2. En fait le montant de l'assurance réduite payable au décès de l'assuré appartient à la personne (ou au patrimoine) en vue de laquelle l'assurance a été souscrite, puisque c'est au profit de l'assurance. — V. *Supra*, T. III, p. 23.

3. Bien mieux, dit-on de plus, si l'assuré n'a payé que la première ou la seconde prime, quoique le payement effectué dans ces conditions n'ait donné lieu à aucun résultat, puisque l'assureur ne consent à faire produire effet à la police qu'autant que trois primes annuelles au moins ont été acquittées, il est impossible de n'en pas tenir compte lorsqu'il a été suivi du paiement effectué soit par le bénéficiaire, soit par une tierce personne; c'est cette réunion de versements qui a maintenu le contrat. Aussi conviendrait-il de compléter le tableau de réduction des polices en divisant par trois la somme de la colonne qui représente le résultat du paiement des trois premières primes et en attribuant à la succession un tiers de cette somme, si le défunt a payé une seule prime et deux tiers s'il en a payé deux.

4. Béchade : *op. cit.*, p. 206.

5. Dumaine : *Du contrat d'assurance sur la vie et des droits de mutation par décès auxquels il donne lieu* (1re édit., Paris, 1883), p. 20.

doit dans la période qu'elles couvraient. Aussi a-t-on conclu qu'il suffit que la dernière prime ait été payée par le bénéficiaire et qu'il en justifie, pour qu'il soit exonéré de l'impôt de mutation par décès sur le montant de l'assurance.

§ 4. — Assurances mixtes et à terme fixe. Stipulation d'une rente viagère au lieu d'un capital.

L'assurance mixte est celle qui est contractée alternativement au profit du signataire de la police s'il vit à une époque déterminée, s'il dépasse un certain âge, et en faveur d'autres personnes s'il vient à décéder avant cette date. Au cas où cet assuré est mort à l'époque convenue, la police doit être considérée comme ayant toujours été une police ordinaire d'assurance en cas de décès.

Les règles de droit fiscal admises pour l'assurance pure et simple sont donc applicables en pareille circonstance.

Si l'assuré a disposé du contrat en faveur d'un tiers par un endossement à titre onéreux et si cet endossement est opposable aux héritiers ou au bénéficiaire, il n'est pas dû de droit de mutation.

L'assurance à terme fixe est celle qui procure à un jour déterminé un capital à l'assuré qui survit, à ses ayants droit s'il y a eu décès. Lorsque l'assuré meurt, les ayants droit deviennent les créanciers de la Compagnie. Par suite, ils doivent supporter le droit de mutation [1]. La taxe se calcule d'après la valeur nominale, sans tenir compte de la valeur escomptée que l'assureur fait figurer sur ses livres ou qui a été quelquefois versée immédiatement aux héritiers sur leur demande, conformément aux clauses de la police [2]. Il est, en effet, de principe, par application de l'art. 14 de la loi du 22 frimaire an VII [3], que la valeur imposable est la même pour les créances à terme qui produisent des intérêts et pour celles qui n'en produisent point.

A la vérité, il a été objecté, et cet argument méritait une sérieuse attention, que jusqu'au jour où la somme devient exigible, les bénéficiaires n'ont point à établir les conditions dans lesquelles le décès a eu lieu et qu'en l'absence de ces justifications, la dette de la Compagnie n'est pas irrévocablement certaine puisque l'on ignore si les circonstances maintiendront bien l'obligation de l'assureur.

1. Avant le vote de la loi du 21 juin 1875, il avait été décidé (Trib. civ. Avignon, 29 août 1872, *Journ. de l'enreg.*, 19.820), que le droit de mutation par décès était exigible sur la somme stipulée payable à l'assuré en cas d'existence à une époque déterminée ou, en cas de prédécès, aux ayants droit dans les trois mois de son décès.

2. Trib. civ. Prades, 28 juillet 1887, *Journ. de l'enreg.*, 23655. Sol, 13 avril 1889, *Rép. périod. de l'enreg.*, 3293. V. en ce sens : *Des assur. sur la vie, droits de mutation par décès* (*Journ. de l'enreg.*, 22.653, p. 339).

3. Cass., 24 avril 1861, D. P. 61. 1. 122. Trib. civ. Avranches, 5 août 1887, *Rép. périod. de l'enreg.*, 6966.

Cet argument n'a pas arrêté, il faut le reconnaître. En fait, a-t-on dit, il est rare que les bénéficiaires ne fournissent pas immédiatement, après le décès, les pièces nécessaires pour établir leurs droits ; ils sont tenus, d'ailleurs, de notifier ce décès à la Compagnie dans les trois mois de sa date. Mais, alors même que ces pièces ne seraient produites qu'au moment de l'échéance, il ne faut pas oublier que les diverses conditions de la police, susceptibles d'être considérées comme suspensives de l'obligation de l'assureur, ont pris fin au jour même du décès. L'événement du décès fixe irrévocablement le sort du contrat : la Compagnie payera, si on lui justifie du décès normal, prévu dans la police ; elle ne payera pas dans le cas contraire, ou, tout au moins, elle ne payera qu'une partie du capital promis. Toute condition suspensive disparaît donc par ce seul fait de la mort ; il ne reste plus qu'une question de justification, s'appliquant à des droits préexistants. Dès lors, le Fisc est fondé à réclamer immédiatement le droit de mutation, sauf au bénéficiaire, dans le cas où le décès serait un de ceux que l'assureur a entendu excepter de sa garantie, à fournir la preuve que celui-ci a annulé le contrat.

Il arrive fréquemment, dans les assurances à terme fixe, que le contractant, prévoyant le décès du bénéficiaire avant l'échéance du terme, généralement éloignée, désigne un second bénéficiaire et même un troisième comme devant toucher, à défaut du premier ou du second, le capital convenu. Pour les Compagnies et d'après les termes mêmes des polices, le seul bénéficiaire est celui qui existera à l'époque de l'échéance. Les conditions générales ont même soin de dire parfois que le rachat ne peut avoir lieu après la mort de l'assuré. Il y a donc incertitude, non sur l'existence de la créance, mais sur le point de savoir à qui cette créance appartiendra définitivement. On peut se demander, dès lors, comment le droit de mutation par décès devra être calculé, lorsque les bénéficiaires appelés éventuellement ne sont pas au même degré de parenté avec le défunt.

Il a été soutenu [1] que le tarif applicable est celui auquel est soumis le premier appelé. Il est certain, en effet, que celui-ci acquiert, par le fait du décès, un droit actuel au capital assuré : son droit, à la vérité, sera *résolu* s'il décède avant l'échéance ; mais il est de principe que la condition résolutoire qui pèse sur le nouveau possesseur ne suspend pas la mutation et ne met pas obstacle à la perception. Le droit devra donc être payé par le premier appelé, d'après son degré de parenté avec le défunt [2].

Suivant l'art. 6 de la loi du 21 juin 1875, l'impôt est dû non seulement pour les sommes, mais encore pour les rentes dues par l'assureur à raison du décès de l'assuré. Par conséquent, le droit de mutation

1. Dumaine ; *op. cit.*, p. 217.
2. Sol., 15 avril 1889, *Rép. périod. de l'enreg.*, 7293. — Comp. Cass., 26 novembre 1883, D. P. 84, 1, 178 ; S. 85, 1, 35.

est exigible aussi bien quand, à l'occasion du décès d'un contractant, la Compagnie doit payer une rente viagère, que lorsqu'il s'agit du versement d'un capital. Le doute est impossible en présence des termes formels de la loi.

Il ne s'élève que sur le mode de calcul. On est loin d'être fixé à ce sujet. *A priori*, rien n'indique s'il y a lieu de prendre pour point de départ la somme que le crédi-rentier aurait dû verser s'il avait acheté de la Compagnie une rente égale, le jour où est mort l'assuré; si, au contraire, l'on doit réunir toutes les primes acquittées par le signataire de la police ou si, enfin, il convient de s'en tenir au capital formé de dix fois la rente.

Il est de jurisprudence constante [1], malgré les critiques qui ont été formulées à cet égard [2], que, d'après l'art. 14, § 7 de la loi du 22 frimaire an VII, la valeur imposable de la propriété des biens meubles transmis à titre gratuit, entre vifs ou par décès, se détermine, pour les cessions et transports de rentes perpétuelles ou viagères, par le capital constitué, quel que soit le prix stipulé pour le transport ou l'amortissement. On peut se demander si cet art. 14, § 7 de la loi de l'an VII est applicable dans l'espèce, s'il existe bien un capital constitué dans le sens de la loi fiscale, ou si, au contraire, il n'y a pas lieu de faire intervenir l'art. 14, § 9 de la même loi, d'après lequel la rente viagère créée sans expression de capital se capitalise par dix pour la perception.

Cette dernière opinion a été soutenue [3].

1. Cass., 28 messidor an XIII et 4 mai 1807; Garnier : *Rép. gén. de l'enreg.*, 16,591 et 16,592.

2. *Dict. de l'enreg.*, v° *Succession*, n° 1716.

3. Elle a été très clairement résumée en ces termes par M. Dumaine (*op. cit.*, p. 219 et 221) :

Par capital constitué, il faut entendre la somme qui a été déboursée pour l'acquisition de la rente; mais lorsqu'on paye les primes d'une assurance sur la vie dont le bénéfice doit consister comme rente viagère, paye-t-on réellement le prix de cette rente? Cette question en entraîne nécessairement une autre : qu'est-ce qu'une prime d'assurance?

On répond avec Pothier (*Traité du contrat d'assurance*, n° 2), que la prime est le prix du risque, c'est-à-dire la somme moyennant laquelle l'assureur déclare qu'il fait sa propre affaire d'un danger déterminé auquel une chose est exposée. Cette prime, qui est un forfait, reste acquise à l'assureur quand même aucun sinistre ne vient à se produire. Si le sinistre a lieu, l'assureur exécute l'obligation de garantie qu'il a contractée, en payant l'indemnité convenue. Il n'y a donc, en réalité, dans toute assurance, que deux obligations dont l'une est la contre-partie de l'autre : 1° obligation de l'assuré de payer la prime; 2° engagement de l'assureur de prendre les risques à sa charge. Le sinistre, s'il se produit, entraîne pour l'assureur la nécessité d'indemniser l'assuré : telle est la conséquence de l'engagement par lequel il s'était chargé des risques. Ainsi, la prime est le prix de la responsabilité assumée par l'un des contractants et, ce qui achève de le démontrer, c'est que ce dernier gagne aussi légitimement la prime quand le sinistre n'a pas lieu que lorsqu'il a lieu.

Il suit de là, dans ce système, que si la prime est le prix du risque, si elle est acquise à l'assureur dès que celui-ci a commencé à courir les risques (art. 351 C. Comm.), elle n'est pas le prix de l'indemnité; donc, étant

Mais il faut le reconnaître, ce système a été très énergiquement combattu. On a fait valoir que la prime représente, en réalité, le capital constitué, en d'autres termes la valeur imposable de la rente viagère. L'assureur, dit-on, est tenu de verser un capital déterminé si la condition prévue au contrat se réalise, c'est le risque qu'il assume ; si la prime est le prix du risque, elle est bien le prix de ce capital, de cette indemnité mise à la charge de la Compagnie. Pour la détermination de la prime, il a été tenu compte des différentes éventualités du contrat ; elle représente, de la sorte, l'intégralité du risque, la valeur même de la chose promise au moment où les parties se mettent d'accord, quand la police se signe. Il n'est pas douteux que c'est pour toucher cette prime que l'assureur consent à traiter. Quand cette prime consiste en un capital une fois payé, elle représente la chose que, comme contre-partie, l'assuré s'est fait promettre ; partant, elle est le capital aliéné passible du droit de mutation. Assurément, avec une rente viagère de *survie*, la Compagnie doit avoir en vue la possibilité de ne pas payer la rente si le bénéficiaire prédécède. Il y a là une éventualité favorable à l'assuré. Mais il y en a une autre contraire : il risque d'arriver, en effet, que le bénéficiaire vive au delà du terme probable attesté par les tables de mortalité. On fait évidemment entrer en ligne de compte ces éventualités dans le calcul de la prime, mais c'est la prime seule qui exprime le résultat de toutes les chances soit favorables, soit contraires. On conclut de là que la prime est bien le capital aliéné passible de l'impôt [1].

admis que l'assurance en cas de décès est une véritable assurance, la prime n'est pas le prix de la rente viagère, lorsqu'une rente viagère a été stipulée comme indemnité au lieu d'un capital.

Si l'on examine, a-t-on dit encore, l'origine des sommes qui servent à indemniser les sinistres, on arrive également à conclure que la prime ne peut être assimilée au capital constitué d'une rente viagère. On sait, en effet, que les primes ne sont autre chose que des cotisations versées par un certain groupe de personnes et que, dès lors, les *capitaux constitués* qui permettent à une Compagnie d'assurances sur la vie de satisfaire à ses obligations, se composent de toutes les primes d'un groupe déterminé. Il en résulte, dans l'opinion des partisans de la capitalisation par dix, que l'art. 14, § 7 de la loi de frimaire, lequel ne s'applique évidemment qu'au capital aliéné soit par le crédi-rentier, soit par l'auteur de la libéralité est sans application dans l'espèce.

La question peut paraître différente, lorsque l'assurance de rente viagère a été contractée moyennant une prime unique.

Mais, en réalité, le cas est le même. La prime unique représente, suivant les calculs des Compagnies, le montant de toutes les primes viagères qui, d'après l'âge de l'assuré, sont supposées devoir être exigibles. Ces primes viagères sont ramenées à leur valeur actuelle au moyen d'une opération d'escompte et leur total forme la prime unique. On ne saurait dire qu'un calcul de ce genre est impossible parce que le nombre de primes viagères est indéterminé. Pour établir leurs comptes, les Compagnies d'assurances sur la vie considèrent toute existence humaine comme devant finir à l'époque précise indiquée par les tables de mortalité ; rien n'est indéterminé, tout est mathématique. Au surplus, ce genre de calcul est un fait indéniable, puisque les Compagnies l'exécutent tous les jours.

1. Dumaine : *op. cit.*, p. 221 et 222.

Cette argumentation a paru décisive à la Régie. Quoi que l'on ait pu dire, elle semble admettre [1] qu'il faut considérer que la prime unique stipulée comme prix d'une rente viagère de survie représente le capital constitué, assujetti au droit de mutation par décès.

§ 5. Assurance contractée par un époux au profit d'un bénéficiaire autre que le conjoint.

Lorsque l'on étudie les questions qui se présentent à l'occasion de l'assurance sur la vie souscrite par des personnes mariées mais au profit de tiers autre que le conjoint, il est indispensable de distinguer le contrat intervenu avant le mariage et le contrat passé après [2].

A. — *Assurance antérieure au mariage.*

Lorsque les époux adoptent le régime de la communauté réduite aux acquêts, l'assurance, signée par l'un d'eux antérieurement à l'union, constitue un propre duquel, on le sait, consiste dans la valeur de l'assurance au jour du mariage, et un propre qui n'entre pas dans la communauté. Pour l'assurance vie entière et même pour l'assurance mixte, comme il n'y a, dans la réalité des choses, qu'une succession d'assurances d'un an, la communauté devient la véritable contractante du moment où elle a continué le paiement des primes. Quand la communauté vient à être dissoute par le décès de l'époux assuré et, par conséquent, quand le capital est exigible, il y a lieu de faire deux parts de ce capital : l'une qui est due aux primes payées par le défunt avant le mariage et qui constitue le propre; l'autre qui est due aux primes fournies par la communauté et qui constitue l'acquêt. Le propre consiste dans *la valeur de réduction* au jour du mariage; le surplus forme l'acquêt [3].

Au cas où la police a été souscrite dans l'intérêt d'un tiers déterminé, ce dernier devenant incontestablement propriétaire dès le jour où le contrat a été conclu, même en l'absence de toute acceptation à ce moment et le capital assuré n'ayant jamais fait partie du patrimoine du défunt pas plus que de la communauté, le bénéficiaire est tenu, quand le signataire de la police meurt, de payer le droit de mutation. Le paiement des primes constitue une dette mobilière qui tombe dans

---

1. Sol., 27 juin 1885; Dumaine : *op. cit.*, p. 222.

2. Il est bien entendu qu'il ne s'agit ici que de personnes mariées sous le régime de la communauté ou sous les régimes qui en dérivent. Au cas où les époux auraient adopté un régime exclusif de la communauté, il faudrait considérer l'assurance comme conclue par des personnes mariées étrangères l'une à l'autre. — Comp. ce qui a été déjà dit dans ce *Traité*, T. II, p. 354.

3. Dumaine : *op. cit.*, p. 234.

la communauté et aucune récompense n'est due, car cette dette étant entièrement commune se trouve à la charge de la communauté (art. 1409 C. Civ.)[1].

Au cas d'assurance passée primitivement en faveur d'un tiers indéterminé, puis transférée à une personne, sinon nommément indiquée, au moins désignée d'une façon suffisamment précise pour qu'il n'y ait aucun doute sur son individualité, l'on doit considérer comme propre au contractant la valeur de réduction de la police lors du mariage, par le motif que cette valeur aurait dépendu de la succession si les primes avaient cessé d'être payées à cette date, mais que le surplus doit être réputé un acquêt, pour le calcul des droits de mutation ; il faut alors lui appliquer les règles qui sont suivies pour les assurances souscrites durant le mariage.

En principe il semble que, ne pouvant invoquer aucun droit de communauté dans le capital payé par la Compagnie, le conjoint donataire serait dans l'obligation de supporter le droit de mutation par décès pour l'intégralité du capital, sauf récompense due par la succession. Mais l'acceptation du bénéficiaire désigné dans un avenant ayant incontestablement un effet rétroactif, au cas où le conjoint a été désigné de cette sorte, la récompense due par la succession ne doit porter que sur les primes payées depuis la célébration du mariage jusqu'à la date de l'avenant, période durant laquelle l'assurance a été le bien personnel du défunt[2].

Avec le régime de la communauté légale en cas d'assurance contractée avant le mariage au profit de personnes indéterminées, la

[1]. Comme le fait remarquer M. Dumaine (op. cit., p. 232), l'art. 1437 C. Civ. ne paraît pas applicable : la communauté n'a pas acquitté la dette personnelle du souscripteur de la police puisque, le payement des primes étant toujours facultatif, celui-ci ne devait rien à la Compagnie, la communauté a donc payé les primes de son propre mouvement ; d'autre part, le payement n'a pas eu lieu pour la conservation ou l'amélioration d'un bien personnel de l'époux décédé, car, par l'effet de l'acceptation du bénéficiaire, le capital assuré n'a jamais appartenu qu'à ce dernier ; il n'a fait partie à aucun moment du patrimoine du défunt, enfin ni le défunt, ni la succession n'ont retiré un profit personnel du payement des primes.

D'un autre côté, si le mari est l'auteur de l'assurance, il a pu, après le mariage, payer les primes sans avoir à en rendre compte : il tient ce droit des art. 1421 et 1422 du Code Civil.

Si l'assurance émane de la femme, le mari avait la faculté, après le mariage, d'abandonner le contrat et de cesser de payer les primes. Or, le fait d'avoir continué à les acquitter prouve qu'il a donné son consentement à la stipulation. Du moment où il l'exécute comme si elle émanait de lui-même, il ne semble pas qu'il puisse exiger ultérieurement aucune récompense de la succession de sa femme.

Telle est également l'opinion de M. Couteau (op. cit., T. II, p. 598).

La récompense serait due uniquement dans le cas où l'assurance aurait été contractée en faveur d'un enfant du premier lit ou pour doter personnellement l'enfant commun. Cf. Aubry et Rau : op. cit., T. V, § 509 et note 8.

[2]. M. Dumaine fait remarquer (op. cit., p. 234) qu'il paraît préférable comme étant plus simple et plus conforme à la nature spéciale du contrat d'assurance, d'adopter, pour la perception, la division du capital assuré en deux parties, l'une propre, et l'autre acquêt.

créance contre la Compagnie tombe dans la communauté. Aucun doute n'est possible à cet égard.

Au contraire, si la police a été souscrite en faveur d'un tiers déterminé, l'acceptation que fournira cette personne lui conférera, dès le jour même où le contrat a été conclu, un droit propre et exclusif sur le capital assuré. Si la police concerne le futur conjoint, ce dernier pourra soutenir que le bénéfice lui appartient exclusivement, qu'il a été exclu de la communauté légale[1].

Si le bénéficiaire n'a été désigné que postérieurement au mariage, l'assurance étant tombée dans la communauté légale, il y a eu, suivant le mode de désignation, donation ou legs d'un bien de communauté.

Au cas où l'époux qui a contracté l'assurance avant la célébration du mariage survit à son conjoint, il faut distinguer avec le régime matrimonial adopté : sous l'empire de la communauté réduite aux acquêts la créance contre l'assureur appartient exclusivement à l'assuré, c'est, en effet, un propre ; la communauté aura seulement le droit de réclamer une récompense à raison des primes acquittées pendant que durait la communauté et au moyen de fonds fournis par la communauté ; au contraire, quand il y a eu adoption soit expresse, soit tacite de la communauté légale, de ce que l'assurance a, par le seul fait du mariage, fait partie de l'actif de la communauté il suit que lors de la dissolution de cette communauté, la police ou, du moins, le profit devant résulter de la police appartient à la communauté pour la valeur acquise par le contrat à cette date, pour la valeur de rachat. Dès lors, le

1. C'est ce qui peut s'induire d'un arrêt de la Cour de Cassation du 10 novembre 1879 (S. 80. 1. 337 ; D. P. 80. 1. 175,) rejetant le pourvoi formé contre un arrêt de la Cour de Paris du 4 juin 1878 (D. P. 79. 2. 25). — V. *ibid.*, la dissertation de M. Levillain.

La Cour reconnaît qu'en cas de police souscrite par un assuré sur sa propre tête et au profit de sa future conjointe, cette dernière a acquis immédiatement un droit de créance à titre de libéralité, que si, d'après l'art. 1401 C. Civ., les donations mobilières entrent dans la communauté, le donateur peut émettre une opinion contraire, mais que cette opinion n'a pas besoin d'être exprimée en termes sacramentels, qu'elle peut résulter soit de l'ensemble des clauses de l'acte, soit de la nature même de l'objet donné et il en conclut que si le juge du fait a déclaré que l'intention de l'assuré était de gratifier sa femme l'on doit reconnaître qu'il y a vraiment pour la femme un propre, un bien qui n'a jamais fait partie de la communauté légale.

La solution a-t-on enseigné Bertheau (*Rép. de la pratique des affaires*, n° 654 ; Dumaine, *op. cit.*, p. 235), doit être la même toutes les fois que les circonstances ou les termes de la disposition démontrent d'une façon certaine que le mari voulait procurer à sa femme un bénéfice propre et personnel.

Il importe de noter au sujet de cet arrêt du 10 novembre 1879 que si la Cour de Cassation a décidé, le 12 février 1877 (D. P. 77. 1. 342 ; S. 77. 1. 393), que le bénéfice d'une police d'assurance sur la vie passée par une femme mariée sous le régime de la communauté réduite aux acquêts, police d'après laquelle une certaine somme était payable, lors de son décès, à son mari ou à l'ordre de l'assurée, devait être compris dans l'actif de la communauté, cette décision, qui s'appliquait, d'ailleurs, à une hypothèse différente, était fondée sur l'appréciation des juges du fait qui avaient déclaré que les termes de la police n'établissaient pas que la femme ait eu l'intention de gratifier son mari. — V. la note. D. P. 77. 1. 342.

conjoint survivant, pour reprendre la propriété de l'assurance, doit nécessairement tenir compte de cette valeur à l'actif de la communauté.

Il y a là des situations dont la Régie ne saurait faire abstraction.

B. — Assurance postérieure au mariage.

Lorsqu'une assurance a été signée par l'un des époux, indistinctement, soit sans désignation de bénéficiaire, soit en faveur de tiers indéterminé [1] elle tombe dans la communauté : c'est un acquêt de communauté rentrant dans la définition de l'art. 1498 C. Civ. Il faut le décider tant au point de vue du droit civil [2] qu'au point de vue fiscal [3].

Mais, ainsi qu'on le sait, la police peut aussi être souscrite au profit d'un tiers déterminé.

Quand l'assuré est le mari, il n'y a là qu'une stipulation ordinaire dans les termes de l'art. 1121 C. Civ. : la personne gratifiée a acquis, au moment même où le contrat a été conclu [4], le droit au capital assuré : la créance contre la Compagnie ne doit pas, dès lors, figurer dans l'actif de la succession : elle doit être considérée pour la perception, en vertu de la loi du 24 juin 1875, comme dépendant pour le tout de la succession du mari donateur et être assujettie au droit de mutation par décès, d'après le degré de parenté du bénéficiaire.

Si la personne gratifiée est un enfant, ce dernier aura à acquitter

1. En doit-il être de même en présence d'une police à ordre ?

Nous avons envisagé la question précédemment. V. notre *Traité*, T. II, p. 387, note 2. Nous nous bornerons à dire que l'insertion de la clause à ordre dans le contrat n'a nullement pour effet d'entraîner nécessairement l'attribution du bénéfice au patrimoine du stipulant, qu'il n'en est ainsi qu'autant que la police est passée non seulement *à ordre*, mais au profit de personnes incertaines, indéterminées, dans les termes de l'art. 1122 C. Civ., mais qu'en cas d'assurance stipulée pour un tiers désigné la réserve du droit de transmettre par endossement ne porte en ri[en] atteinte au droit exclusif du bénéficiaire. — Cass., 22 juin 1891 ; S. 92, 1, 177 ; D. P. 92, 1, 206.

Nous ajouterons simplement que la doctrine enseignée ici au texte se comprendrait au cas d'assurance à ordre lorsqu'il n'y a pas eu endossement.

2. Comp. ce qui a été dit dans ce *Traité*, T. II, p. 387.

3. Sol., 4 avril 1878, *Journ. de l'enreg.*, 20.795, Garnier, *Rép. period.*, 2048-13. Pour décider que c'est un acquêt de communauté la Régie, dans cette Solution du 4 avril 1878, fait valoir que le bénéfice de l'assurance est le fruit de la collaboration commune d'économies qui étaient destinées à enrichir la communauté, que c'est la représentation des primes payées des deniers communs. En vain, continue ce document, l'on objecterait que la créance contre la Compagnie ne s'est pas trouvée dans la communauté au jour de la dissolution : cela n'empêche pas qu'elle en ait fait partie, puisqu'elle a été acquise durant le mariage. — V. aussi Cass., 15 décembre 1873, D. P. 74, 1, 113, Trib. Civ. Arras, 3 février 1874, *Journ. des assur.* 75, 199 ; Trib. Civ. Seine, 23 avril 1874 *Journ. des assur.* 74, 459 ; Couteau : *op. cit.*, T. II, p. 556.

4. Et sans qu'il y ait lieu à récompense à la communauté pour le montant des primes fournies par elle, hors le cas de l'art. 1469. — Cass., 18 mars 1862, S. 62, 1, 869 ; D. P. 62, 1, 285. Cass., 30 avril 1862, S. 62, 1, 1036 ; D. P. 62, 1, 523. — V. aussi : *Des assur. sur la vie : droits de mutation par décès.* (*Journ. de l'enreg.*, 22.654, p. 397.)

le droit proportionnellement dans les limites de la quotité disponible, la libéralité devant être considérée comme faite à son profit par préciput et hors part.

A côté de l'attribution faite par le contrat ou, ce qui revient au même, par un avenant intervenu postérieurement, il y a l'attribution résultant d'un testament ; la créance contre la Compagnie fait partie de l'actif de la communauté, elle doit être mise dans le lot des héritiers du mari [1].

1. L'acquisition faite par le mari d'un droit incorporel mobilier tel que l'assurance, écrit M. Couteau (*op. cit.*, T. II, 567), doit être réputée faite pour la communauté ; si l'assurance en était sortie, il n'en faudrait pas moins la compter pour le calcul de l'actif.

En pareil cas, il y a lieu à l'application de l'art. 1423 C. Civ. La libéralité s'exécute sur la part du mari dans la communauté ou sur ses biens personnels.

Il peut en résulter une conséquence bien bizarre qui a été justement signalée par M. Comtois, dans un intéressant article paru en 1880 dans la *Revue du Notariat*, suivant que l'assurance a été l'objet d'une donation ou d'un legs.

Supposons une assurance de 50,000 fr. et une communauté de 100,000 fr. ; dans le premier cas, donation, la femme prend : 1° le capital assuré, 50,000 fr. ; 2° la moitié de l'actif de la communauté, soit 50,000 fr., en tout 100,000 fr.

Dans le second cas, legs, le capital assuré doit être compté pour la formation de la masse active de la communauté, qui s'élève ainsi à 150,000 fr. La femme en prend la moitié comme commune, soit 75,000 fr., elle prend ensuite 50,000 fr. comme légataire de l'assurance, elle a donc, dans ce cas, 125,000 fr. au lieu de 100,000 fr. Cela est évidemment contraire à l'intention du conjoint.

Cette conséquence est tellement peu rationnelle que les tribunaux ont tout fait pour l'éviter. La *Revue du Notariat* (1880, p. 348) cite, en matière ordinaire, un arrêt de la Cour de Cassation du 18 mars 1862, et, en matière d'assurance, un jugement du Tribunal de Saint-Quentin du 28 juin 1878, qui interprètent la volonté du mari en ce sens qu'il n'a entendu disposer que de sa part dans la communauté, ce qui réduit le legs au montant exact de la libéralité faite par donation.

M. Dumaine (*op. cit.*, p. 230) donne un exemple qui mérite d'être reproduit : Les héritiers, dit-il, sont des neveux et une assurance de 20,000 francs, contractée d'abord au profit de personnes incertaines ou même d'un bénéficiaire désigné, pourvu qu'il n'ait pas accepté, a été *léguée* à un étranger.

Actif de communauté.	70,000 fr.
Assurance	20,000 fr.
Total de la communauté.	90,000 fr.
Moitié à la succession	45,000 fr.
Assurance imputable sur cette moitié	20,000 fr.
Il reste aux héritiers	25,000 fr.
Droit à 6, 50 p. 100 sur 25,000.	1,625 fr.
Droit à 9 p. 100 sur 20,000	1,800 fr.

L'art. 1423 du Code Civil, fait remarquer M. Dumaine, s'applique seulement à la disposition faite par le mari.

M. Garnier cependant (V. *Rép. périod.*, 1882, n° 5...) a avancé qu'il ne voyait aucune différence, pour la perception, entre la désignation du bénéficiaire faite par le mari dans la police et celle qui a lieu par testament. La raison qu'il en donne est que la loi d'impôt frappe la donation sous condition de survie du même droit de mutation par décès que les legs.

Pour M. Dumaine, ce motif n'est pas fondé. A la vérité, dit-il, l'assimilation existe quant à l'application du tarif et à l'époque à laquelle le droit est dû, mais ce n'est pas de cette particularité de la loi fiscale qu'il s'agit ici. La difficulté porte uniquement sur l'application de l'art. 1121, c'est-à-dire sur

Quand la femme, munie de l'autorisation de son mari, souscrit une assurance sur sa tête au profit d'un tiers, ce qui est parfaitement licite, le bénéfice appartient dès le jour même du contrat à la personne gratifiée : c'est une stipulation pour autrui ordinaire. Elle est régie par les règles du droit commun au point de vue du droit civil. Elle est soumise également aux dispositions générales de la loi du 21 juin 1875 : le droit de mutation par décès est exigible[1] : le capital assuré dépend, en effet, de la succession de la femme.

Il va de soi que si l'assurance a été contractée conjointement par le mari et par la femme sur la tête de cette dernière, le bénéficiaire doit le droit de mutation lors de la mort de la femme, seulement pour la moitié de la somme que ce décès rend exigible : l'autre moitié, c'est-à-dire celle qui représente la part du mari, lui est acquise en vertu d'une donation entre vifs : et aucun droit ne peut être perçu[2].

Pour résoudre les questions susceptibles de se poser au cas d'une assurance signée au cours du mariage par le conjoint qui a survécu, une distinction s'impose suivant que l'attribution a été faite dans les termes de l'art. 1121 ou, au contraire, conformément à l'art. 1122 C. Civ.

Dans le premier cas, c'est-à-dire en présence d'une stipulation faite au profit d'un bénéficiaire déterminé, ce dernier est incontestablement propriétaire et, lorsqu'il a accepté, son droit est définitif. Son acceptation peut être opposée à la Régie tant que la succession n'a pas été déclarée. On pourrait être tenté de croire qu'il en serait de même d'une acceptation survenue postérieurement, puisque l'acceptation rétroagit au jour même où le contrat a été conclu. Il n'en est pourtant pas ainsi, car il est de règle en matière fiscale (V. notamm. art. 60 de la loi du 22 frimaire an VII) que les événements survenus postérieu-

une question de droit purement civil : la perception est subordonnée à la solution de cette question préalable. En matière de mutation par décès, l'impôt ne peut être établi que d'après la consistance des successions, l'importance des libéralités et leur dévolution, selon que ces choses sont déterminées par la loi civile ; à part certains principes spéciaux qui, dans l'espèce, ne sont pas en cause, le droit civil est nécessairement le premier régulateur de la perception.

Il convient de remarquer toutefois, au sujet de l'application de l'art. 1423, que les tribunaux, interprètes souverains des volontés du testateur, pourraient à raison des circonstances et particulièrement de la nature ou de l'importance du legs fait à la femme par le mari, admettre que celui-ci a entendu seulement disposer de sa part dans les objets légués. La Cour de Cassation a décidé, dans ce cas, que la femme est tenue d'exercer le prélèvement de ces objets avant tout partage de la communauté, sans pouvoir exiger qu'il soit d'abord procédé à ce partage, avec faculté, pour elle, de prendre ensuite dans le lot des héritiers du mari, soit les objets légués s'ils y sont tombés, soit leur valeur totale, s'ils sont tombés dans le sien. Cass., 18 mars 1862, S. 62. 1. 869. D. P. 62. 1. 285.

1. Comp. Dumaine : *op. cit.*, p. 240 et suiv., et le travail sur *les assurances sur la vie et les droits de mutation par décès* inséré en 1886 dans le *Journal de l'enregistrement*, 22.681 (p. 150).

2. Dumaine : *op. cit.*, p. 241 ; Cass., 28 janvier 1839, S. 39. 1. 103 ; *Dict. des droits d'enregistrement*, V° *Donation*, n° 366.

rement sont sans effet sur les perceptions régulièrement effectuées [1].

En présence d'une stipulation intervenue pour des tiers indéterminés, ou bien si la personne gratifiée n'a pas jugé à propos d'accepter, l'assurance profite à la communauté. Si le conjoint survenant est celui sur la tête duquel repose l'assurance, à la dissolution de la communauté, la situation doit être réglée comme s'il s'agissait du décès du contractant survenu antérieurement à la mort de l'assuré.

En cas de prédécès du contractant, les héritiers et le survivant peuvent soit réclamer le rachat, soit laisser intervenir la réduction du capital assuré, soit enfin maintenir le contrat par le paiement des primes. Les solutions qui ont été données précédemment doivent recevoir leur application en matière fiscale.

Si le rachat a lieu, comme l'opération d'assurance est arrêtée, il est certain que la somme versée par l'assureur doit figurer dans l'actif de la communauté. Avant la déclaration de la succession, les héritiers peuvent, il est vrai, dans un partage ou dans tout autre acte, à la condition qu'il soit régulier, abandonner la propriété de l'assurance au conjoint survivant en stipulant, par exemple, que ce dernier devra tenir compte à la communauté d'une somme fixée à forfait, ou, au contraire, d'une somme fixe. La déclaration comprendra cette somme au nombre des valeurs communes. Mais de toute façon la Régie a un droit de contrôle à l'encontre de la somme indiquée : elle a, notamment, la faculté de soutenir que la valeur imposable doit être sinon supérieure, au moins égale à la réserve du contrat, l'assurance continuant d'exister.

Quand les héritiers laissent l'assurance dans l'indivision la communauté a droit à la valeur de réduction qu'avait le contrat au moment même où il est rompu. Cette valeur de réduction, essentiellement éventuelle, ne peut fournir matière à une déclaration qu'autant que la créance contre la Compagnie débitrice de la valeur de réduction, a pris naissance, dans les six mois qui suivent le décès de l'assuré. Il y a lieu, pour les héritiers du prédécédé, de faire une déclaration à raison de la part leur revenant dans le capital payé par l'assureur, considérée comme bien rentré dans l'hérédité. Il semble certain, au surplus, qu'une créance éventuelle fait partie de la communauté quand bien

1. Dumaine : op. cit., p. 243 et 244.

En cas d'assurance souscrite par un époux en faveur de son conjoint, la condition de survie du bénéficiaire est toujours sous-entendue. Si l'époux bénéficiaire qui a accepté meurt le premier, son droit disparaît, il est censé n'avoir jamais été bénéficiaire. La valeur acquise au contrat d'assurance tombe alors dans la communauté, à moins qu'un second bénéficiaire n'ait été désigné subsidiairement pour remplacer le premier, en pareille occurrence, tout dépend de l'acceptation de ce second bénéficiaire.

Quand aucune acceptation n'est intervenue lors de la déclaration de la déclaration de la succession, une partie du bénéfice du contrat doit être considérée comme appartenant à la communauté; il faut appliquer les règles concernant le cas où cette dernière est restée propriétaire par suite de non désignation du bénéficiaire ou d'attribution à des tiers indéterminés.

même l'acquisition dépend d'une condition non encore accomplie au jour de la dissolution [1].

Un exemple semble de nature à faire bien comprendre cette manière de voir [2].

Si à la veille de la mort de sa femme et moyennant une prime unique un mari avait signé une police en faveur de personnes réputées *indéterminées*, pour ses *héritiers*, ses *parents*, la communauté pourrait revendiquer le bénéfice du contrat. Le capital à recevoir ultérieurement, dit-on, ayant été obtenu au moyen d'une somme provenant de la bourse commune, devrait être attribué pour le tout à la communauté, lors du décès du mari, dans le cas de réalisation des conditions qui tiennent en suspens l'obligation de l'assureur. Il en doit être de même à l'égard de la valeur de réduction qui forme cette partie du capital correspondant aux primes annuelles payées par la communauté, si l'assureur se trouve dans l'obligation de verser le capital convenu.

Contre le système qui considère que l'assurance formerait, dès l'origine et pour la totalité, un propre de l'époux survivant, à charge par lui de faire récompense à la communauté des primes payées pendant sa durée, on a objecté [3] qu'il viole l'art. 1395 du Code Civil comme étant inconciliable avec le régime adopté par les époux, que la loi interdit à ceux-ci d'employer les valeurs communes à se créer des propres, même à charge de récompense; l'on en conclut que lorsque le bénéfice de l'assurance n'appartient à aucune personne déterminée, il tombe forcément dans le patrimoine de la communauté, que l'on est en présence d'un véritable acquêt et que c'est, non pas le prix payé sous forme de primes, mais bien l'acquêt lui même qui dépend de la communauté. Mais l'on peut se demander si l'art. 1395 C. Civ. doit bien intervenir. S'il est incontestablement défendu de modifier les conventions matrimoniales après la célébration du mariage, il semble non moins certain que l'opération conclue avec la Compagnie n'apporte aucun changement [4].

Comme on le sait, le rachat ne peut être valablement demandé et effectué que si trois primes annuelles, au moins, ont été versées. Si l'assuré n'en avait payé qu'une ou deux, les intéressés doivent renoncer à réclamer la valeur de rachat; il leur convient, en pareille circonstance, de traiter avec le conjoint survivant et de lui faire l'abandon de la police en retour d'une somme d'argent. Il leur est loisible toutefois de laisser l'assurance dans l'indivision; la fraction du capital qui se rapporte à la première prime ou aux deux premières pri-

---

1. Aubry et Rau : *op. cit.*, T. V, § 507, p. 281, etc.; Rodière et Pont : *Traité du contrat de mariage*, 2ᵉ édit., T. I, 366; Dalloz : *Rép.*, Vᵒ *Contrat de mariage*, nᵒ 584.

2. Dumaine : *op. cit.*, p. 246.

3. Dumaine : *op. cit.*, p. 246.

4. Cf. ce que nous avons dit, à ce propos, dans ce *Traité*, T. II, p. 360 et 361, p. 372, etc.

nies, suivant qu'il y a eu un ou deux versements [1] doit donc être considérée seule à la mort de l'assuré comme dépendant de la communauté.

En cas d'assurance mixte par laquelle il est promis un capital au signataire de la police s'il survit à une date fixe, la stipulation profite à la communauté. Cette dernière ne saurait être considérée comme ayant un droit acquis au jour où le contrat intervient. Avec une pareille assurance, en effet, le droit de la personne gratifiée est subordonné à une condition : la survivance à la date indiquée ; au moment de la dissolution, la communauté n'a qu'un droit éventuel. En principe et sauf une stipulation expresse intervenue entre les parties, au cas où l'assuré survit à la date indiquée par la police la valeur de réduction qu'a le contrat lors de la dissolution de la communauté appartient à la communauté. Quand l'assuré est prédécédé, la communauté a également droit à cette valeur de rachat. Mais il n'en peut, bien entendu, être ainsi qu'en présence d'une assurance souscrite au profit de tiers indéterminés, pour les héritiers ou ayants droit, puisque l'attribution faite à un tiers déterminé suffit pour écarter tout autre bénéficiaire.

Avec une assurance à terme fixe, quand la police du conjoint survivant a été signée au profit du souscripteur même ou de ses enfants, si la communauté a droit à la valeur acquise de l'assurance au jour de la dissolution, il y a là une créance ferme que représente la fraction du capital correspondant au nombre des primes payées : c'est, du moins, ce qu'a décidé la Régie [2].

§ 6. Assurance souscrite par un époux au profit de son conjoint et des enfants.

L'assurance sur la vie contractée par un époux commun en biens en faveur de son conjoint n'est pas nécessairement et dans tous les cas

1. La police ne donnant des chiffres que pour le cas où trois primes au moins ont été versées, il y aura lieu de compléter de ce chef le tableau de réduction.

2. Sol., 19 avril 1889, Garnier : *Rép. périod. de l'enreg.*, 7293.

Dans l'espèce il s'agissait d'une assurance de 80,000 fr. passée pour vingt-cinq années ; la communauté avait payé les primes durant neuf années ; elle avait donc droit à neuf vingt-cinquièmes du capital assuré, c'est-à-dire à 28,000 fr. Bien que cette somme fût seulement exigible en 1904 sans intérêts, d'après la Régie l'impôt frappant indistinctement toutes créances, celles qui produisent des intérêts comme celles qui n'en produisent point, cette somme de 28,000 fr. devait être comprise, pour la perception des droits, dans l'actif de la communauté.

On lit dans cette Solution que si le total des primes acquittées au moyen des deniers communs dépasse la fraction du capital ainsi déterminée, c'est ce total que comprend la communauté. Mais on a fait justement remarquer (Dumaine : *op. cit.*, p. 2492), que, en égard au tarif des assurances à terme fixe, ce cas ne se présentera pour ainsi dire jamais.

D'après la même Solution si, au lieu de considérer l'assurance comme appartenant, pour sa valeur, à la communauté, on l'attribue au souscripteur à titre de propre, celui-ci devra faire récompense des primes payées, conformément à l'art. 1437 C. Civ.

une libéralité. Assurément, dans beaucoup de circonstances, la plupart
du temps même, la stipulation peut constituer une donation, mais
elle ne l'est pas dans tous les cas [1]; bien des fois le contrat est, sinon
l'accomplissement d'une obligation légale (celle de fournir des ressources à la femme [2]), au moins l'exécution d'un devoir moral; elle
peut non seulement tendre à procurer une indemnité à la femme [3],

1. L'acte juridique qui se cache sous l'attribution à un tiers du capital
d'une assurance en cas de décès, écrit M. Planiol (Note, D. P. 93, 1, 401),
n'est pas déterminé par la seule désignation du bénéficiaire. Il en est de cette
attribution comme d'un versement d'espèces, qui peut être un don, un prêt,
un dépôt, le payement d'une dette, un cautionnement et d'autres choses encore. La nature de l'opération dépend soit des relations antérieures existant
entre les parties, soit de leur commune intention au moment de l'acte (Couteau : op. cit., T. I, p. 273-274. Lefort : *Études sur les assurances sur la vie*,
p. 51 ; Thaller : Note, D. P. 88, 2, 4). Il n'y a pas à présumer la libéralité
plutôt que l'acte onéreux. Les juges du fait doivent rechercher, d'après les
circonstances, dans quel but et à quel titre la désignation du bénéficiaire a
été faite.

2. En présence de l'art. 265 C. Civ., tel qu'il a été modifié par la loi du
9 mars 1891 sur les droits de l'époux sur la succession de son conjoint prédécédé, le montant de l'assurance, dit M. Henry (*L'assurance sur la vie d'après
les arrêts les plus récents*, n° 691), serait évidemment acquis à titre onéreux
par l'époux bénéficiaire, si la stipulation de ce capital avait eu pour objet
de liquider l'obligation alimentaire dont, quand il manque de ressources,
personnelles, est prévue à son profit la succession du stipulant.

3. Un mari peut certainement contracter une assurance dans le but de
remplir la femme de ses reprises, afin de l'indemniser pour la dot compromise par une mauvaise gestion. — Trib. civ. Seine, 7 décembre 1888, *Journ.
des assur.*, 89, 36. Cf. Pic : *Annales de dr. commerc.*, 1889, p. 36 et 37.

Toutefois, il importe de présenter à cet égard une remarque qui a son
importance.

Un arrêt de la Cour de Bourges du 17 juillet 1890 (D. P. 93, 1, 402 et 403 ;
S. 94, 1, 66), avait assigné le caractère de contrat à titre onéreux à la constitution d'un capital assuré faite par un mari au profit de sa femme afin
de l'indemniser de ce dont pourrait ensuite lui être redevable la communauté,
à raison d'obligations qu'elle se proposait de contracter pour les affaires
de cette communauté. L'acte paraissait bien avoir un caractère onéreux.
On pouvait croire que la Cour de Cassation accepterait les constatations
souveraines de l'arrêt à cet égard. En effet, il a toujours été reconnu en
matière d'assurance sur la vie que le juge du fait a le pouvoir de décider
que la stipulation par une personne d'une somme payable, à son décès, à un
tiers constitue, par rapport à celui-ci, une libéralité ou, au contraire, un
acte à titre onéreux (Cass., 9 mai 1881, D. P. 82, 1, 97 ; S. 81, 1, 337. Cass.,
21 juin 1876, D. P. 78, 1, 429 ; S. 76, 1, 400 ; Cass., 12 février 1877, D. P. 77, 1,
362. — V. aussi Cass., 7 décembre 1885, D. P. 87, 1, 325 ; 21 décembre 1887,
D. P. 88, 1, 236 ; 5 avril 1892, D. P. 92, 1, 234).

Mais sans se considérer comme retenue par cette déclaration des premiers
juges, sans tenir compte, comme nous l'avions relevé (*Les assurances sur la vie
et la Cour de Cassation en 1893*, p. 4), que l'assurance avait été contractée par
le mari non pas pour gratifier sa femme, non pas pour lui fournir des ressources indépendantes du patrimoine, mais uniquement pour la rémuné-
rer, pour la payer, la Cour Suprême a cassé l'arrêt attaqué le 22 février
1893 (D. P. 93, 1, 401 ; S. 94, 1, 65), par le motif que « les récompenses dues
par la communauté à l'un des époux n'ont lieu qu'après la dissolution du
mariage »

Comme l'a remarqué M. Labbé (Note, S. 94, 1, 66), loin de reconnaître que
le juge du fait a le pouvoir de rechercher l'intention qui a présidé au contrat, la Cour affirme qu'entre époux l'opération, l'attribution de la somme

mais même avoir pour but de permettre de remplir une obligation civile [1].

Pareillement, l'assurance passée par un père dans l'intérêt de ses enfants peut fort bien n'être pas purement et simplement une donation.

L'on doit, dès lors, en conclure que les dispositions relatives à la réduction et au rapport sont sans application au cas d'assurance sur la vie.

Néanmoins la jurisprudence se refuse à admettre cette solution. Quoi que l'on ait pu dire, sous l'influence évidemment des idées qui, contrairement à la réalité des choses, l'empêchent de reconnaître au contrat d'assurance sur la vie le caractère de contrat d'indemnité, le seul qui lui convienne, elle semble fixée en ce sens que l'époux ou le père qui traitent avec une Compagnie d'assurances, l'un pour son conjoint, l'autre pour son enfant, font une libéralité ; cette libéralité consisterait non pas dans le montant des primes ainsi que l'on pourrait justement le soutenir, puisque c'est de cette somme exclusivement que le bénéficiaire se trouve gratifié, le capital assuré provenant de la caisse d'un tiers, l'assureur [2], mais bien dans le capital [3] assuré lui-même. Et sans s'arrêter à des dissidences, la jurisprudence en a con-

assurée est toujours une libéralité. Assurément cette décision est par trop étroite.

Sur le renvoi de la Cour de Cassation, la Cour d'Orléans a adopté sa doctrine et reproduit la même objection (Orléans, 15 janvier 1894 ; S. 94, 2, 76).

Cette solution a été critiquée. On a notamment opposé (Henry : loc. cit.) une remarque particulièrement grave ; de ce que les reprises de l'un des époux contre la communauté ne peuvent être exercées qu'après la dissolution de la communauté, il n'en résulte nullement que la créance en reprise ne soit pas susceptible d'être réglée auparavant ; les art. 1434 et 1435 supposent le contraire ; le remploi qu'ils envisagent n'est qu'un règlement anticipatif de reprise.

1. Bien entendu, il faut écarter le cas où le mari, en contractant l'assurance, agit au nom de sa femme, comme administrateur de ses deniers et en vue de l'obliger à payer sur ces deniers les primes annuelles dues à la Compagnie d'assurances. En semblable occurrence, c'est comme si la femme avait elle-même assuré à son profit le capital convenu sur la tête de son mari (Journ. de l'enreg., 22,664 [p. 395]). Ce contrat n'a en aucune façon le caractère de libéralité ; c'est une assurance à titre onéreux. La Cour de Cassation l'a décidé (Cass., 17 juin 1889, D. P. 89, 1, 454 ; S. 90, 1, 276) ; dans ce cas le contrat a le caractère d'un contrat à titre onéreux puisque l'assurance acquise par la femme n'est que la contre-partie des primes versées par elle. Il faut ajouter que dans l'espèce qui a donné lieu à cet arrêt le mari agissait comme administrateur des deniers dotaux de sa femme et qu'il l'avait déclaré.

Seulement, il est essentiel que le mari intervienne comme administrateur et qu'il le déclare lors de la conclusion du contrat, afin de supprimer les difficultés qui ont été soulevées à l'occasion de l'arrêt précité du 19 juin 1889 et tirées de ce qu'on ne peut, postérieurement à la conclusion d'un contrat, en modifier le caractère (Journ. de l'enregistrem., 1897, 94,978, p. 240), et surtout qu'il ne paye pas les primes de ses deniers personnels, s'il en était autrement, d'après la Cour de Cassation, le contrat aurait le caractère d'une libéralité et le droit de mutation serait exigible (Cass., 21 octobre 1895, Journ. des assur., 96, 14 ; Rev. périod. des assur., 96, 546).

2. V. ce Traité, T. II, p. 338 et 340.

3. Paris, 26 novembre 1878, D. P. 79, 2, 152 ; S. 79, 2, 44 ; Amiens, 25 février 1880, S. 81, 1, 337 ; D. P. 82, 1, 99 ; Trib. Seine, 15 juillet 1884, Journ. des assur.,

clu[1] durant plusieurs années[2] que le montant de l'assurance doit être rapporté fictivement à la masse de la succession pour déterminer la quotité disponible[3].

86, 32 ; *Rec. périod. des assur.*, 84, 190 ; Paris, 5 mars 1886, S. 88, 2, 227 ; *Journ. des assur.*, 86, 166 ; *Rec. périod. des assur.*, 86, 239 ; Douai, 14 février 1887, S. 8°, 2, 49 ; Cass., 8 février 1888, S. 88, 1, 129 ; D. P. 88, 1, 201 ; Paris, 16 novembre 1888, S. 90, 2, 931 ; *Journ. des assur.*, 89, 75 ; *Rec. périod. des assur.*, 90, 365 ; Paris, 19 mai 1890, *Journ. des assur.*, 90, 105. — V. aussi les renvois de jurisprudence dans ce *Traité*, T. II, p. 328.

1. V. les décisions rapportées précédemment par nous (T. II, p. 329, note), lorsque nous avons montré la contradiction qui existe à ce sujet dans la jurisprudence de la Cour de Cassation.

2. Nous disons *durant plusieurs années* parce que pendant longtemps, l'on s'obstinait à faire intervenir les règles sur le rapport et la réduction. Mais la situation s'est transformée en 1896 ; à cette époque la Cour de Cassation a, d'elle-même, modifié sa jurisprudence à ce point de vue.

Après avoir décidé, le 8 février 1888 (S. 88, 1, 129 ; D. P. 88, 1, 201), que le bénéfice de l'assurance sur la vie attribué à un tiers par le signataire de la police constitue, au regard du bénéficiaire, une véritable libéralité à laquelle sont applicables les règles concernant les rapports, soit qu'il s'agisse d'assurer l'égalité des partages entre cohéritiers ou de déterminer, à l'égard des réservataires, légataires et donataires, le montant de la réserve ou de la portion disponible, la Cour de Cassation a jugé, le 29 juillet 1896 (S. 96, 1, 361 ; D. P. 97, 1, 73), que le contrat d'assurance sur la vie conférant à la personne spécialement désignée un droit exclusif au capital stipulé, ce dernier n'a jamais fait partie du patrimoine du stipulant et que ne constituant pas une valeur successorale, il ne saurait entrer en compte pour le calcul de la réserve. »

Nous ne pensons pas avoir à nous arrêter ici à cet arrêt dont l'importance est indéniable (V. la note insérée par M. Dubois dans *le Temps*, 4 novembre 1896, la note de M. Gachard *Rev. des Sociét.*, 1897 p. 12 et 13. *Rev. pér. des assur.*, 96,169 ; *Journ. des assur.*, 96,520 et nos remarques dans notre étude sur *Les assurances sur la vie et la Cour de Cassation en 1896*, Paris, 1897, p. 11 et suiv. — Comp. Vavasseur *Rev. des Sociét.*, 1897, 64). Ce qu'il faut simplement retenir, c'est que la Cour de Cassation a consacré l'opinion qui prévalait d'une façon presque générale dans la doctrine, et à juste titre ; si, en effet, aux termes d'une jurisprudence qui ne se discute plus, la créance contre la Compagnie n'a jamais été dans le patrimoine du stipulant, et si dès le jour du contrat elle a appartenu à la personne gratifiée, comment admettre que la somme représentée par cette créance puisse entrer dans la masse partageable pour le calcul de la réserve, de la quotité disponible. — V. *Supra*, T. II, p. 320 et suiv.

Il est à noter cependant que, même après cet arrêt, des Tribunaux ont manifesté l'intention de persévérer dans les anciens errements (Douai, 16 janvier 1897, *Le Droit*, 10 février 1897. — Comp. les observations de M. Vavasseur : *Rev. des Sociét.*, 1897, p. 123 et 124 ; Trib. civ. Seine, 30 décembre 1896, *Journ. des assur.*, 97, 95.) Il faut espérer toutefois qu'il en sera de cette résistance comme de celle qui s'est produite pour l'arrêt précité du 8 février 1888 et que la solution de la Cour de Cassation, conforme à l'opinion à peu près unanime des auteurs, finira par prévaloir. Comp. L. Thomas : *Des droits du conjoint survivant*, Paris, 1896, p. 152 et suiv. ; Lefort : Note, *Pand. fr. pér.*, 97, 1, 113 (à l'occasion de l'arrêt du 29 juillet 1896.)

3. Sans tenir compte des décisions rendues en matière civile, la jurisprudence fiscale et l'Administration de l'enregistrement ont toujours admis, depuis la loi du 21 juin 1875, que l'on doit faire rentrer fictivement dans la communauté le capital de l'assurance contractée par le mari au profit de sa femme et liquider, en conséquence, le droit de mutation par décès sur la portion afférente au mari dans ce capital. — V. Garnier : *Rép. gén. de l'enregistrement*, v° *Succession*, n° 723.

Il a été jugé dans ce sens (Trib. civ. Saint-Omer, 9 août 1894, *Rép. périod. de l'enreg.*, 1895, 8452) que le bénéfice d'une assurance sur la vie contractée

Si l'on accepte l'idée (fort contestable, encore une fois) qu'il y a dans une assurance sur la vie une libéralité et une libéralité consistant dans le capital assuré et si l'on se rallie à la manière de voir formulée par la Cour de Cassation affirmant qu'à défaut de la stipulation conclue au profit d'enfants nominativement désignés, il y aurait eu dans la succession de l'assuré un élément augmentant l'actif[1], il faut reconnaître que l'assurance souscrite par un époux commun en biens est une valeur dont la communauté aurait, seule, pu profiter, si l'époux contractant n'avait pas traité en faveur d'un bénéficiaire déterminé, et par conséquent, l'on doit en conclure que si ce bénéficiaire est l'autre conjoint il ne saurait être question de réputer celui-ci donataire de la part à laquelle il aurait droit personnellement, s'il n'y avait pas eu un bénéficiaire indiqué nominativement.

Pour justifier cette opinion, on a fait d'abord valoir[2] qu'en cas d'assurance contractée au profit du conjoint, le bénéfice de l'assurance a fait l'objet d'une donation par l'un des époux au profit de l'autre, que cette valeur est sortie de la communauté le jour même où elle a été virtuellement créée pour être attribuée au conjoint bénéficiaire, qu'il y a, à la fois, acquisition et transmission simultanée : acquisition pour la communauté puisque tous les biens acquis pendant le mariage sont *forcément des acquêts*; transmission immédiate en faveur du conjoint bénéficiaire qui accepte ou qui acceptera plus tard la libéralité; que c'est ainsi que l'on peut dire qu'à la dissolution le capital ne fait pas

par un mari commun en biens, sur sa tête, au profit de sa femme, constitue un acquet de communauté; que par suite, l'attribution qui en est faite à la femme non renonçante renferme une libéralité pour la part afférente au mari et que le droit de mutation par décès est dû sur cette part.

Il y a lieu d'emprunter à l'ouvrage si complet de M. Dumaine (*op. cit.*, p. 239), des indications qui permettront d'apprécier la situation.

Au cas où l'on admet que le rapport s'impose, avec une succession d'un mari se composant de 30,000 fr., si l'assurance au profit de la veuve est de 20,000 fr., l'on devra rapporter fictivement cette somme de 20,000 fr., pour déterminer vis-à-vis des enfants la quotité disponible entre époux, la succession comprendra donc 50,000 fr. Le mari n'ayant pu disposer que d'un quart en pleine propriété, c'est-à-dire de 12,500 fr., la veuve ne prendra dans l'assurance que 12,500 fr., en pleine propriété. Si l'on admet, au contraire, que le capital de l'assurance dont le mari a disposé au profit de sa femme était une valeur qui aurait dû appartenir à la communauté, la veuve en prendra d'abord la moitié comme commune en biens et n'aura de rapport fictif à faire à la masse que pour l'autre moitié, conformément au calcul suivant :

```
Actif de la succession..........................  30,000 fr.
Rapport fictif de la moitié de l'assurance......  10,000
                                          Total    40,000 fr.
Quotité disponible entre époux en pleine propriété...  10,000 fr.
```

La veuve aura donc seule droit, dans ce dernier système, à la totalité de l'assurance, puisqu'elle la prendra pour 10,000 fr., comme commune en biens et pour 10,000 fr., comme donataire.

1. Cass., 8 février 1888, S. 88, 1, 129. D. P. 88, 1, 201.

2. Dumaine : *Du contrat d'assurance sur la vie et des droits de mutation par décès auxquels il donne lieu* (1re édition) Paris, 1883, p. 99 et 100.

partie de la communauté *puisqu'il en est sorti* et que telle paraît avoir été la raison dominante qui a déterminé la jurisprudence[1]. On a ajouté que de ce que le capital assuré ne fait plus partie de la communauté à sa dissolution, il n'en suit pas qu'il n'en ait pas fait partie à l'origine, du moins pendant cet instant de raison qui a précédé la stipulation pour autrui dans les termes de l'art. 1121 C. Civ., et que cela est si vrai que si la stipulation accessoire venait à être purement et simplement révoquée, l'assurance retomberait dans la communauté.

Cette conclusion que le capital assuré est un acquêt faisant l'objet d'une libéralité au profit de l'un des conjoints semblait dictée par cette opinion qu'il y avait, au cas d'assurance sur la vie, une double opération : l'acquisition par le stipulant de la créance contre la Compagnie et la rétrocession de cette créance à la personne gratifiée. On affirmait, dès lors, qu'un mari ne pouvant, tant que dure la communauté, acquérir à titre onéreux pour lui-même, l'acquisition était faite forcément pour la communauté et qu'il y avait bien, en réalité, un acquêt de communauté[2].

C'était, on l'a reconnu en toute sincérité[3], l'application pure et simple de la jurisprudence qui décomposait la stipulation, c'est-à-dire qui considérait l'assuré comme acquérant pour lui-même la créance contre la Compagnie, puis transmettant immédiatement cette créance au bénéficiaire désigné conformément à l'art. 1121 C. Civ. Mais la solution doit-elle être la même en présence de la jurisprudence nouvelle qui, à juste titre, considère que le stipulant n'acquiert aucun droit de créance et que le droit au capital assuré appartient d'une façon absolue et dès le jour même du contrat à la personne gratifiée[4] ?

On a fait remarquer que s'il y a eu une transformation heureuse de la jurisprudence, que s'il est exact que le mari qui traite au profit de sa femme n'a rien acquis pour lui-même, il n'est pas moins certain que cet époux a attribué à sa conjointe une créance future qui, sans cette désignation, serait tombée dans la communauté. L'on a fait valoir que si une assurance contractée par un époux commun en biens en faveur de ses héritiers, ayants droit et autres personnes indéterminées appartient à la communauté, le mari, en désignant sa femme comme bénéficiaire, lui attribue une valeur qui aurait dû, en l'absence de bénéficiaire spécial, être réunie à l'actif commun, en d'autres termes que si, dans l'état actuel de la jurisprudence, la désignation

---

1. Cass., 28 mars 1877, D. P. 77, 1, 241; Paris, 26 novembre 1879, D. P. 79, 2, 152; S. 79, 2, 14; Amiens, 25 février 1880, S. 81, 1, 337, D. P. 82, 1, 99.

2. Cass., 2 mars 1881, S. 81, 1, 115; D. P. 81, 1, 101, V. aussi le travail inséré *Journ. de l'enregistrem.*, 22,664.

3. Dumaine : *Du contrat d'assurances sur la vie en droit civil et en droit fiscal*, p. 256.

4. Cass., 2 juillet 1884, S. 85, 1, 11; D. P. 85, 1, 150; Cass., 22 février 1888, S. 88, 1, 170, D. P. 88, 1, 198; Cass., 27 mars 1888, S. 88, 1, 130; D. P. 88, 1, 198; Cass., 23 juillet 1889, S. 90, 1, 5; D. P. 90, 1, 394.

du bénéficiaire constitue une donation du capital assuré. L'on ne saurait méconnaître qu'il y a réellement donation d'acquêt [1].

Mais on a observé avec juste raison [2] que cette argumentation est basée sur une hypothèse absolument improbable, que rien ne prouve que si le mari ne s'était pas assuré au profit de sa femme, il n'aurait souscrit aucune assurance et que l'actif de la communauté se serait accru du montant de l'assurance. Néanmoins, au point de vue fiscal, semble-t-il, l'on doit passer outre [3].

Malgré son caractère fiscal la loi de 1875 n'a nullement contesté au conjoint bénéficiaire de l'assurance le droit, en tant que commun en biens, à une part dans le capital assuré [4]: le législateur n'a pas songé et n'a pas pu songer à soumettre cette fraction à un droit de mutation. Suivant une très judicieuse remarque, cette appréciation, étrangère à toute considération fiscale, dénote la manière dont le législateur envisageait le contrat au point de vue du droit civil. Il faut, en effet, que son opinion ait été bien formelle et bien précise à ce sujet pour qu'il ait cru devoir, au moment où il s'ingéniait à trouver des ressources pour le Trésor, restreindre de la sorte le montant du droit de mutation incombant au conjoint survivant. Pour lui, le doute sur l'étendue de la libéralité n'était pas possible: le capital assuré dépendait de la communauté. Telle est la raison pour laquelle il a fait expressément réserve des droits de communauté en faveur du conjoint bénéficiaire [5].

1. On peut appliquer textuellement à l'espèce, remarque M. Dumaine (op. cit., p. 257), le raisonnement de la Cour de Cassation dans l'arrêt du 8 février 1888 (S. 88, 1, 129; D. P. 88, 1, 201) : « à défaut de cette dernière stipulation (la désignation des trois enfants de l'assuré comme bénéficiaires), le montant de l'assurance aurait constitué une valeur active de la succession et aurait augmenté d'autant le patrimoine héréditaire », on dira même qu'à défaut de désignation de la femme comme bénéficiaire, le montant de l'assurance aurait constitué une valeur active de la communauté et aurait augmenté d'autant le patrimoine de cette communauté, la femme ne peut donc être considérée, dans ce système, comme tenant de son mari, par l'effet d'une libéralité la part à laquelle, en l'absence de toute désignation de bénéficiaire elle aurait eu le droit comme commune en biens, part qui serait encore la sienne, si le mari révoquait purement et simplement la stipulation accessoire faite à son profit.

2. Dumaine : op. cit., p. 258.

3. Dumaine : op. cit., p. 253.

4. Sont considérés, dit l'art. 6 de cette loi, pour la perception du droit de mutation par décès, comme faisant partie de la succession d'un assuré, sous la réserve des droits de communauté, s'il en existe une, les sommes, rentes ou émoluments quelconques dus par l'assureur à raison du décès de l'assuré.

5. C'est ce qui est enseigné dans l'important travail publié par le *Journal de l'enregistrement* (art. 22,664, p. 309 et suiv.), sous ce titre : *Des assurances sur la vie, droits de mutation par décès.*

Après avoir relevé les critiques formulées contre la jurisprudence des Cours d'appel qui impose au conjoint survivant l'obligation du rapport fictif de la totalité de l'assurance à la masse successorale, alors que d'un avis général la femme a un droit de copropriété sur les biens de la communauté, l'auteur fait valoir que ce système conduit nécessairement et logiquement à enlever au conjoint donataire l'émolument qu'il aurait pu recueillir s'il n'y avait pas eu donation.

L'auteur ajoute que ce résultat se produirait, notamment, au cas où le mari,

Si, avec le système consacré par la jurisprudence, l'on considère que la libéralité consiste dans le montant du capital assuré lui-même, il faut décider au point de vue fiscal que ce capital dépend de la communauté et par suite, qu'il y a lieu de le comprendre parmi les valeurs de la communauté.

De même que l'assurance souscrite par un mari au profit d'un tiers qui n'est pas un enfant à avantager personnellement ne saurait donner lieu à récompense par application de l'art. 1423 C. Civ., quand le mari contracte en faveur de sa femme il ne peut pas être question de récompense. En présence du système admis par la jurisprudence, comment serait-il possible, en effet, de comprendre simultanément dans l'actif de la communauté le capital lui-même et la récompense pour les primes [1]?

après avoir donné, par exemple, à sa femme la seule valeur dont se composait la communauté, soit une créance de 100,000 fr., viendrait à mourir sans rien laisser dans sa succession. En présence d'héritiers réservataires, spécialement de trois enfants nés d'un précédent mariage, l'émolument de la femme dans la créance de 100,000 fr., dont elle devrait le rapport pour le calcul de la qualité disponible serait seulement d'un quart, c'est-à-dire de 25,000 fr., et le surplus, les trois autres quarts, reviendraient, en vertu de l'action en réduction, aux héritiers réservataires. Elle perdrait ainsi 25,000 fr., puisque, sans la donation, elle aurait trouvé la créance dans la communauté et en aurait pris la moitié, c'est-à-dire 50,000 fr. C'est là un résultat anormal que le législateur de 1873 a écarté lorsqu'il a déclaré faire réserve des droits de communauté.

1. Cass., 10 novembre 1874, D. P. 75, 1, 248; S. 75, 1, 107; Cass., 28 mars 1877, S. 77, 1, 393; D. P. 77, 1, 246. Cass., 9 mai 1881, D. P. 82, 1, 97, S. 81, 1, 337; Berthou : *Rép. de la prat. des aff.*, n° 18,545; Dumaine : *op. cit.*, p. 260.

Comme il n'existe aucun doute sur l'individualité lorsque le mari signe une police pour sa femme, il n'est nullement nécessaire que cette dernière soit désignée nominativement.

À la vérité, après avoir souscrit l'assurance en faveur de sa femme avec laquelle il vivait à ce moment, le mari risque de devenir veuf et de se remarier. On peut se demander en pareille circonstance si ce n'est pas la seconde femme qui, au décès de l'assuré, devra recueillir le capital.

Pour soutenir l'affirmative on serait peut-être tenté de se prévaloir de ce que le sinistre garanti par la police, c'est-à-dire le décès de l'assuré, donne seul ouverture à la créance contre la Compagnie et de ce que, par suite, c'est au jour du décès de l'assuré qu'il convient de se placer pour savoir quelle personne sera réellement créancière de l'assureur. Et cette manière de voir semble assez conforme au principe formulé par la Cour de Cassation décidant le 2 juillet 1884 (S. 85, 1, 11, D. P. 85, 1, 150), que « *le capital assuré ne se forme et ne commence d'exister que par le fait même de la mort du stipulant.* »

Mais on sait, d'abord, que cette considération formulée en 1884 par la Cour suprême est si peu justifiée (V. de Courcy : *Précis de l'assurance sur la vie*, p. 116), qu'elle n'a plus figuré dans les arrêts intervenus par la suite, en second lieu que sous l'empire de la jurisprudence actuelle la stipulation pour autrui dans les termes de l'art. 1121 C. Civ., c'est-à-dire la stipulation qui confère un droit propre et exclusif au profit de l'assurance n'existe qu'autant que la personne gratifiée vit et se trouve suffisamment déterminée lors de la souscription de la police, qu'il n'y a pas la stipulation régie par l'art. 1121 quand à ce moment les bénéficiaires sont incertains.

Aussi semble-t-il qu'au cas de second mariage d'un assuré souscripteur d'une police en faveur de sa femme, sans aucune autre désignation complé-

La solution est la même soit qu'il y ait attribution par la police elle-même, soit qu'il ait été rédigé un avenant à une date postérieure.

Il se peut, et cette hypothèse quoique très peu vraisemblable risque de se produire, que le mari dispose pour sa femme du bénéfice par un testament ou par un écrit analogue. Il y a alors lieu d'appliquer l'art. 1423 C. Civ. Comme on l'a dit précédemment, il y a legs d'un bien de communauté, l'assurance doit être comprise dans l'actif commun et mise dans le lot des héritiers du mari.

Au cas où la femme gratifiée renoncerait à la communauté, si l'assurance dépend pour le tout de la succession du mari, la femme n'en reste pas moins bénéficiaire de l'assurance. Toutefois, dans l'opinion généralement suivie quant à l'obligation du rapport, la femme doit être tenue de rapporter la totalité de l'assurance pour le calcul de la quotité disponible.

Même marchande publique ou mariée soit sous le régime de la communauté, soit sous le régime sans communauté, soit sous le régime dotal en l'absence de biens paraphernaux, la femme mariée ne peut s'assurer, même au profit de son mari, sans le consentement de ce dernier ou sans l'autorisation de justice[1]. Lorsque la stipulation est régulièrement faite, elle est en tous points analogue à une stipulation ordinaire. Dès lors, le mari bénéficiaire d'une police souscrite en sa faveur acquiert *jure proprio* un droit exclusif sur le capital assuré, une créance contre la Compagnie qui ne tombe pas dans la communauté[2]

mandataire la seconde femme n'a droit à réclamer à la Compagnie. — V. Trib. Mulhouse, 7 août 1867, *Monit. des Ass.*, n° 701

Attribuer le bénéfice à la seconde femme en l'absence de toute manifestation de volonté par l'assuré ne serait-ce pas aller contre la réalité des choses? Quand un assuré, devenu ultérieurement veuf, a déclaré contracter au profit de la femme avec laquelle il vivait à ce moment, il est indubitable que c'était cette dernière et cette dernière seule qu'il eut à l'ait gratifier.

1. Ce consentement est-il nécessaire lorsque la femme attribue par un testament la créance contre la Compagnie d'assurance?

La négative semble certaine. Mais il faut ajouter avec M. Domaine *op. cit.*, p. 360, que cette disposition testamentaire de la femme n'est pas régie par l'art. 1424 C. Civ. En effet, il semble certain en doctrine que ce texte ne concerne pas le legs d'un bien de la communauté fait par la femme (Aubry et Rau *op. cit.*, T. V, p. 330, T. III, p. 354; M. Conteau *op. cit.*, T. II, p. 367 et 368) remarque avec raison que les tribunaux n'ont jamais voulu appliquer l'art. 1423 C. Civ., même au cas de legs de l'assurance fait par le mari; à plus forte raison le juge doit refuser de faire intervenir cette disposition lorsqu'il s'agit d'un legs fait par la femme.

2. V. Paris, 26 novembre 1878, S. 79. 2. 54. D. P. 79. 2. 152. Poitiers, 17 août 1875, D. P. 76. 2. 181. S. 77. 1. 393, et un pourvoi, Civ., 12 février 1877, D. P. 77. 1. 349, S. 77. 1. 393. — Nous renvoyons à ce que nous avons dit précédemment dans ce *Traité*, T. II, p. 368 et 369.

Comp. sur l'interprétation à donner à l'arrêt de la Cour de Poitiers du 17 août 1875 les observations de M. Domaine *op. cit.*, p. 362 et celles de la rédaction du *Journal de l'enregistrement*, 22.684 (p. 450 et 451) V. aussi sur la question les remarques insérées *Rép. périod. de l'enreg.*, 1382 (p. 1384).

L'autorisation que donne le mari quand la stipulation est passée en sa faveur emporte nécessairement acceptation. Le bon sens répugne à admettre

Quand un époux bénéficiaire d'une assurance passée en sa faveur et commun en bien recueille le bénéfice de l'assurance moitié comme bénéficiaire, moitié comme commun en biens, le droit de mutation n'est pas exigible pour le tout ; il ne peut être réclamé que pour la fraction du capital perçu à titre de libéralité. C'est, en effet, de cette portion seulement que le conjoint s'est enrichi puisque l'autre, celle touchée en qualité de commun en biens, lui aurait appartenu s'il n'y avait pas eu stipulation dans les termes de l'art. 1121 C. Civ. [1]

Il ne saurait être question d'un rapport pour le montant des primes prélevées sur l'actif de la communauté, lorsque le conjoint recueille le capital tant comme bénéficiaire que comme commun en biens. Du moment que l'assurance est comprise dans l'actif commun, il serait irrationnel d'y comprendre en même temps les primes.

Le droit de mutation ne peut pas plus être réclamé au cas où le contrat de mariage disposant que la communauté ne se partagera pas également, l'époux bénéficiaire recueille, en vertu de ce contrat, une fraction du capital assuré [2].

Il en est de même quand le contrat de mariage attribuant toute la communauté au survivant, ce dernier touche le capital assuré dans son intégralité. Propriétaire de cette somme de par le contrat de mariage, il ne saurait être considéré comme l'ayant perçue au moyen d'une donation. D'ailleurs n'est-ce pas à cette hypothèse que s'applique l'art. 6 de la loi du 24 juin 1875 qui, au point de vue de l'impôt, fait la réserve des droits de communauté [3] ?

que le mari qui a consenti à laisser sa femme traiter pour lui avec une Compagnie puisse être tenu de formuler son acceptation. Ce serait aller contre la réalité des choses et aussi méconnaître cette règle généralement acceptée qu'en présence d'une stipulation pour autrui l'acceptation peut intervenir tacitement. Mais il est à noter que la femme n'en dispose pas moins du droit de révocation dont parle l'art. 1096 C. Civ. au cas où l'application de cette disposition serait admise.

1. Trib. civ. Saint-Quentin, 28 juin 1878, *Rép. périod. de l'enreg.*, 5018-40 ; Trib. civ. Lille, 29 décembre 1878, *ibid.*, 21,090 ; Trib. civ. Charleville, 20 août 1879, *ibid.*, 5193. Trib. civ. Melun, 23 décembre 1881, *ibid.*, 7031 ; Trib. civ. Nancy, 26 mai 1891, *Journ. de l'enreg.*, 23,661.

L'opinion contraire qui fait porter le droit de mutation sur la totalité du capital assuré, bien que soutenue par de judicieux esprits (Couteau : *op. cit.*, T. II, p. 603 et suiv.), est en contradiction manifeste avec l'art. 6 de la loi du 24 juin 1875, tel qu'il a été interprété par la Régie elle-même. En effet, à propos de cet art. 6 qui, tout en considérant le montant de l'assurance comme faisant partie de la succession de l'assuré, réserve les droits de communauté la Régie a reconnu (*Instruct.*, n° 2517-61, que « d'après les observations du rapporteur cette réserve signifie que si l'assuré est marié sous le régime de la communauté, la femme survivante ne doit pas le droit de mutation sur la part qu'elle prélève comme commune en biens.) Comp. Maguéro : *loc. cit.*, n° 199.

2. Un conjoint survivant qui, en vertu du contrat de mariage, a droit à l'usufruit de la part de l'autre époux dans l'actif de la communauté n'étant, en réalité, donataire que de la nue propriété de la moitié de l'assurance, la Régie a qualité pour réclamer le droit de mutation tarifé à 3 % seulement sur cette nue propriété.

3. En ce sens Dumeune : *op. cit.*, p. 266 ; *Journ. de l'enregistrem.*, n° 22,661 (p. 402).

La femme qui a accepté la stipulation intervenue en sa faveur et qui en qualité de bénéficiaire recueille tout le profit de l'assurance, doit acquitter le droit de mutation quand elle renonce à la communauté [1].

Au cas où, en présence d'une police souscrite dans l'intérêt tant de la femme que des enfants, la femme manifeste l'intention de ne pas profiter de la stipulation intervenue en sa faveur, le droit de mutation n'est pas exigible [2], à moins, bien entendu, que la renonciation ne soit

[1]. Trib. civ. Lille, 20 décembre 1878, *Rép. périod. de l'enreg.*, 5387.

La femme gratifiée pourrait-elle contester la validité d'une perception en opposant que ses reprises la rendaient créancière de son mari? Dans l'espèce qui a donné lieu au jugement précité du Tribunal de Lille, cette objection avait été formulée, elle a été écartée par cette raison que lors de la conclusion de l'assurance, comme la communauté subsistait encore, il n'y avait pas encore créance au profit de la femme contre le mari et que rien ne permettait de prévoir si au moment où la communauté viendrait à être dissout la femme pourrait trouver dans les biens existants alors la valeur nécessaire pour la remplir de ses droits.

Il n'est pas possible d'ériger le jugement du tribunal de Lille en décision de principe. Si donc la femme peut justifier qu'il a été fait, conformément à la loi et avant la dissolution de la communauté, un remploi et qu'elle l'a accepté, l'exemption de droit devra être admise (Comp. Duranton : *Cours de droit français*, T. XIV, p. 393, Toullier : *Droit civ. franç.*, T. XII, n°s 360 et suiv., Rodière et Pont : *Contrat de mariage*, T. I, n° 1, 667 ; Dumaine : *op. cit.*, p. 266 ; Cass., 2 mai 1859, S. 59, 1, 293). — V. aussi Garnier : *Rép. périod. de l'enreg.*, 1582 (p. 157).

Nous devons ajouter, d'ailleurs, qu'il semble acquis maintenant que le droit de mutation n'est pas dû au cas où la police aurait été signée au profit de la femme par le mari agissant en tant qu'administrateur légal des biens de cette dernière. Trib. civ. Carpentras, 11 août 1884, D. P. 89, 1, 154 ; S. 90, 1, 276 et sur pourvoi, Cass., 17 juin 1889, D. P. 89, 1, 155 ; S. 90, 1, 276. — V. cependant les observations *Journ. de l'enreg.*, 22.546 et 22.664.

[2]. Trib. civ. Chateau-Thierry, 27 novembre 1885, *Rép. périod. de l'enreg.*, 6454. Dans l'espèce réglée par cette décision la renonciation résultait d'une déclaration faite au bureau de l'enregistrement, de la quittance délivrée à la Compagnie débitrice du capital assuré, et aussi de l'achat opéré avec le capital assuré d'obligations de chemin de fer immatriculées conjointement et indivisément au nom de la veuve et de son enfant mineur.

Il est à peine besoin de faire observer que la renonciation n'est soumise à aucune condition de forme et qu'elle peut fort bien être tacite, implicite.

L'on fait valoir (Dumaine : *Du contrat d'assurance sur la vie et des droits de mutation par décès*, Paris, 1883, n° 43; *Du contrat d'assurance sur la vie en droit civil et en droit fiscal*, p. 268 et 271), qu'une police signée tant pour les enfants que pour la femme n'a évidemment pas le caractère d'un acte constituant une libéralité entre époux, le mari souscripteur du contrat voulant manifestement voir le montant du capital assuré réparti entre la mère et les enfants comme toute autre valeur de communauté. — Cf. Trib. civ. Nancy, 20 mai 1891, *Journ. enreg.*, 23.664 ; Castillon : *Manuel-formulaire de l'enregistrement, du domaine et du timbre*, Paris, 1892, v° *Succession*, n° 133.

Si une assurance a été passée par un mari (marié sous le régime de la communauté) en faveur de sa femme et, s'il y a prédécès de cette dernière, aux enfants nés d'une première union contractée par la femme, au décès du stipulant décès survenu après la mort de leur mère, y a-t-il au profit de ces enfants libéralité indirecte passible, lors du décès de l'assuré, du droit proportionnel de mutation au tarif établi pour les mutations entre étrangers et sur la totalité du capital assuré ?

L'affirmative a été jugée par le Tribunal civil de Quimper le 15 avril 1890, (*Journ. de l'enreg.*, 23.481).

Pour soutenir le contraire l'on avait invoqué que les enfants avaient re-

tardive et elle serait tardive si elle se produisait après perception du capital assuré[1].

Il se peut que dans le partage d'une communauté la moitié du capital assuré dépendant de la succession ait été attribuée aux héritiers, alors pourtant que la police indique l'époux survivant comme bénéficiaire unique. Cette circonstance, même jointe au fait de la délivrance de la quittance par le conjoint seul, ne fait point obstacle aux droits de mutation. L'art. 6 de la loi du 21 juin 1875 est formel : il n'édicte qu'une seule exception, en faveur des droits de communauté ; tout arrangement intervenu entre l'époux survivant et les héritiers importe peu[2].

cueilli la moitié du capital assuré dans la succession de leur mère. Il a été répondu (Journ. de l'enreg., 23.181, p. 67 b), que cette prétention ne pouvait être accueillie qu'à la condition d'établir que ce capital n'était pas sorti de la communauté, que par conséquent, la mère aurait pu disposer par testament de la part lui revenant comme commune en biens dans la créance contre la Compagnie, que rien n'eût été plus contraire aux intentions du mari et aux stipulations expresses du contrat, que le mari qui stipule sur sa tête une assurance au profit d'une personne déterminée fait sortir le capital de la communauté en vertu du droit que l'art. 1422 C. civ. lui reconnaît de disposer des biens mobiliers à titre gratuit, que cette stipulation confère au bénéficiaire un droit direct et personnel qui est exclusif de celui de la femme. Et l'on en a déduit qu'il résultait que les enfants du premier lit appelés à défaut de leur mère à recueillir le bénéfice de l'assurance contractée par le mari doivent être considérés comme les ayants cause directs de ce dernier, et cela pour la totalité du capital assuré.

1. Trib. civ. Melun, 23 décembre 1881, Rec. périod. de l'enreg., 7373.

2. La portion du capital assuré que doit recueillir comme donataire ou légataire l'époux commun ou lui-même en vertu d'une police souscrite à son profit ne sera touchée, dans l'état actuel de la jurisprudence, que dans les limites de la quotité disponible entre époux. Quand la disposition a été faite en pleine propriété, il y a lieu de la réduire à la quotité disponible la plus étendue, ou d'autres termes, à un quart en propriété et à un quart en usufruit. Le calcul de cette quotité disponible doit se faire par le rapport fictif à la succession de la portion du capital attribuée à titre de donation. Mais il convient de remarquer que ce rapport se trouve effectué par cela seul que l'on comprend la totalité du capital assuré dans l'actif de la communauté, puisque la succession de l'époux décédé se trouve ainsi accrue d'une partie de ce capital.

Le mode suivant d'opérer a été indiqué par une Solution de l'Administration de l'Enregistrement en date du 15 mars 1878 :

M. D... a contracté au profit de sa femme, ou, à défaut de celle-ci, de ses enfants, une assurance sur la vie dont le produit s'est élevé à 9,818 fr. 85. À son décès l'actif de la communauté, y compris la somme ci-dessus provenant de l'assurance, s'est élevé à 36,648 : la moitié de la succession est donc de 18,324 fr. M. D..., n'ayant pas laissé de biens propres, la quotité disponible au profit de la femme est d'un quart en propriété et d'un quart en usufruit, le quart en propriété est de 4,581. Il reste aux enfants 13,743. Le droit dû par la veuve doit être calculé de la manière suivante : 1/2 de l'assurance dépendant de la succession, ci 4,909 fr. 42 ; la quotité disponible en propriété est de 4,581. Il reste soumis à l'usufruit 328 fr. 42. Valeur de cet usufruit (1/3) 104 fr. 21, à ajouter de la part de l'assurance en pleine propriété, 4,581 fr. Total possible du droit de donation entre époux 4,685 fr. 21 ; droit de 2 %/0 sur 4,760 fr. 112 fr. 89 ; droit à 1 %0 sur 13,560 fr., 137 fr. 40.

Voici un autre exemple de liquidation des droits de mutation entre époux, dans lequel la libéralité résultant de l'assurance est combinée avec une donation de moitié en usufruit faite par le mari décédé au profit de la veuve, laissant un enfant pour héritier :

Si la police conclue par un mari au profit de sa femme ou de ses enfants attribue à la première un droit exclusif au capital assuré et ne peut profiter aux enfants qu'à défaut de leur mère, il en est différemment lorsque le père traite en même temps, par la même disposition, cumulativement pour sa femme et ses enfants, le père devant être présumé avoir entendu voir le capital se partager également comme toutes les autres valeurs de la communauté, la femme recueillera, en tant que commune en biens, la moitié de la somme exigible au décès du mari ; l'autre moitié sera touchée par les enfants comme héritiers [1]. C'est pour cette seconde partie seule que le droit de mutation peut être réclamé [2].

La solution est la même quand le mari a fait énoncer d'une façon expresse dans la police que la Compagnie divisera également la somme promise par elle entre sa femme et ses enfants. On ne voit pas comment la femme pourrait être tenue d'acquitter le droit de mutation : l'assurance faisant partie de la communauté, en prenant la moitié, la femme ne touche qu'une valeur qui lui revenait ; en réalité, il n'y a aucune donation faite par le mari à sa femme.

Le caractère de libéralité pourrait à peine être légitimement reconnu dans le cas où le mari aurait incontestablement entendu attribuer à sa femme en toute propriété, sans tenir aucun compte des résultats de la liquidation de la communauté, une moitié de l'assurance à titre de somme fixe et où la femme n'aurait aucun droit à cette moitié en tant que commune en biens, notamment par suite des reprises du mari. Il faudrait alors reconnaître là l'existence, au profit de la femme, d'une

Assurance de 50,000 fr. contractée par le mari au profit de sa femme, et 50,000 fr., autres valeurs de communauté, 300,000 fr. Total de la communauté 350,000 fr. Reprises : 1° de la veuve 40,000 fr. 2° de la succession 20,000 fr., soit au total 60,000 fr. Il reste donc 290,000 fr. : la moitié à la succession 145,000 fr., reprises de la succession ; ce qui donne pour le total de la succession 165,000 fr. La veuve exerce ses droits comme donataire sur la moitié de cette somme, 82,500. Elle prend d'abord en toute propriété la moitié de l'assurance qui dépend de la succession, cette moitié n'excédant pas la quotité disponible, et 25,000 fr. Il lui reste en usufruit 57,500 fr. Valeur imposable de cet usufruit (2/7) 28,750 fr., et tout de la moitié de l'assurance, 25,000 fr. Total passible du droit de 3 ... 1,612 fr. 80. Total de la succession 165,000. La veuve prend la moitié de l'assurance, soit 25,000 fr. Il reste à l'enfant 140,000 fr. A raison de 1 %, le droit dû est de 1,400 fr.

Si le conjoint survivant est donataire d'un quart en propriété et d'un quart en usufruit, la libéralité provenant de l'assurance se confondra dans cette disposition à titre universel et ne nécessitera aucun calcul spécial ; il suffira, comme dans les espèces précédentes, de comprendre l'assurance parmi les valeurs de communauté. — Dumaine, op. cit., p. 268 à 271.

Lorsqu'un époux a fait donation à son conjoint de l'usufruit de tous les biens qu'il aura à son décès et dont la loi lui permet de disposer, il faut, pour déterminer la consistance de la libéralité, réunir fictivement aux biens existants ceux qui ont été donnés en avancement d'hoirie par le défunt à ses enfants. — Sol., 8 septembre 1894, Journ. des assur., 95, 547.

1. A moins, bien entendu, qu'il y ait des reprises à exercer.
2. Trib. civ. Nancy, 29 avril 1891, Rép. period. de l'enreg., 7662.

donation portant sur la différence entre la moitié de la part inférieure qu'elle aurait eue en l'absence de cette désignation.

Quand dans la police un mari déclare qu'il traite au profit de sa femme pour l'usufruit et en faveur de ses enfants pour la nue propriété, la nue propriété de l'assurance fait partie de l'actif de la communauté toutes les fois que les bénéficiaires de cette nue propriété sont des personnes indéterminées, incertaines; l'usufruit appartient à la femme par application de l'art. 1421 C. Civ.[1]. Seulement comme l'assurance est un bien de communauté, la femme qui en a l'usufruit et qui en prend une moitié en tant que commune en biens et une moitié en qualité de donataire n'acquittera le droit de mutation que pour cette dernière moitié : elle ne saurait être tenue pour la fraction qui lui appartenait malgré toute stipulation, qui lui revenait à raison de ses droits dans la communauté. Au contraire, les enfants devront supporter le droit de mutation et ils le payeront par anticipation, sur la moitié de la valeur entière de l'assurance[2].

De ce que la police souscrite par un conjoint dans les termes de l'art. 1122 C. Civ. au profit de personnes indéterminées ou, du moins, non suffisamment désignées, constitue un actif de communauté, il s'en suit que la somme à laquelle elle donne droit peut être affectée à l'exercice des reprises. Il n'y a aucune raison pour ne pas assimiler la créance contre la Compagnie d'assurances aux autres valeurs qui entrent dans la communauté.

Quand l'assurance est passée par un époux en faveur de son conjoint, le profit appartient exclusivement à ce dernier. Si le doute n'est pas possible en ce qui concerne le capital assuré[3], on est loin de se trouver d'accord en ce qui touche les primes. Il est bien enseigné que la communauté qui a fourni les sommes assurant le service des primes ne saurait avoir droit à une récompense. Mais cette opinion n'a pas rallié tous les suffrages et l'on semble admettre la solution contraire. En pareille circonstance il faut dire que la récompense due par le conjoint bénéficiaire de l'assurance devra s'imputer sur ses reprises[4]. Toutefois, il a été proclamé d'une façon solennelle[5] que l'assurance sur la vie constitue une libéralité consistant dans le capital assuré lui-même. Dans ce cas, en ce qui concerne la perception du droit imposé par la législation de 1875, puisque la somme payée par l'assureur est comprise parmi les acquêts, il a lieu de l'y maintenir pour l'exercice des reprises.

La situation est bien simple. Lorsque les valeurs communes, autres

1. Nancy, 1er août 1878. *Rép. périod. de l'enreg.*, 5,018.
2. Dumaine : *op. cit.*, p. 273.
3. V. ce que nous avons dit dans ce *Traité*, T. II, p. 360 etc. 569.
4. En l'absence de reprises à exercer par l'époux bénéficiaire, la somme lui incombant entre naturellement dans l'actif de la communauté et sert, comme toute autre valeur, à remplir l'autre époux de ses reprises personnelles.
5. Cass., 8 février 1888, S. 88, 1,129; D. P. 88, 1,201.

que le montant de la créance contre la Compagnie, suffisent à remplir les époux de leurs reprises, le capital assuré se répartit par égales portions entre les deux conjoints. Mais il se peut qu'il y ait insuffisance, pour l'excédent des reprises : il faut alors avoir recours au capital assuré [1].

Dans ce système qui, bien que peu justifié en principe, semble s'imposer dans l'état actuel de la jurisprudence, si le montant de la police est réuni à la masse des biens de la communauté, c'est uniquement pour fixer la part qui revient à chaque conjoint, surtout pour savoir ce que l'époux survivant prend sur le capital assuré comme commun en biens et comme donataire. Les reprises doivent s'exercer en premier lieu sur les valeurs qui existaient au moment où la communauté a été dissoute, puis sur la somme due en vertu de la police par la Compagnie, cette somme ayant pris naissance après la dissolution de la communauté [2].

D'un autre côté, on ne peut admettre, hors le cas d'une déclaration formelle, que le seul fait par un débiteur de remettre à son créancier une valeur constitue un don et puisse être pris pour la manifestation de cette idée que la dette persistera comme par le passé. La valeur ainsi attribuée doit nécessairement s'imputer en premier lieu sur la dette et le surplus doit être conservé par le créancier à titre

---

1. Sol., 4 avril 1878, *Rép. périod. de l'enreg.*, 5018.

À raison de son importance, cette Solution mérite d'être reproduite ici.

« *La difficulté n'a encore été tranchée par aucune décision judiciaire.*

Il semble y avoir lieu de faire à cet égard une distinction, suivant laquelle le capital assuré devrait rester en dehors des prélèvements, lorsque les valeurs existant dans la communauté, au jour de sa dissolution, suffiraient à l'exercice des reprises des deux époux. Cette interprétation se trouve, en effet, en harmonie avec l'intention qui préside habituellement à la formation du contrat d'assurance, et qui est, de la part de l'assuré, de gratifier dans la mesure la plus large une personne dont il tient à assurer l'avenir. Ce serait donc aller contre sa volonté présumée, si elle ne s'est manifestée en sens contraire, que de soumettre sans nécessité le bénéfice de l'assurance à des prélèvements ou à des imputations qui pourraient avoir pour effet de restreindre la libéralité que l'assuré a voulu faire.

Dans cette hypothèse donc, il faut attribuer intégralement la valeur dont il s'agit à l'époux survivant, une moitié à titre de libéralité et l'autre moitié à titre de gain de communauté.

Mais lorsque les biens, autres que le capital assuré et trouvés dans la communauté lors du décès du prémourant des époux, présentent une valeur inférieure à celle des reprises, on peut, ce semble, admettre que l'excédent de reprises se trouve représenté, jusqu'à due concurrence, par la somme que les époux ont acquise de la Compagnie d'assurances.

Cette solution encore paraît se concilier avec l'intention probable des époux, et spécialement avec celle du mari, lequel, lorsqu'il stipule dans l'intérêt de sa femme, n'entend raisonnablement pas rester, le cas échéant, débiteur des reprises de celle-ci sur ses biens propres, après lui avoir fait, au moyen de l'assurance, un avantage qui peut être plus que suffisant pour la désintéresser ».

La doctrine formulée par la Règle dans cette solution se trouve consacrée non seulement par un jugement du tribunal civil de Nancy du 20 mai 1891 (*Rép. périod. de l'enreg.*, 7642), mais surtout par l'arrêt de la Cour de Cassation du 13 juin 1883, S. 94. 1. 276 ; D. P. 84, 1, 455.

2. Dumaine : *op. it*, p. 276.

de libéralité. Il n'y a qu'une déclaration contraire et encore exprimée d'une façon formelle qui puisse faire décider que le créancier, malgré le don à lui attribué, aura le droit de conserver l'intégralité de sa créance.

Pour la perception de l'impôt et même toutes les fois que l'on aura cru devoir faire figurer le capital de l'assurance parmi les biens de la communauté, il y a lieu de prélever les reprises des époux sur les valeurs communes autres que l'assurance, avant de toucher à cette dernière valeur [1].

Le divorce et la séparation de corps prononcés contre l'époux gratifié d'une assurance souscrite à son profit personnel par son conjoint ont pour effet de priver du droit au capital assuré lorsque le bénéficiaire n'a point accepté, et sous réserves du droit commun.

Quand la police a été signée pour son conjoint par l'époux contre lequel il est intervenu un jugement prononçant le divorce ou la séparation de corps, le contrat produit ses effets à l'égard du bénéficiaire si celui-ci a accepté la stipulation intervenue en sa faveur.

Si le conjoint n'a pas accepté, il est indubitable que le contractant a la faculté soit d'attribuer le profit de l'assurance à un tiers ou à une

---

1. Comp. Chatillon, *loc. cit.*, n° 132.

Ainsi que le remarque avec juste raison M. Dutoame (*op. cit.*, p. 276), cette règle fournit la solution des questions qui risquent de se présenter.

Néanmoins, il peut être utile de donner ici quelques exemples conformes de liquidation, en supposant, pour ne pas compliquer les faits, que l'époux décédé n'a pas laissé d'héritiers réservataires.

A. Assurance de 20,000 fr., contractée par le mari décédé, au profit de sa femme. . . . . ci 20,000 fr.
Actif ordinaire de la communauté. . . . . 30,000 fr.

                                      Total 50,000 fr.

Reprises de la veuve. . . . . néant.
        du mari. . . . . 50,000 fr.

Le mari, qui absorbe toute la communauté, y compris l'assurance, se trouve être donateur de la totalité de cette assurance. Le droit de 3 %, sera dû sur 20,000 fr.

B. Même espèce; Reprises du mari. . . . . néant.
Reprises de la veuve. . . . . 50,000 fr.

La totalité de la communauté, y compris l'assurance, appartient à la veuve, en vertu de cette reprise. Le mari se trouve n'avoir rien donné et il n'est dû aucun droit de mutation par décès.

C. Assurance contractée par le mari au profit de son épouse, ci. . . . . 20,000 fr.
Autre actif de communauté. . . . . 30,000 fr.

                                     Total 50,000 fr.
Reprises de la veuve. . . . . 45,000 fr. }
       de la succession. . . . . 5,000 fr. } 50,000 fr.

La veuve exerce ses reprises, d'abord sur l'actif ordinaire qu'elle absorbe et pour le surplus, soit pour 15,000 fr. sur le capital assuré. Il ne restera ainsi de l'assurance que 5,000 fr., qui appartient au mari à raison de sa reprise de pareille somme; celui-ci n'est donc donateur que pour cette somme de 5,000 fr. sur laquelle le droit de 3 %, sera exigible.

Dans la même espèce, si le mari n'avait pas de reprise, il resterait un bénéfice de communauté de 5,000 fr. composé de l'excédent de l'assurance et

personne indéterminée, soit de toucher la valeur de rachat : les droits de communauté, en ce qui concerne l'assurance, se règlent alors dans les conditions ordinaires, comme s'il s'agissait d'une police signée par un conjoint ayant survécu.

Au contraire, lorsque le conjoint a accepté et, par suite, est devenu bénéficiaire exclusif, comme il a droit, à dater du jour où est arrivé le décès de l'assuré, à la valeur réduite que le contrat avait au moment où a été prononcé le divorce ou la séparation de corps, la Régie peut valablement lui réclamer le droit de mutation par décès.

Loin d'être fixe, son montant varie suivant que d'après la liquidation de la communauté telle qu'elle a été effectuée à la suite du jugement prononçant le divorce ou la séparation de corps, la valeur de l'assurance réduite doit être considérée comme dépendant pour le tout de la succession de l'assuré ou, à l'inverse, comme dépendant pour partie seulement : dans le premier cas, le droit de mutation porte sur la totalité de la valeur ; dans le second cas sur une partie simplement.

En présence d'une assurance souscrite par l'époux qui a obtenu le divorce ou la séparation de corps, le conjoint qui a été gratifié cesse

---

dont la femme prendrait moitié comme commune en biens et moitié comme donataire.

D. — Assurance par le mari décédé au profit de son
    épouse, et.. 20,000 fr.
Autre actif de communauté............................. 30,000 fr.
                                      Total 50,000 fr.
Reprises de la veuve............ 16,000 fr. }
    de la succession............ 27,000 fr. } 43,000 fr.
                          Il reste net 7,000 fr.
Moitié à chaque époux................................. 3,500 fr.
Comme dans le cas précédent, la veuve doit exercer sa reprise d'abord sur l'actif ordinaire. Il restera de cet actif.. 14,000 fr.
La succession du mari absorbe cette dernière somme ; elle prendra ensuite dans l'assurance, 1° les 13,000 fr. formant l'excédent de sa reprise, et............ 13,000 fr.
2° La moitié du bénéfice de communauté revenant à chaque époux, et.. 3,500 fr.
Le mari est donc donateur de.......................... 16,500 fr.
La femme prend, en qualité de commune,
    l'autre moitié de l'actif net, formant le reste de l'assurance, et....................................... 3,500 fr.
                Total égal à l'assurance 20,000 fr.
La succession du mari se compose donc de :
1° Ses reprises...................................... 27,000 fr.
2° Sa moitié de l'actif net........................... 3,500 fr.
                              Total 30,500 fr.
Dans cette somme, la veuve est fondée comme donataire
    pour... 16,500 fr.
                    Il reste aux héritiers 14,000 fr.
Le droit sera dû sur 16,000 fr. à 3 % et sur 14,000 francs d'après le degré de parenté des héritiers.

d'être bénéficiaire par l'effet même de la décision de justice prononçant le divorce ou la séparation de corps. Toutefois, s'il est reconnu que cette assurance, dans son état actuel, appartient à la communauté, le souscripteur de la police, pour la conserver, est tenu de rétablir à la masse commune une somme représentant la réserve du contrat au moment où le mariage cesse de produire ses effets. On se trouve encore dans un cas semblable à l'hypothèse de l'assurance contractée par un conjoint qui a survécu.

En cas de dissolution de la communauté par un jugement prononçant la séparation de biens, le sort de l'assurance qui a pu être contractée durant la communauté doit être déterminé de la même façon, c'est-à-dire comme s'il s'agissait d'une police passée par un conjoint ayant survécu [1].

§ 7. — Assurance par les époux en faveur du survivant.

Au cas d'assurance contractée par deux époux au profit du survivant, opération absolument régulière [2], ce dernier a un droit propre et exclusif sur le capital versé par l'assuré. Mais doit-il un droit de mutation ?

Répudiant, et à juste titre, le système de la Cour de Cassation d'après lequel il y aurait eu une libéralité réciproque [3], la Régie admet [4] que le survivant qui, en vertu de l'assurance contractée conjointement, recueille ainsi la somme promise la touche, sauf preuve contraire [5], non

1. Damaine : *op. cit.*, p. 279.
2. V. notamm. Cass. 28 mars 1877, D. P. 77, 1. 21 ; S, 77 1, 393.
3. Cass. 28 mars 1877, D. P. 77, 1, 211 ; S, 77, 1, 393 ; Maqnéro : *loc. cit.*, n° 27.
4. Sol., 28 février 1878. *Journ. de l'enreg.*, 20,943.
Cette solution, a-t-il été affirmé (Vandière : *op. cit.*, p. 215), palliatif à la loi inspiré par un sentiment de justice, est contraire au texte de la loi de 1875 qui ne fait pas tomber le capital assuré dans la succession ou la communauté du souscripteur mais seulement le tient pour tel au point de vue fiscal ; or, le survivant ici recueille le capital assuré comme le ferait tout autre bénéficiaire ; il y a somme due par l'assureur à raison du décès d'un assuré, le droit de mutation doit être perçu ; on ne peut se soustraire aux prescriptions légales, si funestes soient-elles. Comp. Trib. civ. Clermont, 16 mai 1879, *Journal. de l'enreg.*, 21,629.
Mais le tempérament apporté par la Régie a été consacré, dans sa doctrine, tant par des décisions judiciaires (Trib. civ. Meaux, 8 mars 1877, Bonnev. de Mars., III, 238) et par certains auteurs (Garnier : *Des droits de mutation par décès sur les assurances sur la vie.* [*Rep. périod. de l'enreg.*, 1877, 4382. p. 153.]) que par une autre Solution du 18 mars 1882, (*Rép. périod. de l'enreg.*, 5934) concernant le cas de l'acquisition d'un immeuble faite par deux époux communs en biens, avec cette clause que le survivant en resterait seul propriétaire. — V. aussi Trib. civ. Saint-Etienne, 27 novembre 1883, *Journ. de l'enreg.*, 22,450.
5. Si l'assurance contractée par deux époux communs en biens au profit du survivant doit être considérée comme constituant un pacte aléatoire et à titre onéreux, cette présomption n'a rien d'absolu car elle repose sur l'interprétation de l'intention probable des contractants. On peut fort bien admettre, en s'inspirant des circonstances, que chaque époux a entendu non

point en tant que donataire, mais bien d'après sa propre stipulation [1].

se créer un profit personnel au moyen des primes qui doivent être fournies, à charge de restitution, par la communauté, mais disposer à titre gratuit, au profit de son conjoint, pour le cas de survie, du bénéfice de l'assurance.

En agissant ainsi il n'excède pas son droit ; il ne fait, au contraire, qu'exercer une faculté que l'art. 1422 C. Civ. reconnaît expressément au mari et que la jurisprudence étend à la femme pourvue de l'autorisation maritale. Rien ne s'oppose donc à ce que le contrat soit ainsi interprété.

C'est là une interprétation qui rentre dans les pouvoirs d'appréciation des juges du fait (Cass., 28 mars 1877 ; S. 77, 1, 401 ; D. P. 77, 1, 241).

Il ne faudrait pas songer à invoquer l'art. 1097 C. Civ. qui interdit les libéralités mutuelles et réciproques faites par le même acte entre époux. Cette objection a été repoussée implicitement par la Cour de Cassation dans son arrêt précité du 28 mars 1877 (V. aussi Labbé : Note, P. 65, 86 et 87).

On en a conclu (*Journ. de l'enreg.*, 22,681 [p. 450]), que si le contrat s'analyse en une libéralité faite par l'époux prédécédé au profit de celui qui a survécu, celui-ci recueille le capital assuré sans être tenu de fournir une récompense à la communauté pour les primes qui en ont été tirées et que la femme, si c'est elle qui survit, y a droit même en renonçant à la communauté (Cass., 28 mars 1877 précité) ; mais d'autre part, que le droit de mutation doit être acquitté par l'époux auquel est dévolu le bénéfice de l'assurance. — *Contra* toutefois, Trib. civ. Cambrai, 22 août 1878 ; *Journ. de l'enreg.*, 21,076.

1. Pour la Régie, dans l'assurance au profit du survivant, chaque conjoint stipule pour lui-même ; s'il survit, il touche le produit de sa propre stipulation comme s'il avait isolément souscrit l'assurance à son profit personnel, sur la tête de son conjoint.

A la vérité, on le sait, indépendamment du système consacré par la jurisprudence il en existe un autre qui semble rallier la grande majorité des suffrages (V. ce que nous avons dit antérieurement, T. II, p. 373 et Trib. civ. Charleville, 29 août 1879, [motifs] *Journ. de l'enreg.*, 21,156, et observ., *Journ. de l'enreg.*, 20,250 et 22,681) et qui voit dans l'opération dont s'agit une convention aléatoire à titre onéreux dans laquelle chaque époux est intéressé en ce sens que si chacun est exposé à perdre sa part dans le droit à l'indemnité par suite de son prédécès, il risque de gagner la part de son conjoint à raison de sa survivance.

Pour établir que le système de la Régie quant au caractère de la convention est seul fondé, M. Dumaine (*op. cit.*, p. 288 et suiv.), prétend qu'en considérant le contrat dont s'agit comme un contrat commutatif et aléatoire entre époux, il y a lieu de l'assimiler à une opération tontinière renfermant, par conséquent, une vente conditionnelle, de telle sorte qu'il serait dû, au décès de chaque acquéreur, un droit de vente sur sa part qui passe, à ce moment, sur la tête des acquéreurs survivants (*Instr.* 2150, § 1) ; en second lieu il oppose que l'art. 1595 C. Civ. interdit les contrats de vente entre époux, et qu'en tout cas le droit exigible au décès du prémourant serait plutôt un droit de cession de créance sur la part de celui-ci dans le capital dû par la Compagnie qu'un droit quelconque de mutation par décès (Comp. Sol., 28 mars 1877. *Journ de l'enreg.*, 20,398).

L'argumentation du savant spécialiste ne saurait retenir

Quoi que l'on puisse dire, il est impossible de méconnaître le caractère commutatif et aléatoire du contrat. On ne voit pas, du reste, les raisons qui feraient établir une différence avec le cas d'une rente viagère constituée sur la tête de deux communs en biens avec clause de réversibilité au profit du survivant. Or, il est reconnu et M. Dumaine ne le conteste pas (*op. cit.*, p. 280 et 281), que le survivant doit être considéré comme ayant stipulé qu'il aurait droit à titre personnel : 1° à la moitié de la rente pendant l'existence commune ; 2° à la rente entière après la mort de son conjoint, que c'est comme *créancier personnel* du débiteur de la rente qu'il conserve sa rente et que c'est le prix de sa part qu'il reçoit quand, à l'événement, s'opère la réversion (Solut., 28 mars 1877. *Journ. de l'enreg.*, 20,398 ; Cass., 26 janvier 1870, S. 70, 1, 84 ;

Cette convention rentre tout à fait dans la catégorie des aliénations de biens de communauté moyennant une rente réversible sur la tête du survivant. Elle n'implique pas plus qu'elles l'existence d'une donation par le prédécédé à celui qui survit. C'est, de part et d'autre, non pas, comme on l'a cru trop facilement 1, un acte de libéralité.

D. P. 70. 1.160). D'autre part, comment pourrait-on voir une opération bon tinière dans l'opération qui tend à procurer au survivant une somme fixe, une somme invariable fixée par la police, abstraction faite de toute augmentation occasionnée par les intérêts ou les revenus? N'est-il pas établi depuis longtemps que l'art. 1595 C. Civ. est sans application dans de pareil cas et que le législateur n'a manifestement pas entendu faire entrer une convention de ce genre dans ses prévisions? Enfin l'on peut se demander où se trouve la cession de créance; les deux époux ne se cèdent rien réciproquement; ils traitent avec un tiers pour que ce tiers fournisse une somme à l'un d'eux, dans des conditions déterminées.

D'ailleurs, la solution formulée par la Régie n'est pas en opposition avec l'idée généralement acceptée quant au caractère du contrat.

Pour consentir une exonération, l'Administration de l'enregistrement se base sur ce que la somme touchée par le survivant est perçue en vertu de sa propre stipulation; les personnes qui considèrent que l'opération constitue un contrat commutatif et aléatoire n'ont jamais nié que le droit du survivant remontait à la stipulation; elles ont reconnu que chacun des époux est un créancier personnel et que chacun stipule pour lui-même, avec cette restriction que le droit résultant pour lui de cette stipulation est subordonné à une condition, à sa survivance. Mais cette condition n'est pas de nature à altérer le droit qui existe de par la police.

V. en ce sens Lausel: *Encyclopédie du notariat et de l'enregistrement*, v° *Assurances sur la vie*, n° 118.

Tout en reconnaissant qu'au cas d'assurance souscrite par deux associés au profit du survivant il n'est dû aucun droit de mutation au premier décès par le motif que chacun des contractants, en acquittant les primes, n'a pas été déterminé par une idée de libéralité mais avec l'idée que l'autre acquitterait sa prime, et qu'en réalité il y a un contrat à titre onéreux intervenu entre les assurés, des auteurs, (Béchade: *op. cit.*, p. 196; Typaldo Bassia *op. cit.*, p. 218) refusent de proclamer la dispense du droit lorsque l'assurance a été conclue dans les mêmes conditions entre époux. Ce qui les guide, c'est qu'il n'est pas permis de présumer un contrat à titre onéreux intervenu entre époux en présence de la disposition prohibitive de l'art. 1595 C. Civ. Eu égard aux termes précis de l'art. 6 de la loi du 21 juin 1875, les assurances entre époux présentant, dit-on dans ce système, tous les caractères d'assurances conférant un bénéfice à titre gratuit, l'on ne saurait se dispenser de reconnaître qu'elles devront toujours être soumises à l'impôt de mutation par décès.

Antérieurement, M. Mormand (*op. cit.*, p. 351) avait fait valoir que, en pareille circonstance, il y avait lieu d'appliquer la loi de 1875, puisque l'on se trouvait en présence d'une somme « due par l'assureur à raison du décès de l'assuré. » L'auteur reconnaissait, à la vérité, que c'était violer le droit civil et ne tenir aucun compte de la réalité des faits, mais il avouait que cette violation du droit civil existe dans tous les cas où s'applique la loi fiscale du 23 juin 1875, et que cette méconnaissance du droit est imposée par le législateur.

1 Blin: *De l'assur. sur la vie, et spécialement de la donation contenue dans l'assurance au profit d'un tiers*, Paris, 1856, p. 136; Blondel: *Des assurances sur la vie dans leurs rapports avec le droit civil et spécialement des bénéficiaires du contrat*, Paris, 1875, p. 242; Herbault: *op. cit.*, p. 246; Hochart: *Étude sur la Communauté réduite aux acquêts*, Paris, 1887, p. 109; Dujarrier: *De l'assurance en cas de décès justifiée par les principes du Code Civil*, Paris, 1885, p. 94; Couteau op. cit., T. II, p. 577 etc.; Ruben de Couder: *op. cit.*, v° *Assurances sur la*

mais bien une stipulation *intéressée*, selon une juste expression, dont il faut dire ce que l'on dit à l'occasion de la réversion de rente : le survivant acquiert la part du prémourant sans qu'il se mêle à son acquisition aucune idée de libéralité[1], les règles sur les donations, leur réduction ou leur révocation restent donc complètement inapplicables[2].

Telle est l'interprétation qui a été donnée par la jurisprudence. Il a été jugé, en effet[3], que l'assurance mutuelle au profit du survivant des époux ne peut être considérée comme une donation réciproque entre époux, ce contrat étant à titre onéreux, puisque chacune des parties consent à prendre sa part en cas de prédécès pour gagner, au cas de survie, le montant intégral de l'assurance. Pendant le mariage, la créance contre l'assureur est une valeur commune. Mais aussitôt que le décès d'un des conjoints s'est produit, la condition à l'événement de laquelle était subordonnée l'acquisition du survivant a pour résultat d'investir ce dernier de la propriété personnelle de l'assurance, comme s'il l'avait possédée depuis la souscription de la police. Le capital assuré cesse donc d'appartenir à la communauté. Par conséquent aucun droit de mutation n'est dû[4].

cie, n° 96 ; Chy. : *Des assurances sur la vie, de leur caractère et de leurs effets au point de vue des tiers bénéficiaires*, Toulouse, 1891, p. 121, etc.

1. *Des droits de mutation par décès sur des assurances sur la vie* (Rép. périod. de l'enregistrem., 1877, 1782, p. 151).

2. Comp., en ce sens, les conclusions de M. l'avocat général Bédarrides à la Cour de Cassation ; S. 77, 1, 393 ; D. P. 77, 1, 241. Dumaine : *Du contrat d'assur. sur la vie et des droits de mutation par décès auxquels il donne lieu*, p. 120 (V. *Contra* les observations du même auteur dans son livre sur le *Contrat d'assurance sur la vie en droit civil et en droit fiscal*, p. 284). Rehtous : *Le Contrat d'assurance en cas de décès*, 1887, p. 121. Guillouard : *Traité du contrat de mariage*, T. II, p. 362. Ymbert Cyprès : *L'assurance sur la vie et les caisses de retraite*, Paris, 1896, p. 125. Dumont : *De l'attribution de l'indemnité d'assurance sur la vie*, Paris, 1892, p. 302. Lyon-Caen : Note, S. 77, 2, 33. Labbé : Note, S. 89, 2, 121. de Courcy : *Précis de l'assur. sur la vie*, p. 233. V. aussi ce qui est dit précédemment dans ce *Traité*, T. II, p. 353 et suiv.

3. V. Douai, 2 février 1876, *Rép. périod. de l'enreg.*, 4324. — Comp. Rennes, 9 février 1888 : S. 89, 2, 121, les observations de M. Henry : *op. cit.*, n° 71. Mémin : *Traité théorique et pratique de la réversion d'un droit de propriété ou d'un droit usager entre époux*, Paris, 1891, p. 84 et 113.

4. L'assurance sur la vie contractée conjointement par deux individus au profit du survivant, moyennant une prime annuelle payable par les deux assurés jusqu'au décès du prémourant, lit-on dans le *Journal du Notariat* (1897, p. 167), constitue un contrat aléatoire à titre onéreux entre les deux assurés, et ne donne pas lieu, dès lors, au droit de mutation au décès du prémourant. V., en ce sens, Castillon : *Manuel formulaire de l'enregistrement, des domaines et du timbre*, V° Succession, n° 139. *Journ. de l'enregistrem.*, 22,684 (p. 152).

Le rédacteur de cette note fait valoir cette considération qu'il importe de relever.

Dans un contrat de cette nature, chacun des contractants stipule en vue de son intérêt particulier en escomptant les chances de gain que peut lui procurer le décès de l'autre partie. Il en résulte que celui des deux qui survit recueille le bénéfice de l'assurance en vertu de la stipulation qu'il a faite pour lui-même, et non en vertu d'une libéralité provenant du prémou

Seulement, si la Régie, considérant que le survivant, sans être donataire du prédécédé se trouve tirer au profit personnel des biens de la communauté puisque les primes qui ont servi à maintenir l'assurance ont été tirées de la communauté [1], reconnaît la validité d'une dispense sans tenir compte du régime adopté pour le contrat de mariage [2], elle décide d'une façon formelle qu'il y a lieu à récompense des primes à la communauté [3], sauf à reconnaître que cette récompense ne peut excéder en aucun cas le capital payé par la Compagnie, en d'autres termes que cette indemnité ne saurait être supérieure au *profit personnel* à raison duquel l'art. 1437 C. civ. établit le principe de la récompense [4].

[1] rant. Il ne doit aucun droit de mutation par décès, c'est là une application incontestable de la règle posée par l'article 6 de la loi du 21 juin 1875, suivant laquelle l'impôt n'est dû sur le capital assuré que par les bénéficiaires *à titre gratuit.*

1. *Rép. périod. de l'enregistrem.*, 1877, 4583, p. 160.

2. Aucune difficulté ne peut se produire quand les époux sont mariés sous le régime de la séparation de biens. Comme chacun des conjoints, sous ce régime, a l'administration de ses biens, l'emploi qu'ils font de leurs revenus à l'effet de se constituer mutuellement une assurance au profit du survivant présente les mêmes caractères et produit les mêmes effets que si le contrat était passé par deux personnes étrangères l'une à l'autre. L'époux survivant qui recueille le bénéfice de l'assurance ne doit donc pas le droit de mutation par décès. » — Sol., 21 avril 1879. *Journ. de l'enreg.*, 21,632.

Il n'en serait autrement que si les époux séparés avaient contracté, chacun de leur côté, et par actes distincts, une assurance au profit de l'autre époux. — V. l'article sur *les droits de mutation par décès* dans le *Journal de l'enregistrement*, art. 22,681 (p. 452).

Lorsque les intéressés sont des époux mariés sous le régime de la communauté, le capital assuré est dévolu à l'époux survivant, en vertu d'un droit propre et personnel qui a son origine dans un contrat à titre onéreux. Si le capital appartient à la communauté, nonobstant l'attribution qui en est faite à l'époux survivant, celui-ci ne pouvant prétendre qu'à sa part comme époux commun, et ne recevant rien de son conjoint ne doit pas le droit de mutation par décès. Il ne le doit pas plus si, tout en ayant un droit exclusif au capital assuré, il est tenu d'en payer le prix au moyen d'une récompense à la communauté; car il ne peut être considéré, dans ce cas, comme un bénéficiaire à titre gratuit. — *Journ. de l'enregistrem.*, art. 22,681 (p. 454).

3. La même solution, lit-on dans le *Répertoire périodique de l'enregistrement* (*loc. cit.*), a prévalu au sujet des réversions de rentes constituées avec des biens communs. Il n'y a aucune raison de ne pas l'appliquer aux assurances réciproques dont s'agit.

Le survivant devra donc rapporter à la communauté le montant des primes payées pendant le mariage avec les valeurs de la communauté et cette récompense figurera dans la masse pour la liquidation du droit de succession.

La récompense doit être portée à la masse commune pour être partagée entre l'époux survivant et les héritiers du prédécédé, qui doivent ainsi acquitter, sur la part qu'ils recueillent, le droit de mutation par décès.

Quand la femme survivante renonce à la communauté, elle a droit quand même au capital assuré, mais elle doit alors faire récompense des primes à la communauté, la nature de l'attribution se transformant alors, la femme étant censée recevoir le capital assuré en exécution d'une donation du prédécédé. Trib. civ. Clermont, 16 mai 1879, *Journ. de l'enregistrem.*, 21,624. V. aussi *Des droits de mutation par décès sur les assurances sur la vie* (*Rép. périod. de l'enreg.*, 1877, 4582. p. 160 et 161).

4. Avant la loi du 21 juin 1875, il était admis que l'assurance contractée

La décision doit être la même, bien entendu, si l'époux survivant
recueille, au lieu d'un capital, une rente viagère.

La dispense de droit de mutation doit, toutefois, être restreinte au
cas où l'assurance a été souscrite par les deux époux dans le même
contrat et moyennant la même prime, ce qui est parfaitement licite [1].
Le droit de mutation est, au contraire, exigible quand les conjoints
ont signé deux polices distinctes [2]. On en donne cette raison qu'en
semblable circonstance les assurances sont distinctes, que chaque contrat a une existence séparée et produit des effets qui lui sont propres,
que la validité de l'une est indépendante de la péremption de l'autre [3].

§ 8.   Assurance par un époux à son profit sur la tête de son conjoint.

À côté de l'assurance contractée par les deux époux au profit du
survivant, il convient de placer celle signée par l'un des époux à
son profit personnel et sur la tête de l'autre. La situation est identique. Dans le dernier cas, il existe, en réalité, deux assurances souscrites conjointement par chaque époux sur la tête de l'autre, mais
dont une seule est appelée à produire effet : celle passée par le conjoint qui survit : chaque époux stipule pour lui-même et sa survie lui
donne le droit de réclamer le capital assuré. C'est absolument ce qui
a lieu lorsqu'un époux contracte à son propre profit une assurance
sur la tête de son conjoint : il stipule que, le décès de ce dernier survenant, il lui sera versé une somme qu'il touchera seul.

La solution au point de vue fiscal doit être la même.

Si l'on admet qu'en présence d'une assurance passée par les

par deux époux au profit du survivant constituant un pacte aléatoire dans
lequel les chances sont égales de part et d'autre, le survivant ne doit aucun
droit de succession sur la somme qu'il recueille, mais qu'il doit récompense
à la communauté à raison des primes payées pour lui procurer cet avantage
(Inst., 2355, § 6 : Paris, 14 février 1863 ; *Journ. de l'enreg.*, 18,492).

Cette solution, fait observer le rédacteur de l'*Encyclopédie du Notariat et de
l'enregistrement* (loc. cit.), paraît encore exacte, malgré les dispositions nouvelles de la loi du 21 juin 1875.

1. Nous pensons l'avoir établi antérieurement. — V. ce *Traité*, T. II, p. 370,
note 2.

2. Sol., 11 avril 1879, *Journ. de l'enreg.*, 21,032. — Et Castillon : *op. cit.*, V°
Succession, n° 138.

3. Trib. civ, Charleville, 29 août 1879, *Journ. de l'enreg.*, 21,756. — Castillon :
loc. cit., n° 137.

Ce Tribunal, pour montrer que les deux contrats étaient bien distincts,
faisait valoir cette considération décisive que la prime et les conditions va-
riaient suivant l'âge des deux assurés.

M. Dumaine (*op. cit.*, p. 299), en affirmant la dispense, est revenu sur ce
qu'il avait enseigné dans la 1re édition de son ouvrage (p. 113 et suiv.), d'accord avec l'article inséré en 1886, dans le *Journal de l'enregistrement*, (art.
22681.) p. 449, sous ce titre : *Des assurances sur la vie, droits de mutation par
décès.*

deux époux au profit du survivant, ce dernier n'a aucun droit de mutation à acquitter par le motif qu'il tient le capital de la stipulation même dont il est l'auteur, il faut dire que le bénéficiaire d'une police portant sur la tête de son conjoint, par le fait qu'il recueille le capital exigible par le décès de ce dernier, s'il doit récompense des primes à la communauté, et encore à la condition qu'elle ne dépasse pas le profit personnel de l'assurance, n'est pas astreint à payer le droit de mutation.

§ 9. — Assurance en cas de vie.

L'art. 6 de la loi du 21 juin 1875 édicte le droit de mutation pour les sommes dues par l'assureur, quand ces sommes sont exigibles « à raison du décès de l'assuré. » Les lois d'impôt devant, d'après une règle invariable, être entendues *stricto sensu*, il s'ensuit que le droit de mutation ne peut être réclamé que lorsqu'il s'agit d'une véritable assurance en cas de décès, c'est-à-dire d'une assurance dont le bénéfice s'ouvre au profit de l'ayant droit par suite du décès du stipulant. Le Fisc est donc désarmé en présence d'une assurance en cas de vie puisque ce contrat a pour objet d'attribuer une somme à l'assuré qui vit à une époque indiquée dans la police; il n'y a pas à distinguer selon qu'il s'agit d'une assurance à capital différé [1] ou bien d'une rente viagère soit immédiate, soit différée.

Tel est le principe.

Mais est-il absolu? Spécialement, la loi du 21 juin 1875 est-elle sans effet au cas où la police, ayant été souscrite sur la tête d'un tiers, le signataire ou contractant qui a agi dans son intérêt et qui a acquitté le montant des primes décède le premier ? En d'autres termes, faut-il comprendre dans la déclaration de la succession du contractant l'assurance en cours qui porte sur la tête du tiers?

Si, d'après la Régie, l'affirmative est certaine au cas de contrat conclu avec une Société mutuelle tontinière, si en ce cas les héritiers du contractant sont tenus d'évaluer le bénéfice éventuel de l'assurance et s'ils ne peuvent indiquer une somme inférieure au total des primes acquittées par leur auteur, il en doit être autrement en présence d'une assurance conclue avec une Compagnie à prime

---

1. Il est reconnu (V. *Des assurances sur la vie: droits de mutation par décès, Journ. de l'enreg.*, 22,653, [p. 339]), que le bénéficiaire d'une assurance différée, c'est-à-dire payable à jour fixe, à ce dernier, s'il est encore vivant à l'époque de l'échéance, ne doit pas, lorsqu'il touche au terme convenu le montant du capital assuré, le droit de mutation par décès, alors même que le stipulant qui a payé les primes serait décédé. Le contrat contient, dans ce cas, une donation entre vifs, qui ne donne ouverture aux droits que si la police est enregistrée. (Sol., 10 février 1883. *Journ. de l'enreg.*, 22,072; Sol., 8 août 1883. *Journ. de l'enreg.*, 22.241.)

fixe : les héritiers du signataire d'une police souscrite sur la tête d'un tiers ne doivent pas de droits de mutation si leur auteur décède avant le tiers.

La situation, en effet, n'est pas la même.

La personne qui traite avec une Société non mutuelle, loin d'avoir le droit de participer au partage des capitaux constitués par les versements réclamés aux autres associés, a uniquement acquis le droit à une créance fixe et invariable : son droit ne porte que sur une somme dont le chiffre a été établi par la police; et encore cette créance est subordonnée à une condition, à l'existence de la personne sur la tête de laquelle porte l'assurance. Par conséquent, si la personne qui a souscrit à son profit exclusif et personnel une police sur la tête d'un tiers prédécède, ses héritiers n'étant pas créanciers définitifs du capital assuré jusqu'à l'accomplissement de la condition, le droit de mutation ne peut pas être réclamé [1].

Il est vrai, et cette remarque ne pouvait pas ne point être présentée, que les créanciers de l'obligation sous condition suspensive (et tel est bien le cas) sont, d'après une doctrine généralement admise, investis immédiatement, de par leur titre même, d'un droit éventuel parfaitement transmissible aux héritiers. Il a été répondu aussi, et la jurisprudence est fermement établie [2] à cet égard, qu'il serait anormal, pour ne pas dire plus, de faire porter le droit de mutation sur la valeur d'une créance dont l'existence est incertaine, du moment qu'elle est subordonnée à la réalisation de la condition.

Dans le même cas de décès du signataire de la police, il semble encore que si la personne sur la tête de laquelle porte l'assurance atteint plus tard l'âge fixé, une portion seulement du capital dû par la Compagnie devra être considérée comme *bien rentrant dans l'hérédité*. Les primes, en effet, ont été payées en partie par ses héritiers : on devra donc faire deux parts du capital, qui seront proportionnelles, l'une aux primes versées par le décédé, l'autre aux primes que les héritiers auront payées de leurs deniers personnels : le paiement des primes étant facultatif, les héritiers ont continué volontairement de les acquitter; la portion du capital due à ces versements postérieurs échappe donc à la perception de l'impôt de mutation [1].

Très fréquemment, à l'assurance en cas de vie est jointe une autre assurance destinée à obvier à la perte qui risque de se produire lorsque la personne qui a contracté une assurance à capital différé meurt avant le terme fixé par la convention. On sait que cette combi-

---

1. Dumaine : *op. cit.*, p. 309.

2. Il est acquis que le droit de mutation n'est à réclamer que lorsque la personne susceptible d'être considérée comme redevable a réellement augmenté son patrimoine et que s'il y a une libéralité cette dernière doit être effective et non subordonnée à une condition. Cass., 23 mars et 7 juillet 1840, *Instr.*, 1618 et 1634; Cass., 5 mars 1872, *Inst.*, 2447.

3. *Dict. de l'enreg.*, v° *Assurances*, n° 241 et suiv.; Dumaine : *op. cit.*, p. 310.

naison a pour effet d'imposer à la Compagnie, si l'âge fixé par la police n'est pas atteint par la personne sur la tête de laquelle porte l'assurance, l'obligation de restituer le montant des sommes versées. Le droit de mutation n'est pas dû dans tous les cas.

S'il a été convenu que le remboursement serait fait au souscripteur, il est évident que la Régie ne peut rien réclamer de ce chef. Il en est autrement quand, au contraire, par suite du prédécès du signataire de la police, c'est un de ses héritiers qui doit toucher de la Compagnie : en pareille circonstance, le droit de mutation est exigé pour la somme qui, lors de la mort du signataire, constituait la valeur de réduction de la police de contre-assurance : cette somme est considérée comme un bien dépendant de l'hérédité.

Quand un assuré souscrit sur la tête d'un tiers une police d'assurance en cas de vie non point à son profit personnel mais bien dans l'intérêt de ce tiers ou d'une autre personne, au moment où l'âge convenu étant atteint la Compagnie verse le capital assuré, le bénéficiaire profite d'une libéralité [1]. Seulement, comme cette libéralité n'a lieu qu'en vertu d'une disposition entre vifs et comme elle s'applique à un capital mobilier, la Régie ne peut agir qu'autant qu'il a été présenté volontairement à l'enregistrement des actes de nature à servir de titre [2].

§ 10. — Rentes viagères.

La jurisprudence [3] semble fixée en ce sens que si la rente que deux conjoints stipulent payable au survivant appartient en propre à ce dernier, il est dû, d'après l'art. 1437 C. Civ., récompense à la commu-

---

1. Sauf, bien entendu, le cas où l'assurance aurait une autre cause, si, par exemple, elle était destinée à éteindre une dette. — V. Trib. civ. Seine, 7 décembre 1888, *Journ. des assur.*, 89, 36.

2. Sol., 19 février 1883, *Journ. de l'enreg.*, 22,072 ; Solut., 8 août 1883, *ibid.*, 22,241.

Jugé que l'attribution que le mari fait à sa femme du bénéfice d'une assurance de capitaux différés souscrite sur la tête d'un de ses enfants issu d'un premier mariage et devant donner droit, en cas d'existence de cet enfant à une époque déterminée, à un certain capital constituait une libéralité qui ne pouvait produire effet que dans les limites de la quotité disponible. Trib. civ. Seine, 7 décembre 1888, *Journ. des assur.*, 89, 36.

M. Dumaine a fait observer à l'occasion de cette décision (*op. cit.*, p. 312), qu'il s'agissait évidemment, dans l'espèce, du rapport fictif d'une donation entre vifs, conformément aux art. 921 et 922 C. Civ. D'après cet auteur, la veuve ne devait, dès lors, aucun droit de mutation par décès à raison de l'assurance, mais tout porte à croire qu'un droit de donation a été perçu lors de l'enregistrement du jugement ou du partage, à raison des énonciations qui s'y trouvaient contenues.

3. Nous disons la jurisprudence, car dans la doctrine on pense, et nous partageons ce sentiment (V. ce qui a été dit dans ce *Traité*, T. II, p. 379), qu'en principe aucune récompense n'est due au cas de convention d'assurance devant profiter au survivant.

nauté qui a servi les sommes en vue du paiement de cette rente [1].

Mais que doit être, dans cette opinion, le montant de cette récompense ?

On peut être porté à croire, tout d'abord, que le survivant rendra aux héritiers du prédécédé la moitié des arrérages de chaque année à dater du décès du prémourant [2]. Mais ce système n'a point prévalu [3].

---

[1]. Cass., 26 avril 1851, S. 51, 1, 329 ; D. P. 52, 1.25. Paris, 11 juin 1853, S. 53, 2,456 ; D. P. 54, 2, 88 ; Paris, 19 février 1864, S. 65, 2,4 ; D. P. 65, 2, 73; Cass., 16 décembre 1867, S. 68, 1,118 ; D. P. 68, 1,270, Cass., 6 mars 1873, S. 74, 1, 129 ; Cass., 20 mai 1873, S. 73, 1,339 ; D. P. 74, 1,72 ; Cass., 30 décembre 1873, D. P. 74, 1, 363 ; Caen, 12 mars 1873, S. 74, 2,310 ; Paris, 26 juin 1880, S. 80, 2, 315 ; D. P. 81, 2,207 ; Lyon, 6 janvier 1881, S. 81, 2,116, D. P. 82, 2, 169 ; Cass., 22 octob. 1888, S. 89, 1,15 ; Amiens, 4 avril 1889, S. 89, 2,154. *Contra*, Paris, 19 décembre 1819. S. Chr. ; Dalloz, *Rép.*, v° *Contrat de mariage*, n° 1434 ; Trib. civ. Beaupé, 21 décembre 1872, S. 73, 2, 90.

Il est à peine besoin de faire remarquer que si l'on admet l'obligation du rapport, il faut reconnaître la validité d'une dispense et que cette dispense peut être soit expresse, soit tacite.

[2]. Pont : *Petits Contrats*, T. I, 701 ; *Revue du notar.*, 1867, p. 817 et suiv. ; Rodière et Pont : *Contrat de mariage*, 2e édit., T. II, n°s 871 et 954. — Cette opinion peut se prévaloir aussi de l'avis de Lebrun, (*Traité de la Communauté*, Liv. I, ch. V, sect. 2, diss. 3, n° 17.)

Ce système, exposé d'une façon assez peu explicite à la vérité, suppose, d'après M. Mémin (*Traité théor. et prat. de la réversion d'un droit de propriété ou d'un droit viager entre époux*, p. 116, note), le raisonnement suivant :

On sait que le montant de la récompense doit être égal à la perte subie par le patrimoine appauvri sans pouvoir cependant dépasser le profit advenu au patrimoine enrichi ; or, dans l'espèce, la perte de la communauté est exactement du gain réalisé par l'époux survivant puisque, sans la convention de réversibilité, le droit aux arrérages eût été un bien de communauté, au lieu d'appartenir en propre à l'un des époux. Mais il est impossible, au moment de la dissolution de la communauté, d'établir en chiffres le montant du gain et de cette perte, impossible aussi d'obliger le survivant à un paiement. En effet, le gain du survivant et corrélativement la perte de la communauté ne se produiront que successivement, c'est-à-dire à chaque échéance d'arrérages ; à ce moment, et à ce moment seulement, le survivant s'enrichira de la somme qu'il touchera du débi-rentier, et par conséquent il devra verser cette somme, aussitôt qu'il l'aura perçue, à la communauté, ce qui revient à dire que s'il y a eu acceptation de la communauté le survivant devra remettre, à titre de récompense, aux héritiers du prédécédé, la moitié des arrérages qu'il percevra.

[3]. Il aboutit, en effet, à cette conséquence bizarre, anormale, que le survivant est constitué de par la réversibilité stipulée « à son profit » l'agent et pour ainsi dire le serviteur « des héritiers du prédécédé. » — Comp. les observations critiques de Mourlon, (Note, D. P. 65, 2, 74) et de M. Verdier, (*Communauté entre époux, rente viagère, réversibilité* [*Revue prat. de dr. fr.*, T. XLI, p. 45 et suiv.) et celles de M. Mémin (*Traité théor. et prat. de la réversion d'un droit de propriété ou d'un droit viager entre époux*, p. 115 et suiv., note.

Cette situation n'est nullement conforme au droit, fait remarquer M. Mémin (*loc. cit.*).

La règle est que les récompenses se liquident et s'acquittent lors de la dissolution de la communauté (art. 1467, 1468, 1470, 1473 C. Civ.). L'incertitude qui affecte la durée du droit de rente ne peut faire échec à cette règle, car si le droit est destiné à être plus ou moins avantageux selon le temps que durera la rente, il n'en est pas moins vrai que ce droit, au moment de la dissolution de la communauté, a une certaine valeur et c'est cette valeur qu'il faut déterminer pour le calcul de la récompense. Le survivant s'enrichit de tout ce qu'il aurait eu à payer lors de la dissolution de la

Il en est de même de celui qui fait intervenir l'art. 14, n°s 6 et 9 de la loi du 22 frimaire an VII, d'après lequel la valeur de la rente viagère est égale au capital constitué et aliéné et, à défaut d'expression de capital, comme lorsque la rente est la condition d'une donation ou d'une vente, par le capital au denier dix de la rente viagère [1].

communauté pour avoir le même droit de rente qu'il recueille par l'effet de la clause de réversibilité ; or, ce qu'il aurait eu à payer n'aurait pas consisté dans la restitution des arrérages qui se seraient ainsi trouvés aussitôt restitués que perçus, mais dans une somme d'argent dont les parties, d'accord entre elles, auraient déterminé le montant. Quel en eût été le chiffre ? A une telle question on ne peut répondre, pas plus qu'on ne saurait dire exactement combien se vendrait un immeuble déterminé ; mais il est, au moins, possible de déterminer, d'après les circonstances générales et particulières, le prix approximatif, la valeur vénale des biens, qu'ils consistent en un droit perpétuel ou en un droit viager. Suffira-t-il d'avoir fixé le montant de l'enrichissement du survivant ? Oui, s'il est vrai, comme il faut le supposer, que la perte de la communauté soit égale au gain du survivant, c'est-à-dire si l'on admet que le droit passe de la communauté, où il était d'abord entré, dans le patrimoine du survivant ; non, dans le cas contraire, car la perte de la communauté est un des éléments nécessaires de l'appréciation du *quantum* de la récompense (c'est même l'élément unique, si l'on en croit certains auteurs. — V. les renvois dans Aubry et Rau, *op. cit.*, T. V, § 511 *bis*, note 5).

L'on arrive ainsi à cette conclusion que dans le système qui admet la possibilité de l'attribution exclusive au survivant à charge de récompense, d'une rente viagère acquise des deniers de la communauté, il faut, pour le calcul de la récompense, déterminer à la fois la valeur vénale de la rente au moment de la dissolution de la communauté et le prix payé par la communauté pour l'acquisition de cette rente, ou tout au moins l'un de ces deux éléments.

Un savant spécialiste dont l'opinion mérite d'être recueillie, M. Dubois (*Répert. pér. de l'enreg.*, n° 4967 et *Journ. du notar.*, 26 novembre 1878), a fait observer que ce serait méconnaître les prescriptions de l'art. 1437 C. Civ. que d'imposer au survivant l'obligation de faire rapport à la communauté de tout le capital aliéné.

C'est qu'en effet le capital aliéné pour l'acquisition de la rente réversible comprend, d'abord, le prix de la rente à servir pendant toute l'existence simultanée des époux, et en second lieu le prix d'une rente à servir au survivant à partir du décès de son conjoint ; c'est la seconde rente seulement qui constitue le profit personnel du survivant. Or, les tarifs des Compagnies d'assurances sur la vie permettent de calculer le prix qu'a coûté cette seconde rente.

Si, par exemple, deux époux âgés l'un de 65 ans, l'autre de 70 ans se sont constitué, auprès d'une Compagnie, et moyennant un capital de 11,248 fr. 60, une rente viagère de 1000 fr. (payable par trimestre), réversible sur la tête du survivant, on trouve qu'ils payent 6,895 fr. la rente dont ils jouiront conjointement, et 4,353 fr. 60 la rente dont le survivant profitera seul ; c'est cette dernière somme, déboursée par la communauté pour assurer la réunion qui, d'après M. Dubois, doit faire l'objet de la récompense. — Dumaine ; *op. cit.*, p. 343 et 344.

1. *Sic* Trib. civ. Seine, 16 mai 1868, *Journ. de l'enreg.*, 13,253 ; Trib. civ. Coulommiers, 27 novembre 1868, *ibid.*, 18,637 ; Trib. civ. Rouen, 12 mars 1869, *ibid.*, 18,735 ; Trib. civ. du Mans, 19 mai 1870, *ibid.*, 18,966 ; Trib. civ. La Flèche, 7 novembre 1870, *Rép. pérod. de l'enreg.*, 13,396 ; Trib. civ. Mamers, 27 février 1872, *Journ. de l'enreg.*, 19,444 ; Instruct., 2355, § 6 ; Solut., 25 septembre 1873, et 14 août 1879.

Cette doctrine a été énergiquement combattue. — V. Trib. civ. Melun, 27 août 1868, *Journ. de l'enreg.*, 18,661 ; Trib. civ. Alençon, 3 juin 1870, *ibid.*, 20,766 ; Trib. civ. Villefranche, 23 août 1878, *ibid.*, 20,972, et aussi *Journ. de l'enreg.*

Aujourd'hui, il semble admis que la récompense étant due, aux termes de l'art. 1437 C. Civ., non pour la somme prise, mais pour le profit consistant, en principe, dans la valeur de la rente viagère au jour de la communauté, c'est la valeur de la rente viagère au jour de la dissolution de la communauté qui détermine l'importance de ce profit, à moins que la somme déboursée par la communauté pour assurer la réversion de la rente au survivant ne soit inférieure à cette valeur, auquel cas l'impôt serait dû sur la somme en question [1].

En exceptant les circonstances particulières de nature à modifier la situation, il faut dire que la récompense comprendra soit la valeur de la rente viagère à la date de la dissolution de la communauté, en d'autres termes le prix que le survivant aurait été obligé d'acquitter ce jour-là pour se procurer, en tenant naturellement compte de son âge, une rente pareille, soit le prix qu'a coûté, au moment de la conclusion du contrat, la clause spéciale de réversibilité [2]. Le redevable [3]

art. 19,444 Mémin (op. cit., p. 448, note). Il a été objecté que la règle de la loi de frimaire an VII, (nos 6 et 9 de l'art. 15) n'est établie que pour fixer la perception du droit d'enregistrement, qu'il serait aussi peu équitable que peu juridique d'invoquer cette disposition dans une hypothèse pour laquelle elle n'a pas été faite.

1. Sol., 6 août 1884, Rep. périod. de l'enreg., 5484; Maguéro : loc. cit., n° 208. Fondé sur la déclaration estimative des parties, ce système semble sans aucun danger réel pour le Trésor, comme l'Administration de l'enregistrement elle-même l'a reconnu, parsque les agents ont toujours le moyen d'en vérifier l'exactitude au moyen des tarifs des Compagnies d'assurances et que ces tarifs, dans la plupart des cas, sont de nature à fournir aux employés des éléments sérieux de contrôle.

2. Il est certain que le prix déboursé par la communauté pour obtenir la réversion de la rente au profit du survivant doit être considéré comme étant seulement le maximum de cette indemnité. Si donc la valeur de la rente au jour de la dissolution de la communauté, en égard à l'âge très avancé du survivant, est inférieure au prix dont il s'agit, c'est cette valeur seule qui doit être rapportée. — Dict. de l'enreg., v° Réversion, n° 449. Domaine : op. cit., p. 315.

3. M. Dubois, (op. cit.), a fort judicieusement indiqué comment se détermine le prix spécial de la clause de réversion :

Si deux époux, âgés par exemple l'un de 65 ans et l'autre de 70, s'étaient constitué auprès de la même Compagnie, mais chacun séparément et sur sa propre tête, une rente viagère de 1000 fr., la Compagnie aurait demandé, ainsi que l'indiquent les tarifs (rente payable par trimestre) à l'un 9,795 fr. 10, et à l'autre 8,357 fr. 50, soit au total 18,152 fr. 60. Ils auraient en sus 2000 fr. de rente pendant leur existence simultanée et 1000 fr. de rente à partir du premier décès, ou, ce qui revient au même, ils auraient en pour 18,152 fr. 60 1° une rente de 1000 fr. réversible sur la tête du survivant, et 2° une autre rente de 1000 fr. s'éteignant au premier décès. Or, la rente de 1000 fr. réversible coûte 11,256 fr. 60, le prix de la rente non réversible est donc de (18,152 fr. 60 — 11,256 fr. 60) 6,896 fr. La différence entre le prix de la rente réversible et le prix de la rente non réversible, (11,256 fr. 60 — 6,896 fr.) étant de 4,353 fr. 60, cette dernière somme est bien le prix de la réversibilité.

Si la rente viagère a été constituée, non par une Compagnie, mais par un particulier, les tarifs servent alors à établir une proportion.

Il faut d'abord rechercher ce qu'une pareille rente eut coûté auprès d'une Compagnie et pour combien la clause de réversion fut entrée dans le prix

a, naturellement, et nul ne saurait raisonnablement élever une contestation à cet égard, la latitude de faire un choix et de se déterminer pour l'évaluation la plus faible.

FIN DU TOME TROISIÈME

total. Si les deux époux ont payé 12000 fr. à un particulier, la rente réversible qui, par exemple, ne leur eût coûté avec une Compagnie que 11,248 fr. 60, on établit la proportion suivante dans laquelle donne le prix de la réversion :

$$11{,}248 \text{ fr. } 60 : 4{,}353 \text{ fr. } 60 : : 12{,}000 : x.$$

Il est à retenir que dans ce cas de rente servie par un particulier si l'on se sert des tarifs des Compagnies ce ne peut être d'une façon absolue, mais simplement à titre de renseignements, renseignements qui s'imposent, à la vérité ; les tarifs des Compagnies sont dressés d'après les indications des tables de mortalité et en conséquence les rapports qui existent entre les différents prix qu'ils indiquent sont les mêmes que ceux qui existent entre les différents risques qui correspondent à ces prix.

Les tribunaux prononcent d'après les circonstances et en s'aidant des renseignements puisés dans les tarifs des Compagnies d'assurances.

On peut encore, dans les rentes constituées par les Compagnies, calculer le prix de la réversion par le second procédé suivant en prenant l'exemple cité plus haut :

Si chacun des époux avait constitué séparément sur sa tête une rente de 500 fr., il aurait été payé à la Compagnie :

Pour celui de 65 ans . . . . 4,893 fr. 05
Pour celui de 70 ans. . . . . 4,178 fr. 75

Total 9,071 fr. 80

Moyennant cette somme de 9,071 fr. 80, les deux époux auraient eu 1000 fr. de rente pendant leur existence simultanée et le survivant n'aurait plus eu que 500 fr. à partir du décès de son conjoint. Mais ils ont acheté au taux de 8 fr. 89 p. 100, une rente de 1000 fr. payable jusqu'au dernier décès moyennant $\left(\dfrac{1000}{8.89} \times 100\right)$, c'est-à-dire 11,248 fr. 60. Ils ont donc payé en plus 2,176 fr. 80.

Cette dernière somme représente le prix de la réversibilité de la rente de 500 fr. qui se serait éteinte au premier décès ; mais le survivant ne doit pas seulement récompense de cette somme ; il doit encore récompense d'une somme égale, à raison de sa propre rente de 500 fr. qu'il continue à toucher après la dissolution de la communauté. La somme de 2,176 fr. 80 doit donc être multipliée par deux et l'on a ainsi, comme dans le calcul précédent, une récompense totale de 4,353 fr. 60. — Dumaine : *op. cit.*, p. 345 et suiv.

ERRATA ET ADDENDA

Page 4, ligne première. Comme exemple de manœuvres dolosives, l'on peut
citer un fait qui s'est passé en Allemagne et qui a donné lieu à
un arrêt de la Cour de Leipzig en date du 8 mai 1893 (*Rev. internat. des assur.*, 97, 107) : une assurance faite par un idiot au
profit de sa femme et avec le concours de cette dernière qui savait
que lors de la signature de la proposition le mari était malade
d'une affection qui devait amener rapidement la mort (paralysie
des fous) et qui avait caché cette circonstance. Il a été reconnu
qu'une telle astuce de la bénéficiaire sans laquelle l'assurance
n'eût pu être faite était une raison de déchéance, et que la solution devrait être la même si la femme n'avait pas pris part à
la conclusion du contrat.

Page 4, note 1. Jugé (Trib. civ. Seine, 14 novembre 1895 : *Rev. périod. des
assur.*, 96, 123), qu'une police non signée ne peut servir à prouver
l'existence d'un contrat d'assurance sur la vie, ni justifier une
demande en paiement d'indemnité, alors qu'il résulte des faits
de la cause que l'exemplaire de la police produit n'est qu'un
simple projet qui n'a jamais été suivi d'effet.

Page 7, note 1. Une créance provenant d'une opération de jeu peut être
garantie par une assurance sur la vie; le Tribunal de Commerce
de Bruxelles l'a admis le 31 janvier 1896 (*Rev. périod. des assur.*,
97, 117).

Page 12. Le contrat prend fin par le paiement du capital assuré que l'assureur effectue entre les mains du bénéficiaire. Mais ce dernier,
notamment quand, en vertu de son droit incontestable, il touche
cette somme, ne doit-il pas tenir compte au patrimoine du stipulant, c'est-à-dire, suivant les circonstances, aux héritiers ou
aux créanciers du défunt, du montant des primes, primes prélevées sur les biens de l'assuré et qui lui ont permis de recevoir
de la Compagnie la somme portée au contrat ?

Nous avons déjà traité cette question (V. *Traité*, T. II, p. 243),
et nous avons soutenu que la restitution du montant des primes
ne saurait être édictée d'une façon absolue, que c'est une question d'espèce, que si le bénéficiaire peut être obligé de rembourser le montant des primes quand elles risquent d'être considérées
comme prélevées sur le capital, il n'en saurait être de même
lorsque la somme acquittée chaque année a été prélevée sur les

revenus, c'est-à-dire sur les ressources qui sont destinées à être dépensées. Cette théorie qui est celle de la Cour de Cassation, du reste (V. notamment Cass., 22 février 1888, S. 88, 1, 130; D. P. 88, 1, 198; 7 août 1888, S. 89, 1, 97; D. P. 89, 1, 118; 22 juillet 1889, S. 91, 1, 7; D. P. 90, 1, 393), car cette Cour a toujours refusé de proclamer une règle invariable et a nettement déclaré que la restitution ne peut avoir lieu que « suivant les circonstances », a été contestée ces temps derniers par M. Vavasseur (*Assurance sur la vie, Tiers bénéficiaire. Est-il dû rapport, réduction ou restitution soit du capital, soit des primes* [*Rev. des Sociét.*, 1897, p. 102 à 105]). Le savant auteur fait valoir que l'art. 843 C. Civ. est général et absolu. L'héritier doit rapporter « tout ce qu'il a reçu du défunt » sans distinction entre ce qui vient du capital ou des revenus. M. Vavasseur reconnaît que l'héritier en est affranchi si ce qu'il a reçu l'a été à titre alimentaire; car c'est alors, non une libéralité volontaire consentie par le père de famille, mais une dette légale qu'il était tenu d'acquitter (Montpellier, 11 juin 1846; Lyon, 24 juin 1859, D. P. 60, 1, 50, note; Paris, 23 août 1878, D. P. 80, 1, 49. — V. aussi Cass., 6 mars 1895, D. P. 95, 1, 237) ou si encore il s'agit de simples cadeaux, d'actes de bienfaisance et de charité (Cass., 28 mai 1879, D. P. 80, 2, 49. *Contrà*, Bou., s. 10 décembre 1879, D. P. 81, 2, 22; mais V. la note).

Cette objection ne saurait retenir.

Sans vouloir revenir sur ce qui a été précédemment dit à cet égard, nous nous demandons comment l'on peut contester le droit de disposition quant aux revenus pour le versement de la prime alors qu'on reconnaît le droit d'affecter les revenus à des cadeaux, à des actes de bienfaisance ou de charité. Le pouvoir de disposition n'est pas subordonné à l'emploi. Si l'on admet que toute personne vivant sagement peut faire ce que bon lui semble de ses revenus pour des libéralités, il faut accepter nécessairement qu'elle a le droit de s'en servir pour alimenter une assurance sur la vie d'autant que cette dernière dépense, loin d'attester des sentiments égoïstes, est, au contraire, la manifestation d'un souci très respectable, le désir d'assurer des ressources à un tiers. Le chiffre importe peu. Il tombe sous le sens qu'une personne qui avec 40 ou 50,000 fr. de revenus affectera une somme de 500 fr. ou de 1,000 fr. à une prime d'assurance ne fera ni plus ni moins que la personne qui, disposant d'un revenu inférieur de moitié, affectera une somme de 250 fr. à 500 fr. à des libéralités, à des actes de charité. D'autre part, l'assurance sur la vie, dans la très grande majorité des cas, est contractée par un mari au profit de sa femme, par un père au profit de ses enfants? Or, n'est-il pas reconnu qu'en pareil cas il y a, selon l'expression de M. Demolombe, moins libéralité volontaire qu'accomplissement d'une dette légale, en tout cas d'une dette de cœur et de conscience?

Il a été décidé (Paris, 10 mars 1896, *Rev. périod. des assur.*, 96, 431) que la femme bénéficiaire d'un contrat d'assurance sur la vie contracté à son profit par son mari ne saurait être tenue, au cas où celui-ci a été déclaré en faillite, au remboursement, vis-à-vis des créanciers, des primes payées par l'assuré avant sa mise en faillite, alors que les paiements effectués pour les acquitter n'impliquent pas une diminution de son avoir et ne sauraient être considérés comme un capital ou un placement détournés de son patrimoine dans le but de léser ses créanciers et qu'en égard à leur modicité et à leur périodicité, il convient d'admettre que lesdites primes ont été prélevées sur ses dépenses ordinaires et courantes, dont il avait le libre emploi, mais que, d'autre part, la femme est tenue de rembourser les primes payées par le syndic après la faillite, pour parer à la déchéance de la police.

D'autre part, il va de soi que le bénéficiaire qui a fourni les sommes pour le payement des primes n'a rien à rembourser. Douai, 14 mars 1895, *Journ. des assur.*, 96, 19.

Page 21, note 1. Le projet de M. le professeur Roelli, il importe de le constater en passant, considéré dans son ensemble, n'a pas rallié tous les suffrages. Il a été attaqué par les assureurs suisses, allemands et même français. V. le résumé des critiques formulées par les Compagnies françaises dans *L'Assurance moderne*, 28 février 1897.

Page 28, cinquième ligne, Cf. sur les conditions dans lesquelles le rachat doit s'effectuer la *Note du Comité des assurances sur la vie* adressée au Bureau fédéral suisse, *Journ. des assur.*, 1897, p. 178 à 183.

Page 37, note 2 *bis* : Il n'y aurait que les contrats d'assurance sur la vie proprement dite qui prendraient fin, les autres opérations, spécialement les contrats de rente viagère seraient maintenus parce que ces contrats étant totalement distincts de l'assurance, la capacité de la Société reste entière à leur égard malgré la non-autorisation par le Gouvernement. — Grenoble, 18 juin 1895, *Journ. des assur.*, 95, 558, et Bailly : *Revue internat. des assur.*, janvier-mars 1897, p. 91.

Page 45. V. le résumé de la jurisprudence en ce qui concerne la réduction du capital social : *Rev. des Sociét.*, 1897, p. 16 et 17.

Page 46, note 4. L'Avis du Conseil de l'Empire approuvé par l'Empereur le 6 juin 1895, pour établir en Russie un contrôle permanent du Gouvernement sur les établissements et Sociétés d'assurances, (*Annuaire de légist. étr.*, 1895, p. 803 et suiv.), donne au Comité composé de représentants de Ministères, en cas de dissolution par suite de pertes du capital des Sociétés d'assurances par actions dans la proportion fixée par les Statuts pour la dissolution obligatoire de la Société, ou, à défaut de cette fixation, de plus des deux cinquièmes, le droit de requérir la convocation de l'assemblée générale des actions à l'effet de faire décider ou bien la continuation des opérations sociales, le déficit du capital étant comblé, ou de procéder à la liquidation. En cas de refus de la part de l'administration, le Comité ordonne la cessation des opérations sociales en même temps que la liquidation.

La liquidation doit être faite dans les conditions rigoureusement édictées, par ce texte; elle est opérée par une commission d'actionnaires présidée par un représentant du Gouvernement. Cet Avis formule aussi des dispositions spéciales pour la liquidation des Sociétés dissoutes, par suite d'insolvabilité, là encore le Gouvernement intervient.

Page 52, note 1 : La déchéance pour cause de réticence peut être opposée au cessionnaire même de bonne foi, comme au preneur lui-même. — Trib. fédér. Suisse, 11 juin 1887, *Rev. intern. des assur.*, 97, 138.

Page 54, note 6 : En 1895, il a été décidé par le Parlement canadien qu'une énonciation inexacte de l'âge n'invalide pas le contrat d'assurance, « cette énonciation » a été faite de bonne foi. — *Annuaire de législat. etc.*, 1894, p. 10?2.

Page 55, note 3 : Constitue une réticence le fait par l'assuré de ne pas déclarer, ainsi que le demande la proposition d'assurances, qu'il a été atteint d'une fistule. — Trib. comm. Seine, 20 juin 1893, *Journ. des assur.*, 90, 215.

Page 56, note 1, treizième ligne. À l'inverse il a été jugé que l'on doit rendre coupable de réticence ou même de fausse déclaration la personne qui omet de mentionner une maladie qui, par sa durée, les visites fréquentes qu'elle exigeait chez le médecin et le caractère récent de l'affection, a dû laisser une impression profonde dans sa mémoire. — Trib. comm. Bruxelles, 21 décembre 1896, *Journ. des assur.*, 97, 153.

Page 56, treizième ligne. Note : Les termes dans lesquels la Compagnie formule la question qu'elle pose à l'assuré relativement au refus des assurances antérieurement proposées par lui à d'autres Compagnies, permettent souvent à l'assuré, ou plutôt au bénéficiaire de la police, d'éviter par des équivoques la déchéance encourue. Tantôt il soutiendra, quand on voudra lui opposer cette déchéance, que la Compagnie à laquelle l'assuré s'était autrefois adressé ne lui avait fait aucune réponse ou ne lui avait fait qu'une réponse vague et évasive qui n'était ni un refus, ni un ajournement et que, par suite, il n'a pas fait une fausse déclaration en affirmant n'avoir été ni refusé, ni ajourné. Tantôt il alléguera que ce n'est pas la Compagnie qui l'a refusé, que du moins, si elle l'a refusé, il l'ignore, ayant, de sa propre initiative, abandonné lui-même volontairement les pourparlers engagés avec cette Compagnie, sans attendre que celle-ci lui ait fait connaître sa décision. Ces échappatoires ne sauraient tromper un assureur de profession, mais elles peuvent faire illusion à un tribunal, d'autant plus que le rejet d'une proposition d'assurance n'étant jamais notifié que verbalement, il ne reste aucune trace de ce rejet, et que, dans ces conditions, il sera bien difficile d'établir que l'assuré a réellement connu le refus qu'il n'a pas déclaré. Aussi M. Bailly (*Obs. internat. des assur.*, janvier-mars 1897, p. 92 et 93) a-t-il fort judicieusement recommandé de formuler ainsi la question : *Avez-vous déjà soumis à d'autres Compagnies des propositions d'assurances qui n'aient pas abouti à la délivrance d'une police?* Une pareille clause supprimerait les faux-fuyants, les équivoques et rendrait toute son efficacité à la déchéance.

Page 57, note 3 : Trib. civ. Seine, 26 janvier 1895, *au lieu de* civ., 95, 443, *lire* : *Rev. périod. des assur.*, 95, 443, *Journ. des assur.*, 96, 50.

Page 70, note 2. Par conséquent, le fait que la Compagnie aurait, dans ses réclames et dans ses prospectus, fait valoir que ses polices sont incontestables ne suffirait pas, comme le décide avec raison le Tribunal de Commerce de Bruxelles dans le jugement rapporté, (V. dans le même sens, Trib. féd., Suisse, 8 juin 1888, *Rev. internat. des assur.*, 95, 137 : Mais il faut ajouter qu'une Compagnie, dès lors qu'elle fait appel au public en invoquant l'incontestabilité de ses polices, s'expose à des dommages-intérêts lorsqu'elle délivre des polices qui ne contiennent pas la clause d'incontestabilité bruyamment annoncée. Les manœuvres de la Compagnie peuvent avoir pour effet de tromper l'assuré et la loyauté commerciale

constante de semblables pratiques. — Note, Rec. périod. des assur., 1897, p. 122 et 123.

Page 61, seizième ligne, note : La personne qui voudrait faire supporter à l'assureur la conséquence de l'aggravation des risques due à son propre fait serait, en réalité, dans la situation de la personne qui chercherait à faire assurer une faute dolosive. Or, une pareille assurance est manifestement impossible, soit qu'on considère que l'assurance de la faute personnelle est condamnée par les principes qui touchent à l'ordre public (Adan : *De la responsab. civ. de l'art. 1382 C. Civ., et de la faute lourde en matière d'assurances* (Manuel des assur., 1883, p. 54); Agnel et de Corny : *Manuel des assurances*, n° 41, de Courcy : *Les assurances*, p. 44; Baraudiaran : *La faute lourde en matière d'assurance* (Le Droit, 30 août et 1er septembre 1893), Labbé : Note, S. 76, 1, 337, de Lalande et Couturier : *Traité théor. et prat. du contrat d'assur. contre l'incendie*, n° 111, Richard et Maucorps : *Traité de la responsab. civ. en mat. d'incendie*, n° 181, Villetard de Prunières : *Assurances contre les accidents du travail*, Paris, 1893, p. 30), soit que l'on invoque que s'assurer contre son dol c'est s'obliger sous une condition potestative, et par conséquent méconnaître l'art. 1174 C. Civ., d'après lequel toute obligation est nulle lorsqu'elle a été contractée sous une condition potestative de la part de celui qui s'oblige. — Boutaud : *Des clauses de non responsabilité et de l'assurance de la responsabilité des fautes*, Paris, 1890, p. 127.

Sans doute, il est reconnu de longue date que ce serait violer les véritables principes de l'assurance que de prohiber toute assurance des suites d'une simple faute de l'assuré et que la faute peut parfaitement être considérée comme un risque assurable, mais il n'en peut être ainsi qu'autant que la faute n'est ni intentionnelle, ni dolosive (Adan, Agnel et de Corny; de Courcy, Baraudiaran, Labbé, de Lalande et Couturier, Richard et Maucorps; Villetard de Prunières : *loc. cit.*, — Cass., 25 mars 1875, D. P. 76, 1, 398, S. 75, 1, 25, Cass., 15 mars 1876, S. 76, 1, 337, Cass., 18 avril 1882, D. P. 83, 1, 260, S. 82, 1, 245, Cass., 2 juin 1886, D. P. 86, 1, 265, Cass., 12 décembre 1893, D. P. 94, 1, 325), Comp. Boutaud : *op. cit.*, p. 132 et suiv.

Page 61, note 2 : Il n'est pas douteux, dit M. Boutaud : (*op. cit.*, p. 159), que la Compagnie ne saurait refuser l'indemnité aux héritiers de l'assuré, sous prétexte que la mort est résultée de son imprudence, à moins que le danger n'ait été spécialement exclu. C'est ainsi que le Tribunal civil de la Seine a justement repoussé l'exception d'une Compagnie d'assurances sur la vie qui refusait l'indemnité aux héritiers d'un médecin assuré, en invoquant l'imprudence de celui-ci. Il n'avait pas pris, disait-elle, les précautions antiseptiques qui auraient empêché la maladie dont il était mort, si elles avaient été observées. Le Tribunal a écarté cette prétention, en se fondant sur ce que l'omission de pareilles précautions ne constituait pas une faute suffisante. — Trib. civ. Seine, 17 mars 1883, *Le Droit*, 5 juillet 1883, — C. Nancy, 12 novembre 1884, *Journ. du Pal.*, 85, 1, 244.

Page 62, note 2, treizième ligne, *Contra* cependant Boutaud : *op. cit.*, p. 144 et 115.

Page 64, note 2, *Contra* toutefois Boutaud : *op. cit.*, p. 145.

Page 65, quatrième ligne, note : On l'a dit avec juste raison (Boutaud : *op. cit.*, p. 326), si l'on peut se décider ... que le cadavre soit exposé aux atrocités autrefois usitées, l'on ne saurait autoriser personne à mettre fin à ses jours, fût-ce pour se délivrer de maux intolérables et achever un martyre trop lent à finir.

Page 66, septième ligne, note 1 *bis* : L'on ne saurait trop recommander l'insertion dans les polices d'une clause disposant que si la déchéance prononcée par le contrat n'est pas applicable en cas de suicide inconscient, il est de convention expresse entre les parties que, dans ce cas, la preuve de l'inconscience de l'assuré suicidé sera à la charge des bénéficiaires de l'assurance. — Sic, Boutaud : *op. cit.*, p. 369.

Page 66, note 2 : La règle enseignée ici que l'assureur est engagé même en cas d'imprudence imputable au médecin assuré a été consacrée par la jurisprudence. — V. Trib. civ. Seine, 17 mai 1893, *Le Droit*, 5 juillet 1893. — Cf. Nancy, 15 novembre 1884, *Journ. du Pal.*, 1885, 1244.

Page 66, note 3 : La Cour suprême de Leipzig a décidé le 22 février 1896 (*Rev. internat. des assur.*, 97, 105), que si la preuve du suicide doit être faite par la Compagnie qui invoque ce fait pour refuser le payement de la somme assurée, il suffit d'indices rendant le suicide vraisemblable; que dans ce cas, il importe, pour motiver la décision, que le jugement constate : 1° que la position du cadavre, le lieu, l'heure et d'autres circonstances ne permettent pas d'admettre qu'il est tombé dans l'eau par suite d'un accident, mais qu'il s'est jeté dans l'eau; 2° qu'il n'a pas manqué de motifs psychologiques pour le suicide.

Page 78, note 2, § 1, Décidé qu'une Compagnie d'assurances ne saurait se prévaloir contre un assuré des clauses de sa police stipulant que le défaut de paiement des primes aux époques convenues a d fin au contrat lorsqu'il est établi que, dans ses rapports avec l'assuré, elle a renoncé auxdites clauses relatives à la déchéance en cas de non-paiement aux époques originairement fixées, et y a substitué une convention nouvelle en vertu de laquelle des délais plus longs étaient, à chaque terme, accordés à l'assuré, et qu'en fait la prime a été payée, en vertu de la prorogation du délai accordé, dans les limites de ce délai. — Paris, 3 décembre 1896 (*L'Observateur*, 25 février 1897).

Page 78, note 2, § 4 : Sans doute la Compagnie est tenue de mettre en demeure la personne qui a assumé vis-à-vis d'elle l'obligation de payer les primes, cette novation par changement de débiteur est absolument licite et elle doit produire ses effets, notamment mettre l'assureur, qui joue le rôle de créancier, dans la nécessité de donner l'avis touchant les conséquences du non-paiement de la prime. Mais il n'en saurait être ainsi qu'autant qu'il y a eu convention légalement formée, ainsi qu'il est dit plus haut. Tel serait le cas d'un avenant intervenu entre l'assuré, le bénéficiaire et l'assureur, ce dernier acceptant le bénéficiaire comme débiteur des primes.

En doit-il être ainsi lorsqu'en fait les primes ont toujours été réclamées au bénéficiaire et payées par ce dernier, en d'autres termes quand il y a eu substitution?

Guidée par cette idée qu'il est permis de déroger tacitement aux Statuts qui déclarent l'assuré débiteur des primes, la Cour de Paris semble le penser (Arrêt du 29 juin 1895 cité au texte). Mais sa doctrine a été très justement combattue par M. Dupuich, dans une excellente note (D. P. 97. 2. 153). Ce savant jurisconsulte a montré que cet arrêt était aussi contestable en fait qu'inacceptable en droit.

Assurément, d'après l'art. 1274 C. Civ., la novation par la substitution d'un nouveau débiteur peut s'opérer sans le consentement du premier débiteur, c'est-à-dire par voie d'expromission, mais il faut essentiellement que le créancier ait clairement établi son intention de libérer le débiteur primitif (Aubry et Rau : op. cit., T. IV, p. 219). Le seul fait que les primes auraient toujours été réclamées au bénéficiaire et payées par lui ne démontrerait pas la volonté de la Compagnie de ne jamais les réclamer au preneur d'assurance si la quittance se bornait à dire que le paiement se faisait par l'assuré, mais par les mains du bénéficiaire. A plus forte raison l'application de l'art. 1273 devrait-elle être écartée au cas où l'assureur aurait déclaré qu'il entendait réclamer le montant de la prime à l'assuré seul, et au cas où il aurait exigé, pour consentir la décharge de l'assuré comme débiteur des primes, le consentement de celui-ci, c'est-à-dire une délégation parfaite et formelle, ce qui exclut l'intention d'accepter une simple expromission.

M. Dupuich (loc. cit.), l'a justement noté, le bénéficiaire qui en fait s'est chargé du paiement des primes peut se plaindre d'une pareille solution qui aboutit à cette conséquence qu'il ne saurait réclamer une mise en demeure et que, partant, le contrat peut être rompu à son préjudice. Mais il faut ajouter que la surprise à laquelle l'absence d'avis l'expose peut être évitée. Si l'assureur ne peut, sans le consentement de l'assuré, accepter le bénéficiaire comme débiteur des primes, rien n'empêche qu'il lui promette de l'avertir en cas de non-payement. Le bénéficiaire, non averti et atteint par la déchéance, n'aura pas droit au capital assuré en vertu du contrat, mais à raison de cette convention particulière (si l'existence en est constatée), il sera en droit de réclamer à l'assureur qui aura négligé de l'avertir des dommages-intérêts qui pourront être équivalents.

Page 79, note 1 : La déchéance est encourue alors même que la lettre chargée ou recommandée n'est pas parvenue au destinataire si c'est par suite de sa propre négligence que le destinataire ne l'a pas reçue, notamment s'il n'a pas retiré la lettre mise à sa disposition. — Trib. civ. Seine, 4 janvier 1897. *Journ. des assur.*, 97, 57. La solution serait la même au cas où le destinataire aurait refusé de recevoir la lettre. — Besançon, 11 mai 1889, *Journ. des assur.*, 92, 84. Conf. Observat. *ibid.*

Page 79, note 2 : Trib. civ. Dijon, 17 décembre 1895, *au lieu de : Rec. périod. des assur.*, 96, 312, *lisez : Rec. périod. des assur.*, 96, 67.

Aux arrêts précités *Adde*. Trib. civ. Seine, 11 juin 1896, 2 juillet 1896. *Rec. périod. des assur.*, 96, 420 et 459 ; Trib. civ. Seine, 4 janvier 1897, *Journ. des assur.*, 97, 57.

Page 80, note 2, *Adde*. Paris, 10 mars 1896. *Journ. des assur.*, 96, 204.

Page 81, neuvième ligne, Au cas où le bénéficiaire s'est valablement chargé d'acquitter la prime, il est bien certain que le non-versement entraîne la rupture du contrat. Il se trouve dans la situation de l'assuré qui n'acquitte pas la prime.

Page 93, note 1 : Le Tribunal d'Audenarde, le 6 juin 1893 (*Rec. internat. des assur.*, 97, 129), après avoir reconnu que les créanciers de l'assuré ne peuvent prétendre que le capital assuré appartient à sa succession et doit servir à éteindre le passif, décide qu'ils peuvent intenter l'action paulienne mais que, dans ce cas, si la preuve d'une combinaison frauduleuse était fournie, les créanciers auraient droit non pas au capital assuré, mais au remboursement à la succession des primes payées.

Page 108 : *au lieu de* : A : Tribunal civil, *lisez* : B : Tribunal civil.

P. 108. Les contestations qui s'élèvent entre deux Compagnies, relativement à des actes de concurrence que l'une impute à l'autre peuvent être jugées par le Tribunal civil. — V. Trib. civ. Seine, 16 février 1894 et Paris, 23 juin 1896, *Journ. des assur.*, 95, 106 ; 96, 240.

Page 112 : *au lieu de* : C : Cour d'appel, *lisez* : D : Cour d'appel.

Page 125, cinquième ligne. Il a été décidé (Rouen, 27 mars 1895, *Rev. périod. des assur.*, 96, 95) que les Statuts d'une société peuvent valablement autoriser le Conseil d'administration à déléguer tous ses pouvoirs, et notamment celui d'agir en justice à l'un de ses membres et autoriser celui-ci à se substituer un tiers, ces dispositions ne portant pas atteinte à la règle que « *nul en France ne plaide par procureur.* »

V. cependant Paris, 3 février 1896, *Rev. périod. des assur.*, 96, 88.

Page 128, note. Il a été jugé que : « la nationalité d'une Société dépend du lieu de son siège social ou de son principal établissement, en quelque pays que se poursuivent les opérations dont s'alimente sa spéculation, c'est à la condition que ce siège social, effectif et sérieux, n'ait pas été transporté à l'étranger d'une manière purement fictive, dans le dessein d'échapper aux règles d'ordre public édictées par la loi française pour la création ou le fonctionnement des Sociétés ; que par suite a été justement considérée comme une Société française une Société qui n'avait à l'étranger qu'un siège nominal et fictif, et que c'est à bon droit que cette Société a été déclarée nulle comme n'ayant revêtu aucune forme légale en France » — Cass., 22 décembre 1896 (*Rev. des sociét.*, 97, 127) — V. Vavasseur : *Traité des sociét.*, 3e édit., n°s 950 et 951. — V. Cont. Cass., 20 novembre 1889, *Gaz. du Pal.*, 7 janvier 1897.

Page 129, note. Dans le sens de l'arrêt de la Cour de Rouen du 22 juillet 1896. V. Vavasseur : *Rev. des sociét.*, 1897, p. 2.

Page 140, note 1, *Adde*. Une loi du 5-6 mars 1895 a supprimé en ce qui concerne la caution *judicatum solvi* la dispense édictée par l'art. 16 C. Civ. en matière commerciale. Cette nouvelle législation n'a modifié le droit antérieur qu'à cet égard ; même actuellement l'étranger qui, demandeur principal en première instance, a été contraint de fournir la caution *judicatum solvi* ne peut être contraint de la fournir en appel lorsqu'il y est cité comme intimé. — Nancy, 3 décembre 1895, *Journ. du Dr. int. priv.*, 97, 326 et la note.

Page 153. Dans un travail destiné à mettre en lumière les résultats heureux de l'intervention du fisc, M. Pierre des Essars a relevé ce que payent les assurances ; les droits de succession s'élèveraient à 247 millions et seraient assis sur un capital de 6,970, 689, 508. — *L'Assurance moderne*, 28 février 1897.

Page 172, deuxième ligne, note. La règle édictée pour les rentes viagères immédiates doit-elle être suivie pour les rentes viagères différées? On l'a soutenu (Maguéro, *Traité alphabétique des droits d'enregistrement, de timbre, etc.*, V° Assurances, n° 123; Trib. civ. Seine, 13 novembre 1895, *Rev. périod. des assur.*, 97, 71) par le motif que ces rentes sont une véritable assurance sur la vie (Cont : *Petits Con-*

trats, T. I, nº 538). Rien n'est moins exact. On ne trouve pas en effet les caractères de l'assurance sur la vie; les différences ont été précédemment indiquées. V. dans ce *Traité,* T. I, p. 109 et 110, note. Il suffira de relever ici que le risque de mort qui caractérise l'assurance sur la vie ne se retrouve pas dans l'opération dont s'agit et qui, pour prendre les termes dont se sert le jugement précité du 13 novembre 1896, vise « la survie coïncidant avec, soit des charges nouvelles, soit la diminution des ressources résultant de l'âge. »

Page 183, note 4. *Adde* dans le sens de la Solution du 14 novembre 1873. Maguéro, *Traité alphabet. des droits d'enregistrem., de timbre,* etc. Vº *Assurance,* nº 135

Page 189, note 1. *Adde* Maguéro : *Traité alphabet. des droits d'enregistrem., de timbre,* etc. Vº *Assurances,* nº 139

Page 192, douzième ligne, note. Pour les assurances en cas de décès la prime étant indéterminée, l'on admet qu'il faut en faire fixer le montant par une déclaration estimative conformément à l'art. 16 de la loi du 22 frimaire an VII. Mais en doit-il être de même quant à l'assurance mixte?

Pour refuser la déclaration estimative et pour liquider le droit sur l'importance des primes pendant toute la durée du contrat, on objecte, lit-on dans le *Répertoire général de l'enregistrement* (1895, art. 8451, p. 95), que l'engagement de l'assuré porte sur la période entière fixée dans la police. On reconnaît, il est vrai, que cet engagement peut être rompu par la mort de celui qui l'a contracté, mais on ajoute que c'est là un événement qui, s'il se produit, opère comme une sorte de condition résolutoire, et n'empêche pas que l'assuré ne soit obligé à payer un nombre *certain* de primes. D'où la conséquence que si telle a été, au moment où il l'a souscrite, l'étendue de sa promesse, l'impôt doit être acquitté dans les mêmes limites.

Ce système repose sur des motifs très sérieux, et M. Garnier l'avait enseigné au *Répertoire Général.* Mais un nouvel examen de la question l'a amené à penser qu'il fallait l'abandonner. Pour lui, cette opinion paraît difficilement conciliable avec la nature et la portée de la convention.

On peut, en effet, envisager non sans raison l'engagement pris par l'assuré comme soumis, quant à sa durée, à une double alternative; d'abord le décès, et ensuite, la date fixe, qui en précise la limite extrême. On en arrive à reconnaître dans cet ordre d'idées que l'assuré n'est tenu, en ce qui concerne le paiement de la prime, que jusqu'à sa mort, et, au maximum jusqu'à la date prévue au contrat. L'importance des primes à toucher par la Compagnie d'assurances est, dès lors, incertaine, et, par suite, l'assiette de l'impôt doit résulter d'une déclaration estimative.

C'est ce qui a été décidé par le Tribunal civil de Belley, lequel a jugé, le 2 mai 1895 (*Rép. pér. de l'enreg.,* 1895, art. 8451), que le contrat d'assurance dont le capital doit être payé à l'assuré à une époque déterminée, s'il est encore vivant à cette époque ou aussitôt après son décès, s'il meurt avant l'échéance prévue, donne ouverture au droit de 1 % sur la déclaration estimative des primes, sauf à répéter ultérieurement un supplément de droit, au cas où cette déclaration serait trouvée insuffisante.

Page 193, note 1, première ligne. *Adde* Maguéro : op. cit. Vº *Assurances,* nº 140.

Page 217, note 3 : *Adde* Maguéro : *op. cit.*, v° *Succession*, n° 174.

Page 221, note 1 : Sur le pouvoir souverain des juges du fait, *Adde* : Maguéro : *op. cit.*, v° *Succession*, n° 175.

Page 227, vingt-huitième ligne : Note : Si le droit de mutation est dû lorsque la participation a été accordée à l'assuré sous la forme d'une réduction du montant des primes ou d'une augmentation du capital, que décider quand l'assuré a opté pour le payement de sa quote-part des bénéfices en argent ?

D'après M. Garnier (*Rép. gén.*, n° 712), la somme ainsi payée, à titre de bénéfices, par la Compagnie, ne tomberait pas sous l'application de l'art. 6 de la loi du 21 juin 1875 et constituerait une valeur héréditaire ordinaire. Cette opinion a été récemment reprise (Maguéro : *op. cit.*, v° *Succession*, n° 183), comme conforme au texte et à l'esprit de l'art. 6 précité qui n'atteint que les sommes, rentes ou émoluments quelconques dus par l'assureur *à raison du décès de l'assuré*.

Page 227, note 2. *Adde*, Conf. Sol. 6 février 1878, août 1889 et janvier 1892.

Page 230, vingt-cinquième ligne. Le contrat intervenu dans ces conditions, déclare le Tribunal civil du Havre (9 janvier 1897, *Rev. périod. des assur.*, 97, 65). présente cette particularité non seulement qu'il renferme une série de stipulations conditionnelles les unes à défaut des autres, et que les droits nés à l'avénement de ces conditions au profit des bénéficiaires successivement désignés ne sont eux-mêmes que des droits éventuels qui ne deviennent définitifs qu'autant que les bénéficiaires appelés existent encore à la date indiquée.

Page 233, note. V. aussi les critiques formulées au sujet du projet de loi par M. Saint-Marc : *Revue du droit public et de la science politique*, janvier-février 1896, p. 114 et suiv.

Page 241, note 1, dixième ligne. Lorsque l'endossement d'une police d'assurance sur la vie ne satisfait pas aux prescriptions des art. 137 et 138 C. Comm., spécialement s'il n'indique pas la valeur fournie, il n'est pas valable pour la transmission de la propriété, mais il vaut comme procuration pour toucher. — Trib. civ. Seine, 27 octobre 1896, *Rev. périod. des assur.*, 97, 73 ; *Journ. des assur.*, 97, 98.

Page 242, note 1. Le droit de mutation serait exigible alors même que le créancier de l'assuré aurait obtenu, à la mort de ce dernier, le versement entre ses mains du montant de l'assurance. — Maguéro : *Traité alphabétique des droits d'enregistrem., de timbre*, V° *Succession*, n° 181.

Page 243, cinquième ligne, note, Comp. au sujet de la discussion, Maguéro : *op. cit.*, v° *Succession*, n° 183. Cet auteur soutient notamment, contrairement à l'opinion formulée par M. Dumaine (*op. cit.*, p. 205 et 206), que la théorie qui consiste à ajourner le paiement de l'impôt au décès de la personne sur la tête de laquelle l'assurance est contractée est inconciliable : 1° avec la règle posée par l'art. 4 de la loi du 22 frimaire an VII et qui veut que toutes les valeurs composant le patrimoine du défunt soient assujetties immédiatement au droit de succession ; 2° avec la doctrine généralement admise qui fait du contrat d'assurance sur la vie une succession d'assurances temporaires d'un an.

Page 249, note 2. *Adde* : Maguéro : *op. cit.*, v° *Succession*, n° 191.

Page 253, note 1. *Adde* : Maguéro : *op. cit.*, v° *Succession*, n° 190.

Page 256, note 1, dixième ligne, *Adde*. Trib. civ. du Havre, 9 janvier 1897, *Rev. périod. des assur.*, 97, 65.

Page 250, note 4. *Adde* : Maguéro : *op. cit.*, v° *Succession*, n° 196.

Page 261, note 2. Douai, 16 janvier 1897, *Le Droit*, 10 février 1897. *Adde Journ. des assur.*, 97, 128 et la note.

Page 287, note 1 : Jugé qu'une rente viagère achetée avec les deniers communs appartient à la communauté ; que lorsque la rente viagère est réversible sur la tête et au profit du survivant, la réversibilité constitue une donation mutuelle qui est valable, les donations lorsqu'elles sont l'accessoire d'un contrat à titre onéreux étant dispensées des formalités. — Trib. civ. Gand, 11 novembre 1896, *Journ. des assur.*, 97, 171.

DÉSACIDIFIÉ A SABLÉ EN : 1994

TABLE DES MATIÈRES.

SEPTIÈME PARTIE.

EXTINCTION DU CONTRAT.

HUITIÈME PARTIE.

COMPÉTENCE ET PROCÉDURE.

NEUVIÈME PARTIE.

RÉGIME FISCAL.

IMPRIMERIE GÉNÉRALE DE CHATILLON-SUR-SEINE. — A. PICHAT.

www.ingramcontent.com/pod-product-compliance
Lightning Source LLC
LaVergne TN
LVHW010808060726
842527LV00002B/559